KB069685

마음챙김과 심리치료

[불교명상과 심리학의 만남]

Christopher K. Germer
Ronald D. Siegel · Paul R. Fulton 공편
김재성 역

학지사

Mindfulness and Psychotherapy First Edition
by Christopher K. Germer, PhD, Ronald D. Siegel PsyD, Paul R. Fulton, EdD.

역자 서문

이 책을 처음 접하게 된 지 6년이 지났다. 2005년 가을, 당시 불교학과 교수로 재직하던 중, 서울불교대학원대학교에서 '불교와 심리'라는 과목을 신설해서, 2006년 봄학기에 첫 강의를 담당하기로 하였다. 2005년 12월, 미국 방문 중에 서점에서 처음 이 책을 보고 '불교와 심리' 교재로 사용하기에 적합하다고 생각하였다. 원서가 출판된 지 몇 개월 지난 때였고, 불교와 서양 심리학의 접점을 다룬 최신의 연구 성과를 이해하는 데 도움이 되리라 생각하였기 때문이다.

2006년 봄학기에 신설된 '불교와 심리'에는 상담심리학과와 불교학과 각각 30명에 가까운 학생들이 수업에 참가하였다. 그리고 몇 분의 타 전공 교수들이 주야간 수업에 참석하였다.

이 책은 2006년 봄학기, 서울불교대학원대학교 '불교와 심리 I' 강의를 수강하여 번역을 담당한 12명의 학생1장 손혜진, 2장 정석재, 3장 차미정, 4장 원희랑, 5장 이주영, 6장 김범진, 7장 김창일, 8장 권경희, 9장 이남이, 10장 권복실, 11장 정연주, 12장 박선희과 담당교수였던 김재성의 번역13장을 바탕으로 하여 김재성이 전체적으로 교정을 한 것이다. 2006년도 가을학기 상담심리학 전공교수김영란, 박성현 교수와 공동으로 수업을 진행한 '불교와 심리 II'에서 이 책의 내용을 다시 한 번 다루었고, 대원불교대학의 불교상담심리치료학과에서도 이 책을 교재로 강의를 하게 되었다. 그러던 중 전현수 신경정신과 원장님의 소개로 도서출판 무우수에서 이 책의 번역 의뢰가 역자에게 들어오게 되었다. 기초적인 번역이 이미 확보되어 있다 하더라도 혼자 힘으로 이 책을 책임지고 번역하는 일은 결코 쉬운 일이 아니었지만, 심리학에 대한 이해의 지평을 넓히고, 마음챙김의 현대적 이해와 응용에 관심이 많았기에 번역을 맡게 되었다.

서울불교대학원대학교에 재직하면서, 안희영 교수의 'MBSR', 이민식 선생의 '인지행동치료', 전현수 선생의 '고급불교상담' 등의 수업 참여와 상담심리학과의 김영란 교수, 박성현 교수와 공동으로 진행한 '불교와 심리 II' 수업, 그리고 한국불교심리치료학회에서의 활동 등을 통해 역자는 심리학 및 MBSR에 대한 이해를 넓힐 수 있었다.

다시 언급하지만, 2006년 봄학기의 '불교와 심리 I' 수업에 참석한 학생 및 교수들이 없었다면 이 번역은 가능하지 않았을 것이다. 무엇보다 수업에서 번역을 통해 발표를 해 준 12명의 학생들에게 고마움을 표하고 싶다. 하지만 최종적인 번역물에 대한 책임은 역자에게 있으며, 번역에 부족한 점에 대한 독자의 질정을 부탁드리는 바다. 아울러 역자의 심리학 공부에 큰 도움을 주고 함께 수업을 이끌어 준 서울불교대학원대학교의 교수 여러분과 불교심리치료학회의 운영위원 선생들께 깊은 감사를 드리고 싶다. 이 책을 번역할 수 있도록 소개해 준 전현수 원장님, 추천사를 써 주신 윤호균 선생님, 미산 스님께 깊이 감사드린다.

이 책을 번역하는 과정에서 어려운 영어 표현의 번역을 도와준 사랑하는 아들, 하늘이와 가람이에게도 고마움을 전하고, 기쁜 마음으로 번역의 마무리를 지켜보아 준 아내 천련화에게도 미안하고 고마운 사랑의 마음을 전하고 싶다.

마지막으로 이 책의 모든 저자와 한국어판 서문을 써 준 세 분의 편집자에게 고마움을 전하고, 이 책의 번역을 의뢰해 주고 2009년, 초판본을 출판해 준 도서출판 무우수의 박봉진 대표에게 감사드린다. 초판을 낸

무우수의 사정에 의해 새로운 인연으로 2012년, 학지사에서 새로이 출판하게 되었다. 아울러 한국불교심리치료학회의 공부모임에서 그동안 함께 초판본을 읽으면서, 번역을 수정해 준 전현수 원장님과 동료들께도 이 자리를 빌려 감사드린다. 이 책을 새롭게 단장하고, 수정해서 새롭게 출판해 준 학지사의 김진환 사장님과 편집부 여러분께 깊은 감사의 뜻을 표한다.

이 책이 불교와 심리학을 이어주는 좋은 계기가 되기를 바라며, 자신과 타인의 내면적인 성장과 치유에 관심 있는 모든 분에게 도움이 되었으면 한다.

2012년 북촌에서

정원 김재성 손모음

⚜ 저자 서문 ⚜

이 책은 어떤 특별한 것에 관한 것이 아니다. 어느 때나 누구나 경험할 수 있는 알아차림—마음챙김—의 단순한 형태에 관한 것이다. 예를 들면, 당신이 이 서문을 읽기 시작할 때 당신의 주의집중은 단어에 몰입할 수도 있고, 아니면 이 책이 당신의 문제를 위해 유익할 것인가라는 생각에 빠질 수도 있다. 당신은 자신의 주의집중이 어디에 있는지 알고 있는가? 이미 이 글이 적혀 있는 지면에서 벗어나 어딘가로 헤매고 있는가? 마음이 헤매는 것은 자연스러운 일이지만, 당신은 마음이 헤맬 때 헤매고 있는지, 무엇을 생각하고 있는지 알아차리고 있는가? 마음챙김이란 당신의 마음이 한 순간에서 다음 순간으로 옮겨 가는 것을 부드러운 수용의 태도를 지니고 단지 알아차리는 것을 말한다. 이러한 단순한 주의simple attention는 우리의 일상생활을 깊게 변형시키는transformative 효과를 가져올 수 있다. 우리가 단지 알아차리는 법을 배우게 되면, 사과 향기 같은 아주 일상적인 일을 즐기는 방법을 배울 수 있고, 사랑하는 사람의 죽음과 같은 아주 어려운 일을 견디는 방법을 배울 수 있다.

이 책은 임상가에 의한 임상가를 위한 책이기도 하다. 이 책은 마음챙김 명상과 심리치료라는 두 방면의 수련practice에 매력을 느껴 온 심리치료자들의 작은 모임이 20년 넘도록 매달마다 모여 공부한 결실이다. 우리 중 대부분은 심리치료 경험보다 명상수행 경험이 조금은 더 길다. 필자 중 몇몇은 박사학위 논문의 주제로 불교 심리학과 명상에 관련된 것으로 삼았었다. 해를 더해 갈수록 넓은 범위의 전문적인 주제에 대한 흥미진진한 대화들을 발전시켜 왔으며, 이러한 논의의 많은 결실을 이 책을 통해 공유하게 되었다.

이 책의 필자들은 지난 20년이 넘는 세월 동안 나이를 먹어 왔지만, 마음챙김의 경험은 전혀 나이를 먹지 않았다. 마음챙김은 에너지와 기쁨을 위해 계속 갱신할 수 있는 원천이다. 누구나 쉽게 마음챙김을 경험할 수 있지만, 적절하게 설명하기는 어렵다. 마음챙기는 알아차림은 대부분 경험적이며 비언어적즉, 감각적 · 신체적 · 직관적 · 정서적이고, 그것을 개발하기 위해서 어느 정도 실제 수행을 해야만 한다. 습득된 기법처럼 마음챙김 경험은 수행을 할수록 더욱 확고해진다.

소규모 치료자들로 구성된 우리는 원래 각 구성원들의 연구에 대해서, 그리고 명상과 심리치료를 접합시킬 때의 개인적인 경험에 대해서 함께 토론하는 일에 흥미가 있었다. 심리치료자 공동체와 다른 임상가들 사이에서 마음챙김에 대한 호기심이 커지게 되자, 우리는 공개적인 장소에서 논의를 확대하기로 결정했다. 우리가 처음으로 학술대회를 열게 된 때는 1994년이었고, 2년 후에 필립 애러나우Phillip Aranow의 정열과 리더십 덕분에 우리는 명상심리치료연구소Institute for Meditation and Psychotherapy: IMP를 만들었다. IMP는 이제 자체가 주관하면서 매사추세츠 배리에 있는 배리불교연구소Barre Center for Buddhist Studies*와 함께 집중적인 명상과 다른 수련의 기회를 지원하고 있다.

2000년 2월, 필은 플로리다에서 개최된 IMP 학술대회를 마친 후에 당한 교통사고로 비극적인 죽음을 맞이하였다. 이 책은 그의 생각이었고, 그에게 경의를 표하기 위해 만들게 되었다. 필은 과거에도 현재에도 우

* 배리불교연구소에 대해서는 부록 참조.

리를 엄청나게 고무시키고 있다. 필이 세운 연구소는 그가 말한 수행에 근거한 비전을 실현해 오고 있다. 필은 임상이론, 치료관계 그리고 전략적인 치료 개입은 치료자 자신의 매일매일의 마음챙김 수행에 의해서 가장 의미 있게 인도된다고 믿었다.

임상가의 마음에 가장 자주 일어나는 질문은 아마도 마음챙김을 일상적인 심리치료 현장에 통합시키는 방법일 것이다. 이 질문은 바로 마음챙김과 심리치료가 만날 때 다음과 같은 많은 질문으로 연결된다.

- 마음챙김은 정말로 무엇인가?
- 마음챙김은 새로운 치료법인가 아니면 모든 치료에 공통적인 요인인가?
- 명상하기 위해서 방석에 앉아 있는 것과 심리치료와 관련지을 필요가 있는가?
- 불안과 우울 같은 특정한 조건 때문에 괴로워하는 환자에게 마음챙김 접근은 무엇을 해 줄 수 있는가?
- 어떻게 그리고 언제 마음챙김을 심리치료에 도입해야 하는가?
- 심리적 외상트라우마, 성격장애 또는 정신 질환과 같은 심각한 조건하에 있는 환자에게 마음챙김은 도움이 될 수 있는가?
- 심리치료가 할 수 없는데 마음챙김 명상이 이룰 수 있는 것은 무엇이며, 그 반대는 무엇인가?
- 마음챙김 수행과 일반적인 치유에서 윤리는 어떤 역할을 하는가?
- 현대의 뇌 과학은 마음챙김에 대한 이해에 기여할 수 있는가?
- 심리치료에 응용되는 마음챙김과 고대 불교 가르침의 뿌리와는 공존하기 어렵지 않은가?

이 책에서는 대답을 주는 것보다 더 많은 질문을 제기할 것임에 틀림없다. 우리는 앞으로 우리가 함께 나눌 수 있는 풍요로운 대화를 위해서 이 책이 기여하는 것이 있기를 희망한다.

어떤 독자는 마음챙김과 불교 심리학 또는 불교철학과의 연관성에 대해서 의아하게 생각할지도 모른다. 마음챙김은 불교 심리학의 핵심이다. 이 책의 대부분의 필자는 자신을 불교신자라기보다는 불교 심리학과 명상을 배우는 학생이라고 생각하고 있다. 필자 가운데 누구도 불교문화권 국가 출신은 없다. 마찬가지로 심리치료에서 마음챙김을 가르칠 때, 환자는 새로운 종교나 그로부터 유익함을 얻을 비교적秘敎的인 생활방식을 취할 필요는 없다. 마음챙김 이론과 수행이 서양 심리학에서 점점 더 채용되면, 이런 문제에 대한 관심은 아마도 감소하게 될 것이다.

마음챙김의 섬세한 문제에 대한 11명의 필자들이 넓은 시각을 제공하면서도 시종일관된 목소리를 유지하는 것이 이 책이 당면한 도전이었다. 우리가 예상할 수 있는 가장 낙관적인 목적은 매력적인 조각들을 함께 모아 조화롭게 꿰매 놓는 것이었다. 이 작업은 사랑의 노동이었고, 다툼이 없었던 것은 아니었지만 우리는 그 과정에서 주제에 대한 핵심적인 것이 저절로 모습을 드러낼 것이라고 희망하였다.

함께 꿰매는 이 책의 편집 작업을 하는 동안 '의뢰인client' 또는 '환자patient' 라는 단어를 어떻게 일관되게 사용할까 하는 문제에 직면했다. 우리 전문가들도 아직 이 논의에 종지부를 찍지 못했고 앞으로도 하지 않을 것이다. 하지만 한동안 검토한 후에 '환자' 로 결정했다. 어원적으로 환자라는 말은 '괴로움을 안고 있는 사람'이라는 뜻인데, 의뢰인은 '보호자의 보호 아래 자신을 맡긴 사람'이라는 뜻이다. 의사doctor는 '교사teacher' 라는 의미이기 때문에 '우리는 환자들을 가르친다doctoring.'거나 '괴로움을 안고 있는 사람들을 가르친다.'고 말할 수 있다. 이 의미가 2,500년 전에 사용된 마음챙김의 본래적인 용법과 대응하는 것이다. 마음챙김은 괴로움을 덜어 주는 가르침이다.

마음챙김 수행은 서양의 심리치료자들이 발견하기 이전에 셀 수 없이 많은 사람을 고무시켰고 삶을 전환시켰다. 우리 과학자 모임은 현재 크나큰 열의를 품고 이 주제를 탐색하기 시작했다. 임상연구가들에 의한 지적이며 비판적이고 상대적으로 독단도그마에서 자유로운 마음챙김에 대한 탐구는 고대 불교의 탐구 정신과 만나고 있다. 하지만 우리는 이제 시작했을 뿐이다. 우리의 과학적인 이해는 서론에 불과하며, 앞으로 펼쳐질 길이 기대된다. 따라서 이 책에서 제시된 많은 아이디어는 잠정적인 것이며, 더 향상된 연구를 위한 초대장으로 제공되기를 우리는 희망하고 있다.

마지막으로 마음챙김은 온전히 깨어 있고, 우리 자신의 삶을 일깨워 주는 기회다. 대부분의 치료자는 동료 인간의 삶에 그렇게 깊이 있게 관여할 수 있는 것이 얼마나 큰 특권인지 잊지 않고 있다. 우리는 함께 사랑하고 웃고 운다. 함께 서로 그리워하고 서로를 두려워한다. 함께 성공하고 실패한다. 그리고 좋은 날들이 오면 함께 치유한다. 세월이 흘러가면서, 매번 소중한 만남의 흘러가는 본성은 더욱 선명해진다. 우리는 모든 순간을 치료의 순간으로 만들기를 원한다. 그것은 우리가 동료에게 이 책을 선물하는 정신 안에 있다.

크리스토퍼 거머Christopher K. Germer

로널드 시걸Ronald D. Siegel

폴 풀턴Paul R. Fulton

⚜ 추천사 ⚜

윤호균 가톨릭대학교 심리학과 명예교수, 온마음상담 마음향기 대표

불교와 심리치료는 어떤 관계가 있을까? 불교도 마음의 병을 치유하는 방법에 대한 가르침이라고 할 수 있는 면이 있고, 심리치료도 마음의 고통, 정서적 어려움을 겪는 사람을 돕거나 일반인의 발달과 성장을 돕는 심리학 및 정신의학의 한 분야라 할 수 있다.

마음챙김 명상 또는 위빠사나로 불리는 불교명상과 심리학 · 심리치료의 두 분야를 진지하게 공부하고 실천하던 미국의 불교 및 임상전문가 11명이 이 두 길의 접점에 대한 각자의 목소리를 담은 책이 바로 이 『마음챙김과 심리치료』다.

이 책은 2005년도 전반기까지, 불교 및 마음챙김 명상과 심리치료 및 상담과의 관련을 정리한 이정표가 될 만한 좋은 내용을 담고 있다. 마음챙김 명상과 심리치료 두 분야에 대해 관심 있는 전문가나 자신과 타인의 관계의 문제를 진지하게 고민하는 독자에게 시사해 주는 것이 많을 것이다. 특히 인지행동치료의 제3 동향에 관심 있는 심리학도에게는 필독의 도서라고 해도 좋다.

이 책의 서두에서 밝히고 있듯이, 이 책은 두 분야를 통합하려 할 때 으레 제기되는 여러 가지 질문에 필자들 나름의 해법을 제시할 뿐 아니라, 수많은 새로운 질문을 제기하고 있다. 마음챙김이란 무엇인지, 마음챙김

이 새로운 치료인지 아니면 모든 치료에 공통적인 요소인지, 앉아서 명상하는 것이 심리치료와 어떤 관계가 있는지, 불안과 우울증이 있는 환자에게 마음챙김은 무엇을 할 수 있는지, 마음챙김을 언제 심리치료에 도입해야 하는지, 마음챙김이 심각한 외상 후 스트레스 장애PTSD나 성격장애, 정신 질환에도 적용될 수 있는지, 마음챙김은 할 수 있는데 심리치료가 못하는 것은 무엇인지 혹은 그 반대는 어떤 것이 있는지, 현대의 뇌과학에 의해 마음챙김에 대한 이해를 깊게 할 수 있는지, 심리치료에 응용된 마음챙김은 불교의 뿌리와 공존할 수 있는지 등과 같은 수많은 문제를 던지면서 해답을 제시하며 새로운 질문으로 독자를 자극하기도 한다.

불교와 긍정 심리학의 접점을 다룬 장도 흥미 있는 주제를 제공한다. 불교를 거대한 행복 프로젝트로 보고, 21세기에 본격적으로 대두되기 시작한 인간의 긍정적인 정서와 특질 등을 다루면서 행복에 대한 진지한 고민을 하기 시작한 긍정 심리학과의 접점을 찾는 시도도 독자에게 좋은 읽을거리와 문제의식을 자극할 것이다.

불교학자이자 위빠사나 수행을 겸비하고 있으며, 불교와 심리치료의 접점을 찾고 있는 김재성 서울불교대학원대학교 교수가 이 책을 번역하게 된 것은 실로 반가운 일이 아닐 수 없다. 이 책을 통해 불교와 심리학 두 분야의 학제적 연구 및 실천의 양식이 더욱 풍요로워지고, 우리 정신문화의 전통에 있는 장점들과 현대의 발전된 과학적 전통이 함께 어우러짐으로써 시너지 효과가 더 많이 일어나기를 바라면서 추천의 글을 대신한다.

가톨릭대학교 성심교정에서

윤호균

미산 스님 중앙승가대학교 교수, 상도선원 원장

약 100여 년 전까지만 해도 동양문화의 하나였던 불교가 서양에 전해지면서 심리학이라는 현대 과학의 한 분야와 습합되는 과정을 거치고 있다. 그 과정에서 불교의 명상에 대한 심리학자 및 정신의학자의 관심은 1970년대에 씨앗을 심기 시작해서 1980년대에 싹이 트고, 1990년대에 왕성하게 성장하더니 21세기에 들어서 다양한 꽃을 피우기 시작하고 있다. 『마음챙김과 심리치료』는 바로 그러한 꽃 가운데 하나이자 기념비적인 저술이라고 할 수 있다. 1980년대부터 존 카밧진이 마음챙김에 근거한 스트레스 완화MBSR를 행동의학의 한 분야로서 의료적인 치유법으로 채택하면서 서양에 전해진 불교의 마음챙김 명상위빠사나이 일반 대중에게 종교적인 맥락을 떠나 스며들기 시작하였다. 그러고 나서 인지행동치료 방법론의 확장과 함께, 불교 수행은 심리치료적 개입의 방법으로 도입되기 시작하였다. 이것이 마음챙김 지향 심리치료 경향의 탄생이다.

불교는 인격의 질적인 변화를 위한 방법으로 여러 가지 형태의 명상법을 개발해 왔다. 이를 위한 불교 수행의 방향은 자기중심적인 이기적 태도를 벗어나 우주적 차원의 상생과 교류의 삶에 맞추고 있다. 마음챙김 명상은 이런 불교 수행의 목적에 부합하는 핵심 명상법으로, 특히 서양의 심리치료 기법과 만나 새로운 영역을 열어 가고 있다. 이 책에서 정리하고 있듯이, 마음챙김 명상의 3가지 핵심요소는 ① 과거나 미래가 아니라 현재 순간을 중시하는 태도, ② 판단하거나 평가하지 않는 수용의 자세, 그리고 ③ 안팎의 내상을 분명하게 파악하는 자각, 즉 알아차림이다. 바로 이러한 마음챙김의 특징을 심신의 괴로움, 특히 심리적인 고통에 빠져 있는 사람에게 도입하여 임상 수련과 치료를 통해 보다 향상된 삶을 살도록 인도하고 있다.

이 책의 1부는 마음챙김의 의미를 임상수련과 심리학과의 관계에서 밝히고 있으며, 2부에서는 치료관계에서 마음챙김이 어떻게 주의와 공감을 길러 주는지를 밝히고 있다. 그리고 3부에서는 우울과 불안, 만성요통, 어린이 환자에의 적용, 그리고 다양한 분야에서 마음챙김을 임상적으로 적용한 사례에 대한 분석을 시도하고 있다. 마지막 4부에서는 마음챙김의 뿌리를 밝히는 작업과 긍정 심리학과의 접점 모색이라는 미래의 전망을 보여 주고 있다.

이 책을 읽는 독자 중에는 아마도 정신건강 전문가이거나 불교 명상의 현대적 응용에 관심이 있는 분들이 많을 것이다. 이러한 독자에게 이 책은 좋은 길라잡이가 되리라 생각한다. 왜냐하면 이 책을 집필한 공동 저자들은 오랫동안 수행해 온 마음챙김의 경험을 바탕으로 심리치료 현장에의 실질적인 임상 사례를 체계적으로 정리하였기 때문이다.

불교교리 및 수행과 심리학 · 심리치료 두 분야에 대한 전문적인 이해 없이는 이 책을 번역하는 일이 쉽지 않았을 것이다. 이 책의 공저자들과 마찬가지로 초기 불교와 마음챙김 명상을 오랫동안 수련해 왔으며, 이 책을 교재로 심리학 및 불교학 전공 대학원생들을 위해 수업을 직접 진행한 김재성 교수가 이 책의 번역을 맡았다는 것은 반갑고 다행스러운 일이다. 한국불교심리치료학회의 운영위원으로 함께 탁마하는 세월을 보낸 오랜 도반인 역자의 노고에 감사하며, 불교 수행과 심리치료의 접점을 모색하는 분들에게 일독을 권한다. 좋은 이정표가 되리라 믿어 의심치 않는다.

상도선원에서

미산 합장

⚜ 한국의 독자에게 ⚜

이 번역을 통해서 여러분과 우리 책을 공유하게 되어 기쁩니다. 개인적 향상을 위해서, 그리고 환자들에게 마음챙김에 근거한 치료를 제공하기 위해서 마음챙김 수행의 유용성을 찾고 있는 영어권 독자들은 이 책을 따뜻하게 받아들였습니다. 우리가 서술한 많은 내용은 아시아의 지혜 전통에 뿌리를 두고 있으며, 불교 심리학의 가르침이 점차 주의를 받고 있는 서양의 과학적 의학의 맥락에서 재고되어 온 것입니다. 이제 우리는 마음챙김의 치유적인 가치에 다시금 눈을 뜨게 하기 위한 지속적인 희망을 품고 다시 아시아로 돌려 주고 있습니다. 불교학과 수행의 오랜 역사와 문화를 가지고 있는 한국의 독자들이 모든 존재의 괴로움을 덜어 주는 데 관심이 있는 두 전통을 더 많이 연결시키기 위해서 우리의 책을 사용하게 될 것이라는 사실을 알게 되어 우리는 아주 행복합니다.

크리스토퍼 거머

로널드 시걸

폴 풀턴

⚜ 감사의 글 ⚜

이 책을 만드는 데 많은 분들이 공헌했다. 필자들 각자는 명상수행의 세계에서뿐만 아니라 임상가 세계의 스승과 동료들에게서 오랫동안 배울 수 있는 특권을 누려 왔다. 이 책에서 발견할 수 있는 노력은 우리 자신의 것이지만, 그 노력은 다른 이들의 통찰에 근거하고 있다. 우리 필자들 한 사람이나 몇 사람이 심리치료자와 명상수행자로 향상되는 데 영향을 준 몇 분들에게는 특별하게 고마움을 전하고 싶다. 댄 브라운Dan Brown, 리처드 제이슨Richard Chasin, 제이 이프란Jay Efran, 잭 잉글러Jack Engler, 로버트 폭스Robert Fox, 조셉 골드스틴Joseph Goldstein, 나라얀 리벤슨-그레이디Narayan Liebenson-Grady, 랍 게리트Rob Guerette, 틱 낫 한Thich Nhat Hanh, 르 해이븐스Les Havens, 주디스 조르단Judith Jordan, 존 카밧진Jon Kabat-Zinn, 애너 클리곤Anna Klegon, 잭 콘필드Jack Kornfield, 조애너 메이시Joanna Macy, 플로렌스 메이어스Florence Meters, 진 베이커 밀러Jean Baker Miller, 노바이 민츠Norby Mintz, 사콩 미팜Sakyong Mipham 린포체, 폴 러셀Paul Russell, 숭산 스님, 샤론 살스버그Sharon Salzberg, 아이린 스티버Irene Stiver, 래리 스트레이스버거Rarry Strasburger, 모린 스튜어트Maurine Stuart, 비말라 타커Vimala Thaker, 초감 트룽파Chogyam Trungpa 린포체, 그리고 라마 조티 버논Rama Jyoti Vernon에게 감사한다.

특히 이 책의 편집을 맡은 길포드 출판사의 짐 내이지오트Jim Nageotte에게 감사를 표한다. 그는 이 책의 출간 과정에서 인내심을 가지고 일을 해 왔다. 그의 통찰력과 셀 수 없는 제안이 이 책의 마지막 원고에 큰 기여를 했다.

그리고 우리를 믿고 신뢰해 준 우리 환자들에게 큰 빚을 지었다. 그들은 임상적인 일에 대해서 우리가 알고 있는 거의 모든 것을 우리에게 가르쳐 주었다. 마지막으로 이 책이 결실을 이룰 때까지 사랑과 지지와 희생을 보여 준 우리의 가족들과 친구들에게는 그 고마움을 다 표현할 수가 없다.

차 례

제3부 임상적 적용

제4부 과거와 전망

부록

일러두기

1. 이 책은 *Mindfulness and Psychotheraphy* (Germer, Siegel, & Fulton, 2005)를 완역한 것이다.
2. 본문에 나오는 인용 도서와 참고 도서는 (저자명, 출판 연도)로 표시되어 있으며, 해당 도서의 세부 사항은 부록의 참고문헌에서 저자명과 출판 연도를 참고하여 찾을 수 있다.
3. 독자의 이해를 돕기 위한 옮긴이의 간단한 설명은 [ ]로 표시하여 본문 중간에, 자세한 설명은 *로 표시하여 해당 페이지 하단에 제시하였다.

제1부

마음챙김의 의미

The Meaning of Mindfulness

01
마음챙김

• 그것은 무엇인가? 무엇이 문제인가? •

크리스토퍼 거머Christopher K. Germer

산다는 것은 정말로 깜짝 놀랄 일이어서

다른 일을 위한 여유를 거의 남겨 놓지 않는다.

—에밀리 디킨슨Emily Dickinson, 1872/2004

심리치료자는 정서적 괴로움을 완화시키는 일을 한다. 괴로움은 셀 수 없이 많은 모습, 즉 스트레스, 불안, 우울, 행동 문제, 대인관계 갈등, 혼란, 절망 등으로 생겨난다. 그 괴로움은 모든 임상 진단의 공통분모이며, 인간 조건의 특징이다. 우리가 겪는 어떤 괴로움, 예를 들어 질병, 늙음 그리고 죽음은 실존적인 것이다. 다른 어떤 괴로움은 보다 더 개인적 성향 때문에 생긴다. 우리의 개인적 어려움의 원인에는 과거의 조건, 현재의 환경, 유전적 소인素因 또는 여러 가지 상호작용의 요소 등이 포함될 수도 있다. 경험과 관계하는 믿을 수 없을 정도로 단순한 방식인 마음챙김

mindfulness은 특히 스스로 부과한 것처럼 보이는 인생의 어려움의 고통을 완화시키는 데 오랫동안 사용되어 왔다. 이 책에서 우리는 심리치료를 강화하기 위한 마음챙김의 잠재성을 설명할 것이다.

사람은 심리치료를 시작할 때 한 가지 분명한 것이 있다. 그들은 더 좋아지기를 원한다. 비록 그 치료가 반드시 기대한 만큼 진행되지 않더라도, 어떻게 이 목표를 성취할 수 있는지에 대해 종종 많은 생각을 한다.

예를 들어, 공황장애가 있는 젊은 여성그녀를 린이라고 부르기로 하자은 자신의 조건에 대한 정서적 혼란에서 벗어나기 위한 희망을 갖고 심리치료자를 찾을지도 모른다. 린이 불안에서 벗어나 자유를 찾고 있을지 모르지만, 심리치료가 진행되면서 린은 분명히 그녀의 걱정 안에서 자유를 발견한다. 이런 일이 어떻게 일어날까? 강한 치료 동맹이 린에게 자신의 공황에 대해 좀 더 자세히 조사하는 일을 시작할 용기와 안전을 제공했을 수도 있다. 자기-모니터링을 통하여 린은 불안과 연관된 생각과 자신의 몸에서 불안 감각을 알아차리게 된다. 그녀는 그것을 경험하면서 스스로에게 이 사실을 말하며, 공황에 대처하는 법을 배운다. 자신이 준비되었다고 느낄 때, 그녀는 공황발작을 일으키는 불안 감각들을 직접 경험하고, 쇼핑몰이나 비행기 안에서 스스로 시험해 본다. 이 모든 과정에서 요구되는 것은 먼저 린이 불안을 마주하는 것이다. 연민에 찬 유인상술[bait and switch: 싼 광고 상품으로 손님을 끌어 놓고 그 물건이 없다고 한 후, 그 대신 비싼 것을 파는 상술로 구입자의 기대심리를 이용한 상술]이 일어난 것이다.

보다 관계적이거나 정신역동적 모형에 근거하여 일하는 치료자들은 이와 유사한 과정을 관찰할지도 모른다. 환자와 치료자 사이의 연결이 깊어질 때 대화는 좀 더 자발적이고 진솔해질 것이다. 또한 환자는 자신을 실제 괴롭히고 있는 것에 대해 보다 개방적이고 호기심 어린 방식으로 탐구할 자유를 얻는다. 관계맺음의 도움으로 환자는 내면에서 진행 중인 일을 부드럽게 노출시킨다. 환자는 자신이 보다 좋은 느낌을 경험하는 것을 피할 필요가 없음을 발견한다.

우리는 얼핏 보기에 서로 비슷하지 않는 많은 심리치료들이 효과적이라는 것을 안다Seligman, 1995. 다양한 양상을 가로지르며, 우리가 분리해서 정련할 수 있는 핵심적인 요소는 존재하는 것일까? 마음챙김이 바로 그러한 요소라고 밝혀질 수도 있다.

마음챙김: 괴로움에 대한 특별한 관계 방식

성공적인 치료를 통해서 환자는 자신의 특별한 괴로움과의 관계를 바꾼다. 우리가 우리 삶에서 일어나는 사건들에 대해 화를 덜 낸다면 분명히 괴로움은 줄어들 것이다. 하지만 불쾌한 경험에 어떻게 덜 방해받을 수 있을까? 인생에는 고통pain이 내재되어 있다. 몸과 마음이 고통스러운 경험에 본능적으로 반응하지 않는가? 마음챙김은 순간에 일어나는 것들에 덜 민감하게 해 주는 기술이다. 그것은 긍정적이든 부정적이든 그리고 중립적이든 간에 모든 경험에 관계하는 방식이며, 괴로움의 전반적인 수준을 낮추고 안녕감을 높여 준다.

마음챙긴다는 것은 깨어 있는 것, 지금 이 순간에 무슨 일이 일어나는지 알아차리는 것이다. 우리는 거의 마음챙기지 않는다. 우리는 보통 산만한 생각이나 순간 일어나고 있는 것에 대한 견해에 사로잡힌다. 이것은 마음챙김 없음mindlessness, 부주의함이다. 마음챙김 없음의 예는 다음과 같은 것이 있다Brown & Ryan, 2003 참조.

- 주의하지 않고 행동에 빠지는 것

• 주의하지 않고, 또는 주의 없이, 또는 다른 것을 생각하기 때문에 물건을 깨뜨리거나 엎지르는 것
• 몸의 긴장 또는 불편함의 섬세한 느낌을 알아차리지 못하는 것
• 사람의 이름을 듣자마자 곧 잊어버리는 것
• 미래 혹은 과거에 정신이 팔린 우리 자신을 발견하는 것
• 먹고 있음을 알아차리지 못하면서 간식을 먹는 것

이와는 대조적으로 마음챙김은 지금 일어나는 일에 주의를 집중한다. 우리가 마음챙길 때, 우리의 주의는 과거나 미래로 엉키지 않고, 그 순간에 일어나고 있는 일을 판단하거나 거부하지 않는다. 우리는 현재에 있다. 이러한 종류의 주의는 에너지, 명료함 그리고 즐거움을 일으킨다. 다행스럽게도 이것은 누구라도 기를 수 있는 기술이다.

거트루드 스타인Stein, 1922/1993, p. 187이 "장미는 장미이고, 장미이며, 장미다A rose is a rose is a rose is a rose."*라고 썼을 때, 그녀는 독자로 하여금 순수한 장미를 반복해서 상기시키고 있다. 그녀는 아마도 장미가 아닌 것을 제시하는 중이었을 것이다. 그것은 4년 전에 비참하게 끝난 낭만적인 관계가 아니다. 주말 내내 울타리를 다듬는 일은 꼭 필요한 것이 아니다—그것은 단지 장미일 뿐이다. 이러한 종류의 '순수한 주의bare attention' **로 인식하는 것은 마음챙김의 한 예다.

심리치료를 받는 대부분의 사람들은 과거나 미래의 사건에 사로잡혀 있다. 예를 들어, 우울한 사람은 자주 과거에 대해 후회하고 슬퍼하고 죄

---

* "Rose is a rose is a rose is a rose."는 1913년에 지은 '성스러운 에밀리(Sacred Emily)' 라는 시에서 썼던 구절이다.

** '순수한 주의' 는 냐나포니카(Nyanaponika) 스님이 『불교선수행의 핵심(The Heart of Buddhist Meditation)』(1962/1972)에서 마음챙김으로 번역되는 팔리어 sati[念]를 번역한 용어로 '신경증적 주의(neurotic attention)' 에 대비되는 용어다.

책감을 느끼고, 불안한 사람은 미래에 대해 두려워한다. 괴로움은 우리가 현재 순간에서 벗어날수록 커지는 것 같다. 우리의 주의가 정신적 활동에 몰두해서 백일몽이라는 사실을 깨닫지 못하면서 백일몽에 빠지게 될 때, 우리 일상생활은 악몽이 될 수 있다. 몇몇 환자들은 마치 평생 빠져나올 수 없는 영화관에 갇혀서 화나는 영화 한 편을 보고 있는 것처럼 느낀다. 마음챙김의 도움으로 우리는 조건화에서 벗어날 수 있고 사물을 신선하게 볼 수 있다. 곧, 있는 그대로의 장미를 보는 것이다.

마음챙김의 정의

mindfulness는 팔리어 사띠sati에 대한 영어 번역이다. 팔리어는 2,500년 전 불교 심리학의 언어이고, 마음챙김은 이 전통의 핵심 가르침이다. 사띠에는 알아차림awareness, 주의attention 그리고 기억remembering이라는 의미가 있다.

알아차림이란 무엇인가? 브라운과 라이언Brown & Ryan, 2003은 의식consciousness의 우산 아래 알아차림과 주의를 다음과 같이 정의한다.

> 의식은 알아차림과 주의 모두를 포함한다. 알아차림은 내적 · 외적 환경을 지속적으로 모니터링하는 의식의 배경에 있는 '레이더'다. 우리는 자극들을 주의의 중심에 두지 않은 채로 그 자극들을 알아차릴 수 있다. 주의는 제한된 범위의 경험에 밀도 있는 민감함을 부여하면서 의식적 알아차림을 집중하는 과정이다Western, 1999. 사실 알아차림과 주의는 밀접하게 뒤엉켜 있는데, 주의는 끊임없이 알아차림의 '바탕'에서 '모양'을

뽑아내며, 다양한 시간을 보내는 동안 그 모양을 집중적으로 포착한다p. 822.

우리는 이 책에 쓰여 있는 단어들을 읽는 데 알아차림과 주의 모두를 사용하고 있다. 특히 우리가 차를 좋아한다면 뒤에 있는 찻주전자에서 물 끓는 소리가 충분히 커질 때 결국 우리의 주의를 끌게 된다. 이와 비슷하게 우리는 '자동조종장치' 에 따라 익숙한 길을 운전하면서 어렴풋이 도로에 주의를 기울일지도 모르지만, 어린아이가 길에 뛰어든다면 즉시 반응한다. 마음챙김은 자동조종장치를 따르는 것과 반대이고, 백일몽과도 반대이며, 현재 순간의 두드러진 일에 주의를 기울이는 것이다.

또한 마음챙김은 기억을 내포하지만, 기억 속에 머무는 것이 아니다. 그것은 온 마음으로 받아들이는 자세를 가지고 우리의 주의와 알아차림을 현재의 경험으로 다시 환기시키기 위해서 기억하는 것을 포함한다. 이 일은 백일몽에서 벗어나 온전하게 그 순간을 경험하려는 의도가 요구된다.

심리치료적 마음챙김

마음챙김이라는 단어는 마음챙김을 닦는 수행명상으로서의 마음챙김이나, 심리적인 과정마음챙기기 그리고 이론적인 구조마음챙김를 설명하는 데 사용될 수 있다. 마음챙김의 기본적인 정의는 '순간순간의 알아차림moment-by-moment awareness' 이다. 다른 정의로는 '현재 실재에 대해 의식을 생생하게 유지하기' Hanh, 1976, p. 11, '연속적인 지각의 순간들에서 우리에게 그리고 우리 안에서 실제로 일어나는 것에 대해 분명하고 하나의 마음으로 알아차림' Nyanaponika Thera, 1972, p. 5, '주의 있는 조절' Teasdal, Segal, & Willams, 1995, '순간순간의 기반 위에서 경험에 대해 완전한 주의를 유지하기' Marlatt & Kristeller, 1999, p. 68 등이 포함된다. 그리고 보다 서양 심리학의 관점에서 볼 때, 새로운 범주의 창조, 새로운 정보에 대한 개방성, 하나 이상의 관점을 가진 알아차림 등이 포함되는 인지 과정을 말한다Langer, 1989.* 궁극적으로 마음챙김은 언어로는 완전하게 포착될 수 없다. 왜냐하면 그것은 미묘한 비언어적 경험이기 때문이다Gunaratana, 2002.

마음챙김이 심리치료 영역**으로 옮겨 오게 되면, 마음챙김의 정의는 확장되어 종종 평가하지 않음nonjudgement이라는 의미를 포함한다. '순간순간 펼쳐지는 경험에 대해 의도적으로, 바로 그 순간에 평가하지 않고 주의를 기울이는 것을 통한 알아차림' Kabat-Zinn, 2003, p. 145이다. 마음챙김과 심리치료에 관한 논문의 요약문에서 배어Baer, 2003, p. 125는 마음챙김을 '생겨나는 그대로, 연속적으로 흐르는 내적·외적 자극들에 대한 평가하지 않는 관찰' 이라고 정의한다. 우리가 힘겨운 신체적 또는 정서적 상태를 다룰 때 평가하지 않는 태도에 의해 마음챙김은 촉진된다. 경험을 평가하지 않을 때 그것을 있는 그대로 보기가 더욱 쉬워진다.

마음챙김과 수용

'수용acceptance' 은 평가하지 않음이 확장된 것이다. 거기에 친절함 또는 우정이라는 기준을 더한다. 치료자가 수치심, 분노, 공포 또는 비탄 같은 격렬한 감정을 다룰 때 관대하고 자비심이 있으며 받아들이는 태도를 유지하는 것은 필수적이다. 공감과 긍정적 존중positive regard은 수용과도 중복

---

* 하버드 대학교 심리학과 교수 랭어는 마음챙김을 인지적 유연성으로 파악하여 창조적 문제해결 능력과 연관 짓는다.

** 심리치료의 영역 가운데 마음챙김과 관계가 깊은 인지행동치료(CBT)의 변천 과정은 다음과 같다. 1세대: 파블로프와 스키너의 행동주의에 입각한 조작적 조건화에 의한 행동치료. 2세대: 아론 벡과 엘리스의 인지치료. 3세대: 마음챙김과 수용을 도입한 인지행동치료.

되는 성공적인 치료의 중요한 관계적 측면들이다Norcross, 2001, 2002. 만약 치료자나 환자가 걱정과 혐오감 때문에 불쾌한 경험을 회피한다면 문제를 이해할 능력은 제대로 발휘되지 못한다.

마음챙김의 관점에서 본 수용은 우리가 대상을 알게 된 순간의 모습 그대로 그것을 기꺼이 그냥 두려고 하는 의향을 가리킨다. 즉, 일어난 그대로 즐겁고 괴로운 경험을 수용하는 것이다. 수용은 적응하지 못하는 행위를 받아들이는 것이 아니다. 그보다 수용은 행동의 변화에 앞선다. "변화는 수용과 형제이지만, 수용의 동생이다." Christensen & Jacobson, 2000, p. 11 마음챙김 지향 임상가들은 '근본적인전폭적인 수용radical acceptance' 을 치료 행위의 부분으로 본다Brach, 2003; Linehan, 1993b.

심리치료에서 마음챙김

우리가 이 책에서 사용하는 마음챙김의 간단한 정의는 다음과 같다. ① 현재 경험에 대한, ② 수용과 함께하는, ③ 알아차림자각. 이 3요소는 심리치료와 불교 문헌 양쪽의 마음챙김에 대한 대부분의 논의에서 찾을 수 있다심리학 영역에서의 마음챙김의 구조에 대한 보다 상세한 연구에 대해서는 Bishop et al., 2004; Brown & Ryan, 2004; Hayes & Feldman, 2004 참조. 비록 우리가 내린 정의에서 이들 세 가지는 개별적인 구성 요소이지만, 마음챙김의 경험에서는 구분할 수 없을 정도로 서로 얽혀 있다.

마음챙김의 한 측면이 있다고 해서 자동적으로 다른 측면도 있다는 것을 의미하지는 않는다. 예를 들어, 알아차림은 정의롭지 못하다고 인식한 일에 대해 무턱대고 화내는 것처럼 과거에 빠져 버릴 수 있다. 알아차림은 인정되지 않은 부끄러움에서처럼 수용 없이 나타날 수도 있다. 마찬가지로, 수용은 조급한 용서에서처럼 알아차림 없이도 있을 수 있다. 반면에 술에 취한 순간, 알아차림 없이 현재 중심 상태가 있을 수 있다.

마음챙김의 모든 구성 요소—현재 중심 상태present-centeredness, 수용 그리고 자각—는 제대로 된 마음챙김의 순간을 위해서 요구된다. 치료자는 이러한 세 가지 구성 요소를 치료 분야에서 마음챙김을 확인하는 시금석으로 사용할 수 있다.

심리치료적 마음챙김에 대한 최소한의 조작적 정의가 갖는 가치는 두 가지다. 첫째, 만약 마음챙김이 효과적인 심리치료의 핵심적 구성 요소로 밝혀진다면Martin, 1997, 임상가는 상담실에서 그의 활동에 지침이 되는 개념적 도구를 원할 것이다. 둘째, 만약 계속해서 결과에 대한 연구에서 마음챙김이 유망한 치료 전략으로 나타난다면Baer, 2003, 연구자는 새로운 개입을 디자인하기 위해 명확하게 정의된 구성 영역을 가진 정의를 필요로 할 것이다.

마음챙김과 수련의 단계

마음챙김을 알기 위해서는 직접 경험해야 한다. 사람은 다양한 강도의 단계로 마음챙김을 수련할 수 있다. 수련의 강도 곡선 한 끝에는 일상의 마음챙김이 있다. 잦은 압박감과 혼란스러운 매일의 삶에서도 순간에 주의를 기울이는 것은 가능하다. 우리는 길게 의식적인 호흡을 하면서 즉시 우리의 행동에서 떨어질 수 있다. 주의를 집중한 후, 우리는 자신에게 다음과 같이 물을 수 있다. '지금 이 순간 나는 무엇을 느끼나?' '지금 이 순간 나는 무엇을 하는 중이었나?' '지금 이 순간 내 알아차림에 가장 강력하게 나타나는 것은 무엇인가?' 이것은 일상생활의 마음챙김이고, 심리치료에서 마음챙김이 일반적으로 일어나는 방식이다.

수련의 강도 곡선 다른 한 끝에서 우리는 명상에 상당한 시간을 쓰는 수행승과 재가자를 발견한다. 오랜 시간 조용한 장소에서 눈을 감고 앉아서 한 가지호흡 같은 대상에 대해 집중을 기를 수 있는 기회를 가질 때, 마음은 현미경처럼 되어 섬세한 마음의 움직임을 볼 수 있게 된다. 이런 것이 다음의 명상 가르침에 설명되어 있다.

> 몸의 어떤 부분에서 가려운 감각이 느껴진다면, 그 부분에 마음을 모아서 마음으로 '가려움' 하고 알아차리시오. ……가려움이 계속되고 더 강해져 당신이 가려운 부분을 긁으려 하면, 반드시 정신적인 의도를 '의도' 라고 알아차리시오. 천천히 손을 들어 올릴 때, 동시에 '들어 올림' 하고 알아차리고, 손이 가려운 부분에 닿을 때 '닿음' 하고 알아차리며, '긁음' 을 완벽하게 알아차리면서 천천히 긁으시오. 가려운 감각이 사라지고 당신이 긁는 일을 멈추려 할 때, 보통의 정신적인 의도를 '의도' 라고 마음챙깁니다. 천천히 손을 내릴 때, 동시에 '내림' 하고 알아차리시오. 손이 다리와 닿으면서 평상시 있던 자리에 놓일 때 '닿음' 하고 알아차리시오Sayadaw, 1971, pp. 5-6*.

여기에서 '의도' 까지 볼 수 있는 수준의 정확하고 섬세한 알아차림은 분명 수행자에게 비범한 수준의 헌신적 노력을 요구한다. 놀랍게도 이 가르침은 '기초적인' 가르침이라고 한다. 마하시 사야도는 더욱 향상된 단계에 대해서 다음과 같이 말한다. "어떤 수행자는 세 가지 과정을 분명히 나누어 지각한다. 대상을 알아차림, 그것의 소멸, 그리고 그 소멸을 인식하는 의식이 사라지는 것—모든 과정이 빠르게 연속적으로 일어난다." 1971, p. 15

* 미얀마의 마하시 사야도(Mahasi Sayadaw, 1904~1982)의 위빠사나 수행 지침서에 실린 글.

마음챙김의 순간들에는 그것이 수행의 연속선상 어디에 위치하든 상관없이 공통의 양상이 있다. 깨어 있고 마음챙기는 실제의 순간은 숙련된 명상가나 매일 일상에서 마음챙김을 연습하는 초보자나 똑같다. 단지 그 경험이 숙련된 명상가에게는 더 연속적일 뿐이다. 마음챙기는 순간들은 다음과 같다.

- 비개념적이다. 마음챙김은 사고과정에 빠져들지 않는 알아차림이다.
- 현재 중심적이다. 마음챙김은 항상 현재 순간에 있다. 하지만 경험에 대한 생각은 현재 순간에서 한 걸음 떨어져 있다.
- 비판단적이다평가하지 않는다. 만약 우리가 경험하는 것이 다른 것이기를 바란다면, 알아차림은 자유롭게 생기지 않는다.
- 의도적이다. 마음챙김은 항상 주의를 어딘가로 이끄는 의도를 포함한다. 주의를 현재 순간에 돌리는 것은 마음챙김을 연속적이게 한다.
- 참여 관찰적이다. 마음챙김은 떨어져서 보는 것이 아니다. 그것은 몸과 마음에 더욱 밀착해서 경험하는 것이다.
- 비언어적이다. 마음챙김의 경험은 단어로 포착될 수가 없다. 왜냐하면 알아차림은 마음에 단어가 떠오르기 전에 나타나기 때문이다.
- 탐색적이다. 마음챙기는 알아차림은 항상 보다 섬세한 수준의 지각들을 조사하는 것이다.
- 자유롭다. 순간순간 마음챙기는 알아차림이 있을 때, 조건 지은 괴로움으로부터 자유로워진다.

이러한 특성들은 마음챙기는 매 순간 동시에 발생한다. 마음챙김 수행은 앞서 열거한 알아차림의 모든 특질을 지니고, 알아차림을 더 자주 현재로 돌리려는 의식적인 시도다. 마음챙김 자체는 특별한 것이 아니다.

마음챙김의 연속이 정말로 드문 것이다.

일상에서의 마음챙김을 통해 우리는 심리적인 기능에 대한 통찰을 개발하고 새로운 상황에 대해 능숙하게 반응하게 된다. 깊은 명상에서의 마음챙김은 마음의 본성과 괴로움의 원인에 대한 통찰을 제공한다. 현상이 실제로 얼마나 변하는 것[無常]인가에 대한 알아차림과 같은 이러한 통찰을 얻게 되면, 우리는 반추rumination에 보다 덜 얽히게 되고 그에 따라 더 많은 마음챙김이 촉진된다.

심리치료자와 마음챙김

임상가는 임상적 · 과학적 · 이론적 · 개인적 이유 등 다양한 방향에서 마음챙김과 심리치료의 주제에 끌린다. 더욱이 심리치료 환자들은 명상 수행을 이해할 만한 치료자들을 점점 더 찾고 있다. 이러한 발전은 서구에서 불교 심리학과 그 핵심 수행인 마음챙김에 대한 대중적인 호소력이 성장하고 있는 것으로 보아 크게 놀랄 만한 것은 아니다.

심리치료에서의 마음챙김의 간략한 역사

정신분석 분야에서는 상당 기간 불교 심리학을 가볍게 다뤄 왔다. 프로이트는 1930년에 한 친구와 편지를 교환했는데, 그 편지에서 그는 동양철학이 자신에게는 생소한 것이며, 아마도 '[그의] 본성의 한계를 넘어서는' 것임을 인정했다Epstein, 1995, p. 2에서 인용. 이런 입장 때문에 프로이트가 명상에 대해서 언급을 하지 않은 것은 아니다. 그는 『문명과 불만족*Civilization and its Discontents*』1930/1961b에서, 명상의 '대양과 같은 감정들oceanic feeling' 은 본질적으로 퇴행적인 경험이라고 하였다. 프란츠 알렉산더Alexander, 1931는 「인위적인 긴장병catatonia으로서의 불교 수행」이라는 제목으로 논문을 썼다. 다른 정신역동 이론가들은 보다 경의를 표했는데, 특히 1931년에 『티베트 사자의 서』의 해설을 쓴 칼 융Jung, 1939~1992은 일생 동안 동양심리학에 호기심을 가졌다. 에리히 프롬Erich Fromm, 1900~1980과 카렌 호나이Karen Horney, 1885~1952는 선禪 학자인 스즈키 다이세츠鈴木大拙, 1880~1966와 대담을 가졌다Fromm, Suzuki, & DeMartino, 1960; Horney, 1945. 1995년, 마크 엡스타인Mark Epstein은 정신역동 임상가들에게 불교 심리학에 대한 새로운 관심을 촉발한 『생각하는 주체가 없는 생각*Thoughts without a Thinker*』*을 썼다.

수련과정에 있는 많은 치료자들은 치료자로서의 전문적인 경력을 시작하기 전에 삶을 향상시키는 한 방법으로 동양철학 또는 동양명상에 심취했다. 어떤 이들은 깨달음이라는 개념이 비틀즈와 또 다른 유명한 순례자들을 따라 인도에서 서양으로 유입된 시기인 1960년대 후반에 명상을 시작했다. 하버드 대학교 심리학과 교수였던 람 다스Ram Dass의 책으로 힌두교와 불교사상이 혼합된 『지금 여기에 존재하라*Be here now*』1971는 100만 부 이상이 팔렸다. 본질적으로 움직임 속의 마음챙김인 요가Boccio, 2004; Hartranft, 2003도 그때 서구에 전해졌다. 일부 심리치료자들은 개인적인 명상 수행과 치료 작업을 연결하려고 노력하기 시작했다.

명상에 대한 연구는 심장병학자 벤슨Benson, 1975**의 심장병 치료를 위한 명상 활용을 시작으로 왕성해졌다. 임상심리학은 심리치료의 부속 분야 또는 심리치료 자체로서 명상에 대한 수많은 논문과 보조를 맞췄다Smith, 1975. 1977년 미국정신의학협회APA는 명상의 치료적인 효용성에 대한 조사를 요청했다. 그 당시 대부분의 학술지 논문들은 초월명상TM과 벤슨

---

* 『붓다의 심리학』 전현수, 김성철 공역, 2006, 학지사.
** 벤슨은 『마음으로 몸을 다스려라』(정경호 역, 2006)을 저술함.

의 프로그램과 같은 집중명상을 연구했다. 지난 10년 동안 연구의 대부분은 마음챙김 명상으로 옮겨졌다Smith, 2004. 존 카밧진Jon Kabat-Zinn은 의사들이 더 이상 도움을 줄 수 없는 만성적인 질병을 치료하기 위해 1979년 마음챙김센터Center for Mindfulness를 매사추세츠 의과대학에 설립했다. 15,000명 이상의 환자들이 이 MBSRmindfulness-based stress reduction, 마음챙김에 근거한 스트레스 완화 프로그램을 마쳤는데, 이는 세계 곳곳에서 진행된 250회 이상의 MBSR 프로그램에 참여한 사람들은 계산하지 않은 수치다Davidson & Kabat-Zinn, 2004.

마음챙김과 심리치료의 통합된 분야로 좀 더 최근의 흥미로운 영역은 과학적으로 효과가 입증된 마음챙김에 근거한 개입intervention이다. 그 시발점은 카밧진1990의 MBSR 프로그램과 마샤 리네한Linehan, 1993a의 선禪에서 영감을 받은 변증법적 행동치료DBT 등의 선구적인 작업을 원동력으로 한 것 같다. 마음챙김에 근거한 만성적인 우울증 치료에 관해 티스데일Teasdale 등의 학자들이 2000년에 발표한 연구는 인지행동 연구자들 사이에 마음챙김에 대한 관심을 촉발하였다. 마음챙김과 수용에 근거한 이러한 접근방식의 잠재성은 익숙한 문제들을 경험에 기초하여 다루는 치료법의 새로운 동향*을 예고하고 있다Hayes, Follette, & Linehan, 2004; Hayes, Masuda, Bissett, Luoma, & Guerrero, 2004.

마음챙김에 대한 현재의 관심은 어디를 향하고 있는가? 우리는 보다 통일된 심리치료 모형의 출현을 목격할지도 모른다. 우리는 마음챙김을 치료계획안protocols의 핵심 구성 요소, 치료 관계의 결정적 요소, 그리고 심리치료자들이 치료 자질과 일반적인 행복을 개발하는 기술 등으로 입증하는 더 많은 연구를 보게 될 것이다. 마음챙김은 임상이론, 연구 및 수련을 더 밀접하게 하나로 묶으며, 치료자의 개인적 · 직업적 삶을 통합하는 데

* 인지행동치료의 제3 동향을 말한다.

도움이 되는 구조가 될 수 있을 것이다.

치료자의 안녕감

비록 마음챙김이 일반적인 안녕감well-being을 증진시키는 것이 분명하지만Brown & Ryan, 2003; Reibel, Greeson, Brainard, & Rosenzweig, 2001; Rosenzweig, Reibel, Greeson, Brainard, & Hojat, 2003, 치료자는 자신의 일을 더욱 온전하게 즐기기 위한 단순한 이유에서 마음챙김에 매력을 느낄 수 있다. 심리치료자는 깨어 있는 많은 시간 동안 인간의 갈등과 절망을 지켜보고 나누는 일을 선택한 것이다. 때때로 우리는 동정적인 환자들로부터 "어떻게 이런 일을 하시나요?"라는 질문을 받는다. 다루기 불가능한 임상 상황이 발생했을 때 우리는 정말 무엇을 해야 할까? 어떻게 우리는 마음을 안정시키고 명료하게 생각을 할까?

심리치료를 하는 것은 일상생활에서 마음챙김을 수련할 수 있는 기회다. 치료 장소는 열린 마음과 온 마음으로 우리의 경험을 알기 위해서 순간순간의 경험을 초대하는 명상실처럼 될 수 있다. 치료자는 치료 관계에서 생기는 감정과 사고의 조건 지어진 패턴들을 확인하고 벗어나는 법을 배울 때, 환자도 같은 정서적 자유를 발견할 수 있다. 그 반대의 경우도 진실이다. 특별한 상황에서 환자가 보여 주는 마음챙김 능력에 의해서 치료자는 감동받고 고무될 수 있다.

수련 중인 임상가는 치료 결과에서 치료 관계의 중요성을 정기적으로 되새긴다Crits-Christoph et al., 1991; Luborsky et al., 1986, 2002; Wampold, 2001. 임상가들도 대학에서 개발된 치료계획안protocols과 그것의 현장 적용 사이의 연결고리를 만들면서 '기법technology을 전환' 하려고 분투한다. 경험적으로 도출된 치료계획안을 이행하는 일에 우선적으로 집중해서, 생생하고 흥미로운 지지적 치료관계supportive therapy relationship가 배제될 때, 치료자와 환자 양자 모두 치료 작업에서 흥미를 잃어버린다. 앞으로 수년 내에 마음챙김 수행은 경험적으로 지지되는 관계 기술을 세우기 위한 확실한 방법임이 입증될 수도 있다. 그것을 개선하기 위해 우리가 정말 할 수 있는 무언가가 있기 때문에, 우리의 주된 관심을 치료적 연결로 돌리는 데 도움을 받을 수 있다. 우리가 계획하는 개입의 방식은 심지어 공통적 치료 원리인 마음챙김의 단순한 메커니즘에 의해서 방향이 잡힐 수도 있을 것이다.

불교에 대한 한 단어

마음챙김은 불교 심리학의 중심에 놓여 있다. 심리치료자는 불교 심리학에서 친근감을 발견할 수 있는데, 괴로움의 완화라는 목표와 경험적인 탐구라는 가치를 불교 심리학과 심리치료가 공유하기 때문이다. 서구 과학이 현상을 객관적, 3인칭적인 관찰을 통해 탐구하는 반면, 불교 심리학은 고도로 수련된 체계적인 1인칭적인 접근을 한다.

비록 동양의 몇몇 문화권에서 계속해서 붓다의 가르침과 불상을 숭배하고는 있지만, 불교 심리학은 낯익은 유신론적 의미의 종교가 아니라는 점은 아무리 강조해도 지나치지 않다. 역사적으로 붓다는 신이 아닌 인간으로 이해되었고, 그는 평생 심리학적인 고통을 완화하는 일에 전념했다. 불교 전통에 따르면 그가 자유에 이르는 이 길을 발견했을 때, 처음에는 주저했지만 그가 깨달은 것을 다른 사람들에게 가르칠 것을 결심했다.

전승에 따르면, 사람들이 깨달음 후의 붓다를 만났을 때 그는 완전히 다른 사람들처럼 보이지 않았다. 그가 누구인지 사람들이 물었을 때 그는 간단하게 깨달은 사람을 의미하는 '붓다Buddha' 라고 대답했다. 전하는 바에 따르면, 그는 깨달은 후 45년 동안 가르쳤고 많은 제자들 가운데에는 부자도 빈자도 있었다. 그는 인도 대중문화의 이야기와 사상을 사용하면서 단순한 언어로 말했다. 네 가지 고귀한 진리[四聖諦]에 대한 그의 첫 설법에서 다음과 같은 네 가지 근본적인 개념을 내놓았다. ① 인간의 조건은 고통을 동반한다. ② 사물들이 존재하는 방식과 우리가 존재하기를 바라는 방식 사이의 갈등이 고통의 원인이다. ③ 고통은 불유쾌한 경험에 대해 우리의 태도를 변화시킴으로써 줄이거나 심지어 제거할 수도 있다. 그리고 ④ 고통을 끝내는 여덟 가지 일반적인 방법[八正道]이 있다2장과 부록 B 참조. 붓다는 80세에 입멸入滅했는데, 아마도 가난한 신자의 집*에서 먹은 상한 음식 때문이었을 것이다.

붓다는 어떤 지지자나 종교적 의례 없이도 고통을 없애는 법을 발견했다고 한다. 문화적으로 불상을 경배해 왔지만, 붓다는 제자들에게 그렇게 하지 말라고 했다. 그는 제자들에게 "와서 보라."라고 하면서 그들 나름의 경험에서 그가 가르친 진리를 발견하라고 했다. 업이나 윤회와 같은 관념들에 대한 믿음이 있어야 불교 심리학으로부터 최대한의 도움을 얻을 수 있는 것은 아니다Batchelor, 1997. 불교 심리학은 우선적으로 마음을 이해하고, 마음을 가다듬고, 마음을 자유롭게 하는 실제적인 방법이다Nyanaponika Thera, 1965. 마음챙김은 불교 심리학의 핵심 수행이며, 붓다의 본래 가르침과 이후의 아비담마 논서를 포함한 불교 심리학의 몸체는 마음챙김을 위한 이론적인 기초로 간주될 수 있다Bhikkhu Bodhi, 2000; Nyanaponika Thera, 1949/1998.

초기불교 문헌을 읽어 보면, 임상가는 붓다가 본질적으로 심리학자였다는 것을 확신하게 될 것이다. 미국의 내성주의introspectionist 심리학자 윌리

* 붓다에게 마지막 공양을 올린 춘다는 금속세공인이었다.

엄 제임스William James는 불교 전통을 높이 평가했다. 엡스타인1995은 다음과 같이 썼다.

> 1900년대 초, 하버드 대학교에서 강의할 때 제임스는 청중 가운데 스리랑카에서 방문한 불교 승려가 있음을 알아보고 갑자기 멈췄다. 그리고 "제 의자에 앉으세요."라고 말했다. "당신이 저보다 더 심리학 강의를 할 자격이 있습니다. 바로 지금부터 25년 후 모든 사람들이 공부하고 있을 심리학입니다." pp. 1-2

비록 많은 세월이 흘렀지만 제임스의 예언은 현실이 될 수도 있다.

이 책의 12장은 마음챙김에 대한 보다 포괄적인 역사적 · 개념적 배경을 제공하고 있다. 불교 심리학의 맥락에서 마음챙김에 대한 더 많은 자료는 부록에서 찾아볼 수 있다.

마음챙김 수련

마음챙김은 일상생활에서 자연적으로 일어나지만 유지되려면 수련이 필요하다. 우리 모두는 주기적으로 현재 경험에 깨어 있지만 바로 다시 일상의 산만한 생각 속으로 빠져들게 된다. 심리치료를 하는 동안, 각별히 주의하고 있다고 느낄 때조차도 우리는 단지 간헐적으로만 마음챙김을 하고 있다. 우리의 마음은 환자가 말하거나 행동하는 것과 관련된 생각에 빠져 버리게 될 수도 있다. 그런 다음 우리는 공상에서 깨어나는 순간을 맞이하게 되고, 우리의 주의를 환자에게 다시 기울이고, 환자가 전하려는 것에 대한 탐구를 재개할 수도 있다. 그러나 곧 우리는 다시 산만한 생각 속으로 빠져든다. 때에 따라서는 산만한 생각의 내용이 치료실에서 일어나는 일을 이해하는 의미심장한 실마리가 된다. 물론 그렇지 않을 때도 있다. 지속적인 마음챙김을 유지하기 위해서는 참여commitment와 힘찬 노력이 필요하다.

공식적 수련과 비공식적 수련

마음챙김은 배울 수 있다. 마음챙김 수련은 두 가지 일반적인 범주로 정리할 수 있다. 즉, 공식적인 수련과 비공식적인 수련이다. 공식적인 마음챙김 수련은 마음챙김 명상*에 속하는 것이고, 가장 깊은 단계의 마음챙김을 경험할 기회다. 지속적이고 숙련된 내성內省을 통해서 수행자는 마음이 움직이는 방식을 배우고 그것의 내용을 체계적으로 관찰할 수 있게 된다. 다음 절에서 명상에 대해 더 많은 것을 설명할 것이다.

비공식적인 마음챙김 수련은 일상생활에서 마음챙김 기술을 적용시킨 것이다. 우리에게 현재 순간 수용의 태도로 깨어 있게 하는 어떤 연습이라도 마음챙김을 향상시킨다. 호흡에 주의를 기울이는 것, 주위 환경의 소리에 귀 기울이는 것, 주어진 순간의 자세에 주의를 기울이는 것, 느낌에 명칭을 붙이는 것 등이다. 이런 목록은 끝이 없다. 치료자는 이러한 종류의 마음챙김 수련을 개발해서 각 환자가 분열적 패턴의 사고, 느낌, 행동 등으로부터 벗어나며 순간순간의 알아차림이 주는 안도감을 느끼는데 도움을 주고 있다. 각 환자는 특별한 생각 혹은 감정 때문에 특별한 방식으로 끌리게 되는데, 그 때문에 각 증상에 적합한 특별한 마음챙김 연습이 개발될 수 있다6장 참조.

---

* 이 책에서 언급하는 마음챙김 명상(mindfulness meditation)은 기본적으로 위빠사나, 즉 통찰 명상(vipassana: insight meditation)을 의미한다. 이 책 45쪽 참조.

일상생활에서 마음챙김을 개발하기 위한 연습으로, 집중 수행 코스에서도 사용되는 두 가지 공통 연습들인 천천히 걷기와 천천히 먹기가 있다. 걷기 명상에서 우리는 걷는 순서와 순간순간의 운동 감각에 주의를 기울인다. 겉으로 보면 슬로우 모션 영화처럼 보인다. 내면으로는 조용히 '듦……나아감……뒤꿈치 닿음……발가락 닿음……듦…….' 하면서 알아차리고 있다. 먹기 명상에서는 조용히 보통 때보다 더 천천히 먹는데, 접시에 놓인 음식을 보고, 입으로 음식을 옮기는 도구를 사용하며, 입 안의 음식의 느낌과 씹는 근육의 운동들, 음식의 맛 그리고 음식을 삼키는 과정을 알아차린다. 이렇게 하면 일상적인 식사는 매우 흥미로워지는데, 강박적인 섭식compulsive eating을 다루기 위해 마음챙김에 근거한 방법으로 사용된다Kristeller & Hallert, 1999.

어떠한 정신적 사건이든 마음챙겨 알아차리는 대상이 될 수 있다. 전통적으로 불교 심리학에서 마음챙김 수행자는 몸의 여러 부분들[身念處], 유쾌함, 불쾌함 또는 중립적인 특성의 감각[受念處], 산만함 또는 자만심이 일어나는 것과 같은 마음의 상태[心念處], 그리고 노력과 평온처럼 행복감을 촉진하는 다양한 자질, 또는 분노와 나태처럼 정신건강을 막는 특성들[法念處]에 초점을 맞춘다. 붓다 시대의 동양에서는 사고와 정서의 분명한 구별은 없었지만, 정서에 대한 마음챙김은 심리치료에서 매우 중요하다.

마음챙김과 집중명상

대부분의 치료자들은 이완 기법으로서의 명상에 친숙하다Benson, 1975. 어떤 명상을 하면 이완효과가 나타나지만, 명상의 형식과 목적이 부분적으로 그 효과를 결정 짓는다. 불교 심리학에 따르면, 명상법에는 두 가지, 즉 통찰위빠사나, vipassana과 집중사마타, samatha이 있다. 연구에 따르면, 두 형식의 명상은 신경학적으로 전혀 다른 수행이다11장 마음챙김 연구 참조. 위빠사나 명상은 심리학 문헌에서 '통찰 명상' 보다는 보통 '마음챙김 명상' 이라고 불리는데, 이 책에서도 이 용어를 사용한다.

집중명상

집중명상은 레이저 빔에 비유할 수 있는데, 그것이 향하는 대상이 어떤 것이든지 밝히기 때문이다. 집중명상의 유익함은 고요하고 혼란되지 않은 마음으로 정서적, 대인적 관계에 빠지는 것에서 벗어나는 것이다팔리어 사마타는 고요함과 집중 둘 다를 의미한다. 내적이든 외적이든 간에 알아차림의 대상은 집중의 대상이 될 수 있다. 명상의 내적인 대상의 예로는 단어mantra, 이미지주로 종교적인, 몸의 한 지점코끝과 같은, 또는 움직임의 느낌호흡과 같은을 포함한다. 집중명상은 대상이 즐거운 것일 때가 더 쉽다. 외적인 집중의 대상은 촛불, 사랑스러운 이미지, 만다라 또는 심지어 벽의 한 점이 될 수 있다. 집중명상의 경우 마음이 헤매고 있음을 알아차렸을 때, 부드럽게 다시 명상의 대상으로 돌아간다.

마음챙김 명상

마음챙김 명상은 넓은 범위의 대상들이 알아차림의 영역에 나타날 때마다, 한 번에 하나씩 비추는 탐조등에 비유될 수 있다. 마음챙김 명상의 유익함은 우리 마음의 개인적인 조건화에 대한 더 큰 알아차림과 마음의 본성 자체에 대한 이해다. 명상의 지침은 "무엇이든 순간순간 두드러지게 알아차림의 영역에 나타나는 것을 알아차려라."는 것이다. 마음챙김 명상은 의식적 주의를 즉각적이고 자연스럽게 변화하는 경험 내용으로 옮기는 것이며, 이완되고 선택 없는 알아차림choiceless awareness을 위한 능력을 개발하는 데 도움이 된다심지어 선택 없는 알아차림도 의도를 포함한다. 이 경우에 주의가 머무는 곳을 선택하지 않지만 그곳을 꾸준히 알아차리며 머물고자 하는 의도다. 또한 마음챙김 명상은 어느 정도 그 방향성을 가질 수 있다. 예를 들어, 마음챙김의 초기 연습은 '눈을 감고 앉아, 다가오는 소리를 그대로 허용하면서 듣는 것'이다숲 속을 거니는 것을 좋아하는 사람은 자연스럽게 이것을 한다. 명상은 앉고, 서고, 눕고 또는 움직이면서 수련할 수 있다. 마음챙김 명상은 배우기 어렵지 않다. 누구든지 그것을 수련할 수 있다.

마음챙김 명상의 초보자는 종종 마음챙김 명상이 무엇인지 무엇을 하는지 잘못 이해하고 있다. 마음챙김 명상은 이완 연습이 아니다. 때때로 알아차림의 대상이 혼란스러울 경우 그 효과는 정반대다. 마음챙김 명상은 삶에서의 어려움을 피하는 방법이 아니다. 오히려 그 어려움에서 벗어나기 전에 그 어려움에 좀 더 가까이 다가가게 한다. 그것은 우리의 성격 문제를 지나치지 않는다. 즉, 마음챙김 명상을 통해서 우리는 완만하고 점진적으로 자신이 누구인가를 파악하게 되는 과정을 밟는다. 마지막으로, 마음챙김 명상은 다른 마음상태를 성취하는 것에 관한 것이 아니다. 그것은 이완되고, 민첩하며, 열린 마음으로 현재 경험에 마음 붙이는 것이다.

마음챙김 수행에는 생각과 느낌뿐만 아니라 여타 감각보는 것, 소리, 촉감, 냄새, 맛이 포함될 수 있다. 그러나 생각과 느낌은 유혹적이고 변덕스럽기 때문에, 종종 다섯 감각을 탐구하는 것에서 마음챙김 명상을 시작하는 것이 더 쉬운 일이다.

전형적인 수행에서 마음챙김 명상은 호흡에 대한 집중*으로 시작한다. 몇 분이나 며칠 후 마음의 안정을 충분하게 달성했을 때, 알아차림

* 호흡에 초점을 맞출 때, 코끝이나 인중 부근의 감각에 초점을 맞추면 고엔카 방식의 위빠사나 수행이 된다. 10일간의 집중코스에서 처음 3일간은 호흡을 알아차리면서 집중을 기른다. 이렇게 해서 마음이 안정되면 4일째부터 몸의 감각을 알아차리게 된다. 도중에 마음이 산만해지면

은—탐조등을 부지런히 움직여—다른 경험을 포착하게 된다. 만약 마음이 지각의 대상들에 휩쓸려 안정을 잃어버릴 때, 우리는 언제든지 호흡을 피난처로 삼으면서 집중을 강화할 수 있다. 불안정한 마음은 불안정한 카메라와 같다. 이런 카메라로는 불분명한 사진을 얻을 뿐이다.

기본적인 마음챙김 명상 지침은 믿기 어려울 정도로 단순하다〈연습 1〉 참조. 호흡에 초점을 맞출 때, 우리는 현재 지각되는 사건에 초점을 맞추고 있는 것이다. 때때로 어찌할 수 없는 생각과 느낌이 끊임없이 윙윙거려 호흡을 발견하기 어렵다. 이때는 호흡을 세는 것이 때때로 도움이 된다. 〈연습 1〉의 5에서 제시된 지침인 "[호흡이라는 마음챙김 대상에서] 벗어나 헤매고 있을 때는 그 사실을 알아차려라."라는 마음챙김 연습의 핵심이고, 집중명상과 구별되는 점이다. 탐조등은 산만함을 알아차리려고 비추고 다닌다. 산만은 호흡만큼이나 중요한 마음챙김의 기회다. 그러나 시작 단계라면 우선 부드럽고 재빠르게 호흡으로 되돌아감으로써 마음을 안정시키라고 권한다. 〈연습 2〉는 하루 종일 마음챙김이 유지되도록 도와준다.

연습 1

1. 등을 대고 눕거나 앉아서 편안한 자세를 취하라. 앉을 때는 척추를 바로 세우고 어깨를 내려뜨려라[어깨의 긴장을 풀라는 의미].
2. 편안하다고 느껴지면, 눈을 감아라.
3. 복부에 주의를 가져가 들숨 때 복부가 일어남 혹은 팽창을, 날숨 때 사라짐 혹은

다시 호흡을 알아차리는 일로 돌아가서 마음을 안정시킨 다음에 다시 몸의 감각에 대한 관찰을 한다. 〈연습 1〉에서 존 카밧진이 제시하는 호흡관찰법은 마하시 방식의 수행법에 따른 것이다. 고엔카 방식과 마하시 방식의 위빠사나 수행법에 대해서는 『대념처경의 수행이론과 실제』(김재성, 2005)에 수록된 일중스님과 김재성의 논문을 참조.

껴짐을 느껴라.

4. 호흡에 집중을 유지하면서 마치 호흡의 물결을 타고 있는 것처럼, 각 들숨과 날숨의 시작에서 끝까지 매번 '함께 있어라.'
5. 마음이 호흡에서 벗어나 헤매고 있음을 알아차릴 때마다 그렇게 벗어나 헤매게 한 것이 무엇인지 알아차려라. 그리고 부드럽게 주의를 다시 복부의 움직임과 호흡이 들고 나가는 느낌으로 돌려라.
6. 마음이 호흡에서 수없이 벗어나 헤맨다면, 무엇에 마음을 빼앗겼는지에 상관하지 말고, 당신이 '할 일' 은 그때마다 그냥 호흡으로 마음을 돌리는 것이다.
7. 마음이 내키든 내키지 않든, 이 연습을 일주일 동안 매일 15분간 편한 시간에 하라. 그리고 숙련된 명상 수련이 생활의 일부가 되는 것이 어떤 것인지 느껴 보라. 매일 일정 시간 아무것도 하지 않고 그저 자신의 호흡과 함께 존재하는 것이 어떤 느낌인지를 알아차려라.

연습 ❷

1. 하루 동안 서로 다른 시간대에 복부가 한두 번 일어나고 꺼지는 것을 느끼면서 자신의 호흡과 조화를 이루어라.
2. 이러한 순간순간에 판단 없이 단지 관찰하면서 자신의 생각과 느낌을 알아차려라.
3. 동시에, 자신이 대상을 바라보고 스스로에 대해 느끼는 방식에서 어떤 변화라도 있으면 알아차려라.

〈연습 1, 2〉의 출처: 장현갑, 김교헌, 김정호 공역(2010). 『마음챙김 명상과 자기 치유』(上)(존 카밧진 저). 서울: 학지사.

집중과 마음챙김은 실제 서로를 보완해 준다. 집중은 우리의 지각 스크린에 일어나는 무엇이라도 초대하고 수용하는 마음챙김의 태도와 어우러지지 않으면, 더 많은 노력을 필요로 하며 긴장을 일으킬 수 있다. 우리가 집중의 피난처로 되돌아오지 않으면, 마음챙김은 마음을 빼앗아 가 버리는 어려운 기억들을 그냥 드러낼 수도 있다. 우리 대다수는 조용한 곳에서만 집중을 수련할 수 있는 반면, 마음챙김의 순간은 어디에서든지 일어날 수 있다. 마음챙김 명상은 마음챙김과 집중 사이에서 추는 춤이다.

마음챙김 명상가와 집중 명상가 모두 실제로 마음챙김을 배우고 있다. 이 둘은 생각과 느낌에 무의식적으로 빠져드는 일에서 깨어나는 법과 의도적으로 주의를 바꾸는 법을 배우고 있는 것이다. 차이점은 마음챙김 명상의 경우, 보다 넓은 범위의 정신의 내용을 의도적으로 탐구하며, 시간이 흐르면 일상에서 그런 것들을 인식하고 벗어나는 일이 더 쉬울 수 있다는 점을 발견하게 될지도 모른다는 것이다.

마음챙김 지향 심리치료

마음챙김을 심리치료 작업에 통합시키는 많은 방식들이 있고, 그것들은 서로 배타적이지 않다. 심리치료자는 ① 심리치료에서 마음챙기는 현존mindful presence을 기르기 위해 개인적으로 마음챙김 명상 혹은 일상에서의 마음챙김을 수련할 수 있다. ② 마음챙김 수련, 마음챙김에 관한 최근 심리학적인 문헌 또는 불교 심리학 등을 통해서 얻은 통찰에 바탕을 둔 이론적 준거 기준을 사용할 수 있다마음챙김 원리를 응용한 심리치료, mindfulness-informed psychotherapy. 또는 ③ 좀 더 명시적으로 환자에게 마음챙김 수련을 가르칠 수 있다마음챙김에 근거한 심리치료, mindfulness-based psychotherapy. 우리는 이러한 종류의 접근법들을 모두 마음챙김 지향mindfulness-oriented 심리치료라고 부른다.

수행하는 치료자

마음챙김은 부분적으로 [심리] 상태이며 부분적으로 [성격] 특질이지만, 인지적 형식으로 나타난다Sternberg, 2000. 대개는 서로 다른 삶의 경험과 유전적 경향이 개인 간의 자연적 다양성을 설명해 주지만, 마음챙김은 매일의 명상이상적으로 하루에 20-45분씩 그리고/또는 비공식적인 마음챙김 연습을 수련하면서 개발될 수 있다.

명상하는 치료자들은 매일 이른 시간에 명상을 할 경우, 환자에게 이완되고 수용적이 되며, 좀 더 '현존하는' 느낌을 느낀다고 보고한다. 이러한 효과가 아직 실험적으로 연구되지는 않았지만, 명상의 유익함에 대한 간접적인 증거로 라이언과 브라운Ryan & Brown, 2003의 연구가 있는데, 라이언과 브라운은 선禪 수행자가 대응 표집 성인들보다 마음챙김 수준이 높다는 것을 발견했다. 데이비슨 등Davidson et al., 2003의 연구는 마음챙김 명상 수련이 연민과 관련된 뇌 영역의 활동을 증가시킨다는 것을 발견했다.

명상하는 치료자는 정신역동적, 인지행동적, 가족 체계 또는 이야기 심리치료 등을 포함한 어떠한 이론적인 준거 기준 안에서도 환자와 마음챙기면서 관계할 수 있다. 이 책의 3장에서는 이러한 주제를 좀 더 심층적으로 다룬다.

마음챙김 원리를 응용한 심리치료

마음챙김 원리를 응용한mindfulness-informed 심리치료는 불교 심리학과 서양 심리학뿐만 아니라 수행자의 실제적 경험에서 개념을 빌린다. 앞서 언급했듯이, 직접적인 경험이 마음챙김을 제대로 이해하는 데 필요하다. 왜냐하면 마음챙김은 본질적으로 비개념적이기 때문이다. 마음챙김 원리를 응용한 심리치료를 실시하는 치료자가 마음챙김에 근거한 이론적인 준거 기준을 잘 알고 있을 수 있지만, 환자에게 명시적으로 마음챙김하는 법을 가르치지 않는다. 개념적으로 이러한 방법으로 불교 심리학과 심리치료를 통합한 많은 연구들이 있다예: Brazier, 1995; Epstein, 1995, 1998; Goleman, 2003; Kawai, 1996; Lander, 2004; Magid, 2002; Molino, 1998; Rosenbaum, 1999; Rubin, 1996; Safran, 2003; Segall, 2003; Suler, 1993; Watts, 1963; Welwood, 2000; Young-Eisendrath & Muramoto, 2002.

마음챙김에 근거한 심리치료

마음챙김을 인지행동치료에 통합시킬 때, 새로운 마음챙김 수련과 다채로운 구성의 치료 계획안을 만들어 냈다. 이러한 마음챙김에 근거한 심리치료는 환자에게 호흡 알아차림, 마음챙기며 먹기, 그리고 주의를 조절하는 다른 방법과 같은 특정한 마음챙김 기술들을 가르치는 것을 포함한다6장 참조. 비록 치료자들이 전적으로 치료계획안을 실행하지 않을지라도 치료계획안의 확산은 임상가가 마음챙김 기법을 실험하는 데 격려되고 있다범주에 포함되는 작업들: Bennett-Goleman, 2001; Bien & Bien, 2002; Brach, 2003; Brantley, 2003; Fishman, 2002; Goleman, 1997; Hayes, et al., 2004; Hayes, Strosahl, & Wilson, 1999; Kabat-zinn, 1990, 1994; Linehan, 1993a, 1993b; Martin, 1999; Mcquiad & Carmona, 2004; Schwartz, 1996; Schwartz & Begley, 2003; Segal, Williams, & Teasdale, 2002; Siegel, Urdang, & Johnson, 2001.*

심리치료에서 새롭게 떠오르는 모형

우리는 심리치료의 새로운 마음챙김 지향 모형의 입구에 서 있는지도 모른다. 그러한 모형을 뒷받침하는 분명한 철학적인 패러다임이 있다이 장의 후반부에서 논의함. 치료 전략들은 마음챙김의 기본 요소들현재 경험에 대한, 수용적 태도로, 알아차림에서 끌어낼 수 있다. 그 전략들은 다른 모형들과 구별되며 그 효과가 검증되고 있다. 배어Baer, 2003의 경험적인 논문에 대한 논평을 통해서 마음챙김에 근거한 치료법이 '아마도 효능이 있으며 잘 자리 잡고 있는' 도중에 있다는 점을 볼 수 있다.

---

* 이 범주에는 마음챙김이 응용된 기본적인 치료개입인 마음챙김에 근거한 스트레스 완화(MBSR), 마음챙김에 근거한 인지치료(MBCT), 변증법적 행동치료(DBT), 수용과 참여 치료(ACT) 등이 포함된다.

만약 결과 논문을 통해 그 유용성을 좀 더 확고히 하고, 우리가 서로 다른 환경들과 진단 범주들에 맞게 마음챙김과 관련된 양상들을 정교하게 다듬으며, 접근법의 한계를 구체화하고, 다른 분야의 학문적 연구가 일관된 이론적 범주 아래 도입될 때, 우리는 발전된 심리치료의 새로운 모형을 얻게 될 것이다.

새롭게 떠오르는 마음챙김 모형은 심리학과 심리치료의 다양한 영역에 흥미로운 가능성을 제공한다. 그 범위는 넓은데, 그 이유는 마음챙김은 아주 단순하고 보편적인 인간의 능력이며, 이론적인 구조와 수련 양면에서 심리학에 들어설 길을 발견할 수 있기 때문이다. 마음챙김은 이미 행동주의, 정신분석, 인본주의 심리치료, 뇌 과학, 윤리학, 영성, 건강 심리학 그리고 긍정 심리학 등의 광범위한 영역에서 생소한 동료들과 교류하고 있다.

인지행동치료

마음챙김과 수용에 근거한 인지행동치료Baer, 2003; Campos, 2002; Hayes et al., 2004; Roemer & Osrillo, 2002에 대한 연구 논문이 넘치고 있다. 변화에 근거한 치료change-based therapy와는 달리 마음챙김과 수용에 근거한 치료에서는 방해되는 감각과 느낌 혹은 생각들이 오가도록 허용하며, 증상에 대해 이완되고, 비적대적인 관계를 향상시킨다. 수용에 근거한 치료는 우리가 잠자리에 들거나 이완하려고 분투할 때처럼, 증상을 제거하려 애쓸 때 그 증상이 더욱 강화된다는 낯익은 패러독스를 이야기한다.

네 가지 주요 접근법은 ① 경계선 성격장애를 위한 우선적 치료법으로 개발되었으며, 일반적인 정동情動 조절에도 사용되는 변증법적 행동치료DBT; Linehan, 1993a, 1993b, ② 육체와 정신적 건강에 복합적으로 적용되는 8~

10주의 마음챙김 수련 과정인 마음챙김에 근거한 스트레스 완화MBSR; Kabat-Zinn, 1990, ③ 환자에게 생각을 관찰하는 것을 가르치는 인지치료법과 우울증에 MBSR을 적용시킨 마음챙김에 근거한 인지치료MBCT; Segal, Willams & Teasdale, 2002, 그리고 ④ 환자에게 불유쾌한 감각들을 조절하기보다는 수용하도록 격려하는 수용과 참여전념 치료다ACT; Hayes, Strosahl, et al., 1999; Hayes, Strosahl, & Houts, 2005. 장래성 있는 결과 논문에 대한 논평에 대해서는 Baer, 2003, Hayes, Masuda et al., 2004, 그리고 이 책의 11장 참조.

또 다른 마음챙김과 수용에 근거한 치료 프로그램에는 다음과 같은 것이 있다. 통합적 행동커플치료Jacobson, Christensen, Prince, Cordove, & Eldridge, 2000, 뢰머와 오실로Roemer, &Orsillo, 2002의 범불안장애 치료, 슈워츠Schwartz, 1996의 강박장애 치료, 말래트Marlatt, 2002의 약물남용에 적용한 치료, 콜렌버그와 차이Kohlenberg & Tsai, 1991의 기능적 분석 심리치료, 크리스텔러와 핼럿Kristeller & Hallett, 1999의 섭식 장애에 대한 접근법, 그리고 마텔Martell, 애디스Addis, 그리고 제이콥슨Jacobson의 우울증 치료를 위해 안내된 전략 등이다.

인지심리학은 '두 번째 인지혁명' *을 겪고 있다. 즉, 우리가 생각하고, 느끼고, 행동하는 많은 것들이 무의식적인 '암묵적' 과정의 결과라는 새로운 이해Westen, 2000a다. 그러면 치료 작업은 함축적이고, 자동적이며, 역기능적인 사고 패턴에 접근하는 것이 된다Friedman & Whisman, 2004; Palfai & Wagner, 2004. 마음챙김 수행은 앞으로 '접근의 기술technology of access' 로 그 중요성이 커질 것이다.

* 첫 번째 인지혁명은 인지심리학의 태동과 함께 시작되었으며, 인지와 신념을 강조하는 좁은 의미의 인지치료를 말한다.

정신역동 심리치료

앞서 언급했듯이, 정신역동 이론가들은 적어도 칼 융Jung, 1939/1992의 시대 이후 불교 심리학의 가치를 인정했다. 좀 더 최근의 지지자들은 엡스타인Epstein, 1995, 1998, 루빈Rubin, 1996, 몰리노Molino, 1998, 매지드Magid, 2002 그리고 사프란Safran, 2003 등이다. 포내지Fonagy, 2000의 '심리화 작용mentalization' 이라는 개념 또는 자기 자신의 혹은 다른 사람의 정신적 상태에 대해 생각하는 능력은 마음챙김 기술이다. 스턴Stern, 2004의 '심리치료에서의 현재의 순간'에 대한 최근 작업은 모든 개념들이 불교 심리학적인 원리와 연관된 상호주관적 영역 안에서의 함축적 과정들을 강조한다.

정신역동 심리치료자들이 행동주의자 동료들에 앞서 마음챙김을 발견한 것은 이해할 수 있는데, 정신분석은 역사적으로 마음챙김 수행과 공통의 특징을 가졌기 때문이다. 양자는 내성적內省的 탐험이고, 알아차림과 수용이 변화에 앞선다고 가정하고, 양자 모두 무의식적 과정의 중요성을 인정한다. 2장에서는 이러한 세 전통[정신역동, 인지치료를 포함한 행동주의, 불교 심리학] 가운데 공통성과 차이점들을 탐구한다.

인본주의 심리치료

마음챙김 수행은 본래 임상적인 조건이 아니라 질병, 늙음 그리고 죽음과 같은 실존적 조건과 관련된 괴로움을 완화시키기 위한 목적으로 제시되었다. 임상적 조건이라는 범주는 붓다 시대에는 있지도 않았다. 불교 심리학에 따르면, 괴로움은 피할 수 없는 이러한 어려움과 관계하는 방식에서 발생한다.

마음챙김은 실존주의적, 구성주의적 그리고 자아초월적 접근법들을 폭넓게 내포하는 인본주의적 심리학과 많은 공통점을 가지고 있다Schneider &

Leitner, 2002. 불교 심리학처럼 실존주의적 접근은 "건강해지고 온전히 제 역할을 다할 수 있는 개인의 타고난 능력들을 강조한다. 그것은 현재에, 부분적이나마 자신이 통제할 수 있다는 삶에 대한 의식의 성취에, 결정에 대한 책임의 수용에, 그리고 불안을 견디는 것을 배우는 것에 집중한다." Shahrokh & Hales, 2003, p. 78

또 다른 유사점이 있다. 젠들린Gendlin, 1996의 작업, 특히 심리학적 문제로서 언어 이전의 신체적 '감각 느낌felt sense' 에 대한 아이디어는 마음챙김에 근거한 심리학과 놀라울 정도로 유사하다7장 참조. 이야기치료narrative therapy와 같은 구성주의적 심리치료들Leiblich, McAdams, & Josselson, 2004은 '실재' 는 환경과 상호작용에서 개인에 의해 창조된다는 개념을 마음챙김 이론과 공유한다. 자아초월 심리치료와 불교 심리학은 미래의 장에서 정기적으로 나올 주제이며, 개인은 본질적으로 더 넓은 우주와 분리될 수 없다는 가정을 공유한다.

뇌 과학

뇌 과학과 마음챙김의 만남은 매우 생산적이다. 그것은 제임스 오스틴James Austin의 인상적인 연구업적인 『선과 뇌*Zen and Brain*』1998에 의해 처음으로 촉발되었다.* 기능적 자기공명영상fMRI 활용의 확장과 같은 두뇌 영상화 기술의 진보에 따라, 우리는 실험 주체의 1인칭 보고서[개인적 경험]와 객관적 이미지[뇌의 영상]를 서로 연관시킬 수 있게 되었다.** 2,500년 전통

* 오스틴은 최근에 선과 뇌 과학 연구 2편으로 『선-뇌 재고(*Zen-Brain Reflections*)』(2006)를 발표했다.

** 신경현상학(nuerophenomenology)의 입장과 같다. 신경현상학은 칠레 출신 신경과학자 프란시스코 바렐라(Francisco Varela, 1946~2001)가 인간의 경험에 현재 인지과학의 접근을 결합하기 위한 연구에 붙인 이름이다.

을 가진 불교의 철저한 내성內省에 의해서 정신적 사건들이 뇌의 어느 부분에서 일어나는지를 드러내지 않았다는 사실은 주목할 만하다. 11장에서 살펴보겠지만 사정은 변하고 있다.

뇌를 형성하는 마음의 능력을 포함한 '신경가소성neuroplasticity' 은 흥미로운 연구 분야다. 슈워츠와 베글리Schwartz & Begley, 2002, 그리고 데이빗슨Davidson, 2003은 어떻게 마음챙김 수행이 뇌 기능을 변화시킬 수 있는지를 탐구하고 있다. 8주 동안 명상을 수련한 일반 사람들은 휴식을 취할 때와 정서적인 자극에 반응할 때 왼쪽 전두엽의 활성화를 보였다Davidson et al., 2003. 슈워츠1996는 강박장애에 대한 마음챙김에 근거한 인지치료에서 뇌의 변화를 발견했는데, 그것은 심리활성 약물에 의한 변화와 유사했다.

매혹적 연구 성과의 하나인 리벳Libet, 1999의 뇌 연구는 많은 명상가들이 '자유 의지' 에 대해 관찰한 것을 실험적으로 보여 주었다. 곧 뇌가 행동할 준비를 한 후에정확히 말하면, 350~400ms(millisecond, 1/1,000초), 그리고 행동을 개시하기 전에200ms 명상하는 사람은 그 행동하려는 의도를 알아차리게 되었다. 달리 말하면, 우리는 행동을 '거부' 할 수 있지만 행동하려는 의도는 우리가 그것을 알아차리기 전에 이미 우리의 뇌에서 형성된다. 신경가소성 연구와 더불어 이러한 종류의 연구는 우리가 마음챙김 수행을 통해 뇌 자체를 변화시킬 수 있으며, 개인은 뇌 활동에 대해서 마음챙기는 알아차림을 증가시킴으로써 행동을 더 좋은 방향으로 조절할 수 있는 기회를 가지게 된다.

윤리학

불교 심리학은 종종 사회적인 관습으로 결정되는 '선하고good' '악한bad' 행동을 구분 짓지 않는 대신에 '좋고wholesome' '좋지 않은unwholesome' *

행동들 사이의 구분을 한다.

좋은 행동들은 자신과 타인들의 괴로움을 줄이는 것들이고, 반면 좋지 않은 행동들은 괴로움을 증가시킨다. 마음챙기는 주의는 우리가 조심스럽게 행동의 진행 과정을 관찰하게 해 준다. 이렇게 해롭고-해롭지 않은 윤리적인 구별은 세속의 심리치료 기준과 전적으로 일치한다.

마음챙김과 수용에 근거한 심리치료에서 가치는 높은 우위를 차지한다. 예를 들어, 수용과 참여치료ACT는 환자가 자신의 가치를 발견하는 연습당신은 자신의 삶이 무엇을 향해 있기를 원하는가[참여의 태도]과 그들의 목표를 성취하는 데 장애가 되는 것을 식별하는 연습당신은 자신을 방해하는 것에 대해 열린 마음으로 기꺼이 경험하려고 하는가[수용의 태도] 등을 포함한다. 또한 불교 심리학은 우리의 의도에 의해서 우리 삶이 선택할 방향이 결정되는 방식에 대해 강조한다.

영 성

마음챙김 지향 심리치료와 영성의 통합은 이 책의 범위를 넘어서는 거대한 주제다. 영성은 파악하기 어렵지만, 의미심장한 삶의 측면들에 대한 음미를 가리킨다. 파악하기 어려운 점은 가치사랑, 진리, 평화, 신, 생명의 힘, 대인관계 또는 아마도 초월감일 것이다.

불교는 우리가 찾는 것이 우리 바로 앞에서 그리고 매일매일 생활의 실제적인 경험 안에서 일어나고 있다는 것을 제시하는 영성에 대한 '내재적' 접근이다. 내재적 접근에서 영성적 욕구의 진의는 매 순간을 좀 더 온 마음으로 포용하는 것이다. 반대로 '초월적' 접근은 반복되는 신비적 결합신에 가까워짐의 경험이 점차적으로 일상 경험을 보다 완벽하게 만드는

* good과 bad가 세상에서 관습적으로 말하는 선악의 구분이라면, wholesome과 unwholesome의 구분은 불교의 목적인 괴로움의 소멸(열반)에 좋거나 좋지 않음이 기준이 된다.

'아래로 흘러내리는trickle-down' 방법이다. 비록 신비적 상태가 마음챙김 명상을 하는 동안 생기더라도, 그것은 여전히 정신적 사건으로 여겨지고, 그래서 특별한 상태로 간주되지 않는다. 괴로움에서 벗어난 자유는 어떠한 정신적 사건들도 우리의 알아차림에 전혀 장애가 되지 않을 때 생긴다.

건강 심리학

마음챙김의 건강상 유익함은 점점 분명해지고 있다Carlson, Speca, Patel, & Goodey, 2003, 2004; Reibel, Greeson, Brainard, & Resenzweig, 2001; Roth & Stanley, 2002; Speca, Carlson, Goodey, & Angen, 2000; Williams, Kolar, Reger, & Pearson, 2001. 그 유익함의 대부분은 자율신경계가 반응을 덜 보이는 것, 즉 스트레스를 덜 받는 느낌*에서 비롯된 것으로 보인다. 마음챙김 수행은 또한 환자가 자신의 질병을 키우기 전에 건강에 대한 요구를 인식하도록 돕는다. 예를 들면, 당뇨병 환자는 인슐린 치료에 보다 주의할 수 있다. 천식 환자는 발작을 일으킬 수 있는 정서적인 반응들을 좀 더 빨리 발견할 수 있다. 비만 환자에게는 충동이 강박적 행동이 되기 전에 음식에 대한 갈망을 확인할 수 있다. 마음챙김 수행을 통해서 면역 기능이 향상되고Davidson et al., 2003 건선乾癬 치료에 도움이 된다Kabat-Zinn et al., 1998고 보고되었다.

긍정 심리학

불교 심리학에서 정신적 행복은 일반적으로 깨달음이라고 불리는 괴로움으로부터의 완전한 자유를 말한다. 이 관점에서 볼 때, 우리 모두는 정신적으로 병적인 상태다.

* 마음챙김 수행을 포함한 명상 경험자들은 스트레스로 작용할 내적·외적 자극에 대한 민감성이 줄어들어 자극이 스트레스원으로 작용하지 못하고 단지 자극에 멈추게 된다고 한다.

서양 심리학은 문제 있는 마음에 대한 생물학적 · 심리학적 · 사회적 뿌리에 대한 이해에서 주목할 만한 성과를 이루어 왔지만, 안녕감, 만족, 사랑, 용기, 영성, 지혜, 이타주의, 정중함 그리고 인내 등과 같은 긍정적인 경험을 소홀히 해 왔다Seligman & Csikszentmihayi, 2000. 우리는 또한 올림픽즉, 아주 앞서 있으나 경쟁적이지 않은 수준의 매우 긍정적 정신건강을 향상시키는 방법이 없다. 불교 심리학은 행복을 향상시키는 종합적 프로그램이고, 마음챙김은 그 프로그램의 기반이다. 긍정 심리학에 대한 불교적 접근법에는 묘한 패러독스가 있다. 즉, 우리가 불행을 완전히 끌어안을수록 우리의 안녕감은 더욱 깊어지고 지속적인 것이 된다는 점이다. 마음챙김과 긍정 심리학에 대해서는 12장에서 살펴본다.

마음챙김의 세계관

우리 각각은 주된 세계관 또는 특별한 방식으로 세계를 지각하는 경향이 있다. 세계관은 개인의 성격에 달려 있는 것처럼 보인다Johnson, Germer, Efan, & Overton, 1988. 예를 들어, 부모의 한쪽은 창조적인 사고를 강조하는 학교에 자녀를 보내기를 원하는데, 다른 한쪽은 읽고, 쓰고, 계산에 집중하는 학교에 보내기를 원할 수 있다. 서로 다른 세계관을 가진 사람들은 어떤 것을 우선할 것인지 논쟁할 수 있으나, 세계관에 대한 가정은 너무나 근본적이어서 쉽게 입증되고 정당화되며 혹은 도전받을 수 없는 것이다. 모든 심리학 이론과 치료들은 특별한 세계관을 내포한다. 세계관은 또한 패러다임Kuhn, 1970, 우주론Bunge, 1963, 세계 가설Pepper, 1942 등으로 알려져 있다. 마음챙김이라는 개념은 수천 년 동안 지속되어 왔으며 현재 다양한 영역에서 임상 연구자와 심리치료자들에게 영감을 불어넣고 있기 때문에, 우리는 서양 심리학에서 그것에 합당한 메타이론적인metatheoretical 준거 기준을 찾아보고자 한다. 그 기준은 맥락주의다Hayes, 2002.

맥락주의

맥락주의contextualism 세계관은 페퍼Pepper, 1942에 의해 처음으로 이론적으로 정리되었다. 세계관을 통해 우리는 실재의 본질을 설명하고존재론, 어떻게 실재를 아는지 기술하고인식론, 인과관계를 설명하고, 인간성에 대한 개념을 이해한다. 맥락주의 세계관은 다음과 같은 가정을 제시한다.

- **실재의 본성** 활동과 변화는 삶의 근본적 조건이다. 세계는 서로 연결된 활동망activity web이다.
- **실재를 아는 방법** 모든 실재는 특별한 맥락 안에서 각 개인에 의해 구성되고 창조된 것이다. 우리가 알 수 있는 절대적 실재는 없다.
- **인과관계** 변화는 계속되고, 사건들은 다중 결정적multi-determined이다. 분명한 인과관계는 그것의 맥락에 의존한다. 한 사건에 대한 가장 정확한 인과적 기술은 특정 시점에서의 원인들의 우주universe of causes다.
- **인간의 상태personhood** 인간은 대인 관계적 사건과 개인과 관련 없는 사건들의 무한한 영역 안에 새겨진 알아차림 또는 활동의 한 순간으로 가장 잘 설명된다. 도움이 되는 은유는 순간순간 다른 물방울들로 구성되지만, 시간이 지나더라도 그 형태를 유지하는 것처럼 보이는 분수다.

켈리Kelly, 1955의 개인적 구성이론은 맥락주의 세계관 안에 심리학을 위한 토대를 만들었다. 초기 구성주의자인 켈리는 인간은 일차적으로 개념

이전의 실재 속에서 살 뿐만 아니라, 동시에 그런 실재에 대한 해석의 세계 속에 산다고 말했다. 성인으로 성장하면서 우리는 끊임없이 매일매일 언어 이전의 경험을 새로운 개인적 구성물로 '새롭게' 한다. 이야기치료 White & Epston, 1990는 마음챙김과 수용에 근거한 심리치료가 그런 만큼이나 현대 구성주의 심리치료의 친근한 예다.

마음챙김 지향 심리치료는 한 개인이 어떤 사람인가보다도 그 개인이 어떤 사람이 아닌가를 강조한다는 면에서 다른 구성주의 심리치료와 다소 다를 수 있다. 마음챙김은 구체화하려는 인간의 성향, 예를 들어 물처럼 흐르는 것을 얼음처럼 딱딱한 것으로 만드는 일을 어느 정도 막아 준다. 이것은 증상에 대한 우리의 관점으로까지 이어진다. 이팬, 거머 그리고 루켄스Efan, Germer, & Lukens, 1986는 "맥락주의가 심리치료 이론의 영역에 제공한 기본적인 통찰은 불평, 문제 또는 증상 등이 객관적인 대상, 즉 진단 내려져야 하며, 그 후에 제거되어야 할 견고한 실체가 아니라는 점이다." p. 171라고 했다.

불교 심리학과 맥락주의

불교 심리학의 가정은 맥락주의 세계관과 아주 일치한다. 우리는 집중적인 마음챙김 명상에 의해 얻어지는 삶에 대한 핵심적 통찰인 '존재의 세 가지 특징'*에 주의를 기울일 필요가 있다. 이 세 가지 특징은 괴로움[苦], 영원하지 않음[無常], 그리고 자아가 없음[無我]이다. 영원하지 않음 또는 변화는 정확하게 맥락주의 존재론이고, 자아가 없음은 인간의 상태에 대한 맥락주의의 관점이다. 다음 장에서 이러한 주제에 대해 더 다루게 될 것이다. 불교 철학의 또 다른 핵심 개념인 '조건에 의한 상호 발생

* 삼법인(三法印) 또는 삼법상(三法相)을 말한다.

dependent co-origination, 緣起' 은 다중결정적인 우주—맥락주의에서 인과관계에 대한 개념—에 대한 특별한 표현이다.

불교 심리학은 우리가 개인적인 실재를 구성하는 방식 대부분은 몽상적이라고 가정한다. 우리는 사건이 발생할 때마다 무의식적으로 과거 경험에 근거해서 그것들에 너무 공을 들이는데, 이 때문에 불필요한 괴로움이 생겨난다. '마음챙기는 주의mindful attention' 라는 교정 수단을 통해 우리는 사물을 보다 명확하게 볼 수 있게 된다. 그러나 우리가 보는 것은 어떤 완전한 진리는 아니다. 오히려 우리는 개념화라는 몽상을 통해 본다. 우리는 우리가 구성한 것을 보다 가볍게 붙드는 법을 배운다.

마음챙김은 치료자에게 의미가 있는가

마음챙김이 심리치료자로서의 전문직에 어떤 영향을 미칠지 예언하기는 어렵다. 8세기 티베트의 스승인 파드마삼바바Padmasambhava는 "철로 된 새가 날 때, 달마[불교의 가르침]는 서쪽으로 갈 것이다."라고 말했다Henley, 1994, p. 51에서 재인용. 불교 심리학이 우리 지역서양에 상륙한 지 100년이 넘었지만Fields, 1992, 그 사상이 심리학에서 임상가와 연구자 공동체의 상상력을 사로잡은 것은 아주 최근의 일이다. 동양의 거대한 관조적 심리학contemplative psychology의 전통과 서양의 강력한 과학적 모형이 드디어 만나고 있다.

과학적으로 우리가 아는 것은 입문 단계이지만 그 장래성은 밝다. 임상가들이 탐구의 선두에 있는데, 상담실에서의 아주 작은 성공도 중요한 단서가 될 수 있다. 우리는 대답보다는 더 많은 질문을 가지고 있다. 우리는 마음챙김에 근거한 어떠한 개입이 누구에게 효과적인지 결정해야 한다.

우리는 명상하는 치료자가 치료 결과에 미치는 영향에 대해 연구해야 한다. 우리는 마음챙김에 기여하는 인지적 · 생화학적 · 신경학적 · 정서적 · 행동적 요소들을 더 잘 이해하기를 원해야 한다. 마음챙김에 관한 외부적인 접근—주의력 제어와 정서조절 등의 측면에서 인간이 가지는 능력과 이것이 우리의 생활 방식으로 해석되는 방법을 검토하는 것—도 결실을 가져올 수 있을 것이다.

2,500년 전통에서 나왔으며, 우리의 뇌를 변화시키는 것으로 보이고, 우리의 행위를 개선하며, 보다 풍부하게 사는 법에 대한 직관적인 통찰을 제공하는 심리학적 기법을 우리 마음대로 사용할 수 있다는 점은 심리치료자들에게 무시하기 어려운 기회다. 오직 시간만이 우리가 그것으로 무엇을 할 수 있는지 말해 줄 것이다.

이 책의 나머지 장에서는 심리치료자로서 마음챙김을 할 수 있는 인간의 단순한 능력으로 우리의 이해와 효용성을 어떻게 높일 수 있는지를 탐구한다. 2장에서는 불교의 마음챙김 전통과 서양 심리학 간의 공통점과 차이점을 다룬다. 2부에서는 심리치료자들이 마음챙김을 향상시키는 방법과 치료 관계에서 그것의 영향을 검토한다. 3부에서는 특별한 심리학적인 조건과 환자 집단에 대한 마음챙김의 적용에 대해 탐구한다. 4부에서는 마음챙김에 대한 역사적인 맥락과 불교의 가르침뿐만 아니라 최근에 부상하는 긍정 심리학의 영역 내에서 미래를 위한 마음챙김의 가능성을 논의한다. 마지막으로, 부록에서는 임상가를 위한 자료와 불교 심리학 용어 해설을 제공한다.

02
불교 심리학과 서양 심리학

• 공통의 기반을 찾아서 •

폴 풀턴Paul R. Fulton
로널드 시걸Ronald D. Siegel

사람들은 2,500여 년 동안, 주로 마음챙김 명상의 형태로 인간의 괴로움을 완화시키기 위하여 마음챙김을 진지하게 수행해 오고 있다. 최근 들어 과학적 연구의 주제가 되고 있지만, 수세기 이상 아시아 문화에서 수많은 일화적 보고에 의해 그 효용성이 입증되어 왔다. 반면에 서양 심리치료는 아주 다른 시간과 장소에서 유래된 것이며 비교적 아주 새롭다.

우리가 고대 아시아의 마음챙김 수행과 현대 서양 심리치료 체계와의 유사점을 찾아내는 일을 기대할 수 있을까? 상당히 다른 고대 인도와 현대 서양의 치료체계를 비교하는 문제는 잘못된 것인가? 또는 두 전통이 말하는 인간 심리학과 괴로움에 어떤 보편성이 있을까? 괴로움과 그 치료를 각 전통은 어떻게 이해하는가? 아주 최근에 정신건강 전문가들은 마음챙김 수행의 치료적 잠재성에 대해 진지하게 고려하고 있다. 이 장은 그에 대한 서두로서 고대와 현대의 전통이 어떤 연관이 있는지 보여 줄 것이다.

논제에 접근해 보면, 마음챙김과 심리치료 사이에는 최소한 두 가지 분명한 관계가 존재한다. 첫째, 마음챙김 명상은 정신적 괴로움을 완화시키기 위하여 제안된 신중한 수련으로 서양 심리치료와 비교되고 대조될 수 있다. 둘째, 마음챙김 자체는 현재 경험을 수용의 태도로 알아차리는 것으로 서양 심리학과 마음챙김 명상수행 둘 다 효용성에 기여하는 공통 인자로 간주될 수도 있다.

물론 다양한 심리치료는 비교적 짧은 역사를 통해 발전해 왔으며, 다양한 마음챙김 명상은 수세기 동안 수행되어 왔다. 이 모든 전통을 여기서 살펴보기는 불가능하다. 대신에 우리는 처음으로 돌아가, 초기 형태의 위빠사나, 또는 통찰 명상의 부분으로 수행되어 온 마음챙김 명상과 대부분의 현대 서양 심리치료가 발전되어 온 정신역동과 행동주의 전통 사이의 핵심적 유사점과 차이점을 탐구할 것이다. 이 두 심리치료 전통은 개방된 시각의 이해를 바탕으로 선택되었고, 이 외에도 많은 형태의 치료법이 있다. 심지어 정신역동과 행동치료 전통도 다양하다. 그럼에도 불구하고 우리는 심리치료 영역에서 두 전통이 끼치는 광범위한 영향력 때문에 두 치료 체계를 강조한다. 그리고 각각 마음챙김 수련과 공통적인 흥미 있는 특징을 가지고 있다.

심리적 고통의 경감

서양 심리학처럼 마음챙김 명상은 심리적 원인이 있다고 이해된 괴로움에 대한 대응에서 발전했다. 심리치료처럼 마음챙김 명상의 주 영역에는 생각, 느낌, 지각, 의도 및 행위가 포함된다.

여기에 초점을 두고, 불교 심리학은 심리적 장애를 이해하기 위한 기본적 틀을 서양의 상대심리치료와 자연스럽게 공유한다.

두 체계는 ① 증상을 확인하고, ② 그 원인에 대해 설명하고, ③ 예후을 제안하며, ④ 치료법을 처방한다. 이 형식은 전통적인 네 가지 고귀한 진리[사성제]에서 발견되는데, 붓다의 첫 번째 가르침[초전법륜]에서 제시되었다부록 B 참조.

이 틀 안에서 두 전통을 바라보기 전에, 이어지는 문제점을 설명하기 위하여 사용될 임상의 예를 살펴보자.

> 뉴욕에 살고 있는 23세의 젊은 리처드는 고등학교 시절 사회적으로 불안정했다. 스포츠도 잘하지 못했고, 다른 친구들에게 자주 협박당했다. 그는 고등학교와 대학 생활에서 여러 명의 여자 친구가 있었지만 최근까지 자신의 매력에 대해 불확실하게 느꼈다. 그는 정기적으로 마리화나를 피웠고 환각제를 경험했다. 대학의 마지막 학년에 리처드는 대단히 매력적이고 감각적인 1년 후배인 여자 친구 제시카를 사귀게 되었다. 그들은 열렬하게 성관계를 갖기 시작했다. 그런데 캘리포니아로 이사를 갔던 그녀의 전 남자친구의 등장으로 사이가 복잡해졌다. 제시카는 삶의 교차로에 있었다. 그녀는 리처드에게 함께 살자고 했다. 이 때문에 그는 불안해졌고 그녀에게 준비되지 않았다고 얘기했다. 많은 고통스러운 대화 후에 그녀는 캘리포니아로 가기로 결정했다고 통보했다.
>
> 리처드는 망연자실했다. 그는 제시카가 전 남자친구와 열정적으로 성관계를 한다고 상상할 때 강한 갈망과 거친 질투심이 교차되어 혼란스러웠다. 리처드는 밤에 잠을 잘 수 없었고, 낮에는 일에 집중할 수가 없었다. 그는 마리화나를 매일 피우기

시작했고, 제시카에 대한 집착을 줄이기 위한 노력으로 자주 LSD에 의한 환각에 빠졌다. 그는 다른 커플이 함께 있는 것을 참을 수 없었다. 제시카처럼 보이는 사람을 지나칠 때마다 슬픔과 분노에 압도당했다.

리처드는 도움을 받기 위해 매주 심리치료를 받게 되었다. 그러나 그는 비참했다. 무엇인가를 하려고 필사적이었던 그는 2주간의 집중적인 마음챙김 명상 코스에 등록했다.

정서적 위기에 빠져 있을 때, 집중적인 수행 코스에 참여하는 것을 선택하는 리처드와 같은 심리치료 환자는 거의 없다. 그럼에도 불구하고 그의 경험을 통해서 우리가 어떻게 전형적인 심리적 문제에 조치를 취할 수 있는지, 심리치료와 명상전통을 비교하고 대조하는 데 도움을 받았다. 마음챙김의 효과를 증폭시킴으로써 리처드의 집중적인 수행 경험은 심리치료 작업으로 들어가는 창문을 제공할 것이다.

증 상

서양 심리치료의 초점이 되는 증상에는 불안과 우울 같은 불쾌한 주관적 상태와 공포증적인 회피와 강박 같은 부적응적 행동이 포함된다. 집중적이고 반복적으로 끼어드는 생각과 느낌, 수면 방해, 그리고 불법적인 마약에 의존하는 것과 같은 리처드의 어려움은 전형적인 증상이다.

마음챙김 명상에서 말하는 '증상'은 단순한데, 모든 존재에게 괴로움은 불가피하다는 것이다. 아무리 즐거운 상태라도 언제까지나 지속될 수 없고, 불쾌한 경험을 피할 수도 없다. 그렇지만 무엇인가 부족하고 불만족스러운 느낌에 의해 채색된 우리의 삶에서 우리는 불편한 것을 회피하고 즐거움을 추구하도록 조건 지어져 있다. 그런 괴로움은 형식적인 정신의학 진단 등급으로 분류되거나 그렇지 않을지도 모른다. 하지만 그 괴로움은 오히려 우리 삶과 마음의 본질에 대한 깊은 오해로부터 일어난다. 이런 의미에서 괴로움은 의학적 장애인 증상이 아닌 실존적 삶의 실재에 대한 관계 방식 때문에 생긴 결과라고 할 수 있다. 우리가 이 책을 통해 보는 것처럼, 임상가들은 지금 다양한 정신의학적 장애에 대한 치료에서 마음챙김 명상을 적용하려고 한다. 그럼에도 불구하고 수행은 본래보다 보편적이고 비임상적인 인간 괴로움의 양상을 설명하려고 제안된 것이었다.

흥미롭게도, 마음챙김 명상에서 많은 증상은 마음챙김 명상수행을 시작할 때까지는 개인적으로 명백하게 드러나지 않는다. 예를 들면, 명상가는 조용히 앉아서 호흡을 따르는 것이 몹시 어렵다는 것을 알아차린다. 그들은 마음이 갑자기 미래의 환상이나 과거의 기억 창고 속으로 끊임없이 뛰어다니고 있음을 발견하게 된다. 그들은 삶의 경험에 거의 현존하고 있지 않다는 사실을 알아차리기 시작한다. 그들은 종종 마음챙김을 시도하기 전까지는 명백하지 않았던 일련의 불안과 다른 정서들을 알아차린다. 우리가 일반적인 알아차림에서 습관적으로 그렇게 많이 빠뜨린다는 것을 실감할 때, 우리는 굉장히 불안정해질 수 있다.

이런 불안정한 느낌은 환자가 정신역동 심리치료에 들어갈 때, 원래 생각했던 것보다 더욱 신경증적임을 느끼기 시작한다는 점과 다르지 않다. 그들은 과거의 경험을 바탕으로 활성화되는 신경증적 패턴, 모든 종류의 생각과 느낌에 대항하여 방어하는 자신을 알아차리기 시작한다.

많은 행동주의 치료에서도 이런 현상은 유사하다. 자기-모니터링과 행동 목록을 완성하는 것 같은 절차를 통해서 환자는 자신의 증상이 어떻게 퍼지는지 즉시 알아차리게 만들 수 있다. 치료라는 명목으로 공포를 느끼는 활동에 접근하도록 요청받을 때, 환자는 증상이 극적으로 증폭될 수 있다.

리처드의 전체적인 증상—우울증과 여자 친구에 대한 강박 관념—은 초기에 그 자신과 다른 사람에게 아주 분명했다. 그가 집중코스에서 집중적으로 명상을 시작했을 때, 그는 확인할 수 없는 어떤 대상 때문에 자주 강한 공포를 느끼고 있음을 알아차렸다. 게다가 그의 마음은 제시카와 그녀의 이전 남자 친구의 손발을 자르는 폭력적인 상상으로 가득 차기 시작했다.

(우리는 가끔 리처드의 상황을 묘사하는 이런 장면으로 되돌아올 것이다.)

원 인

현대 정신건강 임상가들*은 심리학적 장애의 복합적 원인에는 생물학적 · 심리학적 · 사회학적 요소가 포함된다고 보고 있다. 선천nature, 본성 대 후천nurture, 양육 논쟁은 유전적인 것과 환경 모두에서 인간의 경험과 행동을 형성하는 데 상호작용한다는 인식에 도달하게 하였다.

정신역동과 행동치료 전통에서는 인간의 괴로움이 사고 · 감정 · 행동의 왜곡에서 비롯되었다고 결론지었다. 여기에서 마음챙김 전통과 공통적인 근거를 가지고 있지만 이러한 왜곡의 원인에 대해서는 서로 다른 입장을 취한다.

정신역동 심리치료자는 일반적으로 사고와 감정의 왜곡은 대개 어린

* 정신과 의사, 심리학자, 사회복지사 등.

시절의 경험에서 생겼고 현재 상황에 대한 반응을 왜곡시키는 심리적 상처를 남겼다고 한다. 어떤 경험을 피하기 위해 선택적으로 개발된 방어 때문에, 현재 상황을 정확히 판단하지 못하게 되고, 우리의 정서 및 행동의 범위를 제한한다. 예를 들면, 리처드의 치료에서 그에게 친밀함과 참여에서 상당한 모순이 있다는 것이 분명했다. 이러한 어려움은 그의 무능하다는 느낌나는 정말로 남자답지 않아을 보상하려는 부풀린 자기 이미지난 왜 한 여자에게만 애정을 주어야 하나?에서 발생했다고 볼 수 있다. 이 두 생각 모두 그의 어린 시절의 관계방식에서 비롯되었다.

부적응적인 외적 행동에 초점을 두는 행동주의는 처음에는 주관적 경험에 대해 언급하지 않는다. 행동주의는 마음mind은 탐구할 필요가 없는 '블랙박스black box' 라고 했다. 심리적 어려움은 부적응적 강화 수반reinforcement contingencies의 결과라고 이해했다Skinner, 1974.

그럼에도 불구하고, 행동주의자들은 결국 주관적인 경험에 관심을 보였다Beck, 1976; Ellis, 1962. 그들은 부적응적 행동과 결합된 사고, 감정 및 이미지에 의해 그러한 행동이 일어나기 때문에 사고, 감정, 이미지가 인과관계의 중요한 고리임을 밝혔다.

인지행동치료CBT는 의식을 통해 흘러가는 사고, 감정 그리고 이미지를 포착하거나 알아차리기 위한 기법으로 등장했다. 특히 '비합리적' 사고를 괴로움의 원인으로 간주하였다.

리처드의 예를 보면, 가장 두드러진 인지 왜곡은 큰 재앙을 일으킨다. 그것은 '나는 결코 제시카 같은 여자를 찾을 수 없을 거야.' 그리고 '나는 결코 인생을 다시는 즐길 수 없을 거야.' 와 같은 생각이다.

마음챙김 명상은 다양한 왜곡된 핵심 신념 때문에 괴로움이 발생한다는 관점을 공유한다. 앞으로 보게 되겠지만, 잘못된 자아관념이 가장 치명적인 왜곡임을 불교 심리학을 통해 확인하게 될 것이다.

근원에서 보면, 행동주의 심리학, 정신역동 심리학 그리고 불교의 마음챙김은 비록 그 조건화 문제를 각각 서로 다르게 주장하고 있더라도, 모두 조건화 관념에 의존한다.

정신역동 심리학은 초기 적응 전략의 잘못된 적용과 초기의 경험에 의해 개인이 자기 자신과 세계에 대한 감각을 형성하는 방법을 통해서 각 개인의 독특한 조건화와 이 조건화가 어떻게 현재를 만드는가를 이해하는 데 중점을 두고 있다. 마음챙김 수행처럼, 행동주의 심리학은 한 개인이 구성하는 의미에는 관심이 적고, 대신 조건화가 현재 생활에 어떠한 역할이 있는지를 개인이 보게끔 도와주는 데 더 관심이 있다. 그것을 통해 그 사람의 현재 조건을 수정하게 힘을 실어 줌으로써 더 만족스러운 결과를 위한 길을 만들어 준다.

이들 세 가지의 전통이 공유하는 점은 괴로움이란 원인 없이 나타나는 것도 아니고, 인간의 죄에 대한 신의 천벌 때문도 아니며, 미래의 낙원에 들어가기 위한 시험도 아니고, 도덕적으로 취약한 결과 때문도 아닌 조건에 따른 자연스러운 결과라는 인식이다. 이러한 인식은 괴로움에서 벗어날 수 있다는 희망을 준다. 왜냐하면 괴로움은 우리가 이해할 수 있고 종종 수정될 수 있는 원인에서 생기기 때문이다. 인간의 괴로움은 정당한 질서의 부분으로 설명된다.

예 후

정신역동과 행동주의 전통에서 치료의 예후는 치료받는 장애에 따라 다를 것이고, 마음챙김 명상에서도 마찬가지일 것이다. 불교 심리학에서 괴로움과 덧없음에 대한 강조는 지나치게 비관적으로 느껴질지 모르지만, 불교는 놀랄 만큼 낙천적이다. 반복되는 노력, 잦은 실망 그리고 초기에 명상하는 동안 경험하는 현존의 어려움 같은 '증상' 이 만연해 있기 때문에 처음에는 이 방법으로 괴로움을 실제로 완화시킬 수 있다고 상상하기조차 어려울 것이다.

사실 불교 문헌에 묘사된 것처럼, 예후는 근원적으로 낙천적이다. 괴로움의 영향을 받지 않는 사람은 한 사람도 없다는 점에서 시작하지만, 완전히 깨달은 사람만이 경험할 수 있는 자유의 단계라고 할지라도 괴로움을 완전히 소멸시킬 가능성도 잠재되어 있다고 한다. 보다 신중하게 적용된다고 해도, 마음챙김은 놀라울 정도로 좋은 예후를 제공한다. 만약 우리가 삶을 있는 그대로 받아들이는 법을 배운다면, 우리는 그만큼 덜 괴로울 것이다. 리처드의 경우, 집중수행을 시작했을 때 얼마나 그가 생각과 환상에 계속해서 빠져 있었는지 알게 되었다. 그는 순간순간의 감각적인 경험의 즉각적인 실재에 뿌리 내리고 있는 자신의 가능성을 발견했다. 이러한 발견은 제시카가 그에게 이별을 선언한 후 처음으로 경험하는 한 줄기 희망의 빛이었다.

치 료

우리가 논의하는 세 가지 방법은 모두 내성內省, introspection과 괴로움을 경감시키기 위한 행동적 변화를 필요로 한다. 여기서는 몇 가지 유사점을 개관하고자 한다.

내 성

정신역동 심리치료는 자유연상을 강조해 온 것처럼 마음의 내용물을 찾는 일에서 시작한다. 환자에게 자각의 범위에 들어오는 것은 어떤 것이든지 말할 수 있게 용기를 주고, 그 자료는 배경에 있는 사고나 감정을 드러내는 데 사용된다. 이러한 내용물에 대한 통찰을 얻어 초기 경험에 근거해 있는 왜곡을 수정하고, 심리적 상처를 치료하는 것이 괴로움의 감소를 가능하게 한다.

인지행동치료CBT에서는 동일시와 부적응적인 행동으로 이끄는 비합리적인 사고 패턴의 변화를 강조한다. 비합리적인 사고는 분류되고, 도전되고, 더 합리적인 사고로 대치된다. 합리적 사고에 의해 더욱 적응적이고 만족스러운 행동을 하게 된다. 마음챙김에 근거한 인지행동치료의 발전과 함께 이 접근법은 최근에 영역을 넓히고 있는데, 이 방법은 이전의 고통스러운 경험을 없애기보다는 수용하는 법을 배우는 것이 변형적transformative일 수 있다는 고대의 마음챙김 명상에서 빌려 온 것이다.

마음챙김 명상은 순간순간 마음을 반복적으로 관찰하는 것을 포함한다. 이것은 정신역동치료에서 말하는 주의를 기울여 선택한 대상의 본질과 대상에 대한 주의의 종류 안에서 행해지는 내성과는 다르다. 이러한 반복적 관찰은 마음의 작용에 대한 통찰이 생기게 하고, 앞으로 보겠지만, 바로 이 통찰에 의해서 괴로움에서 벗어나게 된다. 이러한 통찰을 얻게 되면, 마음챙김 명상수행자는 인간 경험의 모든 범위를 점차 온 마음으로 포용할 수 있게 된다.

행동 변화

최근 정신분석가들은 눈에 띄는 변화에 효과 있는 방법으로 통찰과 심지어 '훈습working through'의 한계를 자각해 왔다. 그리고 행동 변화를 가져오는 데 신중한 노력의 가치를 인정하기 시작했다. 분명하게 행동 지향의 치료에서는 신중하며 수행遂行된 행동이 중심적 역할을 한다.

마음챙김 명상 전통에도 행동 변화를 위한 처방이 포함되어 있다. 얼핏 보면, 마음챙김 명상 전통에서는 도덕의 중요성을 강조하기 때문에 서양 심리치료와는 근본적으로 다른 것처럼 보인다. 정신분석과 행동주의는 도덕 문제에 대해 상대적으로 중립을 유지하면서, 서양 종교나 다른 문화적 관습과 구별 짓는다. 개인적 판단을 피하면서, 심리치료자는 환자의 감정이 윤리적 · 사회적으로 받아들일 수 있거나 없거나 상관없이, 진실한 감정을 탐구해 보라고 허용한다. 대부분의 치료에서 심리치료자는 환자의 특정 행동을 다른 사람에게 보고할 위임을 받았음에도 불구하고 환자의 행동에 대해서는 평가하지 않는 태도를 취한다.

불교전통에서 '치료'는 여덟 가지 길[八正道, 부록 B 참조]로 알려진 일련의 원리들로 설명된다. 8개의 원리 가운데 3가지—바른 노력[正精進], 바른 마음챙김[正念], 바른 마음집중[正定]—는 마음 수행mental practices[定學: 선정 수행]으로 제시되며, 다른 3가지—바른 언어[正語], 바른 행위[正業], 바른 생계[正命]—는 도덕적 행위[戒學]를 말한다.*

이러한 윤리적 지침에는 서양 종교에서 발견되는 금지조항도 많이 포함되어 있지만, 불교에서는 조금 다르게 제시되어 있다. 수행자는 이러한 지침을 따르거나 따르지 않는 것에 의해 의식의 자질에 어떤 영향이 있는지 보기 위해서 주의 깊게 마음을 관찰해 보도록 지도받는다. 비윤리적인 행위를 하는 사람은 평화와 고요함을 발견하기 어려울 것이라는 관찰에 근거해서 마음챙김 명상을 위한 초석으로 윤리적 지침들이 권장되는 것이다. 따라서 도덕적 행위 자체가 곧 수행이며 심지어는 심리치료적이라고 여겨진다. 이러한 접근은 역동적 또는 인지행동적 심리치료에서 나타나는 것과 실제로 유사하다. 이러한 접근에서 환자는 정보에 근거한 더 나은 선택을 하기 위해 자신의 행동의 인과관계를 관찰하도록 인도되는 것이다.

---

* 팔정도의 나머지 두 가지인 바른 이해[正見]와 바른 사유[正思]는 지혜[慧學]에 해당된다.

통찰과 진리의 발견

알아차림의 증가에 의해서 정신역동과 마음챙김 전통 모두에서는 더 큰 심리적 · 정서적 자유를 얻는다고 가정한다. 두 전통 어느 것도 신중하게 특정한 감정 상태를 기르려고 하는 것이 아니라, 정신적 왜곡을 분명한 이해로 대치함으로써 얻게 되는 연속되는 자유로움을 더 깊은 안녕의 상태state of well-being로 보고 있다. 통찰은 두 전통에서 수단이자 목표다. 비록 두 전통이 '진리truth'를 구성하는 내용에 대해 다르게 말하고 있지만, 환상에 대한 위안을 기르는 것이 아니라 이러한 진리를 향해 앞으로 나아감에 의해서만 비로소 자유가 가능하다고 말한다.

이런 전통들에서 통찰의 의미는 비슷하기도 하며 다르기도 하다. 정신역동 심리치료에서 통찰은 이전에 감추어졌던 것, 무의식적인 것, 왜곡된 것, 또는 다른 방어기제에 대한 인식으로 나타난다. 명상 전통에서 통찰이란 존재의 특징*에 대한 직접적인 지각, 그중에서도 특히 모든 현상의 변화하는 본성[無常], 사물의 본질적이고 지속적인 본성의 부재[無我], 이 모든 것을 명확하게 보지 못하는 데서 생기는 괴로움[苦]에 대한 지각으로 묘사된다. 이러한 특징에 대한 통찰을 통해 삶은 변형된다. 우리의 잘못된 집착에서 괴로움이 발생하는 방식에 대한 직접적인 통찰이 생기면, 뜨거운 물체를 반사적으로 놓아 버리는 것처럼 우리는 자연스럽게 자동적으로 놓아 버리는 과정을 시작한다.

두 전통 모두에서 통찰은 뒤로 물러나 사고와 인식이 실재보다 더 현실적이라고 잘못 믿었던 방식을 보는 것을 포함한다. 이것은 우리의 사고

* 존재하는 것들의 세 가지 보편적인 특징인 무상(無常), 고(苦), 무아(無我)를 말한다.

와 정서를 '동일시identification' 하는 일을 느슨하게 하는 것으로 설명된다. 통찰이 있으면, 예전에 본래적이고 피할 수 없다고 느꼈던 세상에 대한 생각이 실제로는 우리가 스스로 만든 것이고 그것에 대한 집착 때문에 어떻게 괴로움이 생기는지를 보게 된다. 통찰을 통해 우리는 고정된 믿음을 강하게 움켜쥐는 일에서 좀 더 느슨해지는 과정을 밟게 된다. 경험적으로 말하자면, 우리를 움켜쥐고 있던 믿음에서 느슨하게 풀려나는 것이라고 말하는 것이 더 정확할지 모른다.

통찰이 괴로움을 줄이도록 인도하는 한 방법은 괴로움 자체의 본질에 빛을 비추는 것이다. 우리는 경험 자체와 그 경험에 대한 우리의 반응 사이에는 차이가 있다는 사실을 보기 시작한다. 일상적으로, 마음챙김이 없는 알아차림자각으로는 이 두 차원을 구별할 수 없고, 사건에 대한 경험에는 사건과 그에 대한 반응이 구별되지 않은 채 섞여 있다. 밀접한 마음챙기는 주의가 있다면, 우리는 사건과 그 사건에 대한 관계방식의 특징을 구별할 수 있고, 그 과정에서 괴로움이 경험 자체에 내재된 것이 아니라 어떻게 반응하는 가운데 생겨 나는지를 보게 된다. 괴로움의 원천에 대한 이러한 통찰을 통해서 해로운 정서적 반응에서 자유로워질 수 있는 새로운 길이 열리게 된다. 9장에서는 육체적 통증의 영역에서 이러한 가능성에 대해 설명하고 있다.

인지행동치료CBT에서도 고정되어 있고, 잘못되었으며, 도움이 되지 않는 생각들에 대한 집착을 괴로움의 원천이라고 정의한다. CBT에서 사용되는 여러 가지 기법을 통해, 환자는 왜곡되거나 완고한 생각을 동일시하는 것에서 느슨하게 되거나, 부적응적인 생각을 더 유연한 사고로 대체시킨다. 마음챙김과 정신역동치료와 함께 무반성적으로 가지게 된 생각을 붙드는 일을 느슨하게 한다는 목적을 CBT가 공유하고 있지만, CBT는 통찰 자체에 대해서는 덜 중요시한다.

분리점: 통찰, 사고, 언어

이런 유사점에도 불구하고, 인지행동치료, 정신역동치료, 마음챙김 명상에서 사고의 역할과 중요성은 다르다. CBT에서는 잘못된 사고가 괴로움의 원인이며, 잘못된 생각을 고쳐 주는 것이 괴로움에서 벗어나는 기제라고 간주된다. 즉, 강하게 고착된 사고와 생각은 그 생각들이 비현실적인 정도에 이르기까지 괴로움을 초래한다.

정신역동치료에서 언어는 치료를 위해 필요한 화폐다. 즉, 사고와 느낌은 의사소통이 되기 위한 언어의 형태로 상징적으로 표현되어야만 한다. 하지만 언어는 종종 섬세한 주관적 경험을 전달하기 위해서는 불완전하며 위장된 수단으로 이해된다. 우리가 말하는 언어는 말하는 사람에게서 감추어져 있을지도 모르는 바닥에 깔린 의미를 가린다고 가정된다. 검토가 요구되는 것은 정확하거나 부정확하게 표현된 생각 그 자체가 아니라, 발설된 말에 위장된 형태로 숨어 배경에 깔려 있는 동기, 갈등 및 욕구다. 치료는 언어에 의존해야만 하지만, 심리치료자와 환자는 말로 표현되지 않는 것을 '제3의 귀[마음의 귀]' Reik, 1949로 들을 수 있어야 한다. 이 제3의 귀로 우리는 사고 속에 불완전하게 드러나고 불완전하게 감추어진 실재를 찾기 위해서 말해지지 않은 것, 회피한 것과 우발적으로 말한 것을 들을 수 있다.

하나의 방법으로써의 마음챙김 명상은 거의 모든 생각을 내려놓는다는 점에서 다른 전통과 구분된다. 이 수행은 끊임없는 노력으로 생각을 버리려고 하거나 적어도 생각 속에 빠져 있는 상태를 피하려고 한다는 점에서, 그리고 모든 감각적 · 지각적 · 인지적 사건이 생겨나고 사라지는 것을 지켜보는 것을 중시한다는 점에서 반성과는 다르다. 이런 입장에서 사고에는 어떤 특별한 의미가 부여되지 않고, 우리는 가려움이나 지나치는 소리를 알아차리는 것과 같이 사고의 발생과 소멸만을 관찰한다.

그 역사를 보면, 불교 심리학은 논리와 논쟁을 나누던 강력하고 정교한 철학적 전통의 한 부분이었다. 그럼에도 불구하고, 일반적으로 지식과 통찰을 개발하기 위한 수단으로서의 사고 자체는 의심을 받았다. 사고는 언어로 제공되는 구조, 범주 그리고 어휘에 의해 형성되고 제한된다. 예를 들면, 우리는 우리가 사용하는 언어를 통해 세계가 반영되는 방식으로 세계를 인식한다. 즉, 우리는 언어를 사용해서 세계를 대상명사으로 나누고, 다른 대상에 대한 행동동사을 일으킨다. 우리는 세계를 언어의 범주에 따라 분류해서 구분 짓는다.

명상수행에서 언어는 상대적으로 제한되고, 유치한 것으로 간주된다. 그래서 지식과 관념에 의해서 세계를 이해하려는 우리의 노력은 결국 피상적이다. 사실, 우리는 생각 때문에 사물의 본성을 직접 보기 어렵다. 명상을 처음 하는 사람에게는 활동적이며 깨어 있는 주의가 생각 없이 존재한다는 사실은 상상하기조차 어려울 것이다. 하지만 명상을 경험하게 되면, 생각의 방해를 받지 않을 때 앎의 과정이 보다 예리해지고, 정교해지며, 직접적이 된다는 점이 분명해진다. 산만한 생각이 없어지면, 분명하고 예리한 알아차림만이 남게 된다.

마음챙김 수행 그리고 마음챙김 수행에서 순화된 표현은 언어에 의해 중재되지 않은 직접적인 주의를 포함한다. 심리치료에서 이해되는 내용 또는 이야기narrative story에는 별로 무게를 두지 않는다. 또한 우리는 과거나 미래에 대한 산만한 생각 때문에 마음이 헤맬 때 마음챙김 수행의 영역에서 벗어나 버린 것이다.

이러한 방법적인 차이점은 심리치료와 마음챙김 수행이 어디에서 분리되는지를 이해하는 데 필수적이다. 마음챙김 명상은 한 의미를 다른 의미로 대체하거나, 해석을 통해 경험을 재구성하거나, 개인적인 이야기를 다시 쓰는 것을 의도하지 않는다. 좀 더 근본적이고 '정제된' 주의의 수준을 향상시킴으로써 마음챙김 명상은 더욱 중요하며 변형시키는 힘을 가진다. 이것은 깊은 확실성의 특징이 있으며, 논박을 넘어선 주장이다. 이것을 개념으로 파악하기는 어렵다. 마음챙김 수행을 통해 생기는 통찰은 명제나 삼단논법의 진리가 아니라 의식의 수련에 따른 존재의 조건으로 경험되는 것이다.

> 심리치료를 받는 도중에 리처드가 그의 개인적 이야기를 다시 쓰기 위해서 힘겹게 애쓰는 반면, 그 과정은 천천히 진행되고 있었다. 그에게 희망을 준 것은 명상하는 동안 직접적으로 느꼈던 경험이었다. 그것은 실재와 그의 생각은 서로 다르다고 하는 경험이었다. 물론 그는 제시카가 예전 남자 친구와 재결합하는 이미지나 강렬하고 고통스러운 정서에 의해 시달리기도 했지만, 이런 것들은 현재 순간의 더 가까운 실재—몸의 감각, 음식의 맛, 잔디와 하늘의 색깔— 의 배경으로 존재할 뿐이었다.
>
> 이 경험과 함께 그의 모든 관심은 실제로는 단지 생각이나 환상이라는 사실을 깨닫기 시작했다. 심리치료를 받는 동안 리처드는 자신에 대한 생각들이 정확하지 않을지도 모른다는 점에 대해 고려하기 시작한 반면, 마음챙김 명상의 경험을 통해서 그는 인생이나 그 자신에 대해 '정해진 단어final word' 는 없다는 점을 알기 시작했다.

목 적

심리치료의 목적에 대해서 일반적인 주장을 하기는 어렵다. 그 목적은 부분적으로 학파마다 서로 다르게 해석되고, 각 환자의 독특한 경험에서 그 목적이 정해져야 할 필요가 있기 때문이다. 그럼에도 불구하고 어느 정도의 일반적인 의견은 안전하게 제시될 수 있다.

지난 50년 동안 정신건강 분야에 중요한 기여를 해 온 민족심리학 ethnopsychology에 따르면, 심리학적 건강과 병리학에 대한 이해가 얼마나 문화와 깊이 관련되어 있는가를 깨닫게 해 준다Barnouw, 1973; Kleinman, Kunstadter, Alexander, Russell, & James, 1978. 모든 심리학적 치유 시스템은 문화적 맥락 속에 스며들어 있고, 문화적 신념과 가치의 불가피한 표현이다. 각 치유 시스템은 개인을 그 개인이 속한 문화에서 이해된 '정상적' 발달로 복귀시키거나 각 개인을 사회로 더 충분하게 참여시키려는 목적을 공유하고 있다. 발생 기원이 다른 현대 서양 심리치료의 목적과 마음챙김 명상의 목적에 중요한 차이가 있다고 해서 그다지 놀랄 일은 없다.

서양의 자아관

인간과 자아에 대한 서양의 개념 중 두드러진 특징은 자아의 독립성을 강조하는 점이다. 서양문화가 아닌 곳에서의 인간에 대한 개념은 씨족, 사회, 자연에 깊게 내재되어 있음을 강조하는 데 비하여, 서양에서는 근원적인 관점을 독립성의 강조에 두는 경향이 있다. 인류학자들은 이런 독립성의 특징을 광범위하게 설명한다. 예를 들면 다음과 같다.

> 우리가 일반적으로 가지고 있는 무반성적인 관점에서 보면, 자아는 분명히 구별되는 단위이고, 우리가 이름 짓거나 규정할 수 있는 어떤 것이다. 우리는 자아가 무엇인지 무엇이 자아가 아닌지 알고 있다. 자아와 자아 아닌 것 사이의 구별은 언제나 같다. ……오랫동안 우리 자신의 언어적인 용법에 의해서 더 커진 경계를 가진 자아의 개념뿐만 아니라 더 단정적이고 활동적이며, 심지어는 공격적인 자아 개념이 형성되었다Lee, 1959, p. 132.

서양 심리학 전통에서 보면 건강한 성장은 분명하고 안정된 정체감과 결속과 존중이 두드러진 자기에 대한 감각을 갖추고, 잘 개인화되고, 다른 사람에게 너무 의존하지 않으며, 자신의 욕구를 알 수 있고, 자기 자신의 경계를 적절하게 존중하는 것을 의미한다. 이러한 견해는 현대의 관계 이론가들에 의해 비판되었지만Gilligan, 1982; Miller & Stiver, 1997, 계속적으로 정신역동과 행동치료를 위한 배경 이론이 되고 있다.

서양에서 개인들이 심리치료에서 토로한 불평은 종종 이러한 자질 가운데 일부가 상대적으로 결여되어 있다고 한 것이었는데, 이것은 그다지 놀라운 일은 아니다. 이상적인 인간 개념을 향한 발달 과정과 개인이 발달의 노정에서 이탈될 수 있다는 두 가지 사실 모두 문화적으로 결정된다. 심리치료는 자연스럽게 개인이 문화적으로 정상적인 자기개념을 더 많이 가지는 일을 회복시키려고 한다.

문서화된 치료 계획에는 종종 이러한 문화적 이상이 표현되어 있다. 치료에는 '자기존중감을 증진시키고…… 관계에서 자신의 요구를 확인하고…… 보다 응집된 자기 감각을 확립시키고…… 경계를 확립하고 관계에서 그 경계를 유지시키는 방법을 배우는' 등의 의도가 있다. 개인의 자율에 대한 강조 때문에종종 우리 자신의 사회과학의 증거와 상충된다 자기의 장애와 그 결과로 생기는 관계의 손상을 설명하기 위한 많은 전문적인 용어가 생겼다.

정신역동 전통에서는 '자기의 회복' Kohut, 1977과 그와 관련된 주제에 대한 많은 책이 저술되었다. 반면, 행동주의자들은 '자기 효능감' Bandura, 1977, 1982과 같은 구성 개념에 대해 많은 연구를 해 왔다. 우리는 이런 용어가 과학적으로 의미 있다고 말하며, 증거가 갖추어졌음에도 불구하고 이러한 용어에 의해서 비서양사회에서 정서적 장애를 이해하려는 시도에 따른 결과는 별로 좋지 않았다American Psychiatric Association, 2000.

심리학 분야가 문화적 한계에 덜 영향을 받으려고 시도한 이래, 행동이 "건강하다." 또는 "병들었다."라고 말하는 대신에 "적응적이다." 또는 "부적응적이다."라는 말을 사용하기 시작했다. 심리치료의 도구믿을 수 있는 사람과의 진솔한 대화가 비록 과학적 의학보다 먼저 있었지만, 정서적 치유를 위한 이 수단은 서양 의학에서 제도적 고향을 발견했다. 이제 우리는 괴로움이란 자기됨selfhood의 이상理想과 관련이 있는 건강 문제라는 가정을 피하는 것은 거의 불가능하게 되었다.

> 치료자들은 자기 존중감과 함께 리처드의 문제와 그의 자기 감각이 그의 여자 친구에 대한 애정에 얼마나 의존적이게 되었는지도 논의하였다. 치료자는 리처드가 자기주장을 하는 것에 문제가 있다는 점과 그 문제 때문에 리처드가 여러 가지 불안에 빠지게 된다는 사실도 지적했다. 심리치료를 받는 동안 리처드는 그의 자기 감각이 좀 더 강했더라면 제시카의 결정에 의해서 그렇게까지 영향을 받지 않았을 것이라고 느꼈다.

불교 심리학에서의 자기

이 책에서 제안하는 것만큼 마음챙김은 건강한 자기를 알고 건강한 자기가 되기 위한 노력에 유용한 보조 수단일지도 모른다. 하지만 본래적인 맥락에서 마음챙김은 우리가 보통 이해하고 있는 것처럼 자기감을 회복시키는 것을 도와주는 기법이 아니라는 점을 인식하는 것도 중요하다. 마음챙김의 목적은 어떤 사람이 되기 위한 것이 아니라 '무아無我, no-self' 에 대한 통찰을 기르는 것이다.

심리치료와 마음챙김 명상의 목적은 이 점에서 의미심장하게 갈라진다. 마음챙김 명상의 목적은 심리적 · 정서적 · 도덕적으로 그리고 일반적으로 말하는 '깨달음' 이라고 하는 영적인 자유에서 완성을 이루는 것이다. 이 개념은 정의를 내리기가 어렵다. 왜냐하면 심리치료적인 용어로 설명하기 어렵기 때문이다. 마음챙김은 전통적으로 심리치료적이라고 인정된 이로움을 제공하는 한편, 발달심리학과 임상심리학에서 발견되는 문화적으로 구성된 건강한 자아 개념을 벗어난 곳에 있는 '치료적 목적' 에도 도달하려고 한다. 불교 심리학의 본래적인 맥락에서 보면, 마음챙김을 통해서 자아감을 회복시키거나 자기 존중감을 증진시키려고 하지 않는다. 그 대신, 마음챙김에 의해서 우리는 자기의 무실체성insubstantiality, 無我과 결과적으로 자기에 대한 오해에 빛을 비추어 주고자 한다.

자기의 무실체성 개념은 마음챙김을 탐구하려는 서양인에게 가장 어려운 문제 중 하나다. 그러나 이 개념은 현대 과학에서는 이질적이지 않다. 생물학에서는 인간 유기체를 분자와 원자로 구성된 세포의 집합으로 설명한다. 이런 요소 전체는 끊임없는 흐름 속에 있고, 간단히 숙고해 보면 인간의 몸과 주변 환경 간의 경계선이 실제로 상당히 임의적임을 알게 된다.

만약 내가 손에 사과 한 개를 가지고 있을 때, 사과는 분명히 '나'의 부분이 아니다. 내가 그것을 씹어 먹어서 위장 속에 있을 때에도 여전히 구분되는 물체로 남아 있다. 왜냐하면 위장에 들어간 사과를 다시 토해 낼 수 있기 때문이다. 하지만 내 소장 속에 있을 때, 사과를 '나' 라고 할 수 있을까? 만약 사과의 당분이 나의 혈관을 타고 돌고 있다면 어떤가? 또는 그런 당분에서 나오는 열량이 새로운 세포를 만들게 되었을 때는 어떤가?

생물학에서는 우리가 '유기체' 라고 정의 내리는 단계 자체가 임의적이라고 한다. 개미 군집이나 벌통은 개별적인 개미나 벌의 집합체처럼 보일지도 모르지만, 우리의 신체가 상호의존적인 세포들의 집합체로 보이는 것처럼, 그 공동체는 복합적 유기체로 볼 때 더 의미 있게 이해될 수 있다Thomas, 1995.

마음챙김 명상을 통해 길러지는 '무아no-self'에 대한 통찰은 끊임없는 흐름에서, 움직임의 영역에서, 그리고 늘 변화하는 가운데에서 자신을 실제로 경험하는 것을 포함하고 있다. 우리가 소중하게 생각하는 자기도 지지하는 조건이 존재할 때 생겨나고, 그 조건이 없어지면 사라지는 사건으로 간주된다. 자기는 어떤 '특질trait' 이기보다는 '상태state' 다. 과정으로서의 자기self-as-process에 대한 통찰이 커질 때, 우리는 '내' 가 고정되어 있고, 지속적이라거나, 심지어는 정말로 '나의 것mine'이라는 관념에 대한 순진한 집착의 어리석음을 보게 된다. 이러한 통찰을 얻을 때, 우리는 자기보호나 자기강화에 대한 관심이 감소되고, 우리 자신이 진정으로 만물과 상호 의존으로 존재하고 있음을 인지하면서 타인에 대해서 연민의 마음으로 반응하게 된다. 이런 긍정 심리학적 경험은 5장과 13장에서 더 자세히 설명할 것이다.

역설적이지만 불교 심리학에서 제시하는 체계에서 보면, 좀 더 안정적 상태인 자기 정체감, 자기 존중감, 자기 효능감 등을 확립하기 위한 성공적인 노력은 종종 '병리학pathology'의 조건인 무지로 간주된다. 이 무지에서 마음챙김 명상의 길이 시작된다. 자아감의 성취야말로 마음챙김이 말하는 문제인 것이다.

서양적 의미의 자기발달이 끝나는 곳에서 마음챙김 명상의 목적이 시작된다고 제안하는 현대의 저자들은 많이 있다Boorstein, 1994. 이 분석에서 서양 심리치료가 발달의 노정에 따라 사람을 인도하고, 마음챙김 명상은 심리치료에 의해 인도받은 그 지점에서부터 발달과정을 계속 이어가고 있다고 한다. 프로이트가 말한 정신분석에서 기대할 수 있는 최상의 결과인 '보통 인간의 불행' Freud & Breuer, 1895/1961은 마음챙김 명상의 출발점이라고 한다.

서양 심리학과 불교 심리학의 목적에는 큰 차이점이 있지만, 어떤 면에서는 그 간격이 그리 넓지 않다. 전통 간의 차이는 실제적인 수행또는 치료의 측면에서보다 개념적으로 논의할 때 더욱 크게 보일 수 있다. 이것은 불교 심리학의 '무아' 가 적응적 자아adaptive ego의 기능을 없애는 것을 포함하지 않기 때문이며, 오히려 불교 심리학은 관찰하는 자아observing ego를 말한다. 관찰하는 자아는 전형적으로 서양 심리치료에서 보는 것보다 훨씬 더 객관적이고, 개인의 욕구와는 훨씬 덜 동일시된 것이다Epstein, 1995.

잘 발달된 '자아감' 을 지닌, '잘 적응하는' 개인이 심리치료 전통에서 어떻게 보이는지 고찰해 보자. 그들은 유연하고 새로운 경험에 개방적이다. 그들은 관점을 유지하면서 인생의 부침을 탄력적이며resilient* 풍부하게 느낀다. 그들은 밀접하고 사랑에 넘치는 관계를 가질 수 있고, 다른 사

* 긍정 심리학에서 중요시하는 심리적 특성 가운데 하나인 탄력성(resilience)은 '심각한 역경이나 위기의 맥락에서 긍정적인 적응(positive adaptation)의 양상을 보이는 것' 으로 정의된다. Snyder, C. R., & Lopez, S. J. (2006). *Positive Psychology: The Scientific and Practical Explorations of Human Strengths*. London: Sage Publications, p. 102.

람들을 연민의 마음으로 대한다. 그들은 다양한 관점에서 사물을 바라볼 수 있다. 그들은 직장에서 생산적이다. 즉, 목적을 잘 파악하고 있고, 그 목적을 추구한다. 그들은 자신의 강점과 약점이 무엇인지 잘 알고 있고, 강점을 과장하거나 약점을 부인하려고 애쓰지 않는다.

전통적으로 깨달음enlightenment은 탐욕, 분노, 무지[貪瞋痴]가 영원히 소멸된 상태로 이해되지만, 깨달은 사람을 적극적으로 가려내는 리트머스 시험지 같은 것은 없다. 하지만 마음챙김 명상 전통에서는 방금 말한 모든 특질이 성공적인 수행을 통해 개발될 수 있다고 기대한다. 집중적인 명상수행을 하면, 다른 사람들에게는 보이지 않는 뜻 깊은 변형이 일어난다는 면에서 보면, 많은 점에서 '깨달은' 사람은 앞서 설명한 '건강한' 개인과 닮았다. 우리는 이러한 중첩을 리처드의 마음챙김 명상 체험에서 보게 된다.

> 리처드는 집중적으로 수행을 하고 있었기 때문에 자신의 산만한 생각들이 가라앉는 순간들을 경험했다. 그는 해를 향해 피는 꽃, 돌로 된 벽의 복잡한 무늬들과 같은 작은 사건들에서 경이로움을 느꼈다. 이러한 경험을 통해 깊은 평화를 느꼈고, 이 자연세계의 부분을 느꼈다. 중요한 것은 개인적 공포와 욕구가 줄어들었다는 점이다. 슬픔과 격렬한 질투의 이미지가 가끔은 떠올랐지만, 그는 제시카에 대한 사랑과 연민의 순간을 느꼈다. 리처드는 심리치료를 통해서 기르려고 하는 '건강한 자기' 에서 기대할 수 있는 결과와 많은 점에서 유사한, '무아' 의 순간을 경험하고 있었다.

본능, '근본 원인' 그리고 인간의 본성

정신역동과 마음챙김 명상 전통 모두 내성內省 수련으로 마음속의 충동에 의해서 괴로움이 생긴다는 사실을 지적하고 있다는 것은 놀랄 만한 일도 아니다앞서, 이러한 자극이 직접 관찰된 것이라기보다는 추론된 것이기 때문에 연구의 적절한 대상이 될 수 없다고 행동주의 심리학에서 주장하였기 때문에 그들은 정신역동 학파와 자신들을 구별하였다.

프로이트는 본래 인간 동기의 원천으로 성적인erotic 그리고 공격적aggressive인 두 가지 추동drive을 가정했다. 프로이트는 이것을 본능적인 것이라고 설명하면서, 영속적인 것임을 단언했다. 그것은 '본래 갖추어져 있는 것hardwired'이며 불변하는 것이라고 했다. 그것은 우리의 진화적인 과거부터 있어 왔던 흔적이기 때문에, 잘 적응하는 사람은 사회적으로 허용된 형식으로 이 추동에 자신을 맞출 수 있을 뿐이라고 했다. 이러한 적응의 비용은 어느 정도 추동을 만족시킬 수 있는 심리적 방어를 위해선 필요한 것이다. 이상적으로 허용되고 충분히 승화된 추동이 있을 때, 우리는 타인과 함께 살아갈 수 있게 된다.

본능의 불변성은 자유를 향한 인간의 소망을 제한한다. 우리가 이러한 진화론의 유산에 영원히 묶여 있다면, 우리가 희망할 수 있는 가장 좋은 것은 건전한 타협과 타고난 방어를 성숙한 방어로 대체시키는 것뿐이다. 이런 관점에서 보면, 인간의 본성은 이드id, 본능의 공격적이고, 무지하며, 탐욕적 요구를 결코 넘어설 수 없다.

불교 심리학은 괴로움을 초래하는 세 가지 '근본 원인', 즉 탐욕, 분노 및 무지를 말한다12장 참조. 탐욕과 분노는 프로이트의 본능과 분명히 유사하다. 성적인 추동은 탐욕이고, 공격적 추동은 분노다. 정신역동과 마음챙김 명상 전통에서는 이러한 힘들이 얼마나 정신적 삶을 파괴하고 있는지 설명하며, 두 전통 모두 그 영향을 이해하고 중점적으로 다루는 방법을 제안하고 있다.

프로이트가 그것들을 고정된 것이라고 생각한 반면, 불교 심리학에서는 그것들을 단번에 그리고 영원히 뿌리 뽑을 수 있다고 가르친다. 이러한 관점에서 불교 심리학은 성공적인 정신분석치료의 종착지인 보통 인간의 불행을 명상수행을 위한 병리학적 출발점으로 삼는다. 그리고 증상 완화를 넘어 괴로움을 넘어선 조건에 도달하게 한다. 비록 이 상태는 '완전한' 깨달음에 의해서만 이루어지겠지만, 원칙적으로 이러한 본능적인 힘은 극복될 수 있다. 이 목적은 분명히 확대 해석된 것이지만, 이러한 본능이 제거될 수 있고, 인간의 완전함에 대한 잠재성을 제공하는 사상은 서양 심리학 전통에는 없다. 마음챙김 명상 전통에서는 수행자의 삶에서 이러한 힘이 나타날 때, 그것을 장애[다섯 덮개五蓋 가운데 처음 두 덮개인 감각적 욕망과 분노]로 보며, 이를 능숙하게 다루어서 극복한다. 이러한 추동의 영원한 소멸은 완전히 깨달은 사람만의 영역일지라 하더라도, 이러한 힘들이 마음챙김을 통한 알아차림에 노출될 때, 그 힘이 점차 약해지고 수행자들은 이해와 연민 속에서 점점 성장한다.

우리의 노력을 완전한 심리적 자유를 위한 길로 보는 것은 보통 인간의 불행[정신역동치료의 목적]이나 행동치료의 적응적 삶의 기술[행동주의 치료의 목적]을 향한 일에 일종의 희망과 열정을 불어넣어 줄 수도 있고, 그렇게 되지 않을지도 모른다.

방 법

노 출

정신역동 심리치료, 행동치료 그리고 마음챙김 명상 간에 눈에 띄게 겹치는 영역은 행동주의자들이 말하는 노출exposure에 대한 강조다. 본질적인 면에서 세 전통 모두 불쾌함을 피하려고 하는 우리의 경향을 괴로움의 원인으로 보고, 그에 대응하기 위한 일을 한다.

행동주의자들은 강박장애, 공황장애 또는 다른 불안장애에 대한 노출과 반응 예방 치료에서 이것을 분명하게 표현한다Barlow, 2002; Foa, Franklin, & Kozak, 1998. 그들은 우리가 과거에 불쾌했던 상황의 조건화된 공포를 어떻게 키우고, 그 공포를 피하며, 공포가 사라질 기회를 놓쳐 버리는지에 대해 설명했다. 예를 들면, 개에게 물린 경험이 있는 소년은 모든 개에 대한 일반화된 공포를 키운다. 만약 그 소년이 계속해서 개와의 접촉을 피하면, 소년은 개와 친해질 수 있다는 수정 학습을 놓치게 된다. 물린 것에 대한 공포심 때문에, 소년의 삶은 불필요하게 제한되는 것이다.

그러한 공포와 회피를 치료하기 위해서 두려운 자극에 접하게 하여, 그것이 실제로는 해롭지 않다는 것을 학습할 때까지 그 접촉을 유지하는 방법이 있다. 예를 들면, 우리는 아이를 순한 개에게 조금씩 더 가까이 가보게 하여 결국은 아이가 개와 놀 수 있을 때까지 반복할 수 있다. 반응 예방 치료의 내용은 불편한 느낌이 생기더라도 보통 우리가 하는 것처럼 피하기보다는 불쾌한 상황에 머물러 있는 것을 실행하는 것이다.

정신역동 심리치료에서 노출은 불쾌하거나 부끄러웠기 때문에 피했던 생각, 감정 및 기억들에 대해서 논의하는 것으로 시작한다. 이는 암묵적,

내삽interoceptive 노출의 종류다. 치료는 이전에 금지되었던 기억이나 느낌을 향해 관심을 기울이기 위한 초대다. 치료적 관계가 형성된 신뢰할 수 있는 환경에서 환자는 이러한 정신적 내용은 견딜 만하고 수용할 만하다는 것을 배운다. 이렇게 환자의 의식적인 자각은 더욱 자유로워지고 증상과 연결된 신경증적 방어에서 이완될 수 있다. 앞서 말한 것처럼, 진행중인 치료에서 상담실 안에서의 이러한 노출은 치료시간 외에 두려웠던 상황들을 마주하면서 더욱 전통적인 행동 노출을 실행해 보라는 격려로 이어진다.

통찰 명상은 이 영역에서 정신역동 심리치료와 유사한 기능을 한다. 앉아서 호흡을 따라 관찰하고 있을 때 생각, 느낌 그리고 이미지들은 불가피하게 나타난다. 수행자는 즐거운 사건은 붙들고 불쾌한 사건은 거부하려는, 간단히 말해서 경험을 조절하려는 끊임없는 경향을 알아차린다. 이러한 경험들을 추구하거나 밀어내지 말라는 명상 지침에 따라서 수행자들은 불쾌한 심리적 내용을 견디며, 두려워할 필요가 없다는 사실을 배우게 된다. 피하려는 습관을 신중하게 시험 삼아 한쪽으로 내려놓고, 그것들에 대한 우리의 견해와는 관계없이 모든 사건들을 초대한다.

이러한 수행을 통해 명상가는 자신의 마음속에 있는 내용물을 편하게 대한다. 이런 의미에서 마음챙김은 노출된 대상과 사건에 대한 구별을 하지 않는 노출치료와 유사하다. 골먼Goleman, 1988, p. 173은 이것을 '전반적 탈민감화global desensitization' 라고 하였다. 이것은 미래의 연구를 위한 흥미 있는 질문을 던진다. 특정한 자극에 직접 노출될 필요 없이 이런 종류의 전반적 둔감화만으로 충분한가?

노출된 '대상' 이 정서일 때, 노출 치료에는 추가적인 이로움이 있을지 모른다. '우리 체계에서 고통스러운 정서를 없애버리기 위해서' 그 정서들을 표현하는 것이 도움이 된다는 것을 강조하는 점에서 민간의 지혜는 정신역동 심리치료와 오랜 유사성이 있다. 우리의 감정과 접하는 것이 대단히 치료적일 수 있다고 제안하면서Pennebaker, 1997, 실험적인 연구 문헌에서는 이 의견을 지지하고 있다. 유사하게, 실존주의와 인본주의 심리치료는 정동을 재통합하기 위해 정동과 '함께 있음being with'의 가치를 지지한다Schneider, 2003. 정동을 재통합하는 과정은 마음챙김 수행의 일부로서도 종종 일어난다. 집중수행 중의 리처드의 경험이 실제의 예가 된다.

> 명상을 하고 있을 때, 리처드는 제시카와 그녀의 전 애인의 사지를 자르는 것을 포함한 폭력적인 영상은 물론 강한 슬픔과 공포를 경험했다. 가끔 리처드의 정서는 목구멍의 경직과 몸 전체의 근육 긴장과 같은 신체의 강한 통증으로 경험되기도 하였다. 마음속에 떠오른 영상들도 그의 마음을 어지럽혔다. 그의 눈앞에서 영화가 상영되는 것처럼, 폭력적 장면을 보면서 시간은 흘렀다.
>
> 이러한 장면은 견디기 어려웠고, 2주 동안의 집중수행 내내 나타났다가 사라지곤 했다. 그럼에도 불구하고 리처드는 수행 지도를 따르려고 애썼다. 즉, 그는 그러한 감각과 영상들이 생겨나도록 허용했고, 그것들을 밀쳐 버리거나 다른 행동으로 주의를 돌리려고도 하지 않았다.
>
> 시간이 지나면서 상황이 바뀌기 시작했다. 첫째, 노출을 통해 이러한 경험에 대한 혐오감이 약해졌다. 평소에 리처드는 주의를 다른 곳으로 돌리거나 약물을 복용했지만, 집중수행 동안에 그는 나타나는 모든 것과 함께 머물러 있는 수련을 하였다. 둘째, 집중수행에서 수행 도중 나타난 영상과 느낌을 단호하게 노출시킴으로써 제시카의 결정에 따른 슬픔은 더욱 심해지는 것

처럼 보였다. 이 경험은 침묵 속에서 일어났지만, 카타르시스적 인 경험에 불을 붙인 것 같았다. 2주 후, 리처드는 더욱 평화로움을 느꼈다.

통증과 연결된 상황 피하기를 배우는 것에는 적응적 가치가 있다. 대부분의 다른 동물들도 이 기본적 메커니즘을 통해 독이나 불과 같은 위험을 피하는 법을 배운다. 하지만 인간은 정서적이고 표상하는 복잡한 능력이 있기 때문에 잠재적 통증을 교묘히 피하거나 돌아가려고 한다면 더욱 복잡한 회피 양상으로 진행될 수 있다. 우리는 삶의 모든 영역을 보이지 않게 하고, 공포와 욕망으로 색칠된 상황을 대치하는 방법을 배우게 된다. 행동주의, 정신역동 심리치료 그리고 통찰명상이 모두 고통스러운 상황을 피하려는 역효과적인 습관으로부터 결과적으로 인간의 괴로움은 더 커진다고 하며, 그런 경향성을 없애기 위해서 노출을 포함하는 치료를 발달시켜 왔다는 점은 매우 흥미로운 사실이다.

대인관계의 세계

심리치료 전통과 마음챙김 전통 간의 분명한 차이는 대인관계의 역할에 있다. 대부분의 정신역동 심리치료와 행동주의 심리치료는 의미 있는 대인관계 안에서 일어나며, 두 사람 사이에서 진행된다.

집단 치료와 가족 치료도 상당히 대인관계 지향적이다하지만 예외도 있다. 몇몇 심리치료는 혼자 하는 운동을 포함해서 홀로 진행되기도 한다. 그러므로 심리치료에서는 관계 문제를 활발하게 거론하며 제기하는 것이다.

이와 반대로, 본질적으로 혼자서 하며 현재 순간에 초점을 두는 명상은 일어날 것 같지 않은 일에 영향을 줄 수 있다. 수행자들 사이에서는 집중적인 명상수행 기간이 길었다 하더라도 유사한 신경증적 대인관계 갈등에 빠지는 사람에 대한 이야기가 아주 많다. 정말로, 혼자 하는 명상수행의 특성을 대인관계 갈등을 피하는 수단으로 오용하기 쉽다. 혼자 하는 명상은 친밀한 관계의 세계에서 자극받는 골치 아픈 긴장에서의 탈출이 될 수 있다. 몇몇 사람들은 명상이 '치료'의 가장 완성된 형태라고 하지만, 많은 사람들에게 명상은 어떤 대인관계 문제를 드러내지 않은 상태로 남겨 둘 수 있다.

전통적 정신역동 심리치료에서 전이轉移에 대한 분석은 치료의 중요한 도구다. 마음챙김 명상 전통 수행에서는 학생과 지도자 간의 관계는 수행의 중요한 요소이고, 수행의 지지를 위해서 다른 이들과 함께 수행할 수도 있겠지만 명상은 본래 혼자서 하는 것이며 전이에 대해서 이해하려고 노력할 필요가 없다. 불교 심리학에서는 전이의 미묘한 양상에 대한 이해가 부족하여 종종 반대 결과를 동반한다. 명상 지도자가 전이를 표현하려는 어떠한 노력도 하지 않는다는 사실 때문에, 명상을 지도받는 수행자에게 전이가 나타나지 않을 것이라고 단언할 수는 없다. 하지만 이러한 이해 부족에서 지도자는 역전이의 함정에 빠질 수도 있다. 많은 명상센터들이 주기적으로 그 집단에서 나타나는 역전이, 집단 역동, 정신병리 문제에 도움을 받기 위해서 임상가를 찾는 경우가 많아지고 있다.

이 영역에서 서양 심리학이 명상을 하는 학생과 지도자에게 제공할 수 있는 것이 많다. 불교 수행은 처음에 사원에서 가르쳐 졌으며, [출가 수행자인] 비구와 비구니의 공동체승단에서 비교적 순수한 형태로 보존되어 왔다. 일반인이 불교수행을 더 많이 접할 수 있게 된 반면, 일과 사랑의 세계에서 살고 있는 일반인이 당면하는 일상의 어려움을 다루는 일을 불교수행에서는 거의 중요시한 적이 없었다.

구조와 지지

명상과 심리치료는 각 개인이 각자의 생각, 느낌 그리고 행동을 검토하게 해 줌으로써 진행된다. 이 검토는 도피나 회피하려는 습관적 길을 답습하지 않고 더 큰 개방성을 가지고 경험으로 향할 것을 요구하고 있다. 두 전통 모두 어려운 경험에 대해서 직관에 의존하지 않는 활동의 촉진을 지지하고 있다.

심리치료에서의 지지

우리는 어려움에 직면하기 위한 개인의 노력을 지지하는 것이 심리치료의 구성요소임을 잘 알고 있다. 이론의 여지는 있지만, 심리치료에서 가장 본질적인 것은 치료 관계의 질일 것이다치료자의 마음챙김 수행으로 향상될 수 있는 이 치료관계에 대해서는 2부 참조. 가장 핵심적인 요소는 치료자의 개방성과 수용의 자세다. 치료자가 진정으로 두려움이 없는 모습을 보여 준다면, 환자는 고통스럽거나 치욕적인 경험과 기억들에 더 다가설 수 있을 것이다. 지속적 관심과 진정한 배려, 전문적인 중립성으로 길들여진 공감의 자질도 치료적 동맹에 도움이 되는 환경을 마련해 준다. 이것이 바로 위니컷Winnicott, 1971이 말한 '버텨 주는 환경holding environment' 이다.

치료에서 가장 중요한 신뢰성은 치료자의 성실함으로 뒷받침된다. 이런 신뢰의 요소는 치료자의 비밀보장에 대한 절대적 실행과 그 한계에 대한 명확한 진술심각하고 절박한 피해에 직면한 경우로 요약될 수 있다. 일정한 약속 시간시작하는 시간과 끝나는 시간을 정하고 유지하는 것도 신뢰감을 형성하게 한다. 신뢰의 기본은 진정한 성실함이다.

마지막으로 치료의 과정과 방법의 효능에 대해서 양쪽의 신뢰가 확립되어 있으면, 환자의 일상적인 경계심의 일부가 가라앉게 된다. 많은 연구결과에서 치료 과정에 대한 환자와 치료자의 확신은 긍정적인 결과를 예언한다고 지적하고 있다. 만약 치료자가 좋은 결과에 대한 확신을 가지고 있다면, 환자는 이 확신으로 편안해질 수 있을 것이다Meyer et al., 2002.

행동치료에서 소개하는 요소들도 이 사실을 뒷받침한다. 평가 척도와 항목을 사용하는 것은 치료에 과학적 타당성을 제공하는 데 도움을 준다. 인지행동 심리치료에서는 '숙제' [회기 이외의 시간에 환자가 하는 행동]가 사용되며, 거의 모든 치료자가 어떤 형식의 숙제를 이용할 때Scheel, Hanson, & Razzhavaikina, 2004 환자는 독립적으로 치료 작업을 계속해 나갈 자신의 능력을 더 확신하게 될 수 있다.

명상수행에서의 지지

마음챙김 명상은 수세기를 거쳐 다듬어진 잘 발달된 수행이다. 결과적으로 많은 '열성적인 수행자' 들이 수행의 결과를 성취해 왔다. 명상수행은 때로는 험난할 수 있다. 하지만 수행의 구성요소를 포함하여 개인의 노력을 지지하는 많은 원천이 있다.

- **지도地圖로서의 전통적 가르침** 명상을 배우는 학생은 안내를 받기 위해 역사가 깊은 공식적인 가르침에 의지할 수 있다. 비록 수행의 초점이 각 개인의 독특한 경험이라고 하지만, 이런 가르침은 수행이 어디로 향하고 있는지, 무엇을 기대할 수 있는지, 그리고 일어날지도 모르는 다양한 장애를 다루는 방법에 대해서 설명한다. 이러한 가르침은 어렵거나 무서운 경험을 이해하는 방법을 제공하기 때문에 수행자는 길에서 '벗어났다.' 고 느낄 필요가 없게 된다. 이 가르침이라는 지도를 통해서 수행의 과정과 결과에 대한 강화된 어느 정도의 예언 가능성을 제공받는다.

• **같은 마음을 가지고 있는 사람들의 공동체** 역사적으로 비구와 비구니의 공동체인 승단은 교리[教學]와 실천[修行]을 지속시켜 왔다. 오늘날 서양에서는 같은 마음을 가지고 있는 공동체가 큰 지지가 될 수 있다. 이러한 지지는 많은 단계에서 볼 수 있다. 방 안 가득히 조용히 수행하고 있는 사람들 사이에서 명상하고 있다면, 명상이 잘 안 되는 시간에 자리에서 일어나서 수행을 그만두는 일이 적어진다. 또한 이런 수행은 특이하거나 때로는 이국적으로 보일 수도 있다. 왜냐하면 이것은 일반적인 소비 중심주의와 물질주의의 풍조를 거스르기 때문이다. 다른 사람과 함께 수행을 하는 것은 그 수행이 정당하다고 느끼는데 도움이 된다. 다른 동료 명상가들과 나누는 대화를 통해서 자신이 마주치는 어려움들이 자기에게만 일어나는 특별한 일이 아니라는 것을 배우게 되는 것도 수행자를 안심시켜 준다. 다른 사람들도 육체의 통증, 들뜸, 의심과 졸음을 견디고 있는 것이다. 다른 사람도 나와 같이 고군분투한다고 느끼면 수행에서 덜 움츠러들게 될 것이다.

• **모델로서의 다른 사람의 경험** 지난 수세기 동안 수행을 통해서 유익함을 얻은 수많은 사람들의 예는 어려움을 겪는 동안 우리를 격려해 준다. 경험 있는 지도자가 지혜와 자비의 자질을 분명히 보여 준다면, 그 지도자와의 직접적인 접촉은 특별히 고무적일 수 있다. 경험 있는 지도자는 가장 적절한 때에 명상수행에 대한 조언을 해 줄 수 있는데, 이렇게 각 수행자에게 '적절한' 조언은 어려움을 겪을 때 큰 도움이 될 수 있다.

• **강화로서의 수행 성공** 어떤 기술을 습득하여 마음챙김 수행에 어느 정도 성공을 경험하게 되면 노력이 더 강화된다. 지속적으로 주의를 기울여야 하는 일은 처음에는 불가능해 보일지 모른다. 하지만 아주 짧은 순간이라도 명쾌함을 맛보면 큰 보상을 얻게 되고 수행이 강화된

다. 수행자가 일단 통찰을 경험하게 되면 수행을 하지 않을 수 없게 된다.* 수행이 어떤 단계에 이르면 알아차림의 대상이 무엇이 되든지 마음챙김은 정말 재미있어진다. 단순히 현재 순간에 대한 주의를 기울이는 것이 만족의 원천이 된다.

- 집중 집중은 마음챙김 수행에서 나타날 수 있는 마음의 동요를 가라앉히는 데 도움이 된다. 집중은 명상수행에서 마음챙김과 함께 자연스럽게 자라고, 안정되고, 고요해지고, 강화된다. 수행자의 마음이 더 안정되면 될수록 어려운 경험을 피하지 않으면서 주의를 기울일 수 있게 된다.
- 신체의 자세 등을 바르게 세우고 앉는 것은 수행에 도움이 된다. 전통마다 강조하는 공식적인 명상 자세는 다르지만, 많은 명상 지도자들은 오랫동안 집중력을 발달시키고, 기민하게 깨어 있으며, 우리의 알아차림에 무엇이 나타나더라도 직면할 수 있는 능력을 '지니고 있다고' 느끼는 데 자세가 도움이 된다고 강조했다Suzuki, 1973.

앞서 언급했듯이, 마음챙김 명상의 결실 가운데 하나는 세계와 서로 연결되어 있다는 느낌이 강화된다는 점이다. 우리의 행복과 안녕감well-being에 대한 갈망이 다른 모든 이들에게도 있다는 사실을 이해할 때, 이러한 동질감에 의해 우리에게는 자연스럽게 연민이 생겨나게 된다. 더 나아가 마음챙김은 어려운 경험이 생기는 것을 막지 않기 때문에, 내가 겪는 괴로움에 의해 결과적으로 모든 존재가 괴롭다는 이해가 생기게 된다. 이러한 공유된 경험을 통해서 연민다른 사람의 괴로움에 대한 공감이 생기고, 그 연민

---

* 초보 수행자에게 통찰의 체험이 일어나는 때는 수행이 어느 정도 안정되어 순간적인 집중(찰나삼매)을 이룰 때다. 이때가 수행의 좋은 경험을 하게 되면서 수행에 박차를 가하게 되는 시기다.

은 자신을 포함해서 모든 존재를 끌어안는다. 연민이 있으면 우리의 명상수행이 덜 판단적이게 되며, 우리 자신의 노력을 존중하게 되고, 그리고 명상수행의 이로움이 우리 자신을 넘어서 확장된다는 사실을 깨닫게 된다.

인식론

서양 심리치료 전통과 마음챙김 명상 전통 간에 일치하는 또 다른 중요한 영역은 두 전통 모두 발견의 방법을 가지고 있다는 점이다. 이 방법들은 특히 현대에 주의를 기울일 가치가 있는데, 임상가는 그 방법에서 경험적으로 타당한 치료법을 적극적으로 찾기 때문이다.

우리는 앞서 정신역동, 행동주의 및 마음챙김 전통 모두 실재에 대한 결론이 각각 어느 정도는 다르더라도 세 전통 모두 실재를 보는 것에 관심이 있다는 점에서는 공통적이라는 사실을 살펴보았다. 흥미롭게도 서양 르네상스보다 2천 년 정도 앞서 나타났고, 마음챙김 수행의 뿌리인 불교 심리학은 '진리truth'를 발견하는 데 놀라울 정도로 현대적 태도를 가지고 있다.

마음챙김 명상은 마음의 작용을 이해하기 위해서 직접적인 관찰에 초점을 둔다. 관찰에 근거해서 다른 사람에게 지도와 지침을 주기는 하지만, 본인의 경험으로 확인되지 않으면 어떠한 원칙도 받아들여서는 안 된다는 점을 특히 강조한다. 각 개인에 의해서 새로이 검토되어야 할 가정으로 제시된 의식의 작용과 의식의 변형transformation을 위한 기제에 대해서 전통적으로 수많은 문헌에 아주 자세한 설명이 되어 있다. 교설doctrine에 집착하는 것은 끊임없이 그 신뢰성이 비판받아 왔다. 현대의 과학적 실험 방법에 근거해 있지 않음에도 불구하고, 마음챙김 명상은 상당한 경험주의 전통의 일부분이다.

정신역동 심리치료의 뿌리인 정신분석은 역사적으로 그 자체를 경험적·과학적 학문이라고 간주해 왔다. 프로이트 이후, 정신분석은 관찰을 통해서 진리를 발견하는 일에 관심이 있었다. 프로이트는 정신분석의 방법이 과학적 진리를 밝힐 수 있다고 믿었지만, 현대의 비평가들은 정신역동의 많은 가정들이 실험적으로 쉽게 검증될 수 없다고 지적해 왔다. 그리고 최근의 이론가들은 의미에 대해 좀 더 해석학적 접근 방법으로 옮겨가 진리를 발견하고 있다.

물론 정신역동 전통과 불교 심리학은 모두 정통성을 만들어 내려는 인간의 경향을 보여 주고 있다. 그래서 때때로 각 전통은 발견을 금지하는 방식 안에서 전해진 가르침에 의존해 왔다. 하지만 불교 전통에서는 경험을 통해 드러나는 진리에 대한 직접적 이해가 가장 가치 있다. 즉, 잘 축적된 자료에 의해서나 권위 있는 사람이 공표한 것이라 하더라도, 그 어떤 원리나 도그마도 자기 자신의 경험의 실험실에서 검증되기 전까지는 받아들이지 않는다.

행동치료는 또 다른 의미에서 근본적으로 경험주의적 전통이다. 특히 최근에 모든 가정假定을 실험적으로 검증하려고 노력하고 있다American Psychological Association, Division 12, Task Force, 1995. 행동치료는 다른 두 전통과 아주 중요한 사항에서 다르다. 즉, 행동치료는 불교 전통이나 정신역동 전통에서처럼 수행자나 환자가 자신의 경험에 원칙이 적용되는지 보는 것을 격려하기보다는 모든 개인에게 적용될 수 있는 일반적인 원칙들을 확인하기 위해서 반복 가능하고 동료에 의해 재검토된peer-reviewed 실험에 의지한다. 진리란 과학적 방법의 정밀 조사에 의해 발견되는 것이다.

과학적 방법은 관찰을 통해서 현상을 예견하고, 통제하며, 가정을 세우고 실험하며 재현해 낸다. 과학은 서양의 이성적 전통에 시종일관된 근원적인 믿음을 내포하고 있다. 즉, 진리인 것은 우리의 이해와 독립적으로 진리이며, 진리는 객관적이라는 믿음이다.

불교 명상에서 추구된 진리는 종류가 다르다. 명상에서 체계적 탐구의 목적은 과학적 정밀조사로 뒷받침된 재현 가능한 실재의 모형을 만들기 위한 것이 아니다. 그보다 명상은 하나의 목적을 위한 이해를 추구한다. 그 목적은 수행자 개개인이 심리적으로 자유롭게 되도록 돕는 것이다. 이러한 의미에서 불교 명상은 실용적 적용과는 거리가 먼 객관적 진리를 찾는 것을 강조하지 않는다. 그럼에도 불구하고, 불교 명상은 상당히 경험적인 전통을 유지하고 있다.

심리치료와 마음챙김 모두 가치 있는 공통 기반을 찾으려고 노력하면서 심리적 괴로움에서 벗어나는 것을 찾는 일에 종사하고 있다. 각 전통에 대한 정중한 평가를 내리게 되면, 각각의 강점과 한계가 드러날 것이며, 어느 한쪽의 입장에서 다른 쪽을 격하시키는 일을 피하게 되고, 각각의 전통 안에서 각 실천의 본래의 모습을 간과하게 되는 위험을 경고해 준다. 이런 예방책을 택하려고 노력할 때, 우리는 이제 마음챙김이 심리치료의 영역을 넓히고 깊게 해 줄 수 있는 길에 관심을 돌릴 수 있을 것이다.

제2부

치료 관계

The Therapy Relationship

03 임상 훈련으로써의 마음챙김

폴 풀턴Paul R. Fulton

마음챙김과 심리치료를 통합하기 위한 방법은 명백하게 마음챙김이 치료에 도입되는 정도에 따라 달라진다. 그것은 명상하는 치료자의 암묵적인 영향부터, 이론에 인도받으며 마음챙김 원리를 응용한 심리치료, 그리고 환자에게 분명히 마음챙김 수련을 가르치는 것마음챙김에 근거한 심리치료: 1장 참조에 이른다. 이 장은 이런 스펙트럼의 가장 암묵적인 끝인 치료자를 위한 훈련으로써의 마음챙김 수련과 관계가 있다.

대부분의 마음챙김에 근거한 치료에 대한 현재의 연구는 다양한 기법의 효과에 초점을 두고 있지만, 치료자 자신의 명상 수련은 환자에게는 눈에 보이지 않는 배경으로 존재한다. 비록 명상하는 치료자가 마음챙김을 치료에 통합하는 최소의 분명한 방법임에도 불구하고, 이 숨겨진 요소는 매우 큰 영향을 끼칠 수 있다. 사실 마음챙김 수행은 어떤 이론적 학설에 따라 훈련 중에 있는 치료자를 위한 개발되지 않은 자원이 될 수 있다. 왜냐하면 마음챙김은 치료의 성공을 위한 대부분의 요소들에 영향을 주는 수단을 치료자에게 제공하기 때문이다.

심리치료에서 무엇이 중요한 문제인가

일반적으로 심리치료는 효과가 있다Seligman, 1995. 그러나 전체적으로 보면, 어떤 방법의 한계를 극복하고 제시된 다른 방법의 효능을 확립하려는 노력은 확실치 않았다Lambert & Bergin, 1994; Luborsky, Singer, & Luborsky, 1975. 치료의 범위, 환자의 형태, 진단적 조건 그리고 다른 방법론적인 변수들 때문에 심리치료가 어떤 확실성 있는 특정 분야로 정착하기 어려웠다. 1960년대 중반 이후, 치료를 위한 분명한 접근 방법의 수가 60가지에서 400가지 이상으로 늘어났다.

많은 새로운 치료법이 경험적 연구에서 사라졌는데, 그 치료법들은 다른 형태의 치료, 위약placebos 또는 전혀 치료가 아닌 것과 그 효능이 비교되었다. 정신건강 분야는 반드시 과학적으로 그 방법을 입증해야만 한다. 이는 제한된 보건 의료 지출을 합리적으로 사용하고 환자를 효과적으로 보살피기 위해서다. 임상가가 과학적으로 증명된 방법에 의지하기를 바라는 것과 사기적인 행위를 피하려는 일반 대중의 주장은 정당하다. 어떤 치료 방법이 효과적인가를 확인하려는 노력은 정말로 당연한 일이다.

경험적으로 입증된 치료

경험적으로 입증된 치료를 고안하는 일이 진전되었음에도 불구하고, 우리가 전적으로 그 치료들을 신뢰할 만하지는 않다는 증거가 제시되었다. 결과 연구outcome research에 대한 메타분석에 따르면, 한 방법이 다른 방법보다 우월함을 입증하기에는 불충분하다는 사실을 알게 된다. 즉, 대부분의 치료 형태는 다른 대부분의 치료 형태와 비슷한 효과를 보여 준다Luborsky et al., 2002; Wampold et al., 1997. "단지 치료 모델만으로 아주 다른 치료 결과가 나오는 것은 아니다."Miller, Duncan, & Hubble, 1997, p. 7

이것은 치료 모형들이 부적절하다고 말하는 것은 아니다. 오히려 치료 모형은 그다지 중요하지 않고 결과에 영향을 주는 많은 변수들 중 하나일 뿐이라는 의미다. 심리치료 결과를 연구한 학자들은 치료 모형과 기법의 중요성에 대해서는 별로 주의를 기울이지 않았다. 수십 년간의 결과 연구와 많은 메타분석을 재검토했을 때, 치료 결과 중 단 15%의 변수만이 치료자가 사용하는 모형과 방법에 기인한 것이었다Lambert, 1992; Shapiro & Shapiro, 1982.

만약 치료의 형태가 성공적인 치료에 상대적으로 적게 기여한다면, 무엇이 중요한가? 많은 변수는 진단과 무관한 환자의 특성에 의한 것이라고 한다. 이러한 특성에는 환자의 치료 외적인 사회적 지지의 강도Mallinckrodt, 1996, 동기 부여의 정도, 치료받게 하는 다른 원천들, 그리고 환자의 삶에서 발생하는 상황적 사건을 포함한다Lambert & Barley, 2002. 예를 들면, 실직 때문에 우울증이 생긴 사람은 심리치료보다 새로운 일을 찾을 때 더 편안해질 것이다. 이러한 치료 외적인 요소들이 치료 결과의 거의 40%를 차지한다. 위약 효과와 변화에 대한 기대가 결과의 15%를 차지하는데, 이는 치료에 사용된 특별한 치료 모형의 영향과 같은 정도의 효과다. 평균적으로 나머지 30%는 대부분의 성공적 치료 관계에 있는 '일반적 요인들'에 의한 것이다.

일반적 요인들과 치료 동맹

효과적인 치료에서 공통적 요인들은 무엇인가? 이에 대한 많은 연구가 있지만, 긍정적 치료 결과에 가장 강력한 예견 요인들은 치료자의 자질과 치료적 관계와 연관이 있다. 결과적으로 최근에 연구자들은 경험적으로 입증된 관계와 치료 동맹에 주의를 기울여 왔다. 양식에 관계없이 '큰 영향을 준high impact' 치료 회기는 강한 동맹의 핵심적 특질을 내포한다Raue, Golfried, & Barkham, 1997. 말할 필요도 없지만 치료자들은 서로 다른데, 그런 차이는 특별한 치료 방법이나 치료자에 의해 채택되는 이론보다도 치료 결과에 더 중요한 것 같다Luborsky et al., 1986; Wampold, 2001. 긍정적인 치료 동맹에서 환자가 치료자에게 요구하는 자질에는 공감, 따뜻함, 이해 및 수용이 포함되며, 비난, 무시 또는 거부 등의 행위가 없다는 사실은 놀랄 일이 아니다Lambert & Barley, 2002. 특히 공감은 경험적으로 주의를 끌어 왔다. 그것은 측정하기 어려운 요소라 하더라도, "전반적으로 공감은 특정한 개입보다도 결과의 변수에 더 많은 작용을 한다."Bohart, Elliott, Greenberg, & Watson, 2002, p. 96 연구에 대한 논평에 근거하여, 보허트Bohart와 동료들은 공감이 관계에 근거한 치료therapy에서보다 개입에 근거한 치료treatment에서 더 큰 영향을 줄지도 모른다고 제안한다. 그것은 마치 관계가 곧 치료라고 말하는 것처럼 들린다Duncan & Miller, 2000.

만약 치료 동맹이 효과적인 치료에서 그렇게 중요하다면, 이는 임상가가 이것을 배워야만 하는 근거를 제공하는 것이다. 역설적이게도, 대학원 프로그램은 치료의 모형과 치료 계획안으로 진행되는 치료와 기법을 강조하며, 잘 파악되지 않는 치료자의 자질에 대해서는 별로 다루지 않는다. 그렇게 하는 것이 보다 쉽기 때문에 간단할지 모른다. 사실 고급 수련 과정은 치료 효과와는 거의 관계없을지도 모른다. 빅먼Bickman, 1999은 치료 효과가 경험, 지속적인 교육, 면허 취득, 전문專門 학위, 임상감독 또는 전문성을 보여 주는 다른 특징들과 함께 높아진다는 사고방식에 대한 경험적인 지지 기반을 거의 찾아볼 수 없음을 발견했다. 치료 기술에서 교육은 필수적이다. 그러나 치료 관계에 더 많은 중요성을 부여할수록 우수한 치료자들이 공유해야 할 자질을 기르도록 도와주는 방법을 찾는 일은 더 도전적인 일이 된다. 그러한 자질은 기본적인 기술과 지식을 배우는 것보다 훨씬 더 어려울 것이다Lazarus, 1993; Norcross & Beutler, 1997.

고급 수련으로써의 마음챙김

한 치료자가 첫 번째 10일간 집중적인 마음챙김 명상 코스에 참여한다. 집중수행에서 느낀 효과는 몇 주 동안 남아 있고, 그 기간 동안 치료자는 심리치료 환자를 보기 위해서 일상으로 돌아온다. 환자의 치료를 포함한 그의 활동은 고요하고 개방된 공간에서 일어난다. 상대방의 말에 귀를 기울이는 일이 쉬우면서도 심원하다는 사실을 알게 되고, 그는 치료 회기 동안 각 환자들과 더욱 자연스럽게 공명하는 것 같았다. 환자에 대한 그의 설명은 그 고요함에서 저절로 일어나는 반응처럼 진행되며, 그 모든 말이 정곡을 찌르는 것처럼 보인다. 치료 회기 동안에 통찰력이 물처럼 흐른다. 치료자와 환자는 이 치료 회기들을 어딘가 특별하다고 느낀다. 몇 주가 지나자 치료 경험은 일상으로 돌아온 것처럼 보인다.

이 책 전체에 상세하게 기술된 다른 유익함에 더하여 마음챙김은 강한 치료적 동맹을 확립시키기에 아주 적절한 많은 자질을 길러 준다. 일부 필자들은 명상이 주의의 개발, 연민과 공감, 치료적 현존, 괴로움에 대한 더 넓혀진 시각 등과 같은 심리치료 기술을 논리적으로 형성시켜 준다는 점을 주장해 왔다(Chung, 1990; Deikman, 2001; Henley, 1994; Thompson, 2000; Tremlow, 2001). 다른 사람들은 강한 치료 동맹과 틀림없이 관련 있는 그러한 마음의 자질을 길러 주는 마음챙김 수련의 효과에 대한 경험적 증거를 찾았다(Brown & Ryan, 2003; Neff, 2003; Sweet & Johnson, 1990; Valentine & Sweet, 1999). 심리치료 결과를 높이는 이러한 요소들에 대한 치료자의 명상수행의 영향을 평가하는 연구를 보는 것은 흥미로울 것이다.

이런 연결 고리의 경험적 증거들을 여전히 기다리고 있더라도, 우리는 치료자의 마음에 끼친 마음챙김의 영향과 성공적 치료 관계의 밑바탕이 되는 자질이 깊은 관계가 있다는 사실을 자연스럽게 추론할 수 있다. 이러한 연결에 대한 다른 증거가 있는데, 이것은 여정을 기꺼이 선택한 치료자 자신의 명상 경험에서 발견되는 것으로 그 경험은 흥미를 유발하며 자명하다.

이 장의 핵심은 필자 자신의 명상수행에서 빌려 온 특정한 치료 개입에 대한 것이 아니라, 명상 관련 문헌에 잘 설명되어 있는 치료자의 정신적 자질의 개발에 대한 것이다. 이 자질은 효과적인 치료의 밑바탕이 되는 일반적인 요소와 연관이 있다. 이러한 자질들에 대해서는 이어지는 장에서 간략히 다룰 것이며 그 가운데 일부는 자세하게 설명될 것이다.

주의 기울이기

> 정신의학을 가르치는 전문 병원에서 심리치료 교육과정에 있는 한 젊은 수련생이 선배 임상가와 함께 임상감독 집단에 참석

하라고 초대받아 기뻐했다. 어느 특별한 날, 경험이 많은 정신과 의사가 자신의 심리치료 경험에 대해서 고백하는 어조로 말을 했다. 그는 턱수염을 만지면서 자신의 환자에게 집중하기 아주 어려웠던 적이 있음을 시인했다. 그의 마음은 어김없이 산만해졌다고 말했다. 그 수련생은 충격을 받았다. 왜냐하면 그녀는 여러 해 동안 명상 경험이 있었기 때문에, 치료자들은 지속적이고 밀착된 주의를 기울일 수 있다고 당연하게 생각하고 있었다. "의사들이 주의를 기울이지 않고 어떻게 심리치료를 할 수 있는가?"

모든 임상가는 치료하는 동안 마음이 방황하는 것을 경험한 적이 있음을 알고 있다. 종종 이것은 치료 시간 중에 일어나는 일—또는 그렇지 않은 일—에 대한 반응일 수 있다. 정서적으로 관계 맺고 있지 않다고 느끼는 환자는 비슷하게 정서적으로 관계 맺지 못하며 지루해하는 치료자를 떠날 수 있다. 또한 치료자는 환자가 제공한 문제에 의해 불안해질 수도 있고, 무시하는 태도로 반사적으로 반응하기도 하며, 안정되지 못하고, 졸거나 아니면 일부 치료 시간을 빼먹기도 한다. 치료자는 자신의 부주의함을 임상적 정보로 받아들이게 되어 다음과 같은 질문을 던진다. "관심을 가지고 함께 있기 어렵게 만드는 그 환자에게 무슨 일이 있는 것일까?" 이 질문은 무관심의 장막을 거두어 내기에 충분할 수도 그렇지 않을 수도 있다.

경험이 풍부한 치료자는 의욕적인 초심 치료자보다 더욱 쉽게 부주의의 희생자가 될 수도 있고, 주의의 상실을 회복하는 것에도 익숙하다. 치료자와 환자 모두에게 작업이 빨리 진행되는 것을 제안하는 탐구적인 질문을 하는 것은 치료의 두 번째 본질이 될 수 있다. 환자가 더 현명할 수 없다는 믿음에서 우리는 치료 작업을 거짓으로 조작하는 것을 배울 수도 있다. 보통의 치료는 보통의 마음 상태에서 계속될 수 있다.

반면에 진정한 관심과 밀착된 주의는 거짓으로 조작할 수 없다. 우리가 전적으로 민첩하고 집중할 때 에너지는 활동적이 되고, 치료자와 환자, 모두는 치료 상황에서 쉽게 더 온전하게 깨어 있게 된다. 예를 들면, 환자가 정서적으로 관여되어 있거나 환자가 설명하는 내용이 단순하게 집중되어 있을 때, 이것은 환자에 의해 제시된 자료의 기능일 수도 있다. 밀착된 주의는 자연스러운 반응이다. 하지만 그러한 순간들 때문에 치료 시간이 길게 늘어지지는 않는다.

지속적인 마음챙김 수련은 방황하는 마음을 극복하는 해결책이다. 마음챙김에 의해서 짧은 시간에 백일몽을 영원히 치료할 수 있지만 마음챙김은 마음을 현재로 가지고 오는 연습이며, 가끔은 단 한 번의 치료 회기에서 이 작업이 수백 번 일어나기도 한다. 마음챙김 지향 치료자는 현재 순간의 내용들에서 독립적으로 '현존하는 것' 을 수련한다. 지루함 또는 불안을 포함한 모든 사건은 주의로 되돌아가는 초대장이다. 그러면 머지않아 주의력은 강해져 아주 사소한 사건에도 관심을 일으킬 수 있게 된다.

우리는 명상할 때나 생활에서 지루할 때, 흥분이나 자극을 찾게 될 수도 있다. 감동과 색다른 경험을 구하는 것에 근거해서 전체 생활방식을 창조할 수도 있다. 감동을 찾는 사람은 따분함 때문에 '보통의' 생활을 싫어할 수 있다. 마음챙김 명상은 관심을 만들어 내기 위해 다른 접근 방법을 택한다. 아주 작은 경험에도 주의를 기울이기 위해서 마음을 수련하게 되면, 일상적으로 너무 사소해서 관심을 둘 가치가 없는 사건에도 민감해질 수 있다. 색다른 경험과 자극을 통한 외적 사건의 '볼륨을 높이기' 보다 있는 그대로의 우리의 삶이 풍요로움으로 가득 차 있음을 발견한다. 우리가 민감할 때 매력을 느끼는 것은 자연스러운 반응이다. 관심의 얼굴 앞에서 지루함은 달아나 버린다.

마음을 다해 기울이는 주의는 놀라울 정도로 흔하지 않다. 관심이 있으며 전혀 산만하지 않은 어떤 사람을 만날 때 그 만남이 특별하다는 느낌을 갖게 된다. 우리는 그 사람이 특별한 방식으로 우리의 말을 듣고 있다는 사실을 안다. 우리가 누군가를 만났을 때 진정으로 마음을 다해 주의를 기울이는 것은 그 사람에게 제공할 수 있는 선물이다. 이것은 우리가 환자와 만날 때와 마찬가지로 우리의 자녀와 배우자와 동료와의 만남에서도 진실이다. 임상적인 만남에서 밀착된 주의가 있을 때 치료 회기가 촉진된다. 이런 수준의 주의는 학습되고 수련되고 깊어질 수 있다. 4장에는 주의와 관심 그리고 다음에 기술된 다른 자질들을 기르기 위한 실제적인 연습이 설명되어 있다.

정동 인내

마음챙김 수행을 할 때, 초대되었거나 초대받지 않은 손님 가운데는 강한 정서가 있을 것이다. 이러한 정서들은 다른 어떤 정신적 현상이나 육체적 감각처럼 수용과 관심의 태도로 환영받는다. 그 느낌이 너무 강렬할지도 모르지만, 우리가 압도당할지도 모른다는 두려움을 한편에 제쳐놓을 때 어떤 정서도 결코 최종적인 것이 아니라는 것을 알게 된다. 우리는 또한 어렴풋이 느꼈던 것보다 더 인내할 수 있다는 것을 발견할 수도 있다. 인내는 사용하기에 빈약한 단어일 수도 있다. 왜냐하면 우리가 오로지 힘과 의지력에 의해서 우리의 길을 밀고 나갈 수 있는 것처럼, 이 말에는 정서에 대해서 이를 악문, 강한 긴장 관계가 내포되어 있기 때문이다. 마음챙기는 인내는 온화해지고 경험을 받아들이는 특징이 있다. 이 과정에서 강한 정서가 가지고 있는 위협적인 힘이 약화된다. 우리는 압도당하는 두려움을 경험할 수도 있으나, 이 두려움을 마음챙기게 되면 결과적으로 그 두려움에 덜 사로잡히게 된다. 감정은 알려진 것처럼 그다지 지속적이지 않다. 이것이 젯젤Zetzel, 1970이 정신분석 용어로 처음 설명한 능력인 정동 인내affect tolerance의 발전이다. 이것을 우리는 느낌을 직면할 수 있는 자발적인 마음이라고 부를 수도 있다.

정동 인내는 치료자에게 매우 중요하다. 이것은 통상적으로 환자가 배양할 수 있는 기술로 간주된다Linehan, 1993a. 하지만 만약 치료자가 자신의 어려운 정서를 견딜 수 없다면 강력한 정동을 가진 환자와 함께 앉아 있는 데 어려울 수 있다. 치료자는 환자로부터 자신이 거리를 두고 있으며 그들의 경험을 인정하지 못하는 것을 발견할지도 모른다. 탐구를 위한 안전한 환경을 제공하는 것에서 더 멀어지게 되고 감정을 인내하지 못하기 때문에 환자의 자유를 성급하게 가려 버릴지도 모른다. 치료는 무미건조해질 수 있다. 이 모든 일은 의식적인 알아차림의 영역을 벗어났을 때 일어난다.

오랫동안 명상에 관심을 가져온 젊은 심리학 전공 대학원생이 주 5회 정신분석에 참가하게 되었다. 분석은 잘 진행되지 않았다. 그는 억제되고 막혀 버렸다. 2년이 지난 후, 서로의 동의하에서 종결되지 않은 분석을 끝냈다. 얼마 후, 그 학생은 첫 번째 10일간의 마음챙김 명상 집중수행에 들어갔다. 그는 갖가지 방식으로 도전적인 생각, 감각 및 감정에 부딪쳤다. 그 과정에서 어떻게 낮은 수준의 두려움이 그의 삶 전체를 통해서 항상 같이해 왔으며, 그 때문에 자기도 모르게 도피자가 되어 왔는지를 발견하였다. 그 두려움의 영향은 사방에 많이 산재해 있었다.

집중수행을 마친 지 오래되지 않아, 대학원생은 다시 심리치료에 참여했다. 두 번째 치료는 처음 치료와는 질적으로 달랐다. 이전에 조용히 숨어서 압박하며 영향력을 행사하던 두려움이 처음으로 완전히 경험되고 의식되었다. 역설적으로, 그가 경험에서 더 많은 두려움을 알게 될수록 그는 그것에 의해 덜 지배받게 되었다. 그는 덜 방어적이 되었고, 치료는 빠르고 훨씬 수월하게 진행되었다.

마음챙김이 우리 자신의 이러한 경험, 즉 모든 정서는 일시적이며 두려움 없이 받아들일 수 있다는 경험에서 가르쳐 주는 것은 자연스럽게 우리 환자에게 이어진다. 우리가 위협받지 않을 때, 환자는 참을 수 없을 것 같은 경험을 더 많이 드러낼 기회를 가지게 된다. 어려운 정서적 내용에 직면했을 때 치료자가 그 상황을 받아들이면, 환자는 자기 자신이나 치료자를 보호하기 위해서 스스로를 검열할 필요가 없다는 점을 다시 확인하게 된다. 따라서 정서에서 위협적인 부분이 없어진다.

마음챙김의 순환에서 어려운 경험을 받아들이고 붙들어 두는 능력을 설명하기 위해서 종종 사용되는 은유가 있다. 한 숟가락의 소금을 한 컵의 물에 넣으면, 그 물은 아주 짜진다. 하지만 한 숟가락의 소금을 한 주전자의 물에 넣는다면, 그 물은 덜 짤 것이다. 그리고 소금을 연못에 넣는다면, 짠 맛은 훨씬 없을 것이다. 마음챙김 수행은 이렇게 더 큰 그릇이 되는 것에 비유된다. 어려운 정서는 소금처럼 남아 있지만, 방해하는 힘은 마음의 개방성에서 흩어져 버린다. 우리는 더욱 큰 그릇이 되는 것이다.

정동을 견디기 위해 이처럼 깊어진 능력의 힘에 대해서는 이 책 전체의 다른 장에 제공된 많은 예에서 충분히 설명하고 있다.

수용 수련

마음챙김은 행동 속에서의 수용이며, 한 번의 행동이나 결정이 아니라 주의가 알아차림의 주 대상으로 돌아올 때마다 반복된다.* 완전한 주의를 지니고 [마음챙김의 대상으로] 돌아오는 행위는, 즐겁거나 즐겁지 않은 대상의 특징과는 관계없이 실행된다. 모든 것은 동등하게 환영받는다.

판단은 인간의 마음에 너무 깊이 뿌리박혀 있어서, 마음챙기는 알아차림 수행 자체가 자기비판적으로 되기 쉽다. 어떤 수행자라도 알고 있듯이, 얼핏 보기에 단순해 보이는 이 수련은 어렵다. 처음에는 불가능해 보인다. 마음챙김 수행자가 수행을 할 수 있는 자신의 능력에 대한 판단과 주의를 수련하는 법을 배우는 일에 자연적으로 좌절을 느끼는 것은 너무 흔한 일이다. 현재에 머물러 있는 일이 끊임없는 실패의 흐름처럼 여겨질 때, 자기비판이 낙담과 함께 생겨난다.

마음챙김 수행이 성숙하게 되면, 자기비판 경향은 몇 단계의 발전을 거치면서 가라앉게 된다. 비록 일시적이지만 우선 상대적으로 안정되고 방해받지 않는 알아차림의 순간들을 경험하기 시작한다. 이는 지속적인 노력을 한 결과로 얻게 되는 첫 번째 보상 중의 하나이고, 그것은 긍정적으로 강화되는 것이다. 두 번째 변화는 생각이 일어나지만 그 생각들은 단지 알아차려야 할 더 많은 대상으로서 간주될 뿐이지 더 추구되거나 거부되지 않는다는 것이다. 이런 일이 일어날 때, 다른 생각처럼 자기 판단이 일어나고 사라지는 것을 바라보는 것이 가능해진다. 판단을 개인적 감정

* 마음챙김을 지니는 태도에 대한 설명이다. 부연한다면, 마음챙김은 삶의 현장에서 일어나는 것을 수용하는 것이다. 어떤 경험이 일어나도 수용적인 태도로 알아차린 다음, 그 경험이 사라지면 다시 알아차림의 주 대상 또는 일차적인 대상(호흡이나 복부의 움직임)으로 주의를 계속해서 기울인다. 따라서 마음챙김은 일회적이거나 일시적인 마음의 기능이 아니라, 항상 반복적으로 대상을 놓치지 않고 작용해야 한다는 점을 간단하게 설명한 것이다.

이 섞이지 않은 빛에서 볼 때, 그 신랄함이 약해지기 시작한다. 우리는 판단의 메시지에 덜 동일시하게 되고, 그것에 대한 믿음 때문에 길을 잃지 않는다. 자기 판단을 확인하고 그것이 지나가도록 허용하여 그것에 빠짐으로써 불에 기름을 붓는 일을 멈추고 지루하게 길어지는 자기비판을 피할 수 있다.

자기비판이라는 친숙한 사고패턴을 포함해서, 발생하는 모든 것을 향해 반복해서 마음을 기울이는 것이 자기 수용 수련이다. 반복되면 강하게 되는 것처럼, 자기 수용은 시간이 지나면서 더욱 강해진다. 이 수련은 명상에 기원을 두고 있으며 치료실로 옮겨질 수 있다. 심리치료를 하는 중에 치료자는 자기만족과 자기 의심의 진자 운동을 관찰할 많은 기회가 있다.

비록 친밀한 관계는 알아차림의 영역을 벗어나 있을지라도, 치료자는 어떻게 다른 사람에 대한 우리의 판단이 자기 판단에 정비례하여 발생하는지 익숙하다. 그와는 반대로, 평화로운 사람은 다른 사람의 잘못을 덜 발견하는 것 같다.

임상가는 치료 동맹을 기르기 위해 환자를 수용하는 것이 중요하다고 배운다. 하지만 판단은 파괴적이다. 즉, 실제로 그렇지 않은 우리 자신을 치켜세우는 동안 우리는 많은 편견을 품을 수 있다. 종종 우리가 가지고 있는 견해가 얼마나 검토되지 않은 것인지 알아차리지 못한다. 하지만 환자가 어렵게 심리치료에서 자신의 길을 찾을 때, 그러한 검토되지 않은 견해 때문에 환자의 자유 공간이 협소해진다. 분위기를 잘 맞추는 환자는 치료자의 겉치레적인 수용이 종이처럼 얇다는 사실을 잘 알지도 모른다.

마음챙김 수행은 수용을 지속적이고 끊임없이 심화시키는 수련 방법이다. 이것은 우리가 가치 있는 것이라고 알고 있는 것을 실재하는 것으로 연마시키는 방법이다. 진정한 수용의 태도를 지닌 치료자가 주는 안전성은 자연스럽게 환자에게 전해지고, 어떤 환자는 처음으로 진실하게 신뢰할 수 있는 관계를 제공받을지도 모른다.

공감과 연민

치료상의 관계에서 공감이 중요함에도 불구하고, 그것을 가르칠 수 있다는 흥미를 끄는 증거는 부족하다. 심리치료 문헌에서 우리는 의사소통 형식과 서로 다른 환자에게 치료자가 관계적 태도를 맞추는 능력을 가르치는 제안들을 발견할 수 있다Lambert & Barley, 2002. 그러한 기술들을 가르칠 수 있음에도 불구하고, 그에 대한 진실한 공감이 부족한 것 같다. 마음챙김 수행은 공감을 기르기 위한 가장 강력한 방법이 될지 모른다.

대부분의 명상 형태는 마음챙김 수행과 집중 수행을 독특하게 혼합한 것이다Goleman, 1977.* 불교의 마음챙김 수행에 통찰과 연민을 개발하려는 명백한 의도가 있다는 점이 다른 명상과 구별된다. 다른 사람을 향한 공감은 마음챙김 수행에서 길러지는 자신에 대한 연민의 자연스러운 연장이다.

어떻게 마음챙김에서 공감과 연민이 생겨날까? 자신에 대한 연민은 자신의 괴로움에 마음을 여는 수행에서 생겨난다. 단지 괴로움이 있는 것만으로는 충분치 않다. 충격적인 손실이나 곤경에 처하게 될 때, 연민이 얼마나 쉽게 경직되는지 생각해 보라. 마음챙김은 괴로움을 거부하려는 우리의 요구를 포기함으로써 괴로움에 대한 관계를 변화시키는 방법을 제공한다. 그것은 자신에게 친절한 행위다. 괴로움은 단지 억압적으로

* 마음챙김 수행은 위빠사나, 통찰수행을 말하고, 집중 수행은 사마타, 선정수행을 말한다. 불교의 마음챙김 수행 이외의 대부분의 명상 전통은 집중 수행에 속한다.

되기보다는 오히려 마음을 열어 놓을 기회를 제공한다.

다른 사람에 대한 연민은 괴로움을 면제받은 사람은 아무도 없으며 모든 사람은 괴로움으로부터 안전하기를 바란다는 인식에서 생긴다. 게다가 마음챙김에 의해서 분리되어 있는 상태를 결정하는 인위적인 경계가 풀리기 시작할 때, 우리는 모든 존재에 대해서 우리의 타고난 친근감을 경험하기 시작한다. 다른 사람을 향한 연민은 우리의 상호 의존성에 대한 이러한 이해가 자라나면서 자연스럽게 표현되기 시작한다. 결정적으로 마음챙김 명상 전통에는 연민이 성장할 수 있도록 신중하게 의도된 많은 수련이 포함되어 있다. 4장에서는 이런 연습의 몇 가지를 다루고 있다.

평정과 도움의 한계

우리는 환자에 대한 연민과 공감을 기를 수 있고, 동시에 그렇게 하는 것이 본질적으로 그들의 삶의 질에 큰 차이를 만들 수 없음을 인식할 수 있다. 마음챙김 수행에서 길러지는 연민의 자질은 평정을 기를 때 균형 잡힌다. 마음챙김 전통에서 **평정**은 많은 의미가 있다. 이것은 구별하지 않고 마음을 열고 받아들이는 태도다. 그 안에서는 모든 경험이 환영받는다. 평정의 좁은 의미는 다른 사람의 행복을 위한 우리의 최상의 노력과 아주 진심 어린 기원에도 불구하고, 우리가 도울 수 있는 것에는 정말로 한계가 있다는 인식이다.* 따라서 치료자가 마음챙김 수행을 해서 고통받는 환자에 대한 공감이 생겨나게 되더라도, 다른 사람을 도와주려는 기원은 환자의 궁극적인 책임을 냉정하게 인식함으로써 조절된다.

---

* 모든 인간은 자신의 행위의 상속자이며 행위에 의해 만들어진다는 것이 불교의 가르침이다. 궁극적인 의미에서 자신만이 자신을 더럽힐 수도 있고 깨끗하게 할 수도 있다. 따라서 남을 도와주거나 도움을 받는 것은 한계가 있다고 하는 지혜가 생길 때 평정을 유지할 수 있다. 하지만 평정은 무관심이 아니라는 점도 주의해야 한다. 도움을 주거나 받되, 그 한계를 알아야 한다.

다음의 예는 도움의 한계를 설명하고 있다.

나의 동료들이 몇 년 전에 거주할 수 있는 치료센터를 열었다. 나는 그 치료센터를 방문할 기회가 생겼고, 직원 중 한 사람인 예술치료자와 대화를 나누었다. 그녀는 도움을 요구하면서도 제공된 모든 것을 거부하는 아주 어려운 여성 환자가 있다고 했다. 상주하는 치료자 전체로 하여금 그 환자에게 접근하기 위한 새로운 방법을 찾도록 했는데, 그 가운데에는 더 큰 제한과 더 큰 위로와 다른 담당 치료자 등이 포함되어 있었다. 직원에 대한 그 환자의 행동은 적대적이고 비하적이며 도전적이었다. 그 환자가 더 나쁜 행동을 하면 할수록 예술치료자는 더 많은 치료법을 쓰게 되었고, 다른 치료자들은 어떤 치료가 효과적인가를 발견하려고 하였다.

결국 담당 치료자의 아이디어와 인내는 고갈되었고, 그 치료자는 좌절하고 화가 났다. 그 예술치료자는 어느 날 일어났던 일을 내게 설명하였다. 그날 그녀는 활동실 저편에 있는 환자를 보면서 환자를 위해 제공할 것이 아무것도 남지 않았으며, 환자 스스로의 힘으로 그 상황을 파악하지 않으면 안 될 지경이라고 생각하고 있었다. 바로 그 순간, 환자가 그녀를 보았고 방을 가로질러 걸어와서 자신의 잘못된 행동들에 대해서 사과했다.

치료자의 한계를 수용하는 것은 환자가 자신의 성장과 안녕을 위해 더 큰 책임을 떠맡기 위한 전제 조건일지 모른다.

만약 치료자와 환자가 치료의 끝없는 도달점에 대한 환상에 동의하고 있다면, 이는 단지 환멸과 분노에 이르게 될 뿐이다. 또한 이 때문에 효과적인 치료 대신에 불필요하게 연장된 치료가 계속될 수도 있다. 마음챙김 명상수행을 통해서 우리 행동이 우리가 살아가는 조건을 만드는 방식을 조명하게 도와주고 개인적인 책임을 직접 이해하는 데 생명력을 준다. 마음챙김은 있는 그대로의 다른 사람의 경험에 대한 존중을 기르도록 도와준다. 이러한 시각은 치료자로서의 효능감에 유용한 균형을 제공한다. 연민의 마음으로 환자에게 최상의 노력을 하는 것은 어떤 사람을 변화시킬 수 있는 우리의 능력이 의심할 여지없이 진정으로 한계가 있다는 점을 명확히 인식할 때 균형 잡힌다. 연민과 평정의 이러한 패러독스에 대한 경험은 치료자에게는 익숙한데, 이는 엘리엇1888~1965의 〈성회聖灰 수요일Ash Wednesday〉*Eliot, 1930에 잘 기술되어 있다. 그는 다음과 같이 말했다.

> 돌보는 것과 돌보지 않는 것을 우리에게 가르쳐 주시기를.
> 가만히 앉아 있는 것을 가르쳐 주시기를.

환자는 도움받기 위해서 심리치료를 찾으며, 치료자는 도와주도록 수련을 받는다. 성공적인 치료를 예견할 수 있는 한 가지는 자신의 치료 방법의 효능성에 대한 치료자의 확신이다Frank, 1961; Garfield, 1981; Kirsch, 1990. 결론적으로, 다루기 어려운 문제에 직면했을 때 느끼는 치료자의 무기력감helplessness은 치료를 방해한다. 많은 기법으로 무장한 치료자는 치료의 한계에 도달했다는 두려움 때문에 치료자와 환자 모두를 혼란스럽게 하는 새로운 치료 기술로 옮겨 다니며, 이런 무력감을 위장하는 데 익숙하다.

예를 들면, 죽음이나 파국적 손실을 전문적으로 다룰 때, 우리를 안내

---

* 그리스도교 교회에서 부활절을 준비하는 참회기간인 사순절이 시작되는 첫날이다.

해 줄 죽음과 죽는 과정의 단계에 대한 모델을 가지고 있다는 것을 어떻게 장담할 수 있는지 생각해 보라Kübler-Ross, 1977.

어떤 문제는 해결될 수 없다는 검토되지 않은 진실을 회피하기 위해 치료자와 환자는 종종 한 문제를 끝없이 검토하면서 스스로를 바쁘게 만든다. 바빠지는 것은 환자와 치료자에 의해서 계속 이어지는 방어가 된다. 우리는 해결할 수 있는 것과 해결할 수 없는 것을 구별할 필요가 있다. 상상된 치유를 향해 피할 수 없는 괴로움에서 달아날 때, 그 상황의 진실로 향할 수 있는 기회를 놓쳐 버린다. 완전히 괴로움의 불길 속에 빠져 있는 환자와 온전하고 단순하게 마주하는 그 순간, 치료자에게 가장 요청되는 일을 제공할 기회를 놓쳐 버린다. 결코 포기하지 않는 이러한 순간이 어쩌면 치료에서 가장 변형될 수 있는transformative 때인지도 모른다.

제럴드의 "불은 켜져 있는데 집에는 아무도 없다."라고 하는 그 자신의 설명에 따르면, 그의 삶은 정돈되어 있었지만 단조로웠다. 그는 그 무엇에도 거의 흥미가 없었고, 자신이 살아 있다고 확신할 만한 느낌도 거의 없었다. 치료는 제럴드를 위한 많은 것 중 하나였는데, 제럴드의 내면적인 삶으로 들어가기 위해 잠기지 않은 문이나 창문을 찾으면서 계속 맴돌고 있던 치료자는 거의 참을 수 없었다. 치료자는 치료 성공에 대한 전망에 대해 점점 낙담했다. 그는 망망한 바다에서 작은 배에 제럴드와 함께 단둘이 있는데 물에 빠져 죽을 것 같다는 자신의 느낌을 그 임상 감독자에게 설명했다. 치료자는 아이디어가 고갈되었고, 자신이 진정으로 무력하고 쓸모없다고 느꼈다. 제럴드는 치료자와 함께 서로의 무기력함을 단지 관찰하고 있었을 뿐이었다. 제럴드는 밝아졌다. 비록 그는 다른 치료자와의 치료에서도 변화에 대한 기대를 거의 가지고 있지 않았지만, 지금 그는 지난 몇 달 간보다도 자신의 무기력감에서 덜 외롭다고 느꼈다.

평정은 어떤 것을 고치려고 하는 노력을 그만두게 해서 그것을 있는 그대로 충분히 보게 한다. 우리는 실존적 괴로움과 신경증적 괴로움을 구별하는 것을 배운다. 치료가 효과적이라고 느끼게 도와주려는 짐을 치료자가 벗어 버릴 때, 이 고요한 지점에서 환자는 움직이거나 그 자리에 서 있을 자유를 얻는다.

환자는 자신의 삶을 변화시키는 힘을 얻을 때 치료자의 덕으로 돌린다. 이렇게 덕을 돌리는 것은 가끔 매우 유용하다. 즉, 긍정적 전이는 치료에 방해가 될 때까지는 문제가 아니다. 치료자가 '자신의 견해를 확신하고 buy their own press', 자신이 무엇이든지 할 수 있으며, 끝없이 현명하다고 믿기 시작할 때 위험이 발생한다. 마음챙김 수행에서 길러진 평정은 치료자로서의 힘의 한계를 인식하도록 도와주면서, 우리에게 겸손해지는 법을 가르쳐 준다.

보는 것 배우기

치료자가 소유한 의외로 큰 자산 중 하나는 환자가 아니라는 것이다. 즉, 치료자의 고투나 어려움이 무엇이든지 간에 환자의 어려움과는 동일하지 않다. 이 차이 때문에 보는 시각의 단계가 허용된다. 수련을 통해 다양한 관점을 얻게 되는데, 이는 각 문제에 적합한 접근법인 다양한 치료 모형을 임상가에게 제공한다. 치료자가 이런 지식을 가지고 있으면, 환자의 이해에 맞는 처방을 찾는 유연성을 갖게 되며, 문제해결을 위한 새로운 방법을 발견하게 된다.

어떤 문제는 환자에게는 고치기 힘들어 보일 수 있는데, 왜냐하면 환자가 그 문제를 형성한 방식 때문이다. 예를 들면, 어떤 사람은 일을 두려워할 수 있는데, 왜냐하면 직장상사가 자신을 싫어한다는 느낌이 있기 때문이다. 그때의 유일한 대안은 그 일로 고통을 받거나, 그 일을 그만두는 것이라는 느낌 속에 있는 것이다. 이 상황에서 치료자는 고려해야 할 새로운 길을 연다. "상사가 당신을 싫어하는 것은 맞습니까?" "당신은 어떻게 알았습니까?" "만약 그렇다면, 당신들 사이에 있는 긴장의 원인을 다룰 방법은 있습니까?" 치료자는 이전에는 환자의 고려 대상에서 제외되어 있었던 잠재적 해결책을 제안한다. 종종 문제는 전체적으로 다시 검토된다. 예를 들면, 밀착된 검토를 통해서 문제는 상사를 향한 강력하고 검증되지 않은 부정적 전이라는 것이 드러날 수도 있다. 이 경우, 환자의 제한되고 유연하지 못한 문제 형성 방식이 다루어져야 할 문제 그 자체다.

토드는 일을 억압하는 습성 때문에 치료를 받으러 왔다. 그는 대학 과정을 끝낼 수 없었고, 자신의 재능과 지능의 수준에서 일을 할 수 없었으며, 일을 다 끝내지 못하고 미루어 두는 습성을 극복할 수 없었다. 적합한 시민이 살아가는 사회의 온전한 일원이 되기 위한 필수적인 관문이라고 믿었던 명문대 입학과 몇몇 성취를 포함함 몇 가지 목표달성에 실패했기 때문에, 그는 이제 너무 늦어버렸다고 믿었다. 그는 자신의 운이 다했다고 느꼈다. 더 많은 탐구를 한 그는 자기 이외의 세상 사람들이 자신을 감시하고 있고, 이 가혹하며 비판적인 판단을 공유하고 있음을 의심 없이 상상하고 있다는 점이 분명해졌다.

한 가지 중요한 통찰은 그를 그렇게 가까이서 감시하는 사람은 아무도 없고, 분명히 아무도 가까이서 그를 그렇게 판단하지 않고 있다는 이해를 끌어내는 것이었다. 토드는 성공과 실패, 그리고 자신을 즐기는 것에서 자유로워졌다. 그는 결코 갚을 수 없는 영원한 빚을 상상하면서 자신의 운이 다했다는 생각도 하지 않게 되었다. 점차로 그는 일을 억압하는 에너지를 사용할 수 있게 되었다. 그가 수줍음에서 벗어났을 때, 자신은 일을 좋아한다는 것을 발견했다. 큰 회사에 취직한 지 몇 달 만에 그는 솔선수범에 대한 상을 받았다.

이 경우, 토드는 비난하는 인물들이 살고 있는 험악한 세상을 만들었다. 이 믿음은 너무 확신에 차 있어서 그에 반대되는 치료자의 제안은 앞뒤가 뒤바뀐 것으로 여겨졌다. 일단 진실로 받아들여진 것'세상 사람이 감시하고 있고, 나는 적응하지 못한다고 아는 것'이 어떻게 심적 구성개념이 되고 버려질 수 있는지 보게 될 때, 우리는 자유로워진다.

마음챙김 수행은 설명과 성장과 같은 대안적인 길에 치료자가 접근하는 것을 보강한다. 우리가 우리의 세상을 구성하는 방식에 대한 통찰을 얻으면, 그런 구성물에 대한 우리의 집착을 느슨하게 할 때 경험할 수 있는 자유가 회복된다. 속박은 우리 스스로 만든 것이고 제멋대로라는 방식을 우리는 발견한다. 이 발견은 궁극적으로 실현 가능하다는 것을 우리는 본다. 마음챙김 수행에서 경험하는 이러한 통찰 과정은 근본적으로 통찰 지향의 심리치료[예: 정신역동 심리치료]에서 얻어지는 통찰과 다르지 않다. 왜냐하면 이는 개인의 정신적 내용의 지각 너머에까지 도달하기 때문이다2장의 통찰에 대한 논의 참조.

추론적 사고를 버리는 법을 배우고, 인지를 통해 얻은 결과물을 특별한 실재가 없는 사건으로 보는 것을 배움으로써, 상상의 시나리오—우리는 마치 사실처럼 생각하면서 이 시나리오 속에서 살고 있다—를 만드는 우리 마음의 경향성에 친숙해지게 된다. 이런 능력[자신의 마음이 만드는 상상의 시나리오를 아는 능력]이 심화될 때, 우리 환자 그리고 다른 사람들이 어떻게 이와 같은 [상상의 시나리오를] 만드는 과정에 참여하고 있는가를 보는 우리의 능력이 동시에 향상된다. 환자의 마음을 볼 수 있는 우리의 능력이 더욱 예리해진다. 이 능력 때문에 우리는 더 나은 치료자가 된다.

자기애적 요구의 노출

마음챙김 수행에서 나타나는 우리 마음의 불편한 측면의 한 가지는 자기 존중감과 자기 이미지에 대한 끊임없는 스스로의 관심이다. 능력 있는 치료자가 되고자 하는 우리의 욕구는 칭찬할 만하지만, 이는 우리 자신을 '좋은' 치료자로 보려는 요구와 미세하게 서로 얽히게 된다. 우리의 전문가로서의 자기 존중감은 부단히 재조정되고 있으며, 가장 최근의 상담회기 질에 따라 변한다. 환자의 치료상의 요구와 우리 자신의 자기애적 요구로 시야가 가려질 때, 이 자기 존중감은 장애가 된다. 이런 경향은 쉽게 멈추지 않지만, 우리는 그것을 볼 수 있고 현명하게 다룰 수 있다.

좋은 정신분석처럼 마음챙김은 우리의 자기 감각이 치료에 끼어드는 교묘한 방식을 뿌리 뽑도록 도와준다. 자기가 구성된 것이며 환상적인 것이라고 노출하면서 더욱 깊은 수준까지 이러한 검토를 할 수 있는 잠재력을 마음챙김은 가지고 있다. 자기 경험의 이러한 측면에 대한 직접적 통찰은 자기 감각을 강화시키기 위한 음흉하고 끊임없는 우리의 노력을 폭로한다. 2장과 12장에서 이 문제를 더 자세히 다루고 있다.

이론에 심취하는 것 극복하기

> 삶은 음악과 같다. 그것은 규칙이 아니라 귀와 느낌과 본능으로 작곡되어야 한다. 그럼에도 불구하고 사람들은 규칙을 더 잘 알고 있다. 자주는 아니더라도 그 규칙은 가끔 의심스러운 경우에 안내해 주기 때문이다.
>
> —새뮤얼 버틀러Samuel Butler, 1835~1902

문 제

많은 전문적인 수련은 이론과 그 이론을 실습에 적용하는 것을 강조한다. 이 수련 과정에서 우리는 진단의 범주와 성격 유형과 치료 모형을 배운다. 이러한 지식을 소유하는 것은 전문가 기질과 전문화의 보증서가 되고, 이러한 독점적 지식에 정통한 것을 소중히 여기게 된다. 심리치료 영역에서 축적된 지식을 받아들이는 것은 적절한 일이다. 불행하게도 그들환자의 장점보다 우리가 만든 구조가 더 진실하며 믿을 만한 것이라고 여기면서 치료 모형 및 이론과 우리가 보고 있는 '진실' 을 혼동할지도 모른다.

정신병리학과 치료 모형을 배우는 것은 유능한 치료자가 되기 위한 노력의 기본적인 요소다. 예를 들면, 경계선 성격장애는 그 장애의 사회적・생화학적 원인과 대인 관계에서 어떤 증상을 보이는지를 밝히는 일을 도와준 연구자들의 공헌 없이는 이해하고 치료하기가 더 어려웠을 것이다. 진단 범주는 증상의 밑바탕에 있는 일관성을 찾기 위해 머뭇거리는 인간의 변화 가능성을 줄여 준다. 심리학적 모형은 임상에서의 불확실성과 불안감으로부터 우리를 보호해 준다. 심지어 정확하지 않은 지도라도 아예 지도가 없는 것보다는 안심이 된다. 수련과 지식의 축적에 의해 우리는 심리치료를 실행할 수 있는 자격을 부여받는다. 더 나아가, 앞서 언급했던 것처럼, 우리 방법의 효능성에 대한 확신은 치료에서 긍정적인 결과로 이어진다. 환자는 치료자가 무엇을 하는지를 치료자 스스로 알고 있음을 느끼는 것이 필요하다.

그러나 심리학적 모형이 과대평가되어서는 안 된다. 실험실 검사나 영상 기술에 의해 신뢰할 수 있게 진단이 내려질 수 있는 일부 의학적 조건과는 다르게, 많은 정신의학적 조건들은 확정 짓기가 더 어렵다. 또한 전형적으로 유병률prevalence의 통계적 분석, 문화적 기준, 부적응적 행동 또는 괴로움에 대한 개인적 보고에 의존해 있다. 이러한 변수들은 주지하는 것처럼 시간이 지나면서 변화하기 쉽고, 이 분야에서 우세한 경향과 함께 바뀐다. 『정신장애의 진단 및 통계 편람*Diagnostic and Statistical Manual of Mental Disorders*』American Psychiatric Association, 1952의 초판에는 112가지의 정신질환이 분류되었다. 그리고 1994년의 편람 제4판DSM-IV*에는 진단 숫자가 400개 이상으로 증가되었다American Psychiatric Association, 1994.

인간이 최근에 생긴 새롭고 독특한 정신장애를 가지고 있거나 우리의 진단 범주를 발전과정상의 상징으로 여기거나 다소 도움은 되며, 시간이 지나면 정교해지거나 버려지기 쉽다. 이전의 진단 범주는 병원에 입원한 환자들을 자주 설명하였으나 새로운 범주는 통원 치료를 받을 수 있는 사람들에게서 더 공통적으로 발견되는 덜 심각한 장애를 널리 다루고 있다. 진정한 장애와 일상생활의 어려움 사이의 구분선이 흐려지고 있다. 우리는 인간 괴로움의 대부분의 형태에 대해서 진단적 용어를 발견할 수 있다. 『국제질병분류*International Classification of Disease*』ICD-9; World Health Association, 2003에는 심지어 '비참함과 불행 장애' 에 대한 진단 코드도 포함되어 있다.

---

* 우리말 번역: 『정신장애의 진단 및 통계 편람: DSM-IV』, 미국정신의학회, 1997, 서울: 하나의학사.

우리의 기술적記述的인 임상 범주가 편람에서 편리하게 제공된 객관적인 장애의 세계를 자연스럽게 표현한다고 여길 때 문제가 생긴다. 진단과 치료 철학이 중요하다는 잘 알려진 근거가 있음에도 불구하고, 모형과 범주에 대한 무반성적인 애착은 숨겨진 위험에 빠뜨린다. 약식으로 사용되는 진단 표식은 온전한 한 사람에 대해 더 미묘한 차이가 있는 평가를 대신하게 될 수도 있다. 이 과정에서 우리는 보는 것을 멈추고 우리가 충분히 알고 있다고 확신하게 된다. 그것은 지식과 확실성으로 가장한 우리의 무지를 가리는 덮개가 될 것이다.

이러한 위험의 한 예는 '이론 역전이theory countertransference' 개념에서 발견되는데Duncan, Hubble, & Miller, 1997, 이 개념은 임상가가 자신이 알고 있는 이론에 대해 가지고 있는 지나친 충성심을 말한다. 치료자는 무의식적으로 환자에 대해 이론적 경향을 강요한다. 그 결과는 치료자의 이론에 순응시키고 이를 확인하는 심리치료가 된다. 매슬로Maslow, 1966가 말한 것처럼, "당신이 망치만 가지고 있다면 모든 문제를 못으로 보려는 경향이 있다." 우리가 환자의 문제를 이해하고 있다고 확신하는 것이 그 문제에 대한 이해를 가로막는 장벽이 된다. 치료가 난관에 부딪히게 되면, 우리는 같은 일을 더 시도하거나 또는 실패를 환자의 저항 탓으로 돌린다.

임상진단 범주가 환자의 괴로움에 대해 보다 기분 좋은 설명이라는 대안을 제시할 때, 그 범주는 유용할 수도 있다. 예를 들면, 적에게 쫓기고 있다는 고착된 편집 망상으로 괴로워하는 사람은 자신의 문제 해결을 위한 적절한 방법으로 항정신성 약물처방을 고려하지 않을지도 모른다. 이 단계에서 심리치료는 그의 망상에 대한 설명을 다른 설명, 즉 그는 병 때문에 괴롭다는 설명으로 대체하여 도움을 주는 것이 포함될 수 있다. 후자의 아이디어는 더욱 건설적인 행동 조치즉, 방어적 폭력보다는 약물처방를 허용한다. 그러나 환자의 괴로움을 기술하기 위해 쉽게 사용할 수 있는 진단 용어를 잘못 사용하면, 실제로 미묘한 피해를 줄 수도 있다.

> 아델레는 자신의 새로운 상사가 부임되어 오자, 자신의 승진을 무시당했고 끝내 현재 위치에서 쫓겨나게 된 괴로움 때문에 심리치료를 받게 되었다. 그녀는 화가 났고 굴욕스러웠으며 자신의 평판이 손상되었다고 느끼고 있었다. 여러 차례 장기간의 정신역동 심리치료를 받았던 경험이 있었던 그녀는 새로운 치료를 시작하였고, 그녀의 분노는 어떤 사건의 불운한 전환점에서 비롯된 오래되고 해결되지 않은 개인적 갈등의 증거라고 확신했다. 그녀는 자신의 통증이 '건강한' 사람은 괴롭지 않으리라고 생각하며 지나치게 민감한 데서 생겼다고 믿었다. 더 나아가 그녀는 자신의 분노가 병적이라는 것을 치료자가 동의해 주리라 기대했다.

이 예에서 적절하게 숙련된 치료자조차도 부당한 것에 화를 내는 것이 반드시 해결되지 않은 개인적 문제를 반영하는 것은 아니라고 제안할 수 있는 기회를 갖는다. 즉, 그러한 상황에서 화를 내는 것은 자연스럽다. 이 여성의 병력즉, 분노는 약함의 증거라는 그녀의 확신에서 지속적인 부적응적 패턴이 있다는 사실을 인식할지도 모르지만, 장애 관련 문서에 너무 오염되고 치료자에 의해 왜곡된 치료 과정은 환자의 괴로움의 짐에 임상적 조건의 무게를 무심코 더할 수 있다. 미묘하게—또는 그다지 미묘하지 않게—병리로 분류하는 것pathologizing은 해로울 수 있다. 이 예에서 아델레의 고통스러운 실직은 '객관적인' 임상 용어로 감싸져 있음에도 불구하고, 자기비난 때문에 생긴 것이다. 나쁜 상황자기비난이 불필요하게 더 나쁘게 만든 것이다실직.

알지 못하는 것 배우기

마음챙김이 어떻게 우리의 치료 모형을 더 가볍게 붙들도록 도와주는가? 지금 이 순간으로 돌아오고, 생각에 대한 집착을 느슨하게 해서 우리는 과거와 미래의 사고들을 한쪽으로 두는 수련을 한다. 현재의 순간에 주의를 기울이는 것은 다음 순간에 무엇이 일어날지 우리는 모른다는 것을 넌지시 받아들이는 것이다. 비록 일시적이지만 우리는 알고 통제하려는 소망을 버린다. 그래서 우리는 자신을 모르는 상태로 내버려 둔다.

이러한 알지 못한다는 태도는 심리치료와 전혀 이질적인 것은 아니다. 이제는 고전적이 된, 환자에 대한 자신의 선입견을 제거하라는 정신분석가 비온Bion, 1967의 충고를 숙고해 보라. 그는 기억과 욕구의 속박을 던져버리고, 심지어는 치유하려는 욕구조차도 버리라고 충고한다. 치료자가 전문적 경험 속에서 성장할 때 방향성에서 더욱 유연해지고 폭넓어지게 된다고 제안하는 증거가 있다Auerbach & Johnson, 1977; Schacht, 1991.

마음챙김 수련은 그 과정을 촉진하고 지성적인 의도를 넘어 '열린 마음을 유지하는' 데까지 그 과정을 확장시킨다. 이것이 가능한 이유는 마음챙김 수련—추론적 사고를 한쪽에 두는 연습— 이 사고의 산물과 우리 자신을 동일시하는 방식에 대한 통찰을 가능하게 하는 알아차림의 수준에서 작동하기 때문이다. 특히 마음챙김 명상에서 우리는 있는 그대로의 삶과 삶에 대한 우리의 생각ideas 사이에 연결될 수 없는 간격이 있음을 인식한다. 어떤 사람이 집중적인 마음챙김 수행의 경험을 다음과 같이 말했다. "그것은 낙하산 없이 비행기 밖으로 뛰어내리는 것 같은 느낌이었고, 바닥이 없다는 것을 알 때까지는 무서웠다."

알지 못하는 것은 매우 유용한데, 이는 치료를 가능하게 할 뿐만 아니라 궁극적으로 이것이 사태의 진실이기 때문이다. 즉, 우리는 신비롭고 복잡한 우리 삶에 대해서 실제로 아는 것이 거의 없다. 다음은 한 노인이 모르는 것의 지혜에 대해 설명한 것이다.

> 나에게 한 친구가 있는데, 나는 이 여성을 몇 년 전부터 알고 있었다. 어느 날 그녀는 내게 매우 화를 냈는데, 도대체 영문을 알 수 없었다. 내가 그녀를 모욕했다고 그녀는 말했다. 어떻게? 난 모르겠다. 왜 나는 모르는 걸까? 왜냐하면 난 그녀를 모르기 때문이다. 그녀는 나를 놀라게 했다. 그것은 괜찮다. 그것은 본래 그래야만 하는 것이다. 당신은 누군가에게 "나는 당신을 압니다."라고 말할 수 없다. 사람들은 갑자기 점프한다. 그들은 마치 공 같다. 공처럼 그들은 튀어 오른다. 공은 한 장소에 오래 있을 수 없다. 공처럼 튀어 올라야 한다. 그래서 어떤 사람을 점프하지 못하게 하려면 당신은 무엇을 하겠는가? 공 다루듯이 하면 된다. 공에 작은 구멍을 만들면 납작해진다. 당신이 누군가에게 "나는 당신을 압니다."라고 말하는 것은 작은 핀으로 찌르는 것이다. 그러면 당신은 무엇을 해야 하는가? 그들을 내버려 둬라. 당신의 편의를 위해 그들을 가만히 서 있게 만들려고 시도하지 마라. 당신은 결코 그들을 알지 못한다. 사람들이 당신을 놀라게 하라. 마찬가지로, 이것이 당신 자신에게 할 수 있는 것이다.

환자나 자신에 대한 고정된 관점을 포함해서 어떤 고정된 관점을 붙들고 있으면 괴로움이 생긴다. 고정된 위치는 끊임없이 과거가 되며 전개되는 흐름에서 견본으로 뽑은 순간들을 포착한 스냅사진이다. 안정된 것을 찾으려는 욕구는 자연스러운 것이다. 즉, 우리는 모르는 것의 불안감을 묶어 놓으려고 확실성을 찾는다. 일단 우리가 위치를 정하게 되면 이것을 방어하기 시작하고, 우리 개념에 맞추기 위해 실재에 대한 견해를 만들려고 시도한다.

마음챙김에 의한 '모르는 것'으로의 초대장이 우리의 모든 임상 수련을 포기하는 자격증으로 여겨져서는 안 된다. 즉, 모든 것을 새롭게 바꾸는 것은 무책임하고 위험하다. 차라리 상상에 의해 생긴 확실성에 덜 확고히 집착하고, 개념에만 의존하는 것보다 개방되고 조율된 마음충분한 임상 수련으로 강화된 마음이 순간적 요구들에 훨씬 더 반응적이라고 신뢰하는 것이 배움의 과정이다. 마음챙김은 현재의 진정한 요구에 근거해서 우리가 원하는 대로 모든 도구들에 접근할 수 있도록 허락하는 것이며, 도구들이 유용하지 않을 때 그것들을 버릴 수 있는 자유를 준다.

행복의 가능성

마음챙김 수행은 기쁨을 기르는 데 도움이 된다. 마음챙기는 알아차림이 유지될 때 긍정적이거나 어려운 느낌의 두드러지게 단단한 성질이 약화된다. 그리고 변하는 조건에 의해 쉽게 방해받지 않는 마음챙기는 알아차림에서 고요한 기쁨이 생겨난다. 치료자 자신의 개인적 행복이 치료의 긍정적 결과에 관련되어 있다는 연구에 대해서 알지 못했을 때에는 그것이 치료의 한 요소인지 의심했었다. 치료 가망성이 있는 환자를 누군가에게 보내려고 결정할 때, 나는 일반적으로 치료자 개인의 행복을 고려한다. 거친 도전이나 자기만족이라는 회피로는 얻을 수 없는 고요함의 가능성을 마음챙김은 제공한다. 그런 평온한 기쁨을 맛본 치료자는 우리 삶의 조건에도 불구하고 행복은 생겨날 수 있다는 생각을 환자에게 은연중에 전달한다. 예를 들면, 치료자는 자신의 환자가 온갖 어려움 속에서 바로 지금 더욱 충만하게 사는 일을 시작해 보라고 격려할 수 있다.

우리는 마음챙김 수행을 통해서 많은 유익한 마음의 자질*을 기를 수 있다. 여기서는 그 가운데 몇 가지만을 설명했다. 치료자가 말하거나 행동하는 것이 무엇이든 치료자의 내적인 마음의 자질은 변함없이 영향을 준다. 4장과 5장에서 필자들은 유익한 정신적 자질 기르기를 포함하여, 치료자의 개인적 마음챙김 수련이 관계적인 심리치료를 하는 동안에 의도적으로 관여될 수 있는 방법에 대해 논의하고 있다.

---

* 전통적으로 마음챙김 명상을 하면, 일곱 가지 깨달음의 요인[七覺支]이라는 긍정적인 마음의 자질들이 갖추어진다. 칠각지에 대해서는 4장과 부록 B 참조.

04
주의와 공감 기르기

윌리엄 모건William D. Morgan
수전 모건Susan T. Morgan

폴 풀턴은 3장에서 치료 결과에 긍정적으로 영향을 줄 수 있는 치료자의 여러 개인적 자질들이 마음챙김 수련을 통해 생겨난다는 사실을 제시하였다. 이 장에서는 이러한 자질들 가운데 가장 중요한 주의와 공감을 다룬다. 치료자는 주의와 공감을 기르는 공식 수련이 거의 없거나 아예 받지 않는다. 우리는 주의와 공감의 중요성을 치료 기술로 이해하는 듯하며, 임상감독과 시행착오 등을 통해 약간의 요령을 익히는 것 같다. 또한 이러한 기술이 치료실에서 저절로 나타날 것이라고 가정한다. 심리치료자는 치료상의 만남에서 주의와 공감을 강화하기 위해 마음챙김 기법을 사용할 수 있을까? 우리는 이 질문을 탐구하면서 이러한 정신적 능력을 강화시키기 위해 고안된 연습을 제공하고자 한다.

주 의

지그문트 프로이트Sigmund Freud는 분석가는 치료 시간 동안에 '고르게 떠 있는 주의evenly hovering attention'를 가져야만 한다고 썼다Freud, 1912/1961a. 프로이트는 이러한 마음 상태가 어떻게든 자연스럽게 일어날 것이라고 암시하는 것일까? 아니면 얻기 위해 노력해야 하는 어떤 것인가? 우리는 이 장에서 고르게 떠 있는 주의를 치료실로 도입하려는 향상된 능력에 의해서 치료자로서 우리가 현재 사용하는 기법과 접근법들이 심화되고 풍부해진다는 점을 제안한다. 우리는 치료자들에게 자주 이런 질문을 한다. "치료 시간 동안에 20% 더 주의를 기울일 것인지와 당신 재량껏 20% 더 기법을 사용할 것인가라는 선택이 주어진다면 어떤 것을 선택할 것인가?" 대부분의 임상가들은 더 많은 주의를 선택한다.

주의 훈련으로써 마음챙김

주의를 훈련하는 것이 처음에는 지루한 일처럼 보일 수도 있지만특히 즐거운 공상으로부터 멀어지거나 불쾌한 일에 주의를 돌리도록 요구받을 때, 주의가 강화되면 알아차림 수련 자체에서 만족이 생긴다. 이전에는 너무나 사소하거나 평범한 일이어서 우리의 주의를 끌 만한 매력이 없던 사건들이 세세하고 생생하게 풍요로워질 수 있다. 일상이 특별해질 수도 있다. 즉, 옷을 입는 일, 도시락을 싸는 일, 자동차를 주차하는 일이 더 나아지는 데 방해물이 되기보다 그 자체로서 온전하게 경험될 수 있다. 매 순간 삶의 즐거움을 느낀다면 마음챙김 수련은 보다 온전하게 강화된다.

마음챙김 수련은 직접적 · 간접적 면에 고르게 떠 있는 주의를 위한 능력을 향상시킨다. 직접적으로는 마음챙김은 지속적이고 집중된 방식으로 어떤 정신적인 대상에도 머물 수 있는 능력을 강화시킨다Reiman, 1985; Valentine & Sweet, 1999. 또한 마음챙김 수련은 치료자의 내면에서 일어날 수 있는 직관적인 통찰을 통하여, 간접적으로 주의를 향상시킬 수도 있을 것이다. 어느 곳에나 있는 정신적 괴로움*[一切皆苦]과 모든 경험들의 사라지는 본질[諸行無常]에 대한 통찰은 우리의 주의를 유혹할 우려가 있는 생각과 느낌들에 덜 끌리게 하거나 덜 '달라붙게' 한다.

주의에 대한 토대로서 정신적 괴로움과 영원하지 않음에 대한 통찰

정신적 괴로움에 대한 통찰이란 영원하지 않고 빠르게 변하는 경험에 대해서 마음의 자기 패배적인 방식에 알아차림을 말한다. 습관적이고 일반적인 마음의 경향은 즐거운 경험을 붙들고 아름답게 꾸미며 불쾌한 경험을 밀어내고 어떤 것은 자기 것이 아니라고 하는 반면 어떤 상태는 자기와 동일시하고 자신을 더 좋게 느끼게 하기 위해 세상을 조정하려고 시도한다는 사실을 우리는 관찰한다. 요약하면, 일상에서 알아차리는 마음은 제멋대로 내버려 둔다면 좀처럼 고르게 떠 있는 주의 상태에 있지 않는다. 오히려 우리가 현재의 경험과 관계 맺는 방식은 [불쾌한 경험은] 다른 것으로 되기를 바라거나 [즐거운 경험은] 있는 그대로 지속되기를 바라는 것으로 정의된다. 그러나 끊임없이 변하는 경험의 영역에서 그 어느 쪽도 결코 유지될 수 없기 때문에 정신적 괴로움은 실존적이고 심리적 전망 안에서 빠뜨릴 수 없는 부분이 된다. 이러한 맥락에서 정신적 괴로움

* 괴로움의 고귀한 진리[苦聖諦] 중 괴고(壞苦)는 심리적, 정신적인 괴로움이라 할 수 있는데, 좋은 상황이 변할 때 경험하는 괴로움이다. 슬픔, 비탄, 통증, 비애 그리고 절망도 괴로움이며, 원하는 것을 얻지 못하는 것도 괴로움이며, 싫어하는 대상과 만나는 것도 괴로움이며, 좋아하는 대상과 헤어지는 것도 괴로움이라고 불교경전에서 말하고 있다. 『붓다의 말씀』 냐나틸로카 저, 김재성 역, 2008, p. 37. 이하 이 책을 『붓다의 말씀』으로 표기함.

은 현재의 경험에 대한 쓸모없는 저항이나 영원하지 않은 것을 영원하게 만들려는 시도와 결합되어 있는 낮은 수준의 만성적 스트레스나 불안정으로 이해될 수 있다. 이것은 수용의 태도로 현재 순간에 대해 마음챙겨 알아차림의 반대다.

이렇게 불안한 정신 활동에 대한 통찰은 점차적으로 내려놓음으로 이어진다. 달리 말하면, '탈집착nonattachment' 이 점진적으로 커지게 된다. 우리는 마음에 드는 어떤 것을 강하게 붙드는 것이 얼마나 비효과적이고 자기좌절을 초래하는지 배운다. 이는 즐거운 순간들의 진가를 인정하지 않는다는 의미가 아니다. 정신적 괴로움을 창조하는 중심에 집착하거나 갈망하는 태도가 있음을 보게 될 때 마음이 풀어지게 되는 것이다. 윌리엄 블레이크William Blake; Stevensen & Erdman, 1971, p. 162에서 재인용는 다음과 같이 말한다.

> 기쁨에 자신을 묶어 놓은 사람은
> 날아오르는 삶을 망가뜨린다.
> 그러나 기쁨이 생길 때 그것에 키스하는 사람은
> 영원의 일출 속에서 살아간다.

우리는 기쁨이 생길 때 그 기쁨에 키스할 수 있고, 또한 우리는 고통이 왔다가 사라질 때 그 고통에도 키스할 수 있다. 예를 들어, 만성 통증 환자를 위한 카밧진Kabat-Zinn의 마음챙김에 근거한 스트레스 완화MBSR 프로그램에서1990 참여자들은 고통스러운 감각을 피하기 위해 확장된 정신적인 노력이 자신의 괴로움의 중요한 몫을 차지한다고 보고했다. 경험의 불쾌한 측면들이 점점 수용될 때, 주관적인 통증 경험은 감소했다.

기쁨과 통증 모두에 대한 탈집착에 의해 주의를 강화된다. 경험의 불쾌한 측면을 조정하거나 피하는 데 쏟는 에너지가 적어지면, 순간순간의 경험을 수용하는 우리의 능력은 커지고, 마음은 더 넓은 사건의 영역 안에서 더욱 편안하게 쉬기 시작하고, 쉽게 흔들리거나 동요하지 않게 된다. 이전에는 통제하거나 방어하는 데 쓰였던 에너지가 이제는 갈등 없는 영역에서 사용될 수 있게 된다. 모리타Morita 치료일본에서 최초로 실시됨에서 나온 이러한 기능의 경제성을 드러내는 말이 불교의 원리와 인지행동의 원리를 연결하고 있다. 그 말은 바로 "있는 그대로"Doi, Molino, 1998, p. 89에서 재인용인데, 이는 '마음이 어떤 것에 의해서도 과도하게 붙들려 있지 않고, 부드럽게 흐르는 상태'를 의미한다. 그러면 주의를 자연스럽게 환자와 그들의 어려움과 같이 우리 앞에 있는 것들에 기울어진다.

주의만 있을 때의 한계

이 책의 초점은 마음챙김에 있지만, 불교 심리학에서 마음챙김은 일곱 가지 상호의존적인 '깨달음의 요소' 또는 향상된 알아차림을 촉진하는 마음의 자질 중 하나다. 그러나 마음챙김에 부여된 특별한 위치[칠각지의 첫 번째에 위치]는 우연히 정해진 것이 아니다. 마음챙김에서 생긴 굳은 토대는 우월한 지점을 제공하며, 이 지점에서 나머지 여섯 가지 요인들다음에서 설명함이 강한지 약한지를 볼 수 있다. 마음챙김 수련은 이러한 요인들이 길러지도록 지지해 준다. 깨달음의 모든 요소들은 마음챙김과 우리 삶에서 마음챙김이 온전히 표현된 일부분에서 생겨난다고 실제로 생각할 수 있다. 동시에 마음의 일곱 가지 자질은 최선의 심리치료적 현존을 위한 비법을 형성한다.

부분적인 주의

일상생활에서의 주의는 종종 열의가 없고, 모호하고, 방향성 없는 알아차림을 포함한다. 마음챙김 수련은 주의에 초점을 둔다. 즉, 마음챙김은 경험의 장에서 한순간에 한 대상과 견고한 악수를 나누는 것과 같다. 마음챙김은 대상을 움켜쥐는 것도 아니고, 무관심하게 잡는 것도 아니지만, 대상은 분명히 지각된다. 예를 들어, 우리는 운전할 때 일반적으로 정신을 바짝 차리고 있지만, 차선을 바꾸거나 주차할 때는 더 강하게 주의를 기울인다. 이와 마찬가지로 우리는 냉장고에 있는 야채에 손을 댈 때는 어렴풋이 알아차리고 있지만, 토마토를 썰 때 특히 칼이 손가락에 가까워질 때는 더 많은 주의를 기울인다. 일상적인 행동을 할 때, 모두 어느 정도는 현재의 순간에 대한 주의가 포함되지만 우리는 그것을 온전한 마음챙김 상태로 특징지을 수 없다.

부분적 주의는 마음의 다른 자질과 결합되어 있고 그 자질에 의해 영향을 받는다. 우리는 이러한 종류의 주의를 배의 전조등에 비유할 수 있는데, 그것은 배의 앞과 양옆에 있는 대상들을 분명하게 알아차리지만 선체에 붙어 있는 따개비 같은 것을 알아차릴 수는 없을 것이다. 우리 모두는 환자와 함께 있으면서도 개인적으로 씨름하고 있는 우리 자신의 따개비에 대해 무의식적으로 숙고해 본 경험일반적으로 우리가 임상감독에게 보고하지 않는 경험이 있다.

심리치료 중에 부분적인 주의를 가지고 있을 때 무엇을 놓치고 있는 것인가? 아름다운 석양을 보거나 몹시 슬퍼하는 환자와 공감하는 것처럼 흥미를 끄는 사건에 대해 주의하는 순간이 부족하다면 어떨까? 불교 심리학은 고무적이지 않거나 부분적인 알아차림의 순간과 온전하고 탁월한 알아차림의 순간을 구분할 때, 부가적인 여섯 가지 '깨달음의 요소' 가 있는지 없는지에 따른다. 그것은 ① 탐구[擇法], ② 노력[精進], ③ 기쁨[喜], ④ 평안[輕安], ⑤ 집중[定] 그리고 ⑥ 평정[捨]부록 B 참조이다. 이 모든 요인들이 있다면, 우리는 심리치료를 하는 동안 정말로 마음챙긴다고 말할 수 있다.

최선의 현존

치료자와 환자가 치료 관계에서 충분히 현존하면 두 사람은 모두 기쁨을 경험한다. 최선의 현존optimal presence이란 초석이 되는 마음챙김의 요소를 포함하는 깨달음의 일곱 가지 요소들이 결합되어 작용하는 것을 말한다.

최선의 현존이란 마치 7명의 곡예사가 하나의 기둥 위에 서 있는 것처럼 상상할 수 있다맨 아래에 있는 곡예사는 '마음챙김'이다. 그들은 각각 자신의 역할을 해야만 하며, 그렇지 않으면 그들 모두가 쓰러질 것이다. 다시 말하면, 최선의 현존을 유지하기 위해서는 각 정신적인 요소가 현존하고 다른 것과 균형을 이루어야 할 필요가 있다. 다음에서는 이 요소를 하나씩 살펴보고자 한다.

탐 구

탐구[擇法]는 주변의 대상에 대해 우리의 생각이 적절한 초점을 유지하도록 하는 기능을 한다. 우리의 주의는 탐조등과 같다. 예를 들어, 치료자가 환자와 앉아 있는 동안에 탐구는 치료자의 마음이 환자를 더 잘 이해하려는 적극적인 노력에 지속적으로 관여하도록 할 것이다. "환자에게 그것은 무엇을 의미하는가?" "왜 이 환자는 이렇게 생각하는가?" "지금 무엇이 일어나고 있는가?" 탐구는 보다 깊은 이해의 층을 지속적으로 제공함으로써 치료를 더욱 풍부하게 한다.

노 력

태만이나 무관심이 그렇듯이, 지나친 초조함agitation이나 불안 역시 최상의 현존을 방해한다. 이러한 상태들은 모두 효과적인 치료적 반응을 일으키지 못한다. 각성수준에 따른 성취의 증가를 보여 주는 셀리에Selye, 1956의 유명한 종 모양 스트레스 반응 곡선은 이를 잘 나타낸다. 각성이 계속 증가하면 일의 능률은 떨어진다. 카페인은 어느 정도까지는 주의를 예리하게 할 수 있지만, 어느 선을 넘으면 마음을 흥분시킨다. 치료에서 최선의 현존을 이루기 위해서는 민첩하지만 이완되어 있고 들떠 있지도 침체되어 있지도 않은 안정된 에너지가 필요하다. 균형 잡힌 에너지는 종 모양 곡선의 최고점에 위치한다.

기 쁨

기쁨[喜]은 순간에 일어나는 것에 대한 생기 있는 즐거움이다. 그것은 바로 현존의 자질인데, 그 속에 있으면 우리는 다른 어떤 곳을 더 좋아하지 않게 될 것이며 현재 경험의 장을 풍요로움이 가득 차 있는 것으로 본다. 치료에서의 진정한 관심과 호의는 이러한 기쁨의 표현이다. 진정한 관심은 위장될 수 없다. 그것은 환자와 치료자 모두에게 분명하게 드러나기 때문이다.

평 안

평안[輕安]이란 순간순간 경험의 흐름에 의해서 마음이 어지럽혀지지 않고 유쾌한 상태다. 그것은 생각과 느낌이 없는 것에 근거한 것이 아니라 일어나는 것은 어떤 것이라도 수용하는 태도에 근거한 마음의 평화다. 일반적으로 환자들은 자신의 치료자가 어려움을 무난히 해결해 나가고 안정된 상태의 역할 모델이 될 때 칭찬한다. 치료자는 치료 시간 동안에 무엇인가를 행동하거나 말해야만 할 것같이 느껴질 때 범하게 될 실수를 피하고 지혜롭게 행동하기 위하여 평안을 필요로 한다.

집 중

집중[定]이란 산만하지 않은 상태가 지속되는 것인데, 이 상태는 현재 순간에 자발적이며 반복적으로 주의를 기울임으로써 길러진다. 그것은 최선의 현존의 '척추' 다. 집중이 충분히 발달되지 않으면, 마음챙김은 흔들리고 쉽게 산만해진다. 치료에서 집중은 그 치료회기 밖에 있는 어떠한 것에 의해서도 산만해지지 않고 머물러 있음을 의미한다.

평 정

평정[捨]이란 고르게 떠 있는 주의evenly hovering attention에서 바로 '고르게' 를 의미한다. 그것은 부드럽고 확고한 마음챙김을 유지하는 주의의 방향타이다. 이것은 섬세한 일인데, 왜냐하면 마음은 관심 있는 것을 향해서는 계속 끌려가게 되고 별로 흥미를 끌지 않는 것은 외면하거나 거리를 두려고 하기 때문이다. 평정은 치료 과정의 모든 순간에 똑같은 관심을 유지하는 자세를 길러 준다.

고르게 떠 있는 주의에서 훈련

1952년, 정신분석가인 카렌 호나이Karen Horney는 온 마음을 다하는 주의wholehearted attention가 심리치료에서 핵심적으로 중요하다고 제안했다. 그녀는 선불교 연구를 통해서 심리치료에 선불교의 적용 가능성에 대해서 호기심을 가지게 되었다. 한 식당에서 범상치 않게 마음챙기고 있는 수석웨이터의 행동을 관찰한 후, 그녀는 주의 수련의 가치에 대해 동료들에게 다음과 같이 말하였다.

> 글쎄요, 여러분은 지금 온 마음을 다하는 상태와 특정한 행동

을 할 때 그가 하는 일에 전적으로 몰입하는 사람에 대한 기술을 보았습니다. ……이런 태도는 선禪에서는 흔한 일인데, 그것이 선의 본질이기 때문입니다. 그러나 물론 여러분도 알다시피 그런 온 마음을 다하는 상태는 아주 얻기 어렵습니다. 그렇지만 목표나 이상으로서 마음에 이러한 온 마음을 다하는 상태를 지니는 것은 좋은 일입니다. 그러면 우리가 그것에 가까이 가는 과정에서 그것으로부터 얼마나 멀리 있는지 또는 얼마나 가까이 있는지 알 수 있기 때문입니다. 때때로 우리는 어떤 요인들이 온 마음을 다하는 주의를 좌절시키는지 스스로에게 질문할 필요가 있습니다. 한 가지 덧붙이고 싶은 것이 있습니다. 그 수석 웨이터는 수련과 기술과 경험 없이 이러한 방식으로 행동할 수 없었을 것이라는 점입니다. 수련 없이 그러한 효과를 거두기는 불가능합니다. 그러나 수련과 경험이 있으면 최소한 자신이 지금 하고 있는 일에 이 정도로 몰두하는 것은 가능합니다 1952/1998, p. 36.*

이 글을 통해서 호나이는 고르게 떠 있는 주의는 학습될 수 있다는 생각을 암시하고 있다. 그리고 그러한 학습을 위한 청사진이 심리치료 수련에는 빠져 있지만, 불교 전통에서 말하는 주의 수련이 도움이 될 수 있을지도 모른다. 이제 우리는 주의를 수련하기 위한 고도로 정교한 기법을 마음챙김 전통에서 찾을 수 있다는 사실을 익히 알고 있다.

---

* 이 글은 Karen Horney의 *Final Lectures*(Douglas H. Ingram, ed., 1987, W. W. Norton & Company)의 제2장 「자유연상과 카우치의 사용」 첫 부분에 나온다. 수석 웨이터 이야기는 호나이가 직접 관찰한 것이 아니라, 에커만(Eckermann)과 괴테(Goethe)의 대화를 인용한 선불교 관련 책을 소개한 것이다.

치료자의 연습

〈연습 1〉과 〈연습 2〉는 집중과 마음챙김을 길러 주며, 이는 다섯 가지 요인을 유지하고 최선의 현존에 도달하게 하기 위한 기초를 제공한다. 이 연습은 두 가지 방법으로 수련할 수 있다. ① 보다 장기적인 집중 수련 기간 동안 지속적으로 하는 방법, 그리고 ② 일을 하면서 환자와 환자를 만나는 중간에 하는 방법이다비공식적 수련. 첫 번째 접근법은 자신이 정해 놓은 기간 동안 원하는 만큼 방해나 간섭을 받지 않는 시간과 장소를 확보하는 것이 도움이 된다. 시간을 확인하기 위해 수련을 방해받지 않기 위해서는 타이머가 도움이 된다. 처음에는 지루하지 않을 정도의 수행 시간을 잡아야 한다. 10~20분이면 충분할 것이다. 사무실에서 환자를 보는 막간에 하는 수련이라면 3~5분 정도로 충분할 것이다.

반복적으로 주의를 하나의 대상으로 기울일 때 집중의 요소가 강화된다. 일단 마음이 하나의 대상에 정착할 수 있게 되면, 끊임없이 변화하는 감각과 마음속의 생각에 주의를 기울일 때도 마음이 덜 산만해진다.

〈연습 2〉의 요점은 알아차림의 장에서 무엇이든 두드러진 것에 주의를 기울이는 것이다. 이것이 마음챙김 수련의 초석이다. 이것이 마음챙김을

연습 ❶ 집중

1. 편안한 자세를 찾아라. 눈을 감아라. 몸이 의자의 지지를 받고 유지되도록 두어라. 의자와 닿아 있는 몸의 감각을 직접 알아차려라.
2. 호흡이 이미 자연스럽게 움직이고 있음을 알아차려라.
3. 공기가 코끝에 닿을 때, 코끝 호흡의 흐름에 주의를 좁혀라.
4. 주의가 산만해질 때마다 주의가 산만함을 알아차리고 코끝의 호흡의 흐름으로 주의를 다시 돌려라.
5. 천천히 눈을 뜨기 전에 몇 번 더 숨을 쉬도록 하라.

1. 편안한 자세를 찾아라. 눈을 감아라. 몸이 의자로 지지받고 유지되도록 두어라. 의자와 닿아 있는 몸의 감각을 직접 알아차려라.
2. 경험의 장—시각적 이미지, 소리, 신체감각, 느낌, 생각의 형성—에서 무엇이 일어나든 오고 가고 자유롭게 움직이도록 그대로 두어라.
3. 다음은 경험의 장에서 무엇이든 두드러지게 된 것에 주의를 기울여라. 마음속으로 알아차리고 마음에서 생기는 생각을 유형에 따라 분석함, 계획함, 기억함, 들림 등과 같이 한 단어로 명칭을 붙인다.
4. 천천히 눈을 뜨기 전에 몇 번 더 숨을 쉬도록 하라.

단지 기술 수련이 아니라 심리적으로 풍요로운 시도가 되게 하는 것이다. 우리는 조급함, 지루함, 부적절의 느낌이 일어날 때, 억제하거나 더 바람직한 어떤 것으로 주의를 돌리지 않고 알아차리게 될 수 있다. 어려운 것을 피하거나, 예를 들어 일련의 즐거운 생각들로 그것을 대신하려고 마음이 시도할 때, 이것 역시 단순히 알아차려야 한다.

독자는 집중과 마음챙김이라는 이 한 쌍의 전략으로 주의를 조절하기 위한 실험을 해 보기 바란다. 또한 창조적인 치료자는 집중과 마음챙김을 제외한 나머지 깨달음의 다섯 가지 요소를 강화할 필요가 있을 때 다음과 같은 선택지를 탐구할 수 있다. 예를 들어, 신경질적인안정되지 않은 에너지는 치료자가 신체적 운동이 필요하다는 것을 의미할 수 있고, 평정을 잃는 것은 치료자가 임상적인 지지나 임상감독이 필요하다는 것을 의미할 수 있으며, 관심 부족은 치료 중인 환자를 위한 동기가 치료자에게 분명치 않음을 의미할 수 있다는 등의 선택지다. 우리는 치료실에서 최선으로 현존하기 위해 주의를 자극하는 것을 돕고 한때는 잃어버렸던 현재 중심의 알아차림으로 되돌아가는 길을 찾기 위한 지도를 제공해 주는 깨달음의 요소라는 '쇼핑 목록'을 가까이 가지고 있음을 발견했다.

공감

마음챙김은 종종 감정에 관련된 작업이라기보다는 인지 추구—주의를 기르는 일—로 잘못 받아들여진다. 이 절에서 우리는 마음챙김 지향 심리치료의 태도 또는 감정에 대해 논의한다. 불교 심리학에서 마음챙김과 연민은 새의 두 날개와 같은 것이다. 날아오르는 깨달음을 위해서는 둘 다 필수적이다. 연민이란 타인의 고통에 대한 알아차림과 감정을 말한다. 임상에 관련된 사람에게 더 널리 쓰이며, 친숙한 공감은 타인의 고투뿐만 아니라 그들의 모든 감정을 끌어안는 말이다. 연민은 타인의 괴로움에 대한 '위축되지 않는 공감' 으로 이해될 수 있다Marotta, 2003. 치료적인 태도에 대한 단어로 공감과 연민이 의미에서 약간 차이가 있음에도 불구하고, 둘 다 친절이라는 우산 아래에 있기에 적합하다. 이제 우리는 이러한 치료적 태도를 기르기 위한 마음챙김 연습의 활용과 심리치료자를 위한 연습에 제기되는 문제들을 탐구한다.

우리가 우리 자신의 고투에 대한 마음챙기는 알아차림 속에서, 그리고 마음속에 펼쳐지는 풍경과 마음의 흐름에 대한 알아차림 속에서 성장할 때, 우리는 보다 쉽게 환자에게도 같은 일이 있다는 사실을 확인하고 이해할 수 있게 된다. 다음의 예를 생각해 보라.

> 한 심리치료자가 집중적인 명상 코스에 가면서, 반가부좌 자세로 앉아서 오랜 시간을 보내면, 그의 등 근육은 굳어지고 곧 경련이 일어나리라고 예상할 수 있다. 이와 비슷한 증상이 그의 경험 대부분을 지배할 것이라고 두려워하며, 때때로 그 어떤 것에 대해 집중하는 능력이 압도된다. 이 통증을 막아내거나 굴복

하는 방법을 며칠 동안 찾은 후에, 갑자기 뇌가 마비된 한 개인의 이미지가 그의 마음에 떠오른다. 뇌가 마비된 사람은 대부분의 시간을 몸의 여러 부분에서 일어나는 근육 경련으로 괴로워하며, 단순히 자세를 바꾸는 것으로는 그 경련에서 벗어날 수 없음을 그는 깨닫는다. 그는 집중수행 기간이 끝날 때, 그 경련에서 벗어나기를 기대하지 않을 수 있다. 그는 뇌 마비와 관련된 생각을 이전에 거의 해 본 적이 없었기 때문에, 그들에 대한 연민으로 가득 찬 자신을 발견하고 놀란다. 그리고 그는 이런 식으로 그의 가슴을 열어 준 근육 경련에 대해 역설적으로 고마워한다.

우리 모두가 어려움을 경험함에도 불구하고, 일상생활의 질풍노도에서는 깊은 동료 의식이 일어나지 않는다. 마음챙김 명상 수련은 우리가 우리 자신의 괴로움에 마음을 열고, 그래서 다른 사람의 고투에도 마음을 열 수 있는 '중간 휴식' 을 만들 수 있다.

임상에 관한 논문에서 공감은 상당한 주의를 받아 왔다. 그것은 고전적으로 다음과 같이 이해되어 왔다. "내면에서 보이는 것처럼, 환자의 세계에 대한 정확한 이해이며, 환자의 개인적인 세계를 마치 자신의 세계처럼 느끼지만, '마치 ~인 것처럼' 이라는 성질을 잃지 않는다—이것이 공감이다." Rogers, 1961, p. 284 자기심리학self psychology의 선구자인 하인즈 코헛Heinz Kohut은 공감적 이해에 대한 정의와 역할을 확장했다. 그에 따르면, 그것은 관찰 도구이며 유대이고 치료적인 요소이며 심리적 건강에 필수적인 것이다Lee & Martin, 1991. 공감은 특별한 종류의 주의를 요구한다. 롤로 메이May, 1967, p. 97는 공감은 '신체적인 것은 물론 정신적 · 영적으로 휴식하는 법을 학습하고 그 과정에서 기꺼이 변화되려는 마음을 가지고 다른 사람 속으로 자신이 들어가도록 하는 법을 학습하는 것'을 필요로 한다고 했다.

치료자는 언제든지 환자의 감정에 정서적으로 맞출 수 있다고 가정된다. 그러나 공감은 "상대적 잠재성relative potential" Jordan, 1991, p. 74이며, 전문적이고 개인적인 많은 변수들이 미묘한 균형을 이루면서 생긴다. 전문적인 변수란 임상수련과 경험, 환자 집단의 복잡성, 그날 보아야 할 환자 수, 치료 환경 등이 포함된다. 개인적인 변수란 일차적인 대인관계의 질, 일상생활의 스트레스 요인과 그것들을 다루는 능력, 수면의 질, 신체와 정신 건강, 그리고 그날의 필요사항의 스트레스 등이다. 우리의 공감능력은 매일매일 그리고 순간순간 오르내린다.

심리치료 관계를 위한 공감의 중요성은 잘 정립되었음에도 불구하고 Norcross, 2001, 공감의 실행 능력을 향상시키기 위해 심리치료자에게 교육될 수 있다는 증거는 상대적으로 거의 없다3장 참조. 그러나 공감을 기르기 위해서 명상과 마음챙김을 이용하는 주제를 다루는 연구 자료들이 증가하고 있다Lesh, 1970; Newman, 1994; Pearl & Carlozzi, 1994; Reiman, 1985; Riedesel, 1983; Shapiro, Schwartz, & Bonner, 1998; Stile, Lerner, Rhatigan, Plumb, & Orsillo, 2003; Sweet & Johnson, 1990. 지금까지 치료자의 마음챙김 수련에서 길러진 공감을 실제 치료 시간에 일어나는 일이나 치료 결과와 직접적으로 연결시킨 연구는 없었다Fritz & Mierzwa, 1983. 그러나 치료자의 공감을 기르는 어떤 방법도 긍정적인 치료적 관계를 지지하며 그 결과로 치료 결과를 향상시킨다는 점에는 근거가 있다. 공감이나 고르게 떠 있는 주의를 기르는 체계적인 방법이 일반적으로 부족한 영역에서 마음챙김 수련은 큰 잠재력이 있을지도 모른다.

통찰로부터 생기는 공감

불교 심리학에서 공감은 영원하지 않음[無常], 정신적 괴로움[苦], 자기의 구성된 본질[無我]에 대한 깊은 통찰에서 생긴다고 우리는 이해한다. 우리는 어떤 것이 시간이 지나도 고정되어 있다고 믿는 경향이 있고, 우리는 집착과 회피로 스스로 괴로움을 만들어 내며 우리를 둘러싼 세계와 분리된 것으로 '자기'를 잘못 인식하고 있다. 마음이 환상을 만들어 내는 방식을 관찰하는 마음챙김 수련을 통해서 이러한 환상이 부드러워질 때, 특별한 방어의 필요에 의해서 분리되었던 자기감은 모든 존재와의 친근감에 대한 고마움에 길을 만들어 준다. 연민과 공감은 이러한 깊고 직관적인 이해의 자연스러운 산물이다.

헌신적인 수행에서 길러진 공감

마음챙김은 원래 우리 경험에서 일어나는 어떤 것에도 구별 없는 주의인 '선택 없는 알아차림choiceless awareness'으로 수행된다. 의도적으로 특정한 마음의 자질을 목표로 하는 수련은 선택 없는 것이 아니다. 그러나 그 수련을 통해 마음챙김은 균형 잡히고 안정되며 화나 미움과 같은 해로운 정신 상태에 대한 의도적인 해결책으로 수행된다. 불교 심리학에서 그러한 수행의 일부는 네 가지 거룩한 마음brahma vihara, 四梵住*, 즉 '네 가지 한계 없는 마음의 자질四無量心'과 관련되며, 자애[慈], 연민[悲], 더불어 기뻐함[喜]과 평정[捨]을 내용으로 한다. 이러한 마음 수련 기법들은 5장에서 좀 더 자세히 설명하고 있다. 우리는 심리치료자를 위한 수련으로 자애 수행을 강조한다.

---

* 자애명상을 위시로 한 사무량심(四無量心) 수행에 대해서는 『붓다의 러브레터』 샤론 살스버그 저, 김재성 역, 2005, 정신세계사 참조. 최근 사무량심에 대한 척도를 개발한 연구가 발표되었다. Kraus, S., & Sears, S. R. (2008). Measuring the immeasurables: Development and initial validation of the Self-Other Four Immeasurables (SOFI) scale based on Buddhist teachings on loving kindness, compassion, joy, and equanimity. *Social Indicators Research*.

자애는 때때로 독특한 수행으로 가르쳐지지만, 그것은 단지 보통 사람의 우정에 대한 능력을 확장한 것일 뿐이다. 그것은 우리 자신과 마찬가지로, 다른 사람도 행복하고 잘살기를 바란다는 인식을 기초로 한다. 감정보다는 태도라고 할 수 있는 자애는 타인의 괴로움에 대한 연민과 타인의 행복에 대한 공감적 기쁨으로 자연스럽게 표현된다. 그것은 '훌륭하게' 될 필요도 없고 그것을 수행하도록 타인에 대한 어떤 특별한 정서를 느낄 필요도 없다. 자애는 의도다. 그것은 우리의 노력에 방향을 제시하는 이상이지 우리의 가치와 공적을 평가하는 기회는 아니다. 다만 친절하려고 하는 의도는 자신의 내부에서 스스로 하는 수련이다.

해로운 정신 상태에 대한 교정 수단으로 자애의 가르침은 불교 심리학에서 비롯된 두 가지 심리학적 교리에 근거하고 있다. 첫째는 한 상태나 조건은 오직 한순간에만 존재하며, 빠르게 하나의 상태는 다른 상태로 대체될 것이다. 한순간에는 정서적으로 상반되는 두 상태가 공존할 수 없다. 자애의 가르침은 또한 어떤 행동도 반복될수록 강화되는 반면, 더 이상 실행되지 않는 행동들은 점차 없어진다는 이해에 근거하고 있다. 그러므로 자애 수행은 해로운 습관을 약화시키고, 행복에 더 도움이 되는 습관으로 대체하기 위한 의도다. 이러한 좋은 마음 상태[善心]는 더 나아가 집중과 두려움 없음과 지혜를 지지하는 요소들을 강화한다.

자신과 타인을 향한 공감

불교 심리학에서 공감은 '결합 요소cohesive factor' *Salzberg, 1995, p. 28다. 왜냐

* 『붓다의 러브레터』, p. 45. 샤론은 자애(mettā)를 결합 요소라고 하였다. "메따는 모든 존재를 하나로 묶습니다. 불교 심리학에서는 이 힘을 의식의 결합 요소라고 정의합니다." 이 글에서는 자애와 공감을 같은 의미로 쓰고 있음을 알 수 있다.

하면 그것은 우리 자신의 경험과 타인의 경험을 연결하기 때문이다. 그것은 분리된 자아라는 개념을 극복하고, 타인과의 상호 연결을 말해 준다. 공감은 인지적이고 정서적인 기술들의 상호작용과 높은 수준의 자아기능에 의존해 있다Jordan, 1991. 자신에게 향하는 공감은 관심과 자발성을 필요로 하며, 하나의 사건을 다시 겪게 되거나 경험할 수 있으며, 그에 상응하는 판단 없는 정서가 있어야 한다. 자기수용은 '다른 사람의 입장에 설 수 있는' 능력으로 이끌어 준다. 이러한 성장을 통해서 우리는 타인에 대한 우리의 견해를 분리와 차이의 위상에서 연결과 이해의 위상으로 바꾸어 준다.

> 마음으로 모든 방향을 찾아보아도,
> 누구도 자기보다 더 사랑스러운 것을 찾지 못한다.
> 이와 같이 다른 존재들도 그들 자신이 사랑스럽다.
> 그래서 자신을 사랑한다면 다른 존재를 해쳐서는 안 된다.*
>
> —붓다Bhikkhu, 2004a

전통적인 자애수행은 자신에게 자애의 마음친절함을 제공하는 것으로 시작된다. 이러한 방식으로 긍정적인 감정을 일으키는 것이 가장 쉽다고 여겨져 왔기 때문이다. 그러나 서양의 수행 지도자들은 그들 자신의 명상 경험에서 다른 결론에 도달했다. 유명한 명상 지도자인 조셉 골드스

---

* sabbā disānuparigamma cetasā, nevajjhagā piyataram attanā kvaci. evam piyo puthu attā paresaṃ, tasmā na hiṃse param attakāmo ti. SN I 75, 25–29. 『상윳따 니까야』에 나오는 유명한 가르침이다. 붓다 재세 시에 코살라국의 파세나디 왕과 왕비는 서로 세상에서 가장 사랑하는 존재가 누구인가 질문을 주고받다가, 아무리 생각해도 자기가 가장 사랑스럽다고 서로 말한 후에, 붓다를 찾아와서 자신들이 나눈 대화를 말씀드리자 붓다께서 그 말을 인정하면서, 자신을 사랑하는 사람, 즉 자신의 소중함을 아는 사람은 남을 해쳐서는 안 된다고 하신 말씀이다.

틴Goldstein, 2002은 서양인이 명상수행을 하면서 낮은 자기 존중감과 단절감으로 고투하는 것을 관찰하였다. 심지어는 달라이 라마Dalai Lama, 1997도 명상을 배우는 서양인 사이에 낮은 자기 존중감이 팽배해 있다는 사실에 혼란을 느꼈는데, 이러한 특별한 병폐가 동양인에게는 일반적으로 없었기 때문이었다. 이는 서양 문화에서 개인을 강조하기 때문에 생겨난 문제라고 여겨지는데, 2장에서 논의했듯이 서양 문화는 행복을 성취한다는 불가능한 짐을 개인의 노력에 짊어지도록 했다.* 이와는 대조적으로, 아시아의 사람은 자아를 전체 생명의 한 부분으로 경험하며, 자연의 법칙에 지배를 받는다고 여긴다Keown, 2000. 따라서 불행은 개인적인 실패나 죄책감의 원천으로 여겨지지 않는다.

서양에서 명상을 배우는 사람에게서 보이는 낮은 자존감의 성향 때문에, 명상 지도자는 초보자에게 마음챙김 명상과 함께 자애명상을 가르치게 되었다. 이것은 브래치Brach, 2003가 말한 '무가치함에 빠진 상태trance of unworthiness'를 벗어나게 하는 데 도움이 되었다. 나아가 명상 지도자는 우리가 긍정적인 감정을 가지고 있는 다른 사람을 생각하면서 자애명상을 시작하도록 수정했다. 그 이유는 우리 자신에 대한 자애명상보다 우리가 사랑하고 존경하는 다른 사람을 향해서 따뜻한 감정을 일으키는 것이 때로는 더 쉬웠기 때문이었다. 그 결과, 우리 자신에 대한 자애로 시작하여 은인, 좋은 친구, 중립적인 사람, 어려운 사람, 마지막으로 차별 없이 모든 존재로 확장하여 가는 전통적인 자애명상과는 순서가 다르게 되었다. 어떤 사람을 향해서 긍정적인 감정을 일으키고 유지할 때, 어려움이 생긴다는 것은 거의 분명하다. 그러나 수련을 거듭하면 수행자는 점차 넓은 범위의 사람들을 향해서 친절함으로 다가갈 수 있는 길이 분명해진다.

* 서양의 개인주의적 문화가 개인에게 부과한 과다한 짐에 대한 자성적인 고찰을 『붓다의 심리학』(엡스타인 저, 전현수, 김성철 공역, 2006, 학지사)에서도 볼 수 있다.

연 습

여기서 제시하는 연습들은 치료자가 특히 환자를 향해 자연적인 공감을 확장시키기 위해 고안된 것이다. 이 연습들은 전통적인 불교수행에서 응용한 것이다. 이 연습을 가르치기 위해 자주 사용되는 설명은 어머니가 자신의 갓 태어난 아기를 처음 보았을 때 느끼는 감정은 어떤 것인가다. 수행자들은 이러한 감정이 향하고 있는 특정한 사람에 대한 이미지나 감각 느낌felt sense을 상기하면서, 사랑이 깃든 감정을 불러일으키려고 노력한다. 연습 내내 많은 이미지들이 나타나 공감을 불러일으키도록 돕는다.

그 가운데 당신에게 가장 알맞은 이미지를 선택하라. 목표는 이러한 감정을 확장하려는 의도를 기르는 것이지, 당신이 자연스럽게 느끼는 방식을 억압하거나 감상주의적인 면을 꾸미려고 하는 것이 아니다. 당신의 가슴을 보다 온전하게 개방하려는 의도에 집중하라. 씨앗의도을 뿌리고, 그것에 주의를 기울임수련에 의해서, 수확물공감은 유기적으로 따라올 것임을 신뢰하라.

이 연습의 일부 또는 전체 내용을 일주일에 최소한 한 번씩 반복적으로, 한 번에 몇 분을 할애하라고 제안한다. 규칙적인 수련은 시간이 지날수록 공감의 지속을 위한 무대를 만들어 준다.

은인이나 좋은 친구를 향한 공감

은인은 자애의 자질을 갖추고 있고 그것을 고무시켜 주는 사람이다. 그 사람은 부모나 신뢰받는 임상감독자처럼 당신의 삶과 연관된 사람일 수도 있고, 예수나 달라이 라마 혹은 테레사 수녀와 같은 인물일 수도 있다.* 때로는 단 한 명의 좋은 친구가 이러한 감정을 가장 자연스럽게 북돋우기

연습 ❸ 은인/좋은 친구를 향한 공감

1. 편안히 앉을 자세를 찾아라. 눈을 감아라. 몸이 의자의 지지를 받고 유지되도록 두어라. 의자와 닿아 있는 몸의 감각을 직접 알아차려라.
2. 복부를 편하게 하라. 호흡이 이미 저절로 움직이고 있음을 알아차려라. 몇 분 동안 호흡을 따라 알아차려라.
3. 자애의 자질을 가지고 있는 사람의 시각적인 이미지나 감각 느낌을 마음에 떠올려라. 이 사람이 당신 앞에 앉아 있다고 상상하라.
4. 이제 당신이 그 은인을 향해 고마움이나 사랑의 감정을 발산하고 있다고 상상하라.
5. 주의가 산만해지면 바로 그 사람의 이미지나 감각느낌으로 돌아와서 다시 시작하라.

도 한다. 우리는 자신의 삶에서 이러한 사람이 존재한다는 것에 대해 고마움을 느끼거나 스스로 최선을 다하리라고 고무되기도 할 것이다.

연습 자체는 단순함에도 불구하고 긍정적인 정서를 기르는 것은 종종 쉽지 않다. 이 사람은인과 연관된 긍정적인 생각이 있을지라도, 실제의 따뜻한 감정은 아무리 해도 산발적으로만 경험될 수 있을지도 모른다. 처음에는 따뜻한 감정이 약하거나 없을 수도 있지만, 반복해서 노력하면 미세한 변화가 일어난다. 명상의 대상으로 반복해서 되돌아오는 것은 자애로움을 강화시키기 위해 마음을 수련하는 것이다.

심장 부분의 호흡에 주의를 기울이는 것은 당신이 가슴의 정서를 일깨우고 있음을 알려주는 역할을 할 수 있다. 시간이 지나면, 당신은 느려진 호흡이나 심장 부분의 따뜻함이나 누그러진 긴장 그리고 편안하고 개방

* 전통적으로 자애명상의 대상으로 죽은 사람은 제외된다. 따라서 성인이라 하더라도 살아 있지 않다면 자애 대상으로 삼지 않는다. 『청정도론』 2권(대림스님 역, 2004, 초기불전연구원), 「거룩한 마음가짐」, p. 140 참조.

된 느낌과 같은 미묘한 변화를 알아차릴 것이다.

중립적인 환자를 향한 공감

다음 범주에는 당신이 정서적인 관여를 지속하려고 고투하는 환자에게 마음을 가져 온다. 중립적인 환자는 강하게 긍정적인 관계에 있지도 않고, 강하게 부정적인 관계에 있지도 않은 환자다. 그러한 환자는 당신에게 매주 같은 이야기를 하거나 단조로운 목소리를 가진 사람일 수 있다. 그 환자의 이야기에는 당신의 주의가 끌리지 않는다. 처음에는 이러한 관심의 결여를 환자가 눈치 채지 못할 수 있지만환자는 이러한 수준의 관여가 이상하다고 발견하지도 못할 것이다, 치료자에게는 환자와 연결되는 것이 도전으로 남게 된다.

이러한 환자를 만날 때 가장 일반적인 도전은 지루함이다. 충분히 자극

연습 ④ 중립적인 환자에 대한 공감

1. 편안히 앉을 자세를 찾아라. 눈을 감아라. 몸이 의자의 지지를 받고 유지되도록 두어라. 의자와 닿아 있는 몸의 감각을 직접 알아차려라.
2. 복부를 편하게 하라. 호흡이 이미 저절로 움직이고 있음을 알아차려라. 몇 분 동안 호흡을 따라 알아차려라.
3. 강하게 긍정적이거나 부정적인 감정이 결여된 환자에 대한 시각적인 이미지나 감각느낌을 마음으로 가져 오라. 그 사람이 당신 앞에 마주 앉아 있다고 상상하라.
4. 이제 당신이 그 중립적인 환자를 향해 우호적인 감정을 발산하는 것을 상상하라 [주의: 이 감정을 일으키는 데 어려움이 있다면, 이 중립적인 환자 바로 옆에 당신의 은인이 앉아 있다고 상상하고 우호적인 따뜻함을 그 두 사람 모두에게 향하게 하라.].
5. 주의가 산만해지면 단지 그 중립적인 환자의 이미지나 감각 느낌으로 돌아와서 다시 시작하라.

받지 않을 때, 마음은 헤매는 경향이 있다. 이러한 경향에 대한 해결책으로 중립적인 환자를 향해 긍정적이고 우호적인 감정을 일으키게 하기 위해 은인을 활용한다.

자신을 향한 공감

우리는 종종 환자가 자신에 대해 '마음을 놓도록' 이런저런 방법으로 격려한다. 우리가 이러한 관용을 우리 자신에게 확대할 수 있을까? 몇몇 치료자는 자신의 환자와 사랑하는 사람들에게 사랑을 주고 보살피는 일이 더 쉽다는 것을 안다. 그러나 우리 자신에 대한 주의를 기울이지 않는다면, 우리는 소진burnout될 위험에 처하게 된다. '돌보는 사람들을 위한 돌봄' 에 관한 워크숍이 많아지고 있다는 것은 이런 문제들을 입증한다. "소진이란 사람이 있는 그대로의 상태와 자신이 해야만 하는 것 사이에 전위轉位, dislocation가 있음을 보여 주는 지표다. 그것은 가치와 위엄과 영성과 의지의 침식—인간 영혼의 침식—을 말한다."Maslach & Leiter, 1997, p. 24 우리 자신에게 사랑과 돌봄을 제공하는 것은 타인을 돌보는 데 필요한 신체적 · 정서적 저장고를 채우는 일이다. "내 안에 삶의 기쁨이 없다면, 나는 타인에게 빈손을 내밀고 있는 것이다. 나 자신의 힘으로 좋은 삶을 원해야만 한다는 이러한 특별한 이기심은 나에게 성숙한 인간의 일차적인 특징이다."Warkentin, 1972, p. 254 자신을 향한 공감은 마음챙기는 수용mindful acceptance 수련이다.

마음은 기쁘거나 고통스러운 기억들이 다시 방문하거나, 미숙했던 행동들이 기억나거나, 그날의 계획으로 기우는 쪽으로 끌릴지도 모른다. 당신은 어떤 특정한 형태의 생각이 규칙적으로 일어나는 것을 알아차릴 수 있다. 그때 판단이나 비판 없이 명상의 대상인 당신 자신에게 주의를 다시 돌린다. 공감의 근육이 강해질 때, 우리는 마음을 열고, 우리의 고통

연습 ⑤ 자신에 대한 공감

1. 편안히 앉을 자세를 찾아라. 눈을 감아라. 몸이 의자의 지지를 받고 유지되도록 두어라. 의자와 닿아 있는 몸의 감각을 직접 알아차려라.
2. 복부를 편하게 하라. 호흡이 이미 저절로 움직이고 있음을 알아차려라. 몇 분 동안 호흡을 따라 알아차려라.
3. 자신에 대해 우호적인 감정을 불러일으키는 시각적인 이미지나 기억을 마음으로 가져오라.
4. 이제 이러한 자신의 이미지나 모습을 향해 우호적으로 따뜻함을 보내는 것을 상상하라[주의: 이 감정을 일으키는 데 어려움이 있다면, 당신 자신의 이러한 이미지 옆에 당신의 은인이 앉아 있다고 상상하고 그 두 사람 모두에게 따뜻함을 보내라. 또는 당신의 은인이 당신에게 우호적인 따뜻함을 보낸다고 상상하라.].
5. 주의가 산만해지면 단지 자신의 이미지로 돌아와서 다시 시작하라.

에 연민을 느끼고, 우리의 기쁨에 고마움을 느낀다. 자기 공감에서 생긴 강하고 부드러운 연민의 가슴은 돌봄 속에서 타인을 안아 주기holding 위한 준비를 더 잘하게 한다.

어려운 환자에 대한 공감

우리에게는 모두 공감의 한계를 시험하는 환자가 있다. 예를 들어, 자살 행동에 대한 두려움 때문에 환자에게서 멀어지게 될 수도 있을 것이고, 치료 시간 중에 온 전화에 치료자가 답하는 것에 대한 화 때문에 환자 마음의 정서적 열망이 애매모호해질 수도 있을 것이다. 어려운 환자는 우리가 기꺼이 주고자 하는 것보다 더 깊은 주의를 필요로 할지 모른다.

어려운 환자에게 따뜻한 감정을 보내는 것은 도전적이다. 그들의 불쾌한 특질을 한쪽으로 비껴 놓는 것이 도전임에도 불구하고, 행복하고 돌봄 받고 사랑받기를 원하는 환자의 부분과 접촉하기 위해서 노력해야 한다.

이것은 시간이 걸릴 것이다. 다시 한 번, 공감적 연결을 위해 은인의 지지를 받을 수 있다.

다음의 비유는 어려운 환자나 우리 삶에서 만나는 또 다른 어려운 사람을 향해 연민을 일으키는 데 도움이 될 것이다. 숲 속을 걸어가는데 작은 개 한 마리가 반대쪽에서 오고 있는 것을 상상하라. 당신은 그 개를 쓰다듬기 위해 손을 내미는데, 그 개는 으르렁거리며 당신을 물려고 반응한다. 개에 대한 당신의 첫 반응은 아무래도 관대할 수는 없을 것이다. 개가 당신에게 다가오는 상상 대신, 나뭇잎 더미에 숨겨진 덫에 발이 걸려 있는 개를 발견했다고 상상해 보라. 고약한 성질을 부리는 개에 대한 당신의 반응은 아주 다를 것이다. 당신은 개에 대한 연민만을 품게 될 것이다. 당신은 개의 발이 덫에 걸려 있기 때문에 공격적이 되었다는 것을 이해한다. 타인에게 적대감을 가지고 있는 사람은 누구나 발이 어떤 덫에 걸려 있다는 것을 상기하는 것이 도움이 된다. 즉, 고통을 겪고 있지 않은 사람

연습 ❻ 어려운 환자에 대한 공감

1. 편안히 앉을 자세를 찾아라. 눈을 감아라. 몸이 의자의 지지를 받고 유지되도록 두어라. 의자와 닿아 있는 몸의 감각을 직접 알아차려라.
2. 복부를 편하게 하라. 호흡이 이미 저절로 움직이고 있음을 알아차려라. 몇 분 동안 호흡을 따라 알아차려라.
3. 당신이 매우 부정적인 반응을 가지고 있는 환자에 대한 시각적 이미지나 감각느낌을 마음에 떠올려라. 이 사람이 당신 앞에 앉아 있다고 상상하라.
4. 이제 이 어려운 환자를 향해 우호적인 따뜻함을 보내는 것을 상상하라[주의: 이 감정을 일으키는 데 어려움이 있으면, 이 어려운 환자 옆에 당신의 은인이 앉아 있다고 상상하고 그 두 사람 모두에게 따뜻함을 보내라. 이 사람을 불행하게 만드는 것이 무엇인지, 무엇이 이 사람의 행동을 일으키게 하는지 숙고해 보라.].
5. 주의가 산만해지면 단지 그 사람의 이미지로 돌아와서 다시 시작하라.

은 공격할 필요도 없다. 다른 사람의 해로운 행동들은 그들 자신의 괴로움을 반영하는 것임을 우리가 인식한다면, 그들에게 연민을 확장하는 것은 보다 쉬워질 것이다.

인사하기 연습

치료자로서 일을 할 때, 아주 많은 수련 기회가 있다. 마지막 연습은 또 다른 간주곡으로 언제라도 우리가 수련할 수 있다.

당신이 한 번도 만난 적이 없는 환자이건, 여러 번 만난 사람이건 간에 모든 환자는 치료자인 당신이 그들의 고통을 돌보아 주고 그들과 함께 걸어가, 이 불확실한 세상에서 그들 자신의 설 자리를 확보하려는 희망을 품고 찾아온다.

연습 ⑦ 인사하기

1. 다음 환자를 만나기 위해 일어나기 전에, 잠시 시간을 내어 당신의 호흡이 들어오고 나가는 것을 느껴 보라.
2. 문으로 걸어갈 때, 문 저편에서 다른 사람이 기다리고 있다고 상상하라. 이 사람은 괴로워하고 있고, 희망과 꿈을 가지고 있으며, 행복해지려고 노력해 왔고, 오직 부분적으로만 성공하였다. 그래서 그 사람은 지금 당신이 그의 괴로움을 없애줄 수 있다고 믿으면서 당신에게 오고 있다.
3. 이제 문을 열고 "안녕하세요!" 라고 말하라.

주의와 공감 연습에 대한 역설적 반응

여러분이 이러한 연습들을 시도해 본 적이 있다면, 여러분의 경험이 여러분이 찾거나 기대했던 것이 아니었음을 아는 좋은 기회였을 것이다. 이러한 연습에 대해 부정, 화 또는 공격성 같은 반발 경험은 아주 일반적이다. 결국 우리는 마치 우리의 양가감정兩價感情에 균형을 되찾아 주는 것처럼, 오로지 부정적인 정서가 더 강해지는 것을 발견하기 위해서 노력을 배가할지도 모른다. 그 결과 초라해지고 용기를 잃을 수도 있다. 그러나 그러한 반응은 실패의 증거가 아니며 심리치료에서 만나는 저항과 다른 것이 아니다. 우리는 이러한 달갑지 않은 반응들을 관심과 평정의 자질로 받아들일 수 있는가?

이러한 연습들이 부정적인 것을 검토하기 위한 기회로 의도된 것은 아니지만, 일어나는 부정적인 정서가 거부되어서도 안 되며 또한 더 나아가 자기를 거듭 비난하는 계기가 되어서도 안 된다. 우리는 일어나는 것을 선택할 수는 없지만 그 느낌이 나타날 때 숙련되게 다룰 수는 있다. 어려운 정서들이 나타나는 순간, 우리는 바로 연습으로 주의를 돌리기 전에 그것들을 친절한 마음으로 인식하고 맞아들인다. 이러한 수련의 목적은 어떤 특정 정서가 억지로 일어나도록 하기 위한 것이 아니다. 그보다는 공감과 자애가 길러지도록 조건을 확립하는 것이다. 이 수련을 하면서 그것을 일로 삼을 필요는 없다. 다만 이 수련을 하면서 여러분은 씨를 뿌리고 있으며 시간이 지나면 뿌리를 내리게 될 것이라고 신뢰하는 것만이 필요하다.

> 싹은
> 모든 것들을 위해 서 있네,
> 심지어 꽃을 피우지 않는 것들을 위해서도,
> 내면으로부터, 스스로 축복하는, 모든 꽃들을 위해서
> 그렇지만 때때로 필요하다네,
> 그것의 사랑스러움을 다시 일깨워 주는 일이…….
>
> —키넬Kinnell, 1980, p. 9

05
관계적 심리치료, 관계적 마음챙김

재닛 서리Janet L. Surrey

분리되어 있다는 무지에서 벗어날 때,
자연스러운 자유를 만끽하며 살아갈 것입니다.
—샤론 살스버그Sharon Salzberg, 1995, p. 1*

우리는 모든 관계가……연결의 통로를 되찾음으로써
회복될 수 있을 것이라고 믿는다.
—밀러와 스타이버Jean Baker Miller & Irene Pierce Stiver, 1997, pp. 22-23

공동체의 지지로 자주 마음챙김 명상을 하더라도 보통 수련은 개인적인 일로 여긴다. 명상의 열매에는 다른 사람이나 좀 더 큰 세상과의 깊은

* 『붓다의 러브레터』, p. 11.

상호연결 경험이 성장하는 것도 포함된다. 이 관점이 치료자에 의해 치료 상황에 옮겨졌을 때, 그 무대는 풍부한 치료 관계를 위한 것이 된다.

치료의 효용성을 위해서 환자의 의도나 노력을 거의 필요로 하지 않는 일부 의학적 치료와는 달리, 심리치료는 [환자의] 정신적인 현존을 요구한다. 즉, 치료는 수동적인 참가자에게는 일어날 수 없다. 이런 의미에서 환자와 치료자의 어느 정도의 마음챙김은 어떠한 효과적인 치료에서도 현존한다. 마음챙김 수련은 좀 더 현재에 존재하기 위한 수련이고, 관계적 심리치료는 치료자와 환자 모두가 수용을 동반하여 현재의 관계적 경험에 대한 알아차림을 심화시키기 위한 의도를 가지고 작업하는 과정으로 이해될 수 있다. 처음에는 치료자만이 이러한 의도를 수행하는 유일한 사람일지 모르지만 시간이 지날수록 치료자와 환자가 마음챙김을 공유하는 순간에 함께 치유를 발견한다.

3장에서 우리는 치료 관계가 치료 모형과 관계없이 치료의 성공에 핵심적으로 중요함을 보았다. 어떤 임상적 접근들은 관계를 치료적인 작업을 위한 배경이나 지지로만 보기보다는 치료 개입 그 자체로 여긴다. 이 장에서는 그러한 접근인 관계-문화이론Relational-Cultural Theory: RCT; Jordon, Kaplan, Miller, Stiver, & Surrey, 1991과 그것이 의도하는 '관계 속에서의 움직임movement-in-relationship'을 탐구하고, 어떻게 RCT와 마음챙김이 서로 강력하게 도움이 되는지 살펴볼 것이다. 다음은 RCT에 대한 소개와 마음챙김과의 공통 부분에 대한 논의에 뒤이어 관계적 관점에 기여하는 불교 심리학의 다른 요소를 논의하고, 임상적인 사례 연구를 통해 이 접근이 공헌한 점을 설명할 것이다. 그리고 치료자들이 이 모형 안에서 치료를 증진시키기 위해 사용할 수 있는 명상 수련으로 마무리한다.

관계-문화 이론과 실제

나는 1978년부터 RCT 이론과 실제를 발달시킨 웰슬리Wellesley 대학교 스톤Stone 센터의 이론가와 임상가 공동체의 일원이었다. 이 문화에서 연결 작업의 '운반자' 로서 여성의 경험 렌즈를 통해Miller, 1976, 관계 이론가들은 건강, 안녕well-being, 최상의 발달의 초석으로써 문화적 · 전문적 '자기' 의 이상理想과 '분리' 에 도전하는 방식으로 심리적 발달과 치유를 이야기했다. 진정한 연결은 심리학적인 안녕의 핵심으로 설명되고 성장 촉진과 치유 관계의 필수적인 자질이다. 그러한 관계에서 참가자는 존재할 수 있고 공감적으로 보이는 것을 느낀다. 각 개인은 종종 다른 사람의 현존과 상호 관계성의 도전에 의해 유지되고 확장되는 것을 느낀다. 이러한 도전을 만나기 위한 초대는 친밀한 두 사람, 가족이나 크기가 다양한 모든 집단에 존재한다.

관계적 관점에서 보면 심리적인 괴로움은 서로 신뢰하고 공감적이며 힘을 실어 주는 관계를 맺는 일이 단절되거나 방해받은 결과다. 치유와 치료는 사람이 서로 돕지 않는 관계에서 고투하는 방식과 자신을 보호하기 위해 만들어 낸 단절의 전략을 인식하고 존중하는 수련으로 설명된다. 서로 돕지 않는 관계에는 학대하고 공격하고 폭력을 행사하고 거리감을 두고 피상적이며 소통되지 않고 곤경에 빠뜨리고 무관심해지는 관계와 같은 형태가 있다. 밀러와 스티버Miller & Stiver, 1997는 만성적인 단절 상태에 의해 어떻게 자신이 뭔가 잘못한 것이 있고 그 단절에 책임을 져야 한다고 느끼기 시작하는 '운명적인 고립' 의 경험을 하게 되는지 설명했다. 만성적인 단절에 의해 에너지의 상실, 고정화, 명료성의 결여, 부정적인 자기 이미지가 생겨난다. 예를 들어, 어린아이인 로라는 공포나 슬픔을 보일 때 부모를 화나게 한다는 것을 배웠다. 그래서 종종 고통스러운 감정을 마음을 열고 표현하지 못하게 되는 관계의 이미지를 발전시킨다. 그녀는 자신의 고통스러운 감정과 관계로부터 단절이 깊어지게 된다. 삶에서 스트레스가 많았던 시기에 그녀는 자신의 감정이나 관계적인 힘과 지지를 찾고 활용하는 방법을 알 수 없었다.

치료의 의도는 환자가 삶과 치료에서 지쳐 버렸을 때, 재연결과 성장-촉진 관계의 회복이라는 목표를 향해 고립과 단절의 결과를 뚫고 나가려는 것이다. 밀러와 스티버1997는 상호 연결의 회복에 의해 얻어지는 바람직한 다섯 가지 심리적 결과, 즉 ① 새로운 에너지와 활력, ② 더 커진 행동 능력, ③ 증가된 명료함, ④ 증진된 자기-가치, 그리고 ⑤ 좀 더 연결되기 위한 욕구와 능력에 대해 설명했다.

RCT 이론가와 실천가들은 치료 관계의 치유적 역동을 진정한 관여engagement와 상호 관계성mutuality을 위한 협력적인 모색이라고 해 왔다. 치료자에게 가장 근본적인 것이라고 말해 온 관계적인 현존의 자질들에는 존경, 탐구, 돌봄, 겸손의 태도는 물론, 지속적으로 공감하는 주의 깊음, 책임감, 관계 속에서 결합으로의 개방성과 관계로 나아가려는 개방성 등이 있다Jordan, 2003. 객관성, 중립성, 정확한 해석에 대한 초기 정신역동의 강조와는 대조적으로, 또는 많은 치료 계획안-지향protocol-oriented 치료에서 세부적인 개입을 사용하는 것과는 대조적으로 RCT는 치료적 관계의 중심적 역할을 강조한다. 치료자의 과업은 환자가 제시하는 어떠한 문제에 직면해서도 치료자가 나누고 있는 인간성에 다가갈 수 있고 현재에 머물면서 전문적인 초점, 의도, 전문 기술 및 통합을 유지하는 것이다.

관계적 치료와 마음챙김의 접점

RCT와 마음챙김의 접점은 목표와 방법의 많은 면에서 융합되기 때문에 특히 많다. 이 책은 마음챙김 수련이 다양한 방식으로 심리치료에 기여하고 있음을 설명하고 있다. 실로 마음챙김 수련은 연결을 소중하게 여기고 과정에서 연결의 단절을 회복하는 치료자의 능력을 지지한다. 또한 역으로, 어떻게 심리치료가 마음챙김 수행을 위한 기회가 될 수 있는지에 대한 관점을 RCT가 제공한다. 더 깊어지면 치료자와 환자가 함께 이 과정에 참여할 때 RCT는 한 걸음 더 나아간 마음챙김 수련의 한 방법으로 이용되는 '함께하는 명상co-meditation'의 강력한 형태로 이해될 수 있다.

마음챙김의 대상으로서 연결

연결은 우리 자신의 경험에 대한 연결이든 타인의 경험에 대한 연결이든 간에 결코 고정되어 있지 않다. 그것은 어딘가로 향해 가고 돌아서고 되돌아오는 연속적인 순간의 과정이다. 마음챙김은 반복해서 연결로 되돌아가려는 의도로 진행되는 이러한 움직임에 대한 알아차림을 길러 준다. 마음챙김에서 우리의 탐구 대상은 알아차림 안에서 일어나는 모든 것에 대한 우리의 연결이다. 마음챙김 수련에 전념하는 수행자에게 이 수련 밖으로 밀어 놓을 경험—심리치료를 포함하여—은 없다.

마음챙김 원리를 응용한 관계적 치료회기 중에 치료자는 자신의 감각, 감정, 생각, 기억의 순간순간의 변화에 주의를 기울인다. 환자가 자신의 감정, 생각, 지각, 몸의 감각을 말하는 동안 치료자도 알아차림의 대상으로서 환자의 경험에 주의를 기울이고 명심하는데, 치료자는 이러한 지각을 관계의 움직임을 돕는 데 사용한다. 이것은 다른 사람의 살아 있는 실재, 즉 그들의 말, 목소리, 감정, 표현, 신체언어, 호흡 등에 대한 순간순간의 주의다. 덧붙여, 치료자는 환자의 힘이 넘치고 특징적이며 정서적인 자질을 포함하여, 관계의 흐름과 연결 및 단절의 변하는 특징에 주의를 기울인다. 이러한 세 부분의 알아차림자기, 타인, 관계의 움직임이나 흐름은 심리치료의 관계적인 접근에서 치료자의 마음챙김의 사용을 가장 잘 설명한다.

함께하는 명상 수련으로써 관계적 치료

마음챙김은 치료자에게 한정되는 것이 아니다. 치료자의 초점이 환자의 경험에 머물러 있는 동안 치료자와 환자는 모두 관계적인 결합 속에서 그리고 그 결합을 통해서 서로의 주의 깊음과 마음챙김의 협력적 과정에 참여하는 것이다. 불신, 공포, 의심, 연결 및 단절의 양상은 이 공유된 탐구의 초점이 된다. 함께하는 명상으로 치료를 보는 관점은 치료 작업에 새로운 가능성을 제공한다.

관계를 통하여 치료자는 환자가 치료자와 함께 정서적으로 현재에 머물 가능성, 아마도 '한 순간 더' 어려운 감정에 머물 가능성을 제공한다. 그래서 환자가 연결 속에서의 자기self-in-connection에 대해 마음챙기는 알아차림 능력을 증진시켜 준다. 치료자의 공감적 조율은 환자를 넘치거나 부끄럽게 하지 않고, 수용과 함께 현재 순간의 진실을 끌어내도록 도와준다. 비록 명칭을 붙이지 않더라도 심리치료는 마음챙김 수련이 되고 마음챙김은 협력적인 과정이 된다. 마음챙김과 조율된 관계는 서로 지지하는 것처럼 보인다.

치료자와 환자 모두가 최상의 능력으로그들 스스로에게, 상대방에게, 연결의 안과 밖으로의 관계 움직임으로 현재에 존재하기를 요청받기 때문에, 치료 과정은 깊어지고 확장된다. 그러한 치료는 보다 넓은 마음챙김의 목표와 일치하는 성장의 자질을 보여 주기 시작한다.

예를 들어, 진정한 관계는 언제나 우리가 누구인지, 무엇이 되어야만 하는지, 상대방이 누구인지, 관계는 어떠해야만 하는지에 대한 이미지와 생각을 펼치고 해방시키기 위한 도전을 제공한다. 순간의 진실에 머무르는 법을 배우면 우리는 관계적인 이미지나 자기를 한정시키는 집착에서 벗어나기 시작한다. "나는 내가 더 이상 25세가 아니라고 생각해. 나는 내 배우자도 그렇지 않다고 생각해! 우리는 모두 나이를 먹었지. 아마 그것은 자연스럽고 괜찮은 일이야." 자기와 타인에 대한 고정된 관념에 의해 꼭 붙들려 있던 우리가 그 관념에서 벗어나기 시작한다. 우리는 '있는 그대로'를 받아들이는 법을 배운다. 이것이 일어나는 순간 치유될 수 있다.

덧붙이자면, 관계에서 깊이 연결된 순간, 고립과 위축에서 빠져나와 더 전체적이고 넓은 이성적 마음과 정서적 가슴의 상태가 된다. 이것을 지적으로 파악하기는 어렵다. 관계의 통로를 통하여 우리는 자신의 실재와 타인의 실재에 대한 강화된 알아차림에 이르게 되고, 중요하게도 우리 존재의 상호 의존적인 본질을 직관적으로 경험한다. 이러한 깊은 연결의 순간은 대상관계, 관계적 또는 상호주관적인 심리학 문헌에서 관례적으로 설명하고 있는 관계의 본질을 넘어서 있다.

상호 주관성에서 상호 존재성으로

상호 주관성intersubjectivity에 대한 최근 연구는 어떻게 우리의 내면세계가 초기 발달 과정과 그 이후의 다른 사람들과 함께 실질적으로 접촉하는 대인관계 세계에서 상호작용을 통해 구성되는지를 밝히는 데 도움을 준다. 자기self의 초기 발달은 분리된 상태로 주관적으로 경험되는데, 구별화가 일어나는 동안에 다른 사람과의 접촉을 필요로 한다Thompson, 2001. 주체들과 '상호 주관적 영역' 내에서 우리가 결론을 이끌어 낸 방식 사이의 복잡한 상호작용을 설명하는 데 도움을 받기 위해 정신역동 이론가들은 이 관찰에 의존해 왔다Atwood & Stolorow, 1984, p. 41. 다른 학자들은 타인에 대한 우리 경험의 토대를 뇌 생리학에서 찾아왔다Gallese, 2001; Rizzolatti, Fadiga, Fogassi, & Gallese, 1996.

마음챙김 원리를 응용한 RCT에 의해 제안된 연결의 경험은 상호 주관성에 대한 우리의 이해를 깊게 해 주고, 불교 심리학에서 발견한 개념으로 더 잘 설명될지도 모른다. 관계 모형에서 일상생활의 관계에 대한 개방성은 세계적인 공동체에 대한 연결감으로 확대된다. 개인의 상처에 대한 치유는 이 과정의 첫걸음이 되고, 점차적으로 지구적 상처를 치유하기 위해 생태심리학에서 말하는 의도를 잠재적으로 포함하면서, 모든 사람과 모든 존재의 괴로움을 향한 연민을 포함하기 위해 점차로 넓혀 간다 Conn, 1998. 에번 톰슨Thompson, 2001의 말처럼, 우리는 '상호 주관성에서 상호 존재성' 으로 옮겨 간다. 상호 존재성interbeing은 모든 존재의 상호 연결성을 설명하기 위해 틱 낫 한Hanh, 1992이 만든 용어다. 이러한 상호 의존 단계에 대한 특별한 경험은 자연계의 모든 존재와 우리가 근본적으로 조화를 이룬다는 사실에 대한 직접적인 통찰로 간주된다.

이것은 '인드라의 보석 달린 그물'*이라는 인도의 은유로 설명되며, 그곳에서 각 존재는 다른 모든 존재를 비추고 있는 그물에 달려 있는 보석으로 보인다. 인드라망은 현상적인 세계가 철저히 전체적이고 입체 영상적인 방식으로 엮여 있으며, 그물에 달린 각 보석은 전체로 들어가는 관

---

* 인드라망(因陀羅網, Skt: Indra-jala)은 제석천의 그물이라고도 한다. 인드라 또는 제석천의 궁전을 장식하고 있는 그물로, 각 그물의 코에는 보석이 하나씩 매달려 있고, 그 보석은 다른 모든 보석을 반사하고 있다. 인드라망은 모든 현상의 상호 관계 또는 상호 포섭을 은유적으로 표현한 것으로 사용된다.

문이나 입구가 될 수 있다는 의미를 내포한다. 이러한 부분과 전체의 상호작용은 치료 관계에서 어떻게 순간순간이 심오한 연결과 상호의존성에 대한 깨달음으로 들어가는 관문이 될 수 있는지에 대한 은유다. 특정한 타인과의 관계깊고 지속적인 돌봄과 주의는 전체의 알아차림으로 가슴을 열어 줄 수 있다. 치료자의 수행은 우리의 기본적인 결합관계를 깨닫는 데 방해가 되는 심리적 장애를 극복함으로써 인드라망을 지키고 고치는 일로 설명될 수 있다Kabat-Zinn, 2000. 장애를 알고 능숙하게 다룰 때, 우리는 자신을 그물의 일부로 경험한다.

환자는 개인적 · 가족적 · 문화적인 위치에 의해 깊은 영향을 받는다. 특히 미국인의 괴로움의 맥락은 뿌리 의식, 소속감, 공동체, 지속적인 돌봄이 상실된 근본적인 연결의 위기라고 말한다. 연결과 관계적이고 영적인 소생에 대한 큰 열망이 있다. 연결을 위한 우리의 능력을 열어 주고 깊게 하는 수련으로써의 마음챙김이 이 [미국] 문화에서 특별히 타당성이 있는 것처럼 보인다.

요약하면, 마음챙김 수련은 치료자의 알아차림을 확장시켜 주고, 그것은 암묵적으로 환자에게로 확대된다. 환자와 치료자에게 심리치료 작업은 연결과 단절의 움직임의 방향으로 그리고 치유가 일어나는 문화, 새롭고 좀 더 공감적으로 연결된 문화를 창조하는 방향으로 향하는, 관계에 대한 마음챙기는 알아차림의 연습이 된다. 이러한 방식으로 마음챙김은 심리치료를 지지한다. 확장된 관점을 가지고 시행되는 심리치료도 치료자의 개인적인 발달을 위한 수단이 될 수 있다. 개방된 마음, 두려움 없는 마음, 밀착된 주의 그리고 공감의 자질들이 이러한 협력적인 심리치료에서 뿌리를 내릴 때 성장이 일어난다. 환자와 치료자 양쪽은 현재의 실재—그들 자신의, 서로의, 그들의 연결의 실재—에 온 마음을 다해 마음을 여는 수련에서 확장된 수용성receptiveness을 발견한다. 이 확장된 수용성은 이 관계나 이 장면의 특수성을 넘어서 있다. 이러한 방식으로 시행된 치료는 비록 종교적인 용어로 설명되지 않을지 모르지만, 분명히 영적인 차원을 가지고 있다.

관계 수련에 대한 불교의 추가적인 공헌

RCT가 불교 심리학에서 파생된 개념에 근거하지 않았다 하더라도, 불교의 많은 개념은 치료자가 우리의 내재된 상호연결성의 알아차림으로 향하게 하는 경향이 있기 때문에, 특히 관계적 심리치료와 의미를 공유한다.

괴로움을 경감시키려는 서원

불교 심리학의 어떤 학파13장에 말하는 '중간 시기(반야 공사상)' 가르침는 좋은 의도를 기르는 것의 중요성을 강조한다. 특히 모든 존재를 괴로움에서 벗어나게 하기 위해 우리의 삶 전체를 바쳐서 노력하고, 다른 사람의 삶에 유익한 존재가 되려는 서원vow, 利他願을 강조한다. 이것은 또한 우리가 자신에게 원하는 것을 다른 사람에게 확장하는 순간순간의 관계적 수련의 필수적인 측면이기도 하다. 치료에서 다른 사람에 대한 깊고 지속적인 주의는 어느 누구도 배제시키지 않는 끝없이 확장되는 원으로의 연결과 연민을 베풀려는 우리의 의도가 반영된 것이다.

이상으로써 모든 존재의 자유와 치유의 서약은 전문적인 공부와 수련에 생기를 줄 수 있다. 임상심리학은 우리에게 임상 실습이 진행되는 동안 우리의 신경증적이고 불건전하며 자기애적인 의도를 인식할 이유를 설명해 주는 반면, 불교 심리학은 깊은 의심, 절망, 전문가의 소진의 순간에 딛고 설 시금석을 제공한다. 고통을 경감하기 위한 서원 같은 서약은 심리치료자를 위한 의미와 에너지의 원천이 될 수 있다.

가슴의 자질들

마음챙김 수행에 덧붙여 불교 심리학은 네 가지 특별한 가슴heart의 자질을 기르기 위해 신중하게 의도된 수행을 가지고 있다4장에서 간단하게 언급하였다. 네 가지 거룩한 마음brahma-vihara, 四梵住, 四無量心은 자애慈: 기본적인 인간적 친근감, 연민悲: 다른 사람의 슬픔에 대한 친절한 반응, 더불어 기뻐함喜: 다른 사람의 행운에서 느끼는 행복, 평정捨: 결과에 대한 자기 가치에 집착하지 않고, 발생한 실패와 성공을 받아들이는 것이다. 이것들은 소생될 수 있고 우리 삶의 조건에 의해 결코 완전히 없어질 수 없는 인간 본질의 핵심적 자질들이지만 신중하게 길러질 수도 있다. 사범주사무량심 수행은 "각자의 내부에 있는 눈부시고 기쁨에 넘치는 가슴을 드러낼 것이며, 세상을 향해 이 밝은 빛을 뿜어낼 것이다." Salzberg, 1995*

4장에서 소개되었을 때, 알아차림의 변화하는 내용에 주의를 기울이기보다 특정 대상전형적으로 하나의 문구나 사람의 이미지에 분명하게 주의하는 한, 4무량심 수행은 마음챙김 수행보다는 집중수행이다. 우리는 특정한 사람—사랑하기 쉬운 사람, '중립적인' 사람, 어려운 사람—의 이미지와 우리 자신을 동일시할 수 있다. 기본적인 기법은 4장의 자애명상 연습에서 설명했는데, 먼저 사랑하는 사람의 이미지를 통해 자애의 감정을 일으키고, 그 다음에는 자신에게, 그리고 어려운 사람에게 그 자애의 감정을 보낸다. 이 수행은 때때로 "내가당신이 잘 되기를 기원합니다. 내가당신이 행복하기를 기원합니다. 내가당신이 괴로움에서 벗어나기를 기원합니다."와 같은

* 『붓다의 러브레터』, p. 11.

문구를 함께 사용한다. 이러한 문구를 반복하며 새로운 정신적 · 정서적 습관으로 마음과 가슴이 재수련된다. 임상 시간 외의 4무량심 수행은 지금 겪고 있는 엄청난 괴로움에 특별히 초점을 두고 있는 환자나 관계에 어려움이 있는 환자를 포함시키는 데 도움될 수 있다. 이 수행의 적용 방법은 4장과 이 장 마지막에 있다.

명상적 관계 수련은 직접적인 언어적 인지가 있거나 없거나, 심리치료 중간에 사용하기 위해 적용될 수 있다. 예를 들면, 큰 혼란, 불행 또는 엄청난 괴로움의 순간에 우리는 회피하려는 우리의 욕구를 알아차리게 될지도 모른다. 우리가 인식할 수 있는 생각이 다음과 같이 일어난다. "나는 이 일에서 벗어날 필요가 있다." "내 문제는 무엇인가?" "아무개 의사는 분명히 이보다 더 잘했을 텐데." "저녁에 무엇을 먹을까?" 이러한 순간은 치료자를 향한 분노나 비난 같은 강하고 불쾌한 정서에 부딪힐 때 종종 일어난다. 때때로 최상의 반응은 간단한 자애나 연민의 문구를 조용히 암송하거나 "우리가 행복을 발견하기를 기원합니다." 또는 "우리가 괴로움에서 벗어나기를 기원합니다.", 평정捨 수행 "어떤 일도 단지 있는 그대로의 그것일 뿐이다." 또는 "우리는 이것을 타개해 나갈 것이다." 을 한다. 이렇게 하면 우리는 정서적으로 여유가 생기게 된다.

이러한 가슴의 자질을 마음에 새기고 수련하면 지나치게 감상적이거나 로맨틱하거나 성적인 의미 없이, 치료자는 사랑이라는 단어를 사용할 수 있게 된다. 심리치료는 사랑—연민, 기쁨, 평정, 친절로서의 사랑—의 표현이다. 그것은 우리의 전문직에서 우리 자신의 수행의 가장 깊은 요소들을, 그리고 연결과 치유의 가장 깊은 요소들을 소생시키고 다시 이용하게 해 준다. 그것은 우리에게 연민[悲]뿐만 아니라 기쁨[喜], 평정[捨], 그리고 기본적인 친절[慈]이 비록 숨겨져 있지만 항상 우리 자신과 환자들 마음속에 있다는 사실을 상기시켜 준다. 이것은 심리치료자들이 직업적으로 빠지기 쉬운 '연민에 의한 피로감' '이차적인 상처trauma' 에 대한 해결책으로서 도움이 된다Sussman, 1992.

첫 번째 고귀한 진리와 고통과 함께하는 존재

삶과 관계에서 괴로움은 불가피하다는 첫 번째 고귀한 진리는 임상가가 괴로움을 마주하고 있는 동안 평정과 믿음을 유지하는 데 도움이 된다. 괴로움은 피할 수 없고 환자가 심리치료를 받으러 온 것이 치료자가 괴로움을 제거할 능력을 가진 사람이라는 것을 자동적으로 의미하는 것은 아니며, 괴로움은 어느 누구의 잘못"내가 아프다면 나에게 뭔가 좋지 않은 점이 있거나 부족하거나 제정신이 아니기 때문이다."도 아니다. 많은 고립과 부수적인 괴로움이 객관화, 개인화, 진단 명칭 때문에 생길 수 있다. 첫 번째 고귀한 진리의 수행에 내재된 자유, 즉 괴로움의 단순한 진리에 대한 수용은 치유하는 관계 수련의 핵심이다. 심지어 괴로움 속에서도아마 괴로움 속에서 특별히 우리는 인간의 공통적인 약점을 통해 다른 사람과 깊게 만날 수 있다.

겨자씨 이야기는 이 점을 설명해 준다. 이 이야기는 능숙한 관계 치료자로서의 붓다를 묘사하고 있다.

> 고타미라는 이름의 가난한 여인의 어린 아들이 놀다가 갑자기 죽었다. 고타미는 '미칠 정도의 슬픔정신병적 비탄'으로 괴로워하고 있었고Olendzki, 2002, p. 40, 그녀는 죽은 아들의 몸을 안고 이 집 저 집 다니면서 아이를 살려 낼 약을 간청하였다. 사람들은 그녀에게 "도대체 약이 무슨 소용이 있나?"라며 헐뜯었다. 그러나 그녀는 아이의 죽음을 현실로 받아들일 수 없었다. 현명한 사람이 고타미를 붓다에게 보냈다. 그녀는 붓다에게 아들을 치료할 약을 달라고 요청했다. 약과 교환할 조건으로 붓다는 마을

> 에서 죽음을 경험한 적이 전혀 없는 집에서 겨자씨당시 인도에서 겨자씨는 아주 흔했을 것이다를 얻어 가지고 오라고 했다. 희망을 가지고 고타미는 겨자씨를 구하기 위해 떠났다.

붓다는 고타미가 그런 집을 찾을 수 있다는 희망 속에서, 그녀의 이야기를 방문하는 집마다 반복하게 하는 관계 수련을 처방했던 것이다. 우리는 그녀가 진심으로 겨자씨를 구하면서 자신의 이야기를 하고 마을 사람들로부터 연민을 불러일으키고 그리고 죽음에 대한 그들 자신의 이야기를 듣게 되었고 고타미에게도 연민이 일어날 것이라는 것을 상상할 수 있다.

> 고타미는 마을의 모든 집을 방문했지만, 죽음을 경험하지 않은 집은 한 곳도 찾을 수 없었다. 이렇게 찾아다닌 후에, 그녀는 겨자씨 없이 붓다에게 돌아와서 말했다. "고맙습니다. 이제야 이해했습니다."라고 말한 뒤 아들을 묻을 수 있었다. 고타미는 붓다의 비구니 승단에 출가하여 마침내 깨달은 자[아라한]가 되었다.

고타미는 공동체와의 공통점을 발견하였고, 고립과 부정에서 빠져나와 무상無常의 진리를 깨달았다. 그녀는 더 이상 자신을 욕을 먹는 '버림받은 자' 나 가치 없는 사람으로 경험하지 않았고, '인간들 가운데 한 인간' 으로 경험하게 되었다. 가련함이나 동정이 진정한 공감이 될 때, 공유된 인간애의 감각을 지닐 수 있다. 이 이야기는 죽음과 피할 수 없는 괴로움에도 아랑곳없는 연결에 의해 아주 깊은 치유적 통찰과 자유에 도달할 수 있음을 보여 준다.

다른 사람과 함께 괴로워하는 능력이나 '공유된 연민의 마음'은 부모 노릇하기, 결혼, 우정, 성직, 의술 등의 관계 수련의 핵심에 있다. 당신이 사랑하거나 책임을 느끼는 누군가의 괴로움과 함께하는 것이 종종 가장 어렵고, 당신이 문제의 원인으로 생각될 때 이 괴로움과 함께 머무르는 것은 거의 참을 수 없음을 모든 부모와 치료자들은 안다. 혼자 하는 명상 수행만으로는 우리가 얼굴을 마주하는 만남에서 겪는 괴로움과 함께 있도록 준비하지 못한다. 개인, 집단, 두 사람의 맥락에서 마음챙김을 기르는 일을 덧붙인 명상 수련이 아마도 마음챙김 지향 심리치료를 위한 가장 최선의 수련일 것이다. 두 사람이 함께하는 마음챙김 수행은 이 장의 마지막에 제시되어 있다.

관계적 근본 원인: 탐욕, 증오, 무지

관계적 관점에서 '근본 원인'인 탐욕, 증오 및 무지2장에서 언급되었고, 11장에서 더 자세히 설명된다는 단절로 이끄는 심리적 또는 행동적인 습관적 패턴으로 이해할 수 있다. 카렌 호나이Horney, 1945는 연결의 건강한 흐름을 방해하거나 왜곡하는 관계에서의 세 가지 유사한 움직임을 말했다. 즉, 관계를 향한toward 움직임, 관계에 저항하는against 움직임, 관계로부터 멀어지는away from 움직임이다.* 세 가지 근본 원인에 대한 불교의 설명은 이러한 관계 전략에서 발견될 수 있다.

1. 관계를 향한 움직임으로써의 탐욕 고정된 패턴에 대한 불안한 매달림이나 집착의 패턴이다. 변화에 의해 고립이나 버림이 초래될 것이라

* 호나이(1945, p. 42)는 신경증을 일으키는 기본적(basic) 갈등 또는 핵심적(core) 갈등으로 자세히 설명하고 있다.

고 두려워함. 사소한 단절을 견디거나 능숙하게 처리하지 못하는 무능력이다.

2. 관계에 저항하는 움직임으로써의 증오 비판이나 부정적인 판단의 패턴이다. 화, 비난, 심지어 실패에도 아랑곳없는 난폭하고, 다른 사람을 통제하려고 하며 자기애적인 이미지를 고집한다.
3. 관계로부터 멀어지는 움직임으로써의 무지 주지화主知化, 물러남, 분열 또는 분리의 패턴이다. 지나친 독립, 부정함, 상처받기 쉬움에도 아랑곳없이 넘치는 행위를 하는 것 또는 연결을 간절히 원한다.

마음챙김 수행은 이러한 근본 원인의 영향에 대해 경계를 게을리하지 않는다. 이와 유사하게 관계 치료에 전념하는 것도 근본 원인을 단절의 전략 속에 포함시키기 때문에 이러한 근본 원인을 다루는 작업이라고 할 수 있다. 치료자는 치료에서 어려운 순간을 겪을 때 종종 끌려 들어가게 되는 객관화하기와 거리두기 등의 개인적이고 직업적인 단절의 패턴을 가지고 있다. 마음챙김으로 수련된 관계 치료자들은 관계를 단절시키는 근본 원인이 일어날 때, 단절의 전략을 확인하면서 자기 자신의 경험 속에 있는 그 근본 원인에 바짝 정신을 차릴 것이다.

말과 침묵

치료자는 전통적으로 언어적 상호작용에 초점을 맞추어 왔지만, 현재 순간 함께 존재하는 경험은 말과 말 사이의 공간인 침묵에서 더 깊게 느껴질 수 있다. 심리학자들은 경험에 대한 언어를 가지기 이전 상태인 언어 이전의 침묵과 관계에서 진정한 목소리를 찾는 것을 통해 더욱 풍부한 자기 감각을 분명히 알게 되는 것의 두 가지 모두에 대해 글을 써 왔다

Gilligan, 1982. 마음챙김 수행은 세 번째 선택지를 제안한다. 말로 표현하기 어렵고 파악하기 어려운 직접적인 지각과 우리 모두가 연결되어 있으며 모든 것을 포함하고 있는 관계의 세계는 깨어 있는conscious 침묵에 싸여 있다. 어떤 사람은 혼자 하는 마음챙김 명상이 바쁜 일상에서의 유일한 침묵의 경험을 제공해 준다고 한다. 그러나 관계에서의 진정한 연결에서도 침묵을 경험할 수 있다.

치유 순간의 해부

> 진정한 주의집중, 수용성, 반응이 있는 곳에 관계 속에서의 창조적인 에너지의 상호작용이 있을 수 있다.
>
> —타카르Vimala Thakar, 1993, pp. 16-17

관계적 심리치료에서 순간순간의 흐름을 설명하는 새로운 관심이 있다. 스턴Stern, 2004은 지금 여기에서 하는 일이 치료상의 변화를 야기하는 가장 큰 잠재성을 가지고 있다고 한다. 그는 "우리가 과거에 관해서 훨씬 더 많은 것을 알거나 이론화한 반면, 바로 지금 일어나는 경험에 대해서 아는 것이 거의 없다는 것은 놀라운 일이다."Stern, 2003, p. 53라고 덧붙인다.

스턴은 치료를 두 마음이 함께 작업하는 작품, '함께 움직이는' 과정으로 설명한다. 그 과정에는 '잘 맞지 않는 것sloppiness'이 내재되어 있고, 그것은 지금 순간의 분출로 진행될 수 있다. 즉, 새로운 상태가 존재하기 시작하거나 존재하려고 위협한다. 이것은 [치료자와 환자] 각자의 일상의 존재 방식이 암묵적으로 문제가 될 때, 진찰실에서 달아오른 정서적 부하상태emotional charge에 대한 언급이다. 그러한 순간은 잘 사용되었을 때 아주 긍정적일 수 있다. 스턴은 '지금' 순간을 '만남의 순간'에 대한 요청으로 설명한다. 치료자가 그 순간의 도전을 해결하기 위해 창조적이고 진정한 반응을 요구받을 때, 그리고 치료 파트너인 두 사람이 '지금의 경험'을 공유할 때, 그것을 암묵적으로 안다. 이러한 강화된 주의집중과 수용성이 있는 동안 무엇인가 극적인 방식으로 변한다. 이것은 앞서 설명한 관계 수련으로써 심리치료와 실제로 상당히 유사하다. 그러한 심리치료에서는 모든 순간을 마음챙김의 잠재적인 '지금' 순간으로 설명할 수 있다.

관계 치료자는 또한 치료에서 손에 잡히는 변화의 계기로써 개별적인 순간에 초점을 맞춘다Stiver, Rosen, Surrey, & Miller, 2001. 이 순간은 뭔가 새로운 것이 두 사람의 움직임의 상호 작용 위에서 연합하여 창조되고 구축되는 순간이다. 이것은 창조적이고 성장-촉진적인 기회다. 즉, 관계가 치유되고 확장되는 방향, '관계 속에서의 움직임' p. 1으로 나아가게 된다.

손에 잡히는 변화의 순간은 이전에 있었던 경험 위에 구축된다. 그 순간은 환자나 치료자의 행동으로 시작되겠지만, 그 순간의 핵심은 환자와 치료자가 모두 자신들의 관계를 현재의 새로운 연결 경험으로 움직이게 하는 것이다. 그 순간 환자와 치료자는 자기, 타인, 그리고 관계적 흐름에 더 깊은 연결로 개방된다. 예기치 않고 자연스러운 개방미소, 서로 바라봄, 인사할 때 잠시 멈춤에 의해 관계가 새로운 계기를 맞이할 때, 그 순간은 아주 단순할 수 있다. 그 관계는 성장한다. 그것은 넓어짐, 생동감, 자유, 자발성, 탄력성resilience 그리고 창조적인 힘 속에서 확장하고 성장한다고 말할 수 있다. 변화의 의도적인 방향은 환자의 성장에 초점을 맞춘 채 머물러 있다. 그러나 환자와 치료자는 새로운 연결의 계기를 창조하며 그 계기에 의해 움직이게 된다.

임상 사례

치료에서 대부분의 변화와 움직임은 있는 듯 없는 듯 나아갔다가 물러났다가 하면서 점차적으로 일어난다. 그러나 강력하고 순간적이며 잊을 수 없는 예외적인 순간이 있다. 비록 드물지만 그것은 우리를 생기 있게 하고 활력을 유지하게 해 주는 순간으로 심리치료의 어려운 작업에 깊이와 의미를 준다. 나와 이런 순간을 나눈 환자 커크에게 그 순간은 중요하고 변형적transformative이었다.

커크는 자신의 치료에 관해 말하거나 쓰기 위한 방법을 찾기 위해 실제로 여러 번 질문했다. 그는 내가 그의 이름을 밝혀 주기를 원했고 비밀스럽게 할 이유가 없다고 보았다. 언론인이자 신문 편집자로서 그는 자신의 치료가 공개적으로 알려져야 할 것 같은 어떤 중요한 것을 느꼈다.

커크가 46세 때 나를 처음 찾아온 것은 두 번째 결혼이 깨졌기 때문이었다. 첫 치료 회기에 그는 자신을 '되찾은 백인 남성' 이라고 하며 다음과 같이 자신을 설명했다. "나는 모든 특권으로부터 이익을 얻어 왔다. 나는 백인이고 남자이고 유복하며 교육받았고 키도 크다. 내가 여기에 있을 어떠한 정당성도 없다. 당신은 당신 시간을 낭비하는 것이다." 그는 첫 번째 치료 경험에 대해 냉소적이고 빈정거리며 회의적이었다. 그는 매우 성공한 신문 편집자이며 정치 해설가이자 활동가였다. 그는 자신의 일에서는 뜨는 별이었으나 그 일에서 만족감, 기쁨 그리고 가치를 별로 느낄 수 없었다.

여인들이혼한 두 명의 전 아내과 어린 세 아이들과의 관계에서 그는 엄청난 부끄러움과 결함을 느꼈다. 즉, 그는 '진정한 낙오자' 였다. 그는 '다만 무언가를 계속 놓치고 있다.'고 느꼈다. 그는 임상적이 아니라 만성적으로 우울했다. 정서적으로 위축되었고 매우 비판적이며 불끈거리고 쉽게 화를 냈다. 그는 거리감과 통제를 유지하기 위해서 자신의 뒤틀린 유머를 사용했다. 그는 어떠한 연결의 가능성이라도 있으면 회피하기 위해서 또는 뭔가 새로운 것이 일어날 것 같은 관계적인 순간을 포기하기 위해서 이 뒤틀린 유머를 사용했다.

그는 결혼생활에서 생긴 문제에 책임감을 느꼈다. 그는 자신의 약점을 수용하고 다른 사람 특히 여성과 공감하는 데 많은 어려움이 있었음을 알았다. 그는 자신이 화나 경멸 이외의 깊은 감정을 보이기를 꺼려한다는 것을 인식했다. 그의 신랄하고 쏘는 듯한 유머는 풍부한 지성과 결합하여 정치 분석가로서 성공하는 데 기여했다. 처음에는 상당히 적대적이던 그가 부드러워지기 시작했다. 그의 분노는 장난끼 있는 놀림으로 바뀌었다. 이것이 연결하는 일차적인 방식이었기 때문에 우리는 종종 함께 웃었다.

치료를 시작한 지 1년 동안, 나는 그의 이야기를 듣고 어떤 공감을 느끼기 시작했다. 그는 필사적으로 나에게 자신이 아버지가 되는 법을 배울 수 있게 도와달라고 원했다. 우리는 아이들에 대해 아주 자세히 이야기했다. 그 과정에서 주의집중, 관심, 호기심 그리고 이해가 구축되었다. 그는 관계를 열기 위한 질문을 아이들에게 어떻게 해야 하는가를 배우려고 애썼다. 이 작업을 통해 어린 시절, 고립된 시골에서 외아들로 자라난 소년이었던 자신의 슬픔과 외로움에 접촉하기 시작했다. 어머니는 당뇨병을 앓고 있었고 그가 8세 때부터 어머니의 건강은 악화되었다. 결국 어머니는 실명을 하게 되어 누워서만 지내게 되었고, 그가 22세 때 돌아가셨다. 살아 있는 동안 어머니는 결코 집을 떠난 적이 없었다. 그는 학교에서 집에 돌아오면 매일 어머니 옆에 앉아서 그가 하루 동안 겪었던 이야기를 했다고 기억해 냈다. 그는 자신이 '그녀의 빛' 이 되어야 하며 바깥 세상의 흥미로운 새로운 소식을 가지고 와야만 한다고 느꼈다. 그러나 그들은 결코 슬픔이나 상실에 대한 어떠한 어려운 감정을 함께 인정할 수 없었다. 그의 아버지는 선량하고 의지할 만한 보호자였지만, 아버지에게도 자신의 정서를 표현하거나 나눌 수 없었다.

심지어 과거에 관한 이야기를 할 때도 그는 슬픔을 불러일으킬지 모르는 어떤 지속적인 관계적 연결을 계속해서 피했다. 우리는 그것이 어머니를 위한 것은 아니었나 생각했으며, 그녀가 그녀의 슬픔으로부터 그를 보호하기 위해 애썼다고 상상했다. 그는 자신 또한 고통스러운 감정을 멀리 함으로써 자신뿐만 아니라 그녀를 보호하려고 애썼을지도 모른다고 상상했다.

매주 그와 갖는 상담 회기는 어려웠고 내가 기대했던 것이 아니었다. 나는 종종 좌절하고 지쳤으며 어떤 정서적 연결이나 관계의 지속을 유지하기 위해 매우 어렵게 상담에 임해야 했다. 내가 커크의 어떤 부분은 연결을 원하고 있다는 사실을 알고 있었지만, 관계에 대한 그의 '두려움' Bergman, 1990과 그의 단절 전략 — 유머, 화, 빈정거림, 특히 자기 비하 — 은 아주 발달되었고 매우 통제적이었다. 그는 우리 사이에 드러나는 성gender 논쟁을 계속 유지했다. "나는 남자일 뿐입니다. 당신은 무엇을 기대합니까?" 그러던 그가 나의 일과 치료에 호기심을 가지기 시작했다. 그는 자신이 단지 '공허하거나empty', 슬픔과 외로운 느낌을 차단하는 것이 아니라는 것을 이해하기 시작했다. 그는 매우 부끄러워했고, 이러한 감정으로 혼자 있게 된다는 것을 절망적으로 두려워했다. 그는 관계의 경험이나 이미지를 가져본 적이 없었는데, 그 관계를 통해서 사람들 사이에 감정이 오고가며 사람들이 연결되었다. 하지만 그가 가지고 있는 관계의 이미지 속에는 상처 입기 쉬운 감정이 창피함과 결합되어 있었고남자 사립학교에서 사회화된 부분, 정서적인 노출 때문에 부끄러움과 결핍의 감정이 초래되는 관계이기도 하였다.

치료를 시작한 지 1년이 되던 때 그는 만성적인 기침을 검사하기 위해 정기 검진 예약을 했는데, 빠르게 자라는 속발성 폐암이라는 진단을 받았으며, 진단을 받은 후 13개월 동안 살았다. 그는 상담 회기 사이에 나에게 전화를 걸어 소식을 알려 주었다. 그가 다음 회기에 내 상담실에 왔을 때, 나는 의자를 옮겨서 그의 곁에 앉았던 것을 기억한다. 그의 병과 죽음의 가능성에도 아랑곳 않고 그와 함께 있으려고 내가 얼마나 더 마음을 열고 적극적이었는지 관찰하고는 나는 깜짝 놀랐다. 나 자신의 개인적이고 직업적인 단절 전략에 대한 얼마나 좋은 레슨이었는지!

처음에는 그의 빈정댐, 화, 미래에 대한 상실감, 특히 성장할 기회에 대한 비탄 때문에 기절할 정도였다. 그는 자신의 우울과 체념에 대항하여 고투했다. 그러고 난 뒤 그의 모든 관계에서 그가 해야 할 필요가 있는 일을 완수하기 위해 개방적이고 현존하기 위한 시도를 아주 열성적으로 하기 시작했다. 종종 그는 쓸모없고 차단되었으며 무기력감을 느꼈다. 나는 그에게 바디워크bodywork*를 위해 남성 암지지모임과 명상 모임을 소개했다. 우리는 침묵 속에서 우리의 치료회기를 착수하기 시작했다. 그는 순간의 모자이크로 자신의 삶에 관해 이야기하기 시작했다. 각각의 모자이크는 그 자체의 완성된 상태와 아름다움을 가지고 있었다.

죽기 마지막 해의 중간쯤, 그는 [암이] 신체적 증상으로 나타나게 되자 나에게 함께 시각화 연습을 하자고 요청했다. 그는 자신 안에서 안전하고 평화로운 장소를 만들려고 애썼다. 그때를 돌아보니 그곳은 그가 두려움과 괴로움, 궁극적으로는 죽음에도 아랑곳하지 않고 가고자 하는 곳이며 피난처를 발견할 수 있을 것 같은 곳이었다. 어린 시절에 집 근처의

---

* 바디워크는 어떤 신체적 접촉 치료 또는 신체로 하는 에너지 작업을 가리키는 용어다. 마사지 세라피는 바디워크의 한 형태이고, 보통 스웨덴식 마사지 기법에 근거한다. 바디워크에는 많은 다른 형태의 접촉과 치유, 치료 형태가 포함된다.

풍경을 묘사하였는데, 실제로 그곳은 내가 성장한 곳과도 아주 가까웠다. 나는 그가 설명하는 풍경에 아주 잘 연결되어 있음을 느꼈다. 버려진 낡은 집의 베란다에 앉아 있는 풍경, 부드러운 목초지를 찾는 풍경, 뒤뜰에서 흐르는 시냇물 소리를 듣는 풍경이었다. 나는 아마도 어느 정도의 좌절감이 있었지만 수용으로 부드러워지고 동경하는 듯한 슬픔에 젖어 커크에게 말했다. "나는 여전히 당신이 나를 원하는지 어느 누군가가 당신과 함께 있는지 확신할 수 없어요."

비록 내가 이 특별한 풍경에 대해 말했음에도 불구하고, 나는 이 말이 그의 핵심 질문을 건드리고 있다는 것을 깨달았다. 그는 가만히 있다가 감정을 가지고 부드럽게 대답했다. "나도 확실하지 않습니다." 그는 분명하고 직접적이었으며 진솔했고 관계 속에서 생각과 말이 일치했다.

우리는 침묵한 채 앉아 있었다. 나는 무엇인가 일어나고 있음을 느꼈다. 결국 그는 눈물이 고인 눈으로 나를 바라보며 말했다. "나는 그것이 당신에게 얼마나 어려운지 느낄 수 있습니다 — 당신이 나와 함께 있으려고 애쓸 때 그리고 내가 무엇을 원하는지 내가 모를 때입니다."

다른 침묵이 흘렀다. 나는 나에 대해서 너무 많은 것을 드러낸 것은 아닌지 의심스러워지기 시작했다. 나는 나에게 향해 있는 그의 초점을 걱정했다. 하지만 그에게 그 의미는 분명히 중요했다. 그리고 나는 나의 치료에 의해서 그가 그의 깊은 감정에 빠져 있게 하는 방식으로 단절의 전략—특히 초점을 그에게 돌리려는 속임수—이 방해가 되도록 두지 않았다.

그는 우리 사이에서 자라나는 어떤 감정에 관해 이야기하기 시작했다. 그는 일어나고 있는 것에 단지 머무를 수 있다는 것을 알았다. 그것이 자신에게 어떻게 반영될지 또는 그가 과거에 어떻게 실패했었는지에 대해서 걱정하지 않았다. 그는 그의 인생에서 자신과 연결되기 위해 고투했던 다른 사람들에게 사랑과 연민의 마음을 느낀다고 설명했다. 그때 커크는 그의 몸, 특히 손을 통해서 새로운 에너지가 파동치는 느낌과 팽창되고 떠오르는 감각을 느낀다고 말했다.

우리는 눈이 마주쳤고 그는 오랫동안 나를 바라보았다. 나는 우리 둘 각자가 그동안 있어 왔고 지금 있는 곳에 대해 깊은 감사를 느끼고 있다는 것을 알았다. 함께 나눈 통찰과 이해를 통해 우리 사이에서 서로 반향하는 '있음being'과 '봄seeing'은 공유된 통찰과 이해로 관계 속에서 태어났고 깨달아졌다.

그 이후 그는 다른 사람들과 함께 있을 수 있는 능력이 성장했고 그 능력에 의해 큰 기쁨을 얻게 되었다고 설명했다. 비록 어떤 중요한 관계는 아주 어렵고 움직일 수 없는 채 남아 있었지만, 죽을 때 그는 새로운 방식으로 친구들과 함께 있었다.

우리 관계는 둘에게 매우 중요하게 남아 있었고, 나는 그가 죽기 전날까지 그를 만났다. 나는 비록 아직 그가 편집했던 신문에 이 이야기를 쓸 관심 있는 신문기자를 발견하지 못했지만, 그에게 그의 경험에 대해 쓰겠다고 약속했다.

나는 여러 차례 이 순간의 기억을 숙고했다. 그것은 여전히 신비롭고 어려운 작업이었고 아름다운 경험으로 남아 있다. 치료자로서 그 순간은 하지 않아야 한다고 내가 알았던 것보다 더 많은 것을 했던 순간이었다. 중요한 것은 우리가 함께 갔어야 할 곳과 내가 기꺼이 그와 함께 갈 수 있었던 곳이었다. 우리는 치유적 연결의 순간, 즉 함께 현존하는 바로 이 생생한 '지금'의 순간을 경험했다. 분명히 이 순간은 이전에 있었던 모든 관계적인 순간에서 자라난 것이었다. 그것은 우리 둘의 개인적 명상수행에서 자라났다. 그것의 의미는 죽음에 가까워지면서 중대되었고, 그것은 우리 두 사람의 방어적이고 습관적인 단절의 패턴을 넘어서 움직였다.

죽음에 직면하게 되면 우리는 종종 과거의 상처를 내려놓는 일에 도움을 받는다.

이처럼 연결된 관계의 순간은 전체 관계를 소우주에 담아서 표현한다. 그것의 전체적인 짜임새는 공유된 경험, 통증, 이해, 신뢰, 사랑 위에 세워진다. 우리 사이의 진정하고 공감적인 연결 작업을 만들어 나가는 작업을 통해서 우리는 또한 남성과 여성 사이에 있는 더 큰 문화적 단절과 상호 관계에 대한 고투를 접하게 되었다. 우리 둘은 그 순간이 지니는 더 큰 성 문제의 의미에 대해 깊은 자각이 있었다. 우리는 치료자-환자, 여성-남성, 나와 너Buber, 1970라는 특별한 관계를 통해 우리의 가장 근본적인 인간의 연결성에 깊이 접하면서 이러한 상호 관계의 순간으로 다가간 것이다.

치유 순간에 대한 회고

이 순간 커크에게는 연민과 자신의 진실에 대해 근본적인 수용이 생겼다. 그 진실이란 그가 진정으로 원하는 것을 알지 못한다는 것과 그의 모든 관계에서 그를 괴롭혔던 깊은 양가감정이었다. 역설적으로 자신에 대한 수용과 연민을 통해서이것은 나와 그의 관계에서 생겨났다 그는 나에 대한 연민도 경험할 수 있었고, 이를 통해 다른 사람들, 특히 그의 인생에서 만난 여인들전 부인들에 대한 연민도 경험할 수 있었다. 이러한 상호 관계의 공감의 흐름을 멈추지 않으면서 관계에서 현재에 머무를 때, 그는 우리가 바로 사랑이라고 부를 수 있는 깊은 상호 관계의 장소로 가게 된 것이었다.

그러한 순간은 시간, 장소, 사람의 현실성과 특수성에 바탕을 둔 생동감을 가진다. 나의 모든 감각이 고조되는 것을 느꼈다. 나는 창문을 통해 들어오는 기울어진 햇살과 진홍색 소파의 색깔과 질감, 부드러움과 슬픔이 반사되는 느낌, 느리게 흘러가는 시간, 함께 이 순간에 도달해서 깊게 개방된 감각 등을 기억할 수 있다. 우리 둘 다 죽음에도 아랑곳 않고 공유된 이 순간의 중요한 본질 속에서 그것의 아름다움, 그것의 명료함, 그것의 힘, 그것의 소중함을 의심하지 않았다.

관계적 통찰

심리치료가 환자의 독특한 괴로움에 초점을 맞추고 있지만, 상호 공감과 연민이라는 인간 능력을 통하여 아주 깊은 통찰의 경험이 일어날지도 모른다. 치료에서 관계적 상호작용은 보통 덜 깊은 수준에서 일어나지만 깊은 연결에 의해서 '존재의 세 가지 특성三法印: 괴로움의 보편성[苦], 모든 현상의 변화하는 본성[無常], 사물에는 본질적이고 지속적인 실체가 없음[無我]'에 대한 통찰의 기회를 제공받는 순간이 있다. 관계적 수련에서 이러한 진리 또는 통찰은 진정한 연결의 순간에 서로 경험된다. 이러한 통찰은 관계를 통해서 그리고 관계 안에서 일어난다고 말할 수 있다.

인간 존재의 피할 수 없는 모습인 괴로움의 진리는 특히 우리의 인간관계 안에서 나타난다. 사람들이 심리치료에 가지고 오는 문제는 일반적으로 인간관계의 괴로움이다. 관계는 공유된 연민의 마음 또는 '함께하는 괴로움'이라는 공통 기반의 장소다. 괴로움에 마음을 개방할 때 연민의 마음이 열리고, 그러면 친절, 돌봄, 기쁨, 평정의 마음이 초대된다. 커크의 경우 그의 슬픔이 우리 사이를 공명하게 해 주었고, 다른 사람의 괴로움에 직접적으로 개방하게 해 주었다. 그것으로 우리 두 사람은 현재 순간에 수용과 함께 인간의 괴로움에 대한 깊은 알아차림을 얻게 되었다.

무상의 진리는 우리가 상대방과 함께 존재의 실재에 개방될 때 분명해지기 시작한다. 현재 온전히 존재하는 것은 우리에게는 이미 일어났던 것을 내려놓는 도전이다. 죽음에도 아랑곳 않고 우리는 자기와 관계에 대한 우리의 이미지를 더 자주 내려놓을 수 있었고, 순간의 살아 있는 진리에 마음을 굽힐 수surrender 있었다. 무상의 진리에 마음을 굽힐 때, 커크는 완전히 새로운 방식으로 삶과 관계의 흐름과 진동에 마음을 열게 되었다.

자기의 비어 없음[無我]과 우리의 깊은 상호 조건이라는 진리는 우리가 그토록 단단히 붙잡고 있는 단절의 이미지와 패턴을 버리거나 태워 없앰을 통해서 깨달을 수 있다. 조든Jordan, 1997, p. 31이 쓴 것처럼, 이 결과는 "실체entity의 심리학으로부터 움직임과 대화의 심리학으로의 변화로 귀결된다. 자기, 타인 그리고 관계는 더 이상 분명하게 분리된 실체가 아니라 서로 형성해 가는 과정이다." 이러한 순간에 우리는 우리의 상호 연결성을 어렴풋이 감지할 수 있거나 그 상호 연결성의 진리 속에서만 존재할 수 있다. 커크가 고정되고 자기-중심적인 자기 이미지를 '결함이 있는 것'으로써 내려놓았을 때, 그 순간에 진정한 관계의 단순성과 힘을 경험했다. 나 또한 치유되어야 할 것이라는 생각을 내려놓고 그의 양가감정을 충분히 수용해야만 했다. 이렇게 마음을 굽히는 순간이 깊은 상호 관계가 이루어지는 순간이다.

그러한 심오한 순간—인간 조건의 보편적인 특징을 포착하는 연결의 순간—은 명상과 관계의 지속적인 수련의 결과일지도 모른다. 그러한 순간들은 부주의로 모호해지지 않을 때 매일 발생할 수 있다. 나의 희망은 우리가 그러한 순간에 의해 용기를 얻어 더 깊이, 더 온 마음을 다해 치유 수련으로 들어가는 것이다. 그 치유 수련은 우리의 환자, 우리 자신, 우리의 세계를 더 큰 마음챙김과 연결로 이끌어 줄 것이다.

치료자들을 위한 함께하는 명상 연습

관계에서 마음챙김을 수련하는 것은 관계적 심리치료에서 치유를 위한 토대라고 설명되어 왔다. 다음 연습들은 치료자의 마음챙김을 위한 능력과 관계에서 지속적인 연결을 위한 능력을 깊게 해 준다. 이 연습들은 편안하고 친밀한 분위기에서 단체로 시행될 때, 그리고 집단 리더가 안내와 지지를 제공할 수 있을 때 가장 좋다.

같이 호흡하기(Breathing with)

1. 두 명 중 한 명('치료자')은 다른 사람의 호흡에 주의를 기울이며 따라간다. 치료자는 자신의 호흡과 상대방(환자)의 호흡을 맞추며, '들이쉼……내쉼……들이쉼……내쉼……들이쉼……내쉼……' 하면서 몇 번의 호흡을 조용하게 말로 따라 한다.
2. 호흡이 느려질 때, 치료자는 내쉬는 숨에서 간단하게 '내려놓기(letting go)' 라고 말하거나 일반적인 내려놓는 소리를 내라. "아―." (5~10분)
3. 함께 침묵 속에서 앉아 있으라.
4. 역할을 바꿔라.
5. 경험을 토론하라.
6. 큰 집단에서 토론하라.

출처: Bastis(2000)에서 수정함.

함께 호흡하기(Breathing Together)

1. 편안한 거리를 두고 상대방과 얼굴을 마주 보고 앉아서 눈을 감고 각자 자신의 호흡에 초점을 맞추기 시작하라.(5분)
2. 그리고 다음과 같이 말하라. "눈을 뜨고 호흡을 고르게 한 채 머무르십시오. 천천히 주의의 영역을 열어서 다른 사람의 현존을 포함시키고 부드럽고 정중하게 그들의 몸에서 일어나는 호흡에 초점을 맞추십시오. 자신과 타인에 대한 주의의 흐름을 있는 그대로 흐르게 하십시오. 그 흐름은 [자기와 타인에게] 교대로 있을 수 있고 때로는 주의가 확장된 영역의 부분이 될 수도 있습니다."
3. "일어나는 모든 생각과 감정을 알아차리십시오. 그러나 이 순간 함께 존재하고

호흡하는 현실에 머무르십시오."(5~10분)

4. 경험을 토론하라.
5. 큰 집단에서 토론하라.

연결과 단절의 흐름에서 함께하는 명상

1. 편안한 거리를 두고 상대방과 얼굴을 마주 보고 앉아서 눈을 감고 각자 자신의 호흡에 초점을 맞추기 시작하라.(5분)
2. "눈을 뜨고 호흡에 주의하여 머무르며 몇 분 동안 부드럽고 존중하는 눈 접촉을 하십시오." (3~10분, 집단에서 적절한 시간은 리더의 판단에 따른다.) "시선이 다른 곳을 향하게 되면 부드럽게 함께 바라보는 일로 되돌아오십시오."
3. "주의의 영역을 연결과 단절의 흐름으로 확장하십시오. 특히 불편함, 자기-의식, 또는 정서적 반응으로. 상대방을 바라보는 시선을 계속 유지한 채 단지 이러한 감정이 일어나도록 허용하십시오."(3~5분)
4. "말없이 당신과 이 시간을 나누는 상대방에게 고마움을 표현하십시오."
5. "떠 있는 눈의 초점을 부드럽게 풀고 눈을 감으십시오."
6. "5분 동안 여러분 자신의 호흡에 주의를 기울이십시오."
7. 경험을 토론하라.
8. 큰 집단에서 토론하라.

서로 바라보는 법 배우기

1. 이 연습은 직전의 수련을 바탕으로 한다. 앞의 4단계에서 서로 바라고 있는 채로 리더가 다음 사항을 지도한다.
2. "상대방의 눈을 바라보며 여러분의 마음속으로 다음과 같은 말을 하십시오. '당신이 행복하기를 기원합니다.' '당신이 괴로움에서 벗어나기를 기원합니다.' '당신이 삶의 가장 깊은 기쁨과 만나기를 기원합니다.' '당신이 평화롭게 살기를 기원합니다.' 보고 보이고 주고받는 느낌이 어떤지 알아차리십시오."
3. "말 없이 상대방을 존중하고 이 순간을 함께 나누어 준 것에 대해 고마움을 표현

하십시오."
4. 경험을 토론하라.
5. 큰 집단에서 토론하라.

출처: Macy & Brown(1998)에서 수정함.

깊이 듣기와 진정으로 말하기

1. 이것은 동료들과의 모임에서 비공식적으로 수련할 수 있는 연습이다. 연습에 참여하지 않을 때조차도 깊이 듣기와 진정으로 말하기를 수련하고자 하는 집단 참가자들과 함께 공통의 의도를 확인시켜라.
2. "다른 사람들이 말하는 동안 여러분의 생각, 판단, 분석을 내려놓는 수련을 하십시오. 수용적으로 듣기로 되돌아오십시오. 온 마음을 다하고 주의를 기울여 당신의 듣기를 유지하십시오. 당신 자신의 주의가 오고 가는 것에 대한 마음챙김을 적용시키십시오."
3. "준비나 예행연습 없이 마음에서 우러난 말을 하십시오. 펼쳐지고 있는 현재 순간의 흐름에 연결된 말이 되도록 하십시오. 당신의 몸과 마음에 연결되어 머무를 수 있도록 충분히 천천히 말하십시오."
4. "자신과 다른 사람의 말을 듣기 위해 잠시 멈추십시오. 멈출 때마다 몸과 마음을 편하게 하십시오. 다른 것을 말했을 때는 멈추십시오. 멈춘 후 자신에게 질문을 던지십시오. '지금 무엇이 진실인가?' '나는 무엇을 느끼고 있나?' '이 사람이 경험하는 것은 무엇인가?' 이 탐구는 능동적이며 수용적입니다. 당신이 기억할 때마다 당신이 온전한 현존으로 되돌아오는 도구로써 이 멈춤의 주기를 사용하십시오. 몸과 마음을 이완하고 다른 사람과 접촉하고 있는 경험에 주의를 기울이면서."
5. "이 단계에서 현재에 머물면서 피할 수 없는 어려움이 일어날 때 여러분 자신과 타인을 향한 연민을 수련하십시오."
6. 큰 집단 토론 후에 사람들이 깊이 듣기와 진정으로 말하기에서 무엇을 배웠는지 확인하기 위해 질문하라.

출처: Brach(2003)에서 수정함.

제2부

치료 관계

The Therapy Relationship

03

임상 훈련으로써의 마음챙김

폴 풀턴Paul R. Fulton

마음챙김과 심리치료를 통합하기 위한 방법은 명백하게 마음챙김이 치료에 도입되는 정도에 따라 달라진다. 그것은 명상하는 치료자의 암묵적인 영향부터, 이론에 인도받으며 마음챙김 원리를 응용한 심리치료, 그리고 환자에게 분명히 마음챙김 수련을 가르치는 것마음챙김에 근거한 심리치료: 1장 참조에 이른다. 이 장은 이런 스펙트럼의 가장 암묵적인 끝인 치료자를 위한 훈련으로써의 마음챙김 수련과 관계가 있다.

대부분의 마음챙김에 근거한 치료에 대한 현재의 연구는 다양한 기법의 효과에 초점을 두고 있지만, 치료자 자신의 명상 수련은 환자에게는 눈에 보이지 않는 배경으로 존재한다. 비록 명상하는 치료자가 마음챙김을 치료에 통합하는 최소의 분명한 방법임에도 불구하고, 이 숨겨진 요소는 매우 큰 영향을 끼칠 수 있다. 사실 마음챙김 수행은 어떤 이론적 학설에 따라 훈련 중에 있는 치료자를 위한 개발되지 않은 자원이 될 수 있다. 왜냐하면 마음챙김은 치료의 성공을 위한 대부분의 요소들에 영향을 주는 수단을 치료자에게 제공하기 때문이다.

심리치료에서 무엇이 중요한 문제인가

일반적으로 심리치료는 효과가 있다Seligman, 1995. 그러나 전체적으로 보면, 어떤 방법의 한계를 극복하고 제시된 다른 방법의 효능을 확립하려는 노력은 확실치 않았다Lambert & Bergin, 1994; Luborsky, Singer, & Luborsky, 1975. 치료의 범위, 환자의 형태, 진단적 조건 그리고 다른 방법론적인 변수들 때문에 심리치료가 어떤 확실성 있는 특정 분야로 정착하기 어려웠다. 1960년대 중반 이후, 치료를 위한 분명한 접근 방법의 수가 60가지에서 400가지 이상으로 늘어났다.

많은 새로운 치료법이 경험적 연구에서 사라졌는데, 그 치료법들은 다른 형태의 치료, 위약placebos 또는 전혀 치료가 아닌 것과 그 효능이 비교되었다. 정신건강 분야는 반드시 과학적으로 그 방법을 입증해야만 한다. 이는 제한된 보건 의료 지출을 합리적으로 사용하고 환자를 효과적으로 보살피기 위해서다. 임상가가 과학적으로 증명된 방법에 의지하기를 바라는 것과 사기적인 행위를 피하려는 일반 대중의 주장은 정당하다. 어떤 치료 방법이 효과적인가를 확인하려는 노력은 정말로 당연한 일이다.

경험적으로 입증된 치료

경험적으로 입증된 치료를 고안하는 일이 진전되었음에도 불구하고, 우리가 전적으로 그 치료들을 신뢰할 만하지는 않다는 증거가 제시되었다. 결과 연구outcome research에 대한 메타분석에 따르면, 한 방법이 다른 방법보다 우월함을 입증하기에는 불충분하다는 사실을 알게 된다. 즉, 대부분의 치료 형태는 다른 대부분의 치료 형태와 비슷한 효과를 보여 준다 Luborsky et al., 2002; Wampold et al., 1997. "단지 치료 모델만으로 아주 다른 치료 결과가 나오는 것은 아니다." Miller, Duncan, & Hubble, 1997, p. 7

이것은 치료 모형들이 부적절하다고 말하는 것은 아니다. 오히려 치료 모형은 그다지 중요하지 않고 결과에 영향을 주는 많은 변수들 중 하나일 뿐이라는 의미다. 심리치료 결과를 연구한 학자들은 치료 모형과 기법의 중요성에 대해서는 별로 주의를 기울이지 않았다. 수십 년간의 결과 연구와 많은 메타분석을 재검토했을 때, 치료 결과 중 단 15%의 변수만이 치료자가 사용하는 모형과 방법에 기인한 것이었다Lambert, 1992; Shapiro & Shapiro, 1982.

만약 치료의 형태가 성공적인 치료에 상대적으로 적게 기여한다면, 무엇이 중요한가? 많은 변수는 진단과 무관한 환자의 특성에 의한 것이라고 한다. 이러한 특성에는 환자의 치료 외적인 사회적 지지의 강도Mallinckrodt, 1996, 동기 부여의 정도, 치료받게 하는 다른 원천들, 그리고 환자의 삶에서 발생하는 상황적 사건을 포함한다Lambert & Barley, 2002. 예를 들면, 실직 때문에 우울증이 생긴 사람은 심리치료보다 새로운 일을 찾을 때 더 편안해질 것이다. 이러한 치료 외적인 요소들이 치료 결과의 거의 40%를 차지한다. 위약 효과와 변화에 대한 기대가 결과의 15%를 차지하는데, 이는 치료에 사용된 특별한 치료 모형의 영향과 같은 정도의 효과다. 평균적으로 나머지 30%는 대부분의 성공적 치료 관계에 있는 '일반적 요인들'에 의한 것이다.

일반적 요인들과 치료 동맹

효과적인 치료에서 공통적 요인들은 무엇인가? 이에 대한 많은 연구가 있지만, 긍정적 치료 결과에 가장 강력한 예견 요인들은 치료자의 자질과 치료적 관계와 연관이 있다. 결과적으로 최근에 연구자들은 경험적으로 입증된 관계와 치료 동맹에 주의를 기울여 왔다. 양식에 관계없이 '큰 영향을 준high impact' 치료 회기는 강한 동맹의 핵심적 특질을 내포한다Raue, Golfried, & Barkham, 1997. 말할 필요도 없지만 치료자들은 서로 다른데, 그런 차이는 특별한 치료 방법이나 치료자에 의해 채택되는 이론보다도 치료 결과에 더 중요한 것 같다Luborsky et al., 1986; Wampold, 2001. 긍정적인 치료 동맹에서 환자가 치료자에게 요구하는 자질에는 공감, 따뜻함, 이해 및 수용이 포함되며, 비난, 무시 또는 거부 등의 행위가 없다는 사실은 놀랄 일이 아니다Lambert & Barley, 2002. 특히 공감은 경험적으로 주의를 끌어 왔다. 그것은 측정하기 어려운 요소라 하더라도, "전반적으로 공감은 특정한 개입보다도 결과의 변수에 더 많은 작용을 한다."Bohart, Elliott, Greenberg, & Watson, 2002, p. 96 연구에 대한 논평에 근거하여, 보허트Bohart와 동료들은 공감이 관계에 근거한 치료therapy에서보다 개입에 근거한 치료treatment에서 더 큰 영향을 줄지도 모른다고 제안한다. 그것은 마치 관계가 곧 치료라고 말하는 것처럼 들린다Duncan & Miller, 2000.

만약 치료 동맹이 효과적인 치료에서 그렇게 중요하다면, 이는 임상가가 이것을 배워야만 하는 근거를 제공하는 것이다. 역설적이게도, 대학원 프로그램은 치료의 모형과 치료 계획안으로 진행되는 치료와 기법을 강조하며, 잘 파악되지 않는 치료자의 자질에 대해서는 별로 다루지 않는다. 그렇게 하는 것이 보다 쉽기 때문에 간단할지 모른다. 사실 고급 수련 과정은 치료 효과와는 거의 관계없을지도 모른다. 빅먼Bickman, 1999은 치료 효과가 경험, 지속적인 교육, 면허 취득, 전문專門 학위, 임상감독 또는 전문성을 보여 주는 다른 특징들과 함께 높아진다는 사고방식에 대한 경험적인 지지 기반을 거의 찾아볼 수 없음을 발견했다. 치료 기술에서 교육은 필수적이다. 그러나 치료 관계에 더 많은 중요성을 부여할수록 우수한 치료자들이 공유해야 할 자질을 기르도록 도와주는 방법을 찾는 일은 더 도전적인 일이 된다. 그러한 자질은 기본적인 기술과 지식을 배우는 것보다 훨씬 더 어려울 것이다Lazarus, 1993; Norcross & Beutler, 1997.

고급 수련으로써의 마음챙김

> 한 치료자가 첫 번째 10일간 집중적인 마음챙김 명상 코스에 참여한다. 집중수행에서 느낀 효과는 몇 주 동안 남아 있고, 그 기간 동안 치료자는 심리치료 환자를 보기 위해서 일상으로 돌아온다. 환자의 치료를 포함한 그의 활동은 고요하고 개방된 공간에서 일어난다. 상대방의 말에 귀를 기울이는 일이 쉬우면서도 심원하다는 사실을 알게 되고, 그는 치료 회기 동안 각 환자들과 더욱 자연스럽게 공명하는 것 같았다. 환자에 대한 그의 설명은 그 고요함에서 저절로 일어나는 반응처럼 진행되며, 그 모든 말이 정곡을 찌르는 것처럼 보인다. 치료 회기 동안에 통찰력이 물처럼 흐른다. 치료자와 환자는 이 치료 회기들을 어딘가 특별하다고 느낀다. 몇 주가 지나자 치료 경험은 일상으로 돌아온 것처럼 보인다.

이 책 전체에 상세하게 기술된 다른 유익함에 더하여 마음챙김은 강한 치료적 동맹을 확립시키기에 아주 적절한 많은 자질을 길러 준다. 일부 필자들은 명상이 주의의 개발, 연민과 공감, 치료적 현존, 괴로움에 대한 더 넓혀진 시각 등과 같은 심리치료 기술을 논리적으로 형성시켜 준다는 점을 주장해 왔다(Chung, 1990; Deikman, 2001; Henley, 1994; Thompson, 2000; Tremlow, 2001). 다른 사람들은 강한 치료 동맹과 틀림없이 관련 있는 그러한 마음의 자질을 길러 주는 마음챙김 수련의 효과에 대한 경험적 증거를 찾았다(Brown & Ryan, 2003; Neff, 2003; Sweet & Johnson, 1990; Valentine & Sweet, 1999). 심리치료 결과를 높이는 이러한 요소들에 대한 치료자의 명상수행의 영향을 평가하는 연구를 보는 것은 흥미로울 것이다.

이런 연결 고리의 경험적 증거들을 여전히 기다리고 있더라도, 우리는 치료자의 마음에 끼친 마음챙김의 영향과 성공적 치료 관계의 밑바탕이 되는 자질이 깊은 관계가 있다는 사실을 자연스럽게 추론할 수 있다. 이러한 연결에 대한 다른 증거가 있는데, 이것은 여정을 기꺼이 선택한 치료자 자신의 명상 경험에서 발견되는 것으로 그 경험은 흥미를 유발하며 자명하다.

이 장의 핵심은 필자 자신의 명상수행에서 빌려 온 특정한 치료 개입에 대한 것이 아니라, 명상 관련 문헌에 잘 설명되어 있는 치료자의 정신적 자질의 개발에 대한 것이다. 이 자질은 효과적인 치료의 밑바탕이 되는 일반적인 요소와 연관이 있다. 이러한 자질들에 대해서는 이어지는 장에서 간략히 다룰 것이며 그 가운데 일부는 자세하게 설명될 것이다.

주의 기울이기

> 정신의학을 가르치는 전문 병원에서 심리치료 교육과정에 있는 한 젊은 수련생이 선배 임상가와 함께 임상감독 집단에 참석

> 하라고 초대받아 기뻐했다. 어느 특별한 날, 경험이 많은 정신과 의사가 자신의 심리치료 경험에 대해서 고백하는 어조로 말을 했다. 그는 턱수염을 만지면서 자신의 환자에게 집중하기 아주 어려웠던 적이 있음을 시인했다. 그의 마음은 어김없이 산만해졌다고 말했다. 그 수련생은 충격을 받았다. 왜냐하면 그녀는 여러 해 동안 명상 경험이 있었기 때문에, 치료자들은 지속적이고 밀착된 주의를 기울일 수 있다고 당연하게 생각하고 있었다. "의사들이 주의를 기울이지 않고 어떻게 심리치료를 할 수 있는가?"

모든 임상가는 치료하는 동안 마음이 방황하는 것을 경험한 적이 있음을 알고 있다. 종종 이것은 치료 시간 중에 일어나는 일—또는 그렇지 않은 일—에 대한 반응일 수 있다. 정서적으로 관계 맺고 있지 않다고 느끼는 환자는 비슷하게 정서적으로 관계 맺지 못하며 지루해하는 치료자를 떠날 수 있다. 또한 치료자는 환자가 제공한 문제에 의해 불안해질 수도 있고, 무시하는 태도로 반사적으로 반응하기도 하며, 안정되지 못하고, 졸거나 아니면 일부 치료 시간을 빼먹기도 한다. 치료자는 자신의 부주의함을 임상적 정보로 받아들이게 되어 다음과 같은 질문을 던진다. "관심을 가지고 함께 있기 어렵게 만드는 그 환자에게 무슨 일이 있는 것일까?" 이 질문은 무관심의 장막을 거두어 내기에 충분할 수도 그렇지 않을 수도 있다.

경험이 풍부한 치료자는 의욕적인 초심 치료자보다 더욱 쉽게 부주의의 희생자가 될 수도 있고, 주의의 상실을 회복하는 것에도 익숙하다. 치료자와 환자 모두에게 작업이 빨리 진행되는 것을 제안하는 탐구적인 질문을 하는 것은 치료의 두 번째 본질이 될 수 있다. 환자가 더 현명할 수 없다는 믿음에서 우리는 치료 작업을 거짓으로 조작하는 것을 배울 수도 있다. 보통의 치료는 보통의 마음 상태에서 계속될 수 있다.

반면에 진정한 관심과 밀착된 주의는 거짓으로 조작할 수 없다. 우리가 전적으로 민첩하고 집중할 때 에너지는 활동적이 되고, 치료자와 환자, 모두는 치료 상황에서 쉽게 더 온전하게 깨어 있게 된다. 예를 들면, 환자가 정서적으로 관여되어 있거나 환자가 설명하는 내용이 단순하게 집중되어 있을 때, 이것은 환자에 의해 제시된 자료의 기능일 수도 있다. 밀착된 주의는 자연스러운 반응이다. 하지만 그러한 순간들 때문에 치료 시간이 길게 늘어지지는 않는다.

지속적인 마음챙김 수련은 방황하는 마음을 극복하는 해결책이다. 마음챙김에 의해서 짧은 시간에 백일몽을 영원히 치료할 수 있지만 마음챙김은 마음을 현재로 가지고 오는 연습이며, 가끔은 단 한 번의 치료 회기에서 이 작업이 수백 번 일어나기도 한다. 마음챙김 지향 치료자는 현재 순간의 내용들에서 독립적으로 '현존하는 것' 을 수련한다. 지루함 또는 불안을 포함한 모든 사건은 주의로 되돌아가는 초대장이다. 그러면 머지않아 주의력은 강해져 아주 사소한 사건에도 관심을 일으킬 수 있게 된다.

우리는 명상할 때나 생활에서 지루할 때, 흥분이나 자극을 찾게 될 수도 있다. 감동과 색다른 경험을 구하는 것에 근거해서 전체 생활방식을 창조할 수도 있다. 감동을 찾는 사람은 따분함 때문에 '보통의' 생활을 싫어할 수 있다. 마음챙김 명상은 관심을 만들어 내기 위해 다른 접근 방법을 택한다. 아주 작은 경험에도 주의를 기울이기 위해서 마음을 수련하게 되면, 일상적으로 너무 사소해서 관심을 둘 가치가 없는 사건에도 민감해질 수 있다. 색다른 경험과 자극을 통한 외적 사건의 '볼륨을 높이기' 보다 있는 그대로의 우리의 삶이 풍요로움으로 가득 차 있음을 발견한다. 우리가 민감할 때 매력을 느끼는 것은 자연스러운 반응이다. 관심의 얼굴 앞에서 지루함은 달아나 버린다.

마음을 다해 기울이는 주의는 놀라울 정도로 흔하지 않다. 관심이 있으며 전혀 산만하지 않은 어떤 사람을 만날 때 그 만남이 특별하다는 느낌을 갖게 된다. 우리는 그 사람이 특별한 방식으로 우리의 말을 듣고 있다는 사실을 안다. 우리가 누군가를 만났을 때 진정으로 마음을 다해 주의를 기울이는 것은 그 사람에게 제공할 수 있는 선물이다. 이것은 우리가 환자와 만날 때와 마찬가지로 우리의 자녀와 배우자와 동료와의 만남에서도 진실이다. 임상적인 만남에서 밀착된 주의가 있을 때 치료 회기가 촉진된다. 이런 수준의 주의는 학습되고 수련되고 깊어질 수 있다. 4장에는 주의와 관심 그리고 다음에 기술된 다른 자질들을 기르기 위한 실제적인 연습이 설명되어 있다.

정동 인내

마음챙김 수행을 할 때, 초대되었거나 초대받지 않은 손님 가운데는 강한 정서가 있을 것이다. 이러한 정서들은 다른 어떤 정신적 현상이나 육체적 감각처럼 수용과 관심의 태도로 환영받는다. 그 느낌이 너무 강렬할지도 모르지만, 우리가 압도당할지도 모른다는 두려움을 한편에 제쳐놓을 때 어떤 정서도 결코 최종적인 것이 아니라는 것을 알게 된다. 우리는 또한 어렴풋이 느꼈던 것보다 더 인내할 수 있다는 것을 발견할 수도 있다. 인내는 사용하기에 빈약한 단어일 수도 있다. 왜냐하면 우리가 오로지 힘과 의지력에 의해서 우리의 길을 밀고 나갈 수 있는 것처럼, 이 말에는 정서에 대해서 이를 악문, 강한 긴장 관계가 내포되어 있기 때문이다. 마음챙기는 인내는 온화해지고 경험을 받아들이는 특징이 있다. 이 과정에서 강한 정서가 가지고 있는 위협적인 힘이 약화된다. 우리는 압도당하는 두려움을 경험할 수도 있으나, 이 두려움을 마음챙기게 되면 결과적으로 그 두려움에 덜 사로잡히게 된다. 감정은 알려진 것처럼 그다지 지속적이지 않다. 이것이 젯젤Zetzel, 1970이 정신분석 용어로 처음 설명한 능력인 정동 인내affect tolerance의 발전이다. 이것을 우리는 느낌을 직면할 수 있는 자발적인 마음이라고 부를 수도 있다.

정동 인내는 치료자에게 매우 중요하다. 이것은 통상적으로 환자가 배양할 수 있는 기술로 간주된다Linehan, 1993a. 하지만 만약 치료자가 자신의 어려운 정서를 견딜 수 없다면 강력한 정동을 가진 환자와 함께 앉아 있는 데 어려울 수 있다. 치료자는 환자로부터 자신이 거리를 두고 있으며 그들의 경험을 인정하지 못하는 것을 발견할지도 모른다. 탐구를 위한 안전한 환경을 제공하는 것에서 더 멀어지게 되고 감정을 인내하지 못하기 때문에 환자의 자유를 성급하게 가려 버릴지도 모른다. 치료는 무미건조해질 수 있다. 이 모든 일은 의식적인 알아차림의 영역을 벗어났을 때 일어난다.

오랫동안 명상에 관심을 가져온 젊은 심리학 전공 대학원생이 주 5회 정신분석에 참가하게 되었다. 분석은 잘 진행되지 않았다. 그는 억제되고 막혀 버렸다. 2년이 지난 후, 서로의 동의하에서 종결되지 않은 분석을 끝냈다. 얼마 후, 그 학생은 첫 번째 10일간의 마음챙김 명상 집중수행에 들어갔다. 그는 갖가지 방식으로 도전적인 생각, 감각 및 감정에 부딪쳤다. 그 과정에서 어떻게 낮은 수준의 두려움이 그의 삶 전체를 통해서 항상 같이해 왔으며, 그 때문에 자기도 모르게 도피자가 되어 왔는지를 발견하였다. 그 두려움의 영향은 사방에 많이 산재해 있었다.

> 집중수행을 마친 지 오래되지 않아, 대학원생은 다시 심리치료에 참여했다. 두 번째 치료는 처음 치료와는 질적으로 달랐다. 이전에 조용히 숨어서 압박하며 영향력을 행사하던 두려움이 처음으로 완전히 경험되고 의식되었다. 역설적으로, 그가 경험에서 더 많은 두려움을 알게 될수록 그는 그것에 의해 덜 지배받게 되었다. 그는 덜 방어적이 되었고, 치료는 빠르고 훨씬 수월하게 진행되었다.

마음챙김이 우리 자신의 이러한 경험, 즉 모든 정서는 일시적이며 두려움 없이 받아들일 수 있다는 경험에서 가르쳐 주는 것은 자연스럽게 우리 환자에게 이어진다. 우리가 위협받지 않을 때, 환자는 참을 수 없을 것 같은 경험을 더 많이 드러낼 기회를 가지게 된다. 어려운 정서적 내용에 직면했을 때 치료자가 그 상황을 받아들이면, 환자는 자기 자신이나 치료자를 보호하기 위해서 스스로를 검열할 필요가 없다는 점을 다시 확인하게 된다. 따라서 정서에서 위협적인 부분이 없어진다.

마음챙김의 순환에서 어려운 경험을 받아들이고 붙들어 두는 능력을 설명하기 위해서 종종 사용되는 은유가 있다. 한 숟가락의 소금을 한 컵의 물에 넣으면, 그 물은 아주 짜진다. 하지만 한 숟가락의 소금을 한 주전자의 물에 넣는다면, 그 물은 덜 짤 것이다. 그리고 소금을 연못에 넣는다면, 짠 맛은 훨씬 없을 것이다. 마음챙김 수행은 이렇게 더 큰 그릇이 되는 것에 비유된다. 어려운 정서는 소금처럼 남아 있지만, 방해하는 힘은 마음의 개방성에서 흩어져 버린다. 우리는 더욱 큰 그릇이 되는 것이다.

정동을 견디기 위해 이처럼 깊어진 능력의 힘에 대해서는 이 책 전체의 다른 장에 제공된 많은 예에서 충분히 설명하고 있다.

수용 수련

마음챙김은 행동 속에서의 수용이며, 한 번의 행동이나 결정이 아니라 주의가 알아차림의 주 대상으로 돌아올 때마다 반복된다.* 완전한 주의를 지니고 [마음챙김의 대상으로] 돌아오는 행위는, 즐겁거나 즐겁지 않은 대상의 특징과는 관계없이 실행된다. 모든 것은 동등하게 환영받는다.

판단은 인간의 마음에 너무 깊이 뿌리박혀 있어서, 마음챙기는 알아차림 수행 자체가 자기비판적으로 되기 쉽다. 어떤 수행자라도 알고 있듯이, 얼핏 보기에 단순해 보이는 이 수련은 어렵다. 처음에는 불가능해 보인다. 마음챙김 수행자가 수행을 할 수 있는 자신의 능력에 대한 판단과 주의를 수련하는 법을 배우는 일에 자연적으로 좌절을 느끼는 것은 너무 흔한 일이다. 현재에 머물러 있는 일이 끊임없는 실패의 흐름처럼 여겨질 때, 자기비판이 낙담과 함께 생겨난다.

마음챙김 수행이 성숙하게 되면, 자기비판 경향은 몇 단계의 발전을 거치면서 가라앉게 된다. 비록 일시적이지만 우선 상대적으로 안정되고 방해받지 않는 알아차림의 순간들을 경험하기 시작한다. 이는 지속적인 노력을 한 결과로 얻게 되는 첫 번째 보상 중의 하나이고, 그것은 긍정적으로 강화되는 것이다. 두 번째 변화는 생각이 일어나지만 그 생각들은 단지 알아차려야 할 더 많은 대상으로서 간주될 뿐이지 더 추구되거나 거부되지 않는다는 것이다. 이런 일이 일어날 때, 다른 생각처럼 자기 판단이 일어나고 사라지는 것을 바라보는 것이 가능해진다. 판단을 개인적 감정

---

* 마음챙김을 지니는 태도에 대한 설명이다. 부연한다면, 마음챙김은 삶의 현장에서 일어나는 것을 수용하는 것이다. 어떤 경험이 일어나도 수용적인 태도로 알아차린 다음, 그 경험이 사라지면 다시 알아차림의 주 대상 또는 일차적인 대상(호흡이나 복부의 움직임)으로 주의를 계속해서 기울인다. 따라서 마음챙김은 일회적이거나 일시적인 마음의 기능이 아니라, 항상 반복적으로 대상을 놓치지 않고 작용해야 한다는 점을 간단하게 설명한 것이다.

이 섞이지 않은 빛에서 볼 때, 그 신랄함이 약해지기 시작한다. 우리는 판단의 메시지에 덜 동일시하게 되고, 그것에 대한 믿음 때문에 길을 잃지 않는다. 자기 판단을 확인하고 그것이 지나가도록 허용하여 그것에 빠짐으로써 불에 기름을 붓는 일을 멈추고 지루하게 길어지는 자기비판을 피할 수 있다.

자기비판이라는 친숙한 사고패턴을 포함해서, 발생하는 모든 것을 향해 반복해서 마음을 기울이는 것이 자기 수용 수련이다. 반복되면 강하게 되는 것처럼, 자기 수용은 시간이 지나면서 더욱 강해진다. 이 수련은 명상에 기원을 두고 있으며 치료실로 옮겨질 수 있다. 심리치료를 하는 중에 치료자는 자기만족과 자기 의심의 진자 운동을 관찰할 많은 기회가 있다.

비록 친밀한 관계는 알아차림의 영역을 벗어나 있을지라도, 치료자는 어떻게 다른 사람에 대한 우리의 판단이 자기 판단에 정비례하여 발생하는지 익숙하다. 그와는 반대로, 평화로운 사람은 다른 사람의 잘못을 덜 발견하는 것 같다.

임상가는 치료 동맹을 기르기 위해 환자를 수용하는 것이 중요하다고 배운다. 하지만 판단은 파괴적이다. 즉, 실제로 그렇지 않은 우리 자신을 치켜세우는 동안 우리는 많은 편견을 품을 수 있다. 종종 우리가 가지고 있는 견해가 얼마나 검토되지 않은 것인지 알아차리지 못한다. 하지만 환자가 어렵게 심리치료에서 자신의 길을 찾을 때, 그러한 검토되지 않은 견해 때문에 환자의 자유 공간이 협소해진다. 분위기를 잘 맞추는 환자는 치료자의 겉치레적인 수용이 종이처럼 얇다는 사실을 잘 알지도 모른다.

마음챙김 수행은 수용을 지속적이고 끊임없이 심화시키는 수련 방법이다. 이것은 우리가 가치 있는 것이라고 알고 있는 것을 실재하는 것으로 연마시키는 방법이다. 진정한 수용의 태도를 지닌 치료자가 주는 안전성은 자연스럽게 환자에게 전해지고, 어떤 환자는 처음으로 진실하게 신뢰할 수 있는 관계를 제공받을지도 모른다.

공감과 연민

치료상의 관계에서 공감이 중요함에도 불구하고, 그것을 가르칠 수 있다는 흥미를 끄는 증거는 부족하다. 심리치료 문헌에서 우리는 의사소통 형식과 서로 다른 환자에게 치료자가 관계적 태도를 맞추는 능력을 가르치는 제안들을 발견할 수 있다Lambert & Barley, 2002. 그러한 기술들을 가르칠 수 있음에도 불구하고, 그에 대한 진실한 공감이 부족한 것 같다. 마음챙김 수행은 공감을 기르기 위한 가장 강력한 방법이 될지 모른다.

대부분의 명상 형태는 마음챙김 수행과 집중 수행을 독특하게 혼합한 것이다Goleman, 1977.* 불교의 마음챙김 수행에 통찰과 연민을 개발하려는 명백한 의도가 있다는 점이 다른 명상과 구별된다. 다른 사람을 향한 공감은 마음챙김 수행에서 길러지는 자신에 대한 연민의 자연스러운 연장이다.

어떻게 마음챙김에서 공감과 연민이 생겨날까? 자신에 대한 연민은 자신의 괴로움에 마음을 여는 수행에서 생겨난다. 단지 괴로움이 있는 것만으로는 충분치 않다. 충격적인 손실이나 곤경에 처하게 될 때, 연민이 얼마나 쉽게 경직되는지 생각해 보라. 마음챙김은 괴로움을 거부하려는 우리의 요구를 포기함으로써 괴로움에 대한 관계를 변화시키는 방법을 제공한다. 그것은 자신에게 친절한 행위다. 괴로움은 단지 억압적으로

* 마음챙김 수행은 위빠사나, 통찰수행을 말하고, 집중 수행은 사마타, 선정수행을 말한다. 불교의 마음챙김 수행 이외의 대부분의 명상 전통은 집중 수행에 속한다.

되기보다는 오히려 마음을 열어 놓을 기회를 제공한다.

다른 사람에 대한 연민은 괴로움을 면제받은 사람은 아무도 없으며 모든 사람은 괴로움으로부터 안전하기를 바란다는 인식에서 생긴다. 게다가 마음챙김에 의해서 분리되어 있는 상태를 결정하는 인위적인 경계가 풀리기 시작할 때, 우리는 모든 존재에 대해서 우리의 타고난 친근감을 경험하기 시작한다. 다른 사람을 향한 연민은 우리의 상호 의존성에 대한 이러한 이해가 자라나면서 자연스럽게 표현되기 시작한다. 결정적으로 마음챙김 명상 전통에는 연민이 성장할 수 있도록 신중하게 의도된 많은 수련이 포함되어 있다. 4장에서는 이런 연습의 몇 가지를 다루고 있다.

평정과 도움의 한계

우리는 환자에 대한 연민과 공감을 기를 수 있고, 동시에 그렇게 하는 것이 본질적으로 그들의 삶의 질에 큰 차이를 만들 수 없음을 인식할 수 있다. 마음챙김 수행에서 길러지는 연민의 자질은 평정을 기를 때 균형 잡힌다. 마음챙김 전통에서 평정은 많은 의미가 있다. 이것은 구별하지 않고 마음을 열고 받아들이는 태도다. 그 안에서는 모든 경험이 환영받는다. 평정의 좁은 의미는 다른 사람의 행복을 위한 우리의 최상의 노력과 아주 진심 어린 기원에도 불구하고, 우리가 도울 수 있는 것에는 정말로 한계가 있다는 인식이다.* 따라서 치료자가 마음챙김 수행을 해서 고통받는 환자에 대한 공감이 생겨나게 되더라도, 다른 사람을 도와주려는 기원은 환자의 궁극적인 책임을 냉정하게 인식함으로써 조절된다.

---

* 모든 인간은 자신의 행위의 상속자이며 행위에 의해 만들어진다는 것이 불교의 가르침이다. 궁극적인 의미에서 자신만이 자신을 더럽힐 수도 있고 깨끗하게 할 수도 있다. 따라서 남을 도와주거나 도움을 받는 것은 한계가 있다고 하는 지혜가 생길 때 평정을 유지할 수 있다. 하지만 평정은 무관심이 아니라는 점도 주의해야 한다. 도움을 주거나 받되, 그 한계를 알아야 한다.

다음의 예는 도움의 한계를 설명하고 있다.

> 나의 동료들이 몇 년 전에 거주할 수 있는 치료센터를 열었다. 나는 그 치료센터를 방문할 기회가 생겼고, 직원 중 한 사람인 예술치료자와 대화를 나누었다. 그녀는 도움을 요구하면서도 제공된 모든 것을 거부하는 아주 어려운 여성 환자가 있다고 했다. 상주하는 치료자 전체로 하여금 그 환자에게 접근하기 위한 새로운 방법을 찾도록 했는데, 그 가운데에는 더 큰 제한과 더 큰 위로와 다른 담당 치료자 등이 포함되어 있었다. 직원에 대한 그 환자의 행동은 적대적이고 비하적이며 도전적이었다. 그 환자가 더 나쁜 행동을 하면 할수록 예술치료자는 더 많은 치료법을 쓰게 되었고, 다른 치료자들은 어떤 치료가 효과적인가를 발견하려고 하였다.
>
> 결국 담당 치료자의 아이디어와 인내는 고갈되었고, 그 치료자는 좌절하고 화가 났다. 그 예술치료자는 어느 날 일어났던 일을 내게 설명하였다. 그날 그녀는 활동실 저편에 있는 환자를 보면서 환자를 위해 제공할 것이 아무것도 남지 않았으며, 환자 스스로의 힘으로 그 상황을 파악하지 않으면 안 될 지경이라고 생각하고 있었다. 바로 그 순간, 환자가 그녀를 보았고 방을 가로질러 걸어와서 자신의 잘못된 행동들에 대해서 사과했다.

치료자의 한계를 수용하는 것은 환자가 자신의 성장과 안녕을 위해 더 큰 책임을 떠맡기 위한 전제 조건일지 모른다.

만약 치료자와 환자가 치료의 끝없는 도달점에 대한 환상에 동의하고 있다면, 이는 단지 환멸과 분노에 이르게 될 뿐이다. 또한 이 때문에 효과적인 치료 대신에 불필요하게 연장된 치료가 계속될 수도 있다. 마음챙김 명상수행을 통해서 우리 행동이 우리가 살아가는 조건을 만드는 방식을 조명하게 도와주고 개인적인 책임을 직접 이해하는 데 생명력을 준다. 마음챙김은 있는 그대로의 다른 사람의 경험에 대한 존중을 기르도록 도와준다. 이러한 시각은 치료자로서의 효능감에 유용한 균형을 제공한다. 연민의 마음으로 환자에게 최상의 노력을 하는 것은 어떤 사람을 변화시킬 수 있는 우리의 능력이 의심할 여지없이 진정으로 한계가 있다는 점을 명확히 인식할 때 균형 잡힌다. 연민과 평정의 이러한 패러독스에 대한 경험은 치료자에게는 익숙한데, 이는 엘리엇1888~1965의 〈성회聖灰 수요일Ash Wednesday〉*Eliot, 1930에 잘 기술되어 있다. 그는 다음과 같이 말했다.

> 돌보는 것과 돌보지 않는 것을 우리에게 가르쳐 주시기를.
> 가만히 앉아 있는 것을 가르쳐 주시기를.

환자는 도움받기 위해서 심리치료를 찾으며, 치료자는 도와주도록 수련을 받는다. 성공적인 치료를 예견할 수 있는 한 가지는 자신의 치료 방법의 효능성에 대한 치료자의 확신이다Frank, 1961; Garfield, 1981; Kirsch, 1990. 결론적으로, 다루기 어려운 문제에 직면했을 때 느끼는 치료자의 무기력감helplessness은 치료를 방해한다. 많은 기법으로 무장한 치료자는 치료의 한계에 도달했다는 두려움 때문에 치료자와 환자 모두를 혼란스럽게 하는 새로운 치료 기술로 옮겨 다니며, 이런 무력감을 위장하는 데 익숙하다.

예를 들면, 죽음이나 파국적 손실을 전문적으로 다룰 때, 우리를 안내

* 그리스도교 교회에서 부활절을 준비하는 참회기간인 사순절이 시작되는 첫날이다.

해 줄 죽음과 죽는 과정의 단계에 대한 모델을 가지고 있다는 것을 어떻게 장담할 수 있는지 생각해 보라Kübler-Ross, 1977.

어떤 문제는 해결될 수 없다는 검토되지 않은 진실을 회피하기 위해 치료자와 환자는 종종 한 문제를 끝없이 검토하면서 스스로를 바쁘게 만든다. 바빠지는 것은 환자와 치료자에 의해서 계속 이어지는 방어가 된다. 우리는 해결할 수 있는 것과 해결할 수 없는 것을 구별할 필요가 있다. 상상된 치유를 향해 피할 수 없는 괴로움에서 달아날 때, 그 상황의 진실로 향할 수 있는 기회를 놓쳐 버린다. 완전히 괴로움의 불길 속에 빠져 있는 환자와 온전하고 단순하게 마주하는 그 순간, 치료자에게 가장 요청되는 일을 제공할 기회를 놓쳐 버린다. 결코 포기하지 않는 이러한 순간이 어쩌면 치료에서 가장 변형될 수 있는transformative 때인지도 모른다.

제럴드의 "불은 켜져 있는데 집에는 아무도 없다."라고 하는 그 자신의 설명에 따르면, 그의 삶은 정돈되어 있었지만 단조로웠다. 그는 그 무엇에도 거의 흥미가 없었고, 자신이 살아 있다고 확신할 만한 느낌도 거의 없었다. 치료는 제럴드를 위한 많은 것 중 하나였는데, 제럴드의 내면적인 삶으로 들어가기 위해 잠기지 않은 문이나 창문을 찾으면서 계속 맴돌고 있던 치료자는 거의 참을 수 없었다. 치료자는 치료 성공에 대한 전망에 대해 점점 낙담했다. 그는 망망한 바다에서 작은 배에 제럴드와 함께 단둘이 있는데 물에 빠져 죽을 것 같다는 자신의 느낌을 그 임상 감독자에게 설명했다. 치료자는 아이디어가 고갈되었고, 자신이 진정으로 무력하고 쓸모없다고 느꼈다. 제럴드는 치료자와 함께 서로의 무기력함을 단지 관찰하고 있었을 뿐이었다. 제럴드는 밝아졌다. 비록 그는 다른 치료자와의 치료에서도 변화에 대한 기대를 거의 가지고 있지 않았지만, 지금 그는 지난 몇 달 간보다도 자신의 무기력감에서 덜 외롭다고 느꼈다.

평정은 어떤 것을 고치려고 하는 노력을 그만두게 해서 그것을 있는 그대로 충분히 보게 한다. 우리는 실존적 괴로움과 신경증적 괴로움을 구별하는 것을 배운다. 치료가 효과적이라고 느끼게 도와주려는 짐을 치료자가 벗어 버릴 때, 이 고요한 지점에서 환자는 움직이거나 그 자리에 서 있을 자유를 얻는다.

환자는 자신의 삶을 변화시키는 힘을 얻을 때 치료자의 덕으로 돌린다. 이렇게 덕을 돌리는 것은 가끔 매우 유용하다. 즉, 긍정적 전이는 치료에 방해가 될 때까지는 문제가 아니다. 치료자가 '자신의 견해를 확신하고 buy their own press', 자신이 무엇이든지 할 수 있으며, 끝없이 현명하다고 믿기 시작할 때 위험이 발생한다. 마음챙김 수행에서 길러진 평정은 치료자로서의 힘의 한계를 인식하도록 도와주면서, 우리에게 겸손해지는 법을 가르쳐 준다.

보는 것 배우기

치료자가 소유한 의외로 큰 자산 중 하나는 환자가 아니라는 것이다. 즉, 치료자의 고투나 어려움이 무엇이든지 간에 환자의 어려움과는 동일하지 않다. 이 차이 때문에 보는 시각의 단계가 허용된다. 수련을 통해 다양한 관점을 얻게 되는데, 이는 각 문제에 적합한 접근법인 다양한 치료모형을 임상가에게 제공한다. 치료자가 이런 지식을 가지고 있으면, 환자의 이해에 맞는 처방을 찾는 유연성을 갖게 되며, 문제해결을 위한 새로운 방법을 발견하게 된다.

어떤 문제는 환자에게는 고치기 힘들어 보일 수 있는데, 왜냐하면 환자가 그 문제를 형성한 방식 때문이다. 예를 들면, 어떤 사람은 일을 두려워할 수 있는데, 왜냐하면 직장상사가 자신을 싫어한다는 느낌이 있기 때문이다. 그때의 유일한 대안은 그 일로 고통을 받거나, 그 일을 그만두는 것이라는 느낌 속에 있는 것이다. 이 상황에서 치료자는 고려해야 할 새로운 길을 연다. "상사가 당신을 싫어하는 것은 맞습니까?" "당신은 어떻게 알았습니까?" "만약 그렇다면, 당신들 사이에 있는 긴장의 원인을 다룰 방법은 있습니까?" 치료자는 이전에는 환자의 고려 대상에서 제외되어 있었던 잠재적 해결책을 제안한다. 종종 문제는 전체적으로 다시 검토된다. 예를 들면, 밀착된 검토를 통해서 문제는 상사를 향한 강력하고 검증되지 않은 부정적 전이라는 것이 드러날 수도 있다. 이 경우, 환자의 제한되고 유연하지 못한 문제 형성 방식이 다루어져야 할 문제 그 자체다.

> 토드는 일을 억압하는 습성 때문에 치료를 받으러 왔다. 그는 대학 과정을 끝낼 수 없었고, 자신의 재능과 지능의 수준에서 일을 할 수 없었으며, 일을 다 끝내지 못하고 미루어 두는 습성을 극복할 수 없었다. 적합한 시민이 살아가는 사회의 온전한 일원이 되기 위한 필수적인 관문이라고 믿었던 명문대 입학과 몇몇 성취를 포함함 몇 가지 목표달성에 실패했기 때문에, 그는 이제 너무 늦어버렸다고 믿었다. 그는 자신의 운이 다했다고 느꼈다. 더 많은 탐구를 한 그는 자기 이외의 세상 사람들이 자신을 감시하고 있고, 이 가혹하며 비판적인 판단을 공유하고 있음을 의심 없이 상상하고 있다는 점이 분명해졌다.
>
> 한 가지 중요한 통찰은 그를 그렇게 가까이서 감시하는 사람은 아무도 없고, 분명히 아무도 가까이서 그를 그렇게 판단하지

제3부

임상적 적용

Clinical Applications

06
심리치료에서 마음챙김 가르치기

크리스토퍼 거머Christopher K. Germer

이전 장의 저자들은 심리치료자의 마음챙김 수행에 의해 치료 관계를 향상시키는 방법에 대해 논의했다. 이 장에서는 심리치료에서 어떻게 마음챙김을 가르칠 것인가에 대해 살펴보고자 한다.

이 장의 대부분은 일상생활 속에서 할 수 있는 마음챙김에 초점을 맞추고 있다. 어느 누구라도 들숨과 날숨 전체의 한 호흡을 관찰하는 것으로 자동적인 사고에서 벗어날 수 있으며, 잠시 몇 분간 활동을 멈추고 '나는 무엇을 느끼고 있나?' '지금 이 순간에 일어나고 있는 것은 무엇인가?'라는 질문을 함으로써 내적 경험에 대해 더 잘 알아차릴 수 있게 된다. 반면 공식 마음챙김 명상대체로 하루에 45분간 한다은 특별히 마음챙김 명상을 배우기 위해서 심리치료에 오는 것이 아닌 환자들에게는 힘든 도전이 될 수 있다. 마음챙김에 근거한 스트레스 완화MBSR 프로그램에 참가한 환자 중 단지 39%가 3년이 지난 후에도 정기적으로 혹은 간헐적이라도 좌식명상좌선을 계속했으며, 83%의 환자들은 여전히 호흡 알아차림을 일상 속에서 최소한 가끔씩이라도 실행하고 있었다Miler, Fletcher, & Kabat-Zin, 1995. 비공식적인 일상의 마음챙김 수행은 심리치료와 쉽게 통합될 수 있다.

수행의 시작

있음to Be을 기억하기

우리가 살고 있는 빠른 속도의 사회에서 천천히 움직이는 일은 어렵다. 우리는 깨어 있는 시간의 대부분을 활동하며, 한 가지 목적 혹은 그 밖의 목적을 달성하기 위해 애쓰고 있다. 속도를 늦추고 지금 이 순간에 무엇이 일어나고 있는지를 알아차리는 것에 관한 간단한 가르침은 행위doing보다는 존재being에 관한 것이다. 우리는 자주 속도를 늦추는 것 혹은 존재하는 것에 대해 저항하게 되는데 그것은 우리가 일을 그날 끝마치지 못할 것을 두려워하기 때문이다. 또한 어떤 사람들은 애쓰기를 멈추는 것을 원하지 않는데, 그것은 이러한 멈춤이 초대받지 않은 생각들, 기억들, 혹은 아직 끝나지 않은 감정적 일들에 대해 문을 열어 놓게 되기 때문이다. 이러한 것들은 끊임없는 활동들에 의해 의식 밖에 놓을 수 있다.

열심히 애쓸 때 물질적 편함을 경험할 수 있을지 모르지만, 현재에 살 때 우리는 보다 충만하게 살 수 있게 될 것이다. 누구나 어느 정도 스트레스를 느낀다. 우리 삶의 조건들은 아주 옳다고 보이지 않는데, 그 조건들에 대한 우리의 내적 경험들이 불만족스럽기 때문이다. 우리는 위안을 얻기 위해 미래로 돌진하거나 과거에 머물러 있거나 혹은 두 가지 경우에 처해 있는 우리 자신을 발견하게 된다. 지속적인 평화를 발견하기 위해서는 우리 경험에 대해 변화된 관계가 필요하다.

동기 갖기

마음챙김 수행을 시작하기 전에 환자는 그것의 목적을 이해해야만 하고 수행에 우선순위를 기꺼이 부여할 의지가 있어야 한다. 치유는 보통 '창조적 절망감creative hopelessness' 에서 시작된다Hayes, Strosahl, & Wilson, 1999. 예를 들면, 공황장애의 환자는 공황과 싸울 때 공황상태를 더 악화시킨다는 것을 깨닫게 될 수 있다. 동기를 부여하는 면담은 보통 치료를 시작할 때 필요하다. 환자는 더 평온한 느낌을 기꺼이 잠시 접어둘 수 있는가? 심지어 처음에는 더 나쁜 느낌이 들 수도 있지만 환자가 자신의 경험을 보다 가까이 경험하게 되면서 결국에는 좋아지게 된다. 환자는 불편함을 줄이려고 긴장하는 오랜 습관이야말로 자신이 갖고 있는 문제의 뿌리라는 생각을 즐길 수 있는가? 환자는 느낌들을 있는 그대로 둘 때에 그 느낌들이 쉽게 지나가 버릴 수 있다는 것을 기꺼이 탐색해 볼 수 있는가? 이러한 생각들에 대한 마음의 개방성이 마음챙김 수행을 시작하기 전에 필요하다.

수행하기

마음챙김 수행의 역설은 우리는 결코 이것을 바르게도 틀리게도 할 수 없다는 것이다. '수행' 이라는 개념에서 우리가 꾸준히 향상될 수 있지만, 그것을 위해서는 평생에 걸친 반복이 수행의 일부분이라는 점이 제시된다. '기술skill'이라는 말은 우리가 이것을 잘할 수 있다는 것을 암시한다. 아마도 추가적인 수행의 필요가 거의 없이 말이다. 우리가 스스로 생각하기에 진정한 마음챙김에 도달했을 때 알아차림이 더욱 정교해지고 지속적이 될 수 있지만, 우리는 아마도 이러한 즐거운 생각에 집착하게 되고 따라서 그 순간에 더 수행하라는 조언을 받게 될 것이다. 알코올 중독에서 벗어나는 것처럼 마음챙김의 수행은 일생에 걸친 노력이다. 왜냐하면 조건 지어진 생각에 사로잡히는 경향은 항상 존재하기 때문이다. 마음챙김 수행은 '잘못lapse'을 조기에 붙잡을 수 있게 도와줄 수 있다. 그것이 완전히 '재발relapse' 되기 전에 말이다Breslin, Zack, & McMain, 2002; Witkiewitz & Marlatt, 2004.

치료자의 자격

이것은 현재 논쟁이 분분한 주제인데, 왜냐하면 마음챙김 수행이 많은 임상가들에 의해 알려지고 있기 때문이다. 불교 전통에서는 누군가 마음챙김을 가르치고자 한다면 스스로 오랜 세월 동안 수행을 해야 한다. 다른 명상가가 마음챙김을 통한 알아차림의 길을 갈 때 부딪히게 되는 다양한 장애를 극복하는 데 도움을 주기 위해 열정적인 지도자는 지혜와 개인적 경험이 필요하다.

심리치료라는 맥락에서 마음챙김을 가르치는 것이라면 마음챙김에 대한 개인적인 수행 체험은 그리 중요하지 않다고 많은 사람들이 믿고 있다. 가능한 어림짐작은 우리가 가르치는 것을 경험할 필요가 있다는 것이다. 이러한 연장선상에서 변증법적 행동치료DBT 수련생에게는 좌식명상수행이 요구되지 않는데, 이것이 DBT 프로그램의 일부가 아니기 때문이다. 마음챙김에 근거한 인지치료MBCT와 마음챙김에 근거한 스트레스 완화MBSR 치료자에게는 반대로 명상을 하는 것이 추천되는데, 이러한 프로그램들이 매일 30~45분의 좌식명상을 포함할 수 있기 때문이다.

마음챙김이 심리치료자의—이해, 태도, 언어 그리고 추천을 형성하기 위한—치료적 접근에 광범위한 영향력을 가지기 때문에 심리치료자는 아마도 많은 시간을 공식 명상수행에 쏟아야 할 것이다. 심리치료자는 숙련된 지도자와 함께 집중적인 수행 동안 불가피하게 일어나는 방해요소들을 다루는 법을 배우게 될 것이다. 이렇게 적극적으로 참여하는 수행은 일반적으로 불교 심리와 철학에서 기술되는 마음을 직접적으로 이해하는 데 도움이 될 것이다 '왜' 우리가 이것을 하는지, '어떻게' 그것이 작동되는지, 이것이 '무엇을' 의미하는지 등. 심리치료자는 어떠한 경험을 다루는 데에도 마음챙김을 사용할 수 있다는 큰 믿음을 기르게 된다. 이러한 믿음은 심리치료자가 힘든 시기에도 평정을 유지하게 해 주고 자연스럽게 치료 개입을 하도록 인도한다.

반면에 호흡 관찰이나 감정에 명칭 붙이기 같은 마음챙김에 근거한 기법을 심리치료에 도입하고자 할 때, 우리는 단지 적당한 지도와 감독, 그리고 우리 자신이 이러한 기법을 스스로 실행해 보는 것 정도만 있으면 된다. 요약하면, 심리치료자가 마음챙김 수행을 해야 하는가에 대한 질문은 마음챙김을 심리치료에 얼마만큼 도입하고자 하는가에 달려 있다고 할 수 있다. 명상수행에 관한 정보는 부록 A를 참조하라.

마음챙김 기법의 핵심 요소

어떤 환자나 수행자의 독특한 필요에 딱 맞게 디자인될 수 있는 마음챙김 전략은 수없이 많다. 우리는 조용히 앉아서, 접시를 닦으며, 심리치료를 하면서도 마음챙김을 기를 수 있다. 어떤 활동도 마음챙겨 할 수 있는 것이다. 예를 들어, MBSR 프로그램 같은 경우에는 누워서, 앉아서, 요가를 하면서, 걸으면서, 서 있으면서, 그리고 먹으면서도 마음챙김을 기른다. 마음챙김 수행에는 어떤 공통점이 있는가? 마음챙김 수행을 통해서 우리는 마음챙김의 세 가지 중요한 상호의존적 요소를 기른다. 즉, ① 알아차림, ② 현재 경험에 대한, 그리고 수용의 태도다.

알아차림

마음챙겨 알아차리려는 의도를 확립한 후, 대부분의 기법에서 발견되는 전형적인 요소들은 ① 멈추고, ② 관찰하고, ③ 되돌아가기다.

멈춤

행동을 멈추는 것은 마음챙기는 알아차림을 위한 하나의 준비다. 보통 바람직한 목표를 이루려고 하는 것과 불쾌한 경험을 피하고자 하는 우리의 노력에 의해 주의의 방향이 정해진다. 그러나 우리는 자동적인 행동을 멈춤으로써 그 행동에 동반되어 꼬리를 물고 일어나는 자동적인 생각에서 벗어날 수 있다. 예를 들면, 깊고 의식적인 호흡을 함으로써 전화로 논쟁하는 일을 멈출 수 있다. 때로 우리의 삶은 눈보라, 질병, 혹은 열차의 지연과 같은 외적인 사건 때문에 멈추기도 한다. 이러한 사건들을 제외하고 보통 마음챙김이 뿌리 내리기에 충분한 순간적인 차단을 만들기 위해 강한 의도가 필요하다.

우리는 마음챙김을 증진시키기 위해서 속도를 늦출 수도 있다. 더 천천히 행동할 때, 훨씬 자세히 관찰할 수 있다. 천천히 걸으면 걸음의 경이로움을 탐구할 수도 있다. 건포도를 서둘러 먹지 않는다면 그 맛을 생생하게 느낄 수 있다. 매 순간 더 주의를 기울일 만한 것이 없을 때, 주의가 한 대상에서 다른 대상으로 건너뛰지 않으면 안정된다. 천천히 걸을 때 우리는 걸음에 대해서 상세히 알게 되는데 이는 우리가 산길을 달려 내려갈 때는 볼 수 없는 것들이다. 천천히 여유롭게 식사할 때, 우리는 한 입 한 입 맛을 볼 수 있다. 심지어 우리 자신이 하는 말에 의해서조차 하루 내내 산만해질 수 있다. 침묵은 우리가 검토해야 할 필요가 있는 정보의 양을 상당히 줄여 주어서 마음에 초점을 맞출 수 있도록 도와준다. 조용히 앉아서 눈을 감고 감각 정보의 흐름을 더 통제한다면 우리는 마음이 안정되기 시작하는 환경을 만들 수 있다.

관 찰

마음챙김 수행에서 우리는 실제로 우리의 경험을 객관적이고 분리된 방식으로 '관찰하는' 것이 아니다. 오히려 '참여 관찰자participant observer'로서 그 경험과 함께 '조용히 곁에 있는' 것이다.

우리는 주의를 위해 초점을 맞출 대상이 필요하다. 예를 들면, 만약 내가 방금 상사와 싸운 것 때문에 스트레스를 받는 상황에서 스스로에게 "걱정 마, 상사는 여전히 날 좋아할 거야."라고 말하는 것은 별 도움이 되지 않는다. 그것보다는 특정한 대상의 주의에 초점을 맞춤으로써 주의를 반추의 대상에서 돌리게 하는 것이 보다 효과적이다. 마음챙김 수행에서 가장 보편적인 주의 대상은 호흡이지만 어떠한 감각 경험도 이 목적에 적합하다. 의자에 닿는 엉덩이의 압력을 느낄 수도 있고, 무릎 위에 올려놓은 손의 무게를 알아차릴 수도 있으며, 주위에서 들려오는 소리를 들을 수도 있다. 의도적으로 우리의 주의를 이처럼 한 곳에 정착시키면, 우리의 주의를 찾는 데 도움을 받는다. 이것이 마음챙김 수행의 '집중concentration, *samatha*' 부분이다.

우리의 주의가 어디에 있는지에 대해 더 알아차릴수록 우리는 우리 안에서 일어나는 감각, 생각 그리고 느낌들을 알아차리기 시작한다. 이것이 마음챙김이 집중 수행과 다른 점이다. 우리는 주의를 어디로 향하라고 '말하지' 않는다. 우리는 이것이 자연스럽게 가는 곳을 관찰할 뿐이다. 예를 들면, 심장이 고동치고 밖에서 비가 내리고 있으며 저녁 약속을 잊어버리고 있다는 등등을 알아차릴 수 있다. 각각의 정신적 사건들은 판단, 분석, 탐닉 혹은 억압 없이 경험하도록 거기에 있다. 우리는 단순히 무엇이 우리의 주의를 호흡혹은 다른 선택된 주의의 대상으로부터 빼앗는지 알아차리기를 바랄 뿐이다. 이것은 특히 초기에는 '생각' '느낌' '두려움' '화' 등이라고 경험에 명칭 붙이기labeling에 의해 촉진될 수 있다. 수행이 깊어지면 순간순간의 경험을 이름 붙이지 않고도 보다 쉽게 알아차리게 된다.

되돌아가기

우리가 산만해졌거나 생각에 사로잡혔다는 것을 알아차렸을 때, 우리가 '깨어났을 때', 무엇이 우리의 주의를 사로잡았는지 마음으로 알아차릴 수 있게 되고 처음 초점을 둔 대상으로 부드럽게 알아차림을 되돌릴 수 있으며, 마음이 그 다음에 어디로 가는지를 지켜볼 수 있다. 깨어나는 것은 마음챙김의 순간이다. 우리가 일상생활에 몰두해 있다면 우리는 속도를 늦추거나 다시 멈추고 싶어질지도 모른다. 우리가 조용히 있다면, 예를 들어 좌식 명상을 하고 있다면 우리는 활동을 멈출 필요를 느끼지 못할 것이다. 우리는 조용히 초점을 두는 주요 대상 혹은 다른 정신적 사건과 함께 머물 것이며, 이것은 우리의 주의가 얼마나 안정되어 있는지에 따라 그리고 우리 내부에서 일어나는 것에 따라 다를 것이다. 필요하다면 언제나 우리는 초점을 두는 대상으로 돌아가서 우리의 주의를 '발견'하거나 정착시킬 수 있다.

현재 순간

때때로 우리는 활동에 너무 몰입해 있어서 그것을 멈추고 '마음챙김'하는 것이 실제로는 비생산적이다. 다이아몬드 두 개 등급의 슬로프*에서 당신 인생에서 최고의 스키 질주를 하다가 마음챙김을 하기 위해서

* 스키 슬로프 가운데 가장 경사도가 심한 코스로 50° 내외의 경사도로 되어 있다.

'멈추어 서는' 것이 얼마나 불편할지 상상해 보라. 마음챙김과 관련된 모든 일의 한 가지 목적은 우리의 활동들을 통합시키는 것이다. 그 순간 우리는 깨어 있고 에너지가 넘치며 즐겁고 창조적이며 고요하고 집중된 현재 순간에 '몰입'*하게 된다Csikszentmihalyi, 1991. 의도적인 마음챙김 수행은 몰입된 자각 속에서 방해물에 부딪힐 때만 필요할 뿐이다.

우리가 '몰입'의 순간에 있지 않더라도 때때로 우리는 실수를 피하기 위해 목표에 초점을 둘 필요가 있다. 예를 들어, 중장기를 운전하다가 화가 난다면 우리는 우리의 감정에 주의를 기울일 만한 여유를 갖기 힘들 것이다. 그러한 상황에서 마음챙김 처방은 우리의 집중을 완전하게, 그리고 망설이지 않고 현재 순간에 가장 중요한 업무—지금 예에서는 중장기의 운전—에 쏟는 것이다. 이처럼 현재 순간의 활동에 현명하게 주의를 기울이는 것이 마음챙김 수행의 핵심이다.

모든 마음챙김 수행은 주의를 현재로 가져온다. 호흡 혹은 알아차림의 초점이 되는 다른 대상은 항상 현재 순간에 있고, 우리의 주의를 빼앗는 일들 역시 마찬가지로 지금—여기에서 일어난다. 모든 것은 현재 순간에 일어난다. 우리의 주의가 강한 감각이나 느낌에 납치되었을 때, 우리는 현재 순간을 놓쳐 버리게 된다. 그것은 현재를 실제로 잃어버린다는 의미가 아니다. 그것은 현재에 대한 우리의 경험을 잃어버린다는 것이다. 호흡 혹은 다른 대상으로 주의를 되돌리는 유일한 이유는 우리의 주의를 다시 발견하고, 무언가 붙잡을 수 있는 것에 초점을 둠으로써 주의를 다시 찾는 것이다. 그러므로 마음챙김 수행은 현재의 경험에 초점을 두는 주의를 훈련하는 것이다.

주의가 강할 때, 우리는 순간순간 하고 있는 것을 그저 할 수 있다. 우

---

* 몰입 경험에 대해서는 13장 참조.

리가 오렌지의 껍질을 벗기고 있다면 오렌지 즙의 끈적거림과 오렌지의 향 그리고 수많은 다른 감각들을 알아차릴지도 모른다. 마음이 방황한다면 이때 할 수 있는 지침은 "당신의 주의를 다시 여기로 되돌리시오!" 다. 때때로 우리는 계속해서 다른 것들을 생각한다. 그때의 질문은 "당신은 주의가 지금 어디에 있는지 알고 있는가?" 다. 요약하면, 수행자를 현재 경험의 순간—주의를 기울이는 곳—으로 데려오는 어떠한 지침도 마음챙김 수행이다.

수 용

현재 순간은 우리가 그것을 받아들이는 방식—우리의 태도—에 의해 채색된다. 수용은 우리의 경험을 판단이나 선호 없이 호기심과 친절함으로 받아들이는 것이다. 현재 순간에 대한 온전한 알아차림은 우리의 경험을 온 마음으로 수용하는 것에 전적으로 달려 있다. 슬프게도 우리의 수용 그리고 그에 따른 우리의 알아차림은 항상 불완전하다. 우리는 결코 판단을 멈추지 않는다.

수용은 부드럽고 상냥하며 이완되는 것이다. 이것은 길러질 수 있다. 때때로 수용을 기르기 위한 경험 속으로 아주 잘 '이완되고' '부드럽게 녹아들어' 가도록 환자들을 성공적으로 격려할 수 있다. 다른 지침은 육체적 통증과 같은 싫어하는 경험 속으로 '호흡해 들어' 가도록 하는 것이다. 골드스틴Goldstein, 1993은 '부드럽고 여유 있는 마음' 을 키우기 위한 방법으로 "괜찮아, 이것들을 그냥 느껴 보자." "그대로 두자." 와 같은 주문만트라을 제안한다pp. 39-40. 또한 3, 4장에 제시한 자애 명상을 수행함으로써 판단하는 습관을 줄여 나갈 수도 있다.

환자를 위한 수행 구상

독자 여러분은 마음챙김 수행을 구상하는 것이 얼마나 쉬운지 이미 알아챘을지도 모르겠다. 활동을 잠시 멈추어 주의를 호흡이나 다른 알아차림의 대상에 정착시키고, 생겨나는 감각, 생각과 느낌을 알아차린다. 언제든지 할 수 있는 일이다. 그러나 환자의 필요에 맞으면서도 환자가 실제로 지속적으로 수행할 훈련법을 개발하는 것은 쉽지 않은 일이 될 수 있다. 다행히도 훈련법은 전달하는 시점에서 끝나거나 고정될 필요는 없다. 이것들은 치료가 진행되면서 변화해 갈 수 있다.

〈표 6-1〉에 제시된 수행들은 심리치료에서 활용될 수 있는 것들이다. 이 기법들은 마음챙김 수행에서 전통적으로 구성되거나 제시된 다양한 방법들 가운데 대표적으로 선별된 것이다. 이 항목들은 결코 전체를 포함하지는 못한다. 훈련들은 각각 마음챙김 수행에서 가장 강하게 나타나는 요소에 따라서 정렬되었다. 예를 들면, '공포에 대한 마음챙김' 은 알아차림을 강조하는 기술이고, '마음챙겨 먹기' 는 현재 경험을 강조하며, '자애 명상' 은 수용을 촉진한다. 그러나 각각의 수행은 마음챙김의 이러한 세 요소를 모두 포함하고 있다. 독자는 각각의 수행에서 안내된 명상을 포함하여 전체가 잘 설명되어 있는 원 자료들을 참고했으면 한다. 비슷한 수행들은 이 책 전체에 걸쳐 각 장에 포함되어 있고, 참고자료는 부록 A에서 찾아볼 수 있다.

〈표 6-1〉 마음챙김 수행법

알아차림	현재 경험	수용
호흡 호흡: (7) 150-151; (4) 8-9 호흡과 몸: (7) 164-165 호흡 공간: (7) 174 의식하고 있는 호흡: (4) 8-9 호흡 세기[數息]: (2) 53-55 다른 대상들 바디스캔: (7) 112-113 몸에 대한 현전(現前): (1) 123-125* 소리: (8) 196-197 소리와 생각: (7) 196-197 생각과 느낌: (5) 73-74 자세 앉은 자세(위빠사나): (8) 166-120; (1) 46-48; (5) 58 서 있는 자세: (6) 149-150 누운 자세: (6) 151-156 느낌 공포: (1) 195-197 통증: (1) 126-127 분노: (4) 56-59 원함: (1) 157-158 갈망: (1) 159-160	알아차림 멈춤: (1) 71 경이로운 순간: (4) 9-10 마음챙김 종(鐘): (4) 18-20 이것이 그것이다: (6) 14-16 행동 모든 행동: (2) 166-168; (6) 201-203 걷기: (7) 179-180; (8) 173-176; (2) 159-162 고려된 행동: (7) 286-287 닦기(설거지와 세탁): (3) 85-86 식사: (8) 183-185; (4) 23-26 건포도 먹기: (7) 103-104 운전: (4) 31-34 요가: (5) 103-105	자애: (8) 211-215; (6) 162-169 무가치함에 빠진 상태: (1) 22-23** 긍정(yes)의 힘: (1) 87-88 연민: (1) 243-245; (3) 93-94 베풂(보시): (6) 61-64 은은한 미소: (1) 91-92; (3) 79-80 부모: (4) 70-73 시각화 산(山) 명상: (6) 135-140 호수 명상: (6) 141-144 강바닥에 가라앉는 조약돌: (3) 87***

출처: (1) Brach(2003); (2) Gunaratana(2002); (3) Hanh(1976); (4) Hanh(1992); (5) Kabat-Zinn(1990); (6) Kabat-Zinn(1994); (7) Segal, Williams, & Teasdale(2002); (8) Smith(1998).

* 이 책에 소개된 '몸에 대한 현전(embodied presence)', 즉 '현재 몸의 상태에 대한 알아차림'은 바디스캔으로 시작한다. 머리에서 발끝까지 몸 전체를 차례로 마음챙겨 느끼는 수행이다.

** 자기에 대해서 '무가치하다고 평가내리는 경향'을 인식하는 수련을 말한다. 자신의 몸

과 마음과 느낌을 습관적으로 거부하고 밀쳐내는 경향을 일단 멈추고 있는 그대로의 자신을 수용하는 자세를 기르는 수련이다.

*** 조용히 앉아 천천히 숨을 쉬면서 자신을 맑은 강물 속으로 가라앉는 조약돌이라고 생각한다. 가라앉는 동안 움직임을 의도하는 어떤 의도도 없다. 강바닥의 부드러운 모래 위에 온전히 쉴 수 있는 지점까지 가라앉는다. 몸과 마음이 완전히 쉴 때까지 조약돌 명상을 계속한다.

수행법의 선택

환자를 위한 수행을 선택하거나 환자에 맞도록 변화를 주는 것은 과학이라기보다는 예술에 가깝다. 기법은 환자의 삶에 맞아야 한다. 치료자는 환자가 슬픔, 공포, 분노와 같은 느낌, 혹은 원하지 않는 육체적 통증이나 각성을 피하고, 거부하고, 무시했던 경험을 확인했던 적이 있을 것이다. 또한 문제를 일으키는 생각, 예를 들면 자기 비난이나 참담한 재난을 상상하기, 혹은 강박적인 문제 행동, 예를 들면 도움을 거부하거나 과도한 일에 초점이 맞춰질 수도 있다. 환자가 어떤 경험에 대해서 더 가깝고 더 알아차리는 관계를 가질 수 있도록 마음챙김 수행은 고안될 수 있다. 반드시 환자와 함께 어떤 기법이 좋은지 결정해야 하며 수행의 진행을 검토해야 하고 환자가 명상을 그만두게 되는 원인인 오해를 중점적으로 다루어야 한다. 이것을 설명하기 위해 임상적 조건에 적용된 네 가지 마음챙김 수행의 예를 다음에 제시한다. 다른 수행들은 다음 장들에서 확인할 수 있다.

3분 호흡 공간

닐은 알코올 남용의 병력이 있는 25세의 청년이다. 닐은 자신이 음주를 그만두지 못한다면 부모로부터 독립을 하는 것도, 인생의 목표를 달성하는 것도 결코 불가능하다는 것을 점점 더 확실히 알게 되었다. 닐의 친구 대부분이 역시 알코올 남용자였고, 거의 자동적으로 일을 마치고 집으로 돌아오는 길에 술을 사기 위해 주류 소매점에 들렀다. 그는 간헐적으로 익명의 알코올 중독자 갱생모임Alcoholic Anonymous: AA에 참석하기도 하였지만 자신의 행동을 바꾸지 못했다.

우리는 3분 호흡 공간 명상Segal, Williams, & Teasdale, 2002이 그가 음주충동 배후의 감정을 발견하는 데 도움을 줄 수 있을 것이라고 결정했다. 닐 역시 자기가 분노를 느낄 때마다 하루에 다섯 번까지 이 명상을 시도해 보는 데 동의했다.

닐은 이 호흡 공간 명상을 하면서 상사가 자신을 비판할 때면 자동적으로 일이 끝난 후 음주 계획을 세운다는 사실을 알아차렸다. 닐은 스트레스를 받을 때, 단순히 술을 마시는 생각만으로도 훨씬 기분이 나아진다고

3분 호흡 공감

1. 알아차림

의식적으로 곧고 기품 있는 자세를 취함으로써 당신 자신을 현재 순간으로 데려오라. 가능하다면 눈을 감는다. 그리고 자신에게 묻는다.

"지금 이 순간 생각, 느낌, 그리고 몸의 감각에서 무엇을 경험하고 있는가?"

비록 자신이 원하지 않던 것이라고 할지라도 당신의 경험을 인지하고 기록하라.

2. 모으기

그리고 부드럽게 모든 주의를 호흡으로 돌려서 각 호흡의 들숨과 날숨을 따라가면서 주의를 기울여라.

호흡은 당신을 현재로 돌아오게 하고 알아차림과 평온의 상태로 조율해 주는 닻의 기능을 할 수 있다.

3. 확장하기

호흡 주변으로 알아차림의 영역을 확장하라. 몸 전체의 감각, 자세 그리고 얼굴표정까지도 포함시켜라.

출처: Segal, Williams, & Teasdale(2002, p.184)에서 인용함.

조건화되어 있음을 인정하였다. 닐은 더 나아가서 분노 혹은 좌절의 감정이 생겼다가 사라지도록 단지 그냥 둔다면 그 감정들이 어느 정도 줄어든다는 사실도 깨닫게 되었다. 그는 '충동 타넘기urge surf'를 배우게 되었다Marlatt, 2002. 닐은 고통스러운 감정들이 일어날 때, 그 감정을 다루기 위해서 일이 끝난 후에 산악자전거 타기와 같은 대안적인 방법을 계획하기 시작했다. 결국 닐은 새로운 친구들을 사귀고 경력을 쌓기 위해서 다른 도시에 있는 대학에 등록했다.

감정의 측정

중년의 간호사이며 심하게 학대받은 경험이 있는 리자는 반복되는 우울로 괴로워하고 있었고, 이 때문에 여러 차례 병원에 입원했다. 직장에서 그녀의 성과와 관련된 관심사가 생길 때마다 그녀는 자주 보상받지 못했다. 그녀는 투약을 중단하고 식욕을 잃었으며 사회적으로 위축되고 환청으로 자살 명령을 듣곤 했다. 직장에서 전반적으로 일처리를 잘하고 있음에도 불구하고 리자는 해고될지 모른다는 공포에 시달렸다. 직장을 잃을지도 모른다는 공포가 우울 자체보다도 그녀를 더 무기력하게 만들었는데, 그것은 그녀가 가치 없는 인간이라는 것을 의미했기 때문이었다.

우리는 미국 국토안보부DHS에서 사용되었던 것에 기초해서 공포경보척도를 만들었는데, 이것은 리자의 공포가 지속되는 것을 끊기 위해서였다. 그녀는 자신의 공포를 빨간색심각함, 오렌지색높음, 노란색조금 높음 그리고 녹색낮음으로 등급을 매겼다. 리자에게 주어진 마음챙김 과제는 그녀가 어떤 이유로 두려움을 느낄 때마다 느끼는 공포의 정도를 보고하는 것이었다. 그녀는 첫 주 동안 하루에 8~15번 그 척도를 사용했다.

공포경보척도를 사용한 지 한 달 후, 리자는 공포가 일어날 때 그것을 쉽게 확인할 수 있게 되었다. 그녀는 공포에 대해 보다 수용적이 되었고,

이 때문에 예전에는 단계적인 반응을 일으켜 그녀를 입원까지 이르게 했던 사태를 막을 수 있었다. 우리는 그녀가 어떻게 일반적으로 보통 사람보다 공포를 더 많이 느끼는지에 대해 논의했다. 그것은 아마도 그녀의 뇌가 어릴 때 공포에 조건화되어 있을지도 모르며, 그 공포는 반드시 실제 위험을 반영하는 것이 아닐지도 모른다는 점에 대해서도 논의했다. 늘 그녀 곁에 있던 공포는 점차로 마음챙기는 알아차림 속으로 들어갔으며, 그에 따라 리자의 우울증도 가라앉았다. 그 평가척도에 의해 리자는 어려운 감정을 알아차리고 그것에 명칭을 붙이는 노력에 정확성과 흥미를 가지게 되었다.

산山 명상

마리아는 편집증적인 정신분열증과 중독성 약물 남용이 있는 성인 아들을 둔 43세의 어머니였다. 그녀의 아들은 집에서 같이 살고 있었는데 그를 돌보아야 하는 스트레스 때문에 마리아는 일자리를 잃었고 만성 우울증이 생겼다. 그녀는 아들이 어려운 시기를 겪을 때면 두드러기가 돋아났다.

약물 치료는 아들의 정신병이라는 폭풍을 견디어 내는 데 별 도움이 안 되었다. 우리는 정신병에 걸린 아들과 함께 살면서 겪는 삶의 불행에 대해 마음챙김 접근을 통해서 효과를 볼 수 있도록 하자고 결정했다. 마리아는 존 카밧진Kabat-Zinn, 2002c의 산山 명상 CD를 받았다. 마리아는 자연을 사랑했으며 혹독한 날씨가 오고 갈 때도 굳건하게 견디어 내며 동요하지 않는 산과 같은 존재의 이미지를 좋아했다. 마리아는 하루에 20분씩 시간을 내어 역경을 마주한 산의 고요함을 마음에 품고 앉았다. 마리아는 아들의 행동에도 불구하고 자신 안에서 고요함을 발견하고는 매우 놀랐다. 낮 동안 마음의 동요를 느낄 때마다 '산을 기억' 했다. 마리아의 두드러기는 몇 주가 지나자 사실상 사라졌다.

의도의 알아차림

강박신경증OCD 병력이 있는 30세의 기술자 조엘은 자신의 집을 수리하는 중에 종종 지붕 위에 올라갈 일이 있었다. 그는 자신이 거기서 뛰어내릴지도 모른다고 생각하며 두려워했고, 이 때문에 일을 그만두게 되었다.

그의 공포는 20년 전 그의 아버지가 지붕 위에서 추락하는 것을 목격한 것으로 악화된 강박신경증 때문에 생긴 것이었다. 그는 추락할지도 모른다는 공포와 뛰어내리고자 하는 의도를 혼동하고 있었다. 우리가 그를 위해 고안한 마음챙김 훈련은 그가 하루에 몇 번이나 실제로 뛰어내리고 싶어지는지를 인지하는 것이었다. 그다음 주에 조엘은 그 숫자가 0이라고 말했고, 자기 자신에게 "이것은 그냥 공포일 뿐이야. 나는 실제로 뛰어내리길 원하지 않아."라고 말하기 시작했다. 그는 자신이 원하는 것과 공포를 구분하는 법을 배웠으며, 그 결과 정서적으로 자기 자신을 보다 잘 조절하게 되었다.

이러한 예를 통해서 우리는 마음챙김을 기르는 기법들의 다양한 유용성을 볼 수 있다. 치료 회기 사이에 환자들이 연습할 수행에는 어떤 것이 가장 적당할까? 명상을 배우는 한 학생이 명상 지도자인 틱 낫 한에게 어떻게 하면 하루를 지내면서 보다 마음챙김을 잘할 수 있을지 질문했다. "내 비밀을 알고 싶으세요?" 스님은 미소를 지으며 되물었다. "나는 일을 가장 즐겁게 하는 방법을 찾기 위해 노력합니다. 주어진 일을 하는 데에는 여러 가지 방법이 있습니다. 그러나 내 주의를 가장 잘 붙들어 두는 방법이 가장 즐거운 방법입니다." Murphy, 2002, p. 85에서 재인용 마음챙김 기법은 아주 많으며 현재 이 순간에 일어나는 어떤 것에든 주의를 기울이는 간단한 것일 수 있으므로, 심리치료자는 환자와 함께 실행하기에 쉬우면서 동시에 즐거운 훈련을 찾아내기 위해 협력할 수 있다.

다중요소 치료 프로그램

마음챙김을 가르치려고 신중하게 시도하는 네 가지 주요 치료 프로그램에는 마음챙김에 근거한 스트레스 완화MBSR; Kabat-Zinn, 1990, 마음챙김에 근거한 인지치료MBCT; Segal, & Williams et al., 2002, 변증법적 행동치료DBT; Linehan, 1993a, 1993b, 수용과 참여치료ACT; Hays, & Strosahl et al., 1999; Hayes et al., 2005가 있다. 이 프로그램들은 경험적으로 검증되었다. 이 프로그램들에 관한 정보를 원한다면 부록 A에 실린 자료, 특히 그중에서도 웹 사이트를 참조하라. 연구 문헌들은 너무나도 빨리 확대되고 있기 때문이다.

각 프로그램은 치료 대상이 되는 사람 수와 이론적으로 영향을 받은 측면에 의해 다른 출발점에서 비롯되었다. 예를 들면, MBSR은 존 카밧진 박사에 의해 대학 병원에서 만성병 환자들을 치료하기 위해서 시작되었고, MBCT는 MBSR 모형을 활용하여 만성 우울증을 경감시키기 위해 개발되었다. DBT는 경계선 성격장애로 감정을 조절하는 데 어려움을 겪고 있는 환자를 돕기 위해 만들어졌고, ACT는 맥락적 세계관1장 참조과 언어 사용에 관련하여 행위를 분석하는 과정에서 만들어졌다. MBSR, MBCT, DBT는 모두 마음챙김 명상에서 영감을 받은 프로그램들이다. MBSR과 MBCT 프로그램이 마음챙김을 중심 개념으로 해서 체계화되었고, DBT와 ACT 프로그램에는 그 정도까지는 아니지만 많은 마음챙김의 요소가 있다. 실제로 치료에서 마음챙김의 정도는 프로그램 자체보다는 프로그램에 관여한 사람에 의해 더 좌우될 수 있지만, 그것은 경험적 문제로 남아 있다.

MBSR과 MBCT 프로그램은 집단으로 진행되며, 전형적으로 8주간 매주 한 차례 2시간 30분의 회기로 진행된다. MBSR 프로그램에는 프로그램의 마지막에 하루 동안의 마음챙김 집중 회기가 추가된다. DBT 프로그램은 주로 일주일 간격으로 이루어지는 개인 치료이며, 회기 사이에 특수한 종류의 전화 접촉이 허용되고 일주일 간격으로 2시간 30분의 DBT 기술 교육을 위한 집단 회기가 행해지기도 한다. DBT 프로그램 임상가들은 방법적으로 서로 지지해 주기 위한 정기적인 치료자 자문 집단 모임에 속해 있다. ACT는 개인 혹은 집단 형태의 두 가지 방식으로 시행될 수 있다. 이러한 다중 요소 프로그램에는 모두 숙제가 포함되어 있다. MBSR은 주 6일, 매일 45분의 마음챙김 명상을 요구한다. 각 프로그램들에는 과하다 싶을 정도의 흥미로운 마음챙김을 북돋우는 기법이 있는데, 특히 마음챙김 안에 수용의 자질을 북돋우는 기법이 많다.

마음챙김에 근거한 스트레스 완화MBSR

MBSR에서 배우는 모든 기법은 구체적으로 말하자면 마음챙김을 기르기 위한 것들이다. 특정하지 않은 치료의 요소들, 예를 들면 집단 지지 같은 것이 포함될 수도 있지만 MBSR의 주된 초점은 마음챙김이라는 점이 특이하다. 지도받는 주요 명상법은 좌식 명상공식 마음챙김 명상과 마음챙김 요가다. 이 프로그램에는 누워서 몸 전체의 감각을 관찰하는 바디스캔 명상과 함께 걷기, 서 있기와 먹기 등 일상생활 속의 마음챙김 역시 포함되어 있다.

마음챙김에 근거한 인지치료MBCT

MBCT는 MBSR의 마음챙김 수행을 가르치는 교범화된 치료인데, MBSR의 요가가 빠져 있고 앞에서 소개한 3분 호흡 공간 명상법이 핵심 기법으로 포함되어 있다. MBCT는 자신의 생각과 감정을 발견하는 인지

치료의 요소들을 추가했다. MBCT에서 마음챙김 측면은 "생각은 사실이 아니다."를 보는 법을 배우고, 그리고 전통적인 CBT에서 행하던 생각의 존재에 대한 논쟁을 시도하려고 하지 않고 그것들이 왔다가 가도록 놓아 둘 수 있음을 보는 법을 배운다.

변증법적 행동치료DBT

DBT에서 마음챙김 기법제1 모듈은 다른 세 모듈의 성공을 위해서 핵심적인 기법으로 간주된다. 다른 세 모듈은 대인관계 효과성, 정서 조절 그리고 고통 인내다. 마음챙김 기술은 2~3회의 집단 회기를 통해 배우고 새로운 모듈이 소개될 때 다시 복습한다. DBT에서 쓰이는 많은 기술들은 선禪 전통 그리고 틱 낫 한Hanh, 1976의 수행법에서 유래한다. 네 모듈에서 마음챙김 수행에 관계된 기술은 호흡 세기[數息觀], 고요함의 적용, 은은한 미소, 현재 활동에 알아차림을 모으기, 감정에 명칭 붙이기, 생각이 들어오고 나가게 하기'테플론-마음' 수련하기, 판단하지 않기, 한 번에 한 가지만 하기, 감정의 근본적 수용, 마음은 커다란 하늘이며 그곳에 생각과 감정이 구름처럼 흘러간다고 상상하기 등을 포함한다. DBT의 초점은 환자가 특히 대인관계에서 그들이 어떻게 느끼더라도 보다 성공적인 인생을 살아가게끔 돕는 것이다.

수용과 참여치료ACT

ACT에는 선택 가능한 100가지 이상의 기술이 있으며 이 기술들은 각 환자를 위해 개별화되어 있다. ACT의 많은 '기법'들은 은유를 가르치는 것인데, 예를 들면 중국의 수갑 비유Hayes, Strosahal et al., 1999, p. 123—손을 빼려고 할수록 더 꽉 조여든다—가 그것이다. ACT의 주요 요소는 ① 창조적 무력감creative helplessness, 현재 더 좋게 느끼려고 노력하는 것의 소용 없음, ② 인지적 탈융합생각은 생각일 뿐이지 우리가 그것을 해석하는 것이 아님, ③ 수용효과적으로 관여를 하지만 경험에 대해 있는 그대로 받아들이기, ④ 맥락으로서의 자아생각의 관찰자와 동일시하기, 그리고 ⑤ 가치 부여다인생을 의미있게 하는 것에 삶을 다시 헌신하기; Gifford, Hayes, & Strosahl, 2004.

ACT 기법들은 이러한 일반적 요소들에 잘 부합한다. 마음챙김을 기르는 경험적 연습에는 다음과 같은 기술이 있다. 자신의 생각을 아주 천천히 이야기하기, 생각을 노래하기, 예를 들면 "나는 어리석다."라고 하기보다는 "나는 내가 어리석다는 생각을 하고 있다."라고 하기, 어려운 생각을 손바닥만한 카드에 적어서 갖고 다니기, '평정의 기도Serenity Prayer' 우리가 바꿀 수 있는 것을 바꾸게 해 주시고, 우리가 바꿀 수 없는 것은 받아들이게 해 주시기를를 포함한 수용 연습, 고통스러운 사건에 대한 일기 쓰기, 다른 사람과 눈을 마주하고 앉기, 그저 일어나는 경험을 허용하기 등이다. ACT의 초점은 경험들이 오고 가도록 하며 그 사이에 의미 있는 인생을 추구하는 것이다.

임상가는 이 네 가지 다중 요소 치료 프로그램들이 각기 어떤 환자들과 조건에 잘 적용되는지 탐구해야 한다. 예를 들면, DBT 기술 연습은 자기 파괴적인 행동이나 혹은 과민 반응을 하는 부부들을 위한 가장 유력한 마음챙김에 근거한 접근이다. MBSR은 아마도 스트레스와 관련된 장애에 특히 효과적일 것이다. ACT는 '가치 있는 삶' 의 구성 요소와 함께 중독성 약물 남용을 극복하려고 노력하는 환자에게 도움이 될 것이다. 마찬가지로 마음챙김 수행 안에서 각기 다른 심리 과정들은 어떤 조건들보다 다른 조건들에 보다 잘 적용될 것이다. '한 대상에 초점 맞추기' 연습은 환자가 우울과 공황상태에서 반추적 사고를 그만두는 데 가장 좋은 방법일 것이며, 명상에서 '알아차림의 영역을 여는 것' 은 만성 통증 환자가 삶을 넓히고 풍요롭게 하는 데 도움을 줄 수 있다. 또한 마음챙김 수행의 '자기 수용' 요소는 환자의 가족력의 영향에 대해 특히 대응할 수 있다. 이러한 종류의 질문들은 향후 연구를 위한 매우 기름진 토양이다.

심리적 외상 치료하기

미국 성인의 약 50%가 심리적 외상trauma의 경험이 있기 때문에Kessler, Sonnega, Bromet, Hughes, & Nelson, 1995, 어떻게 외상을 다룰 것인가 하는 것은 마음챙김 수행과 심리치료와의 공유 영역에서 다루지 않을 수 없는 문제 중 하나다. 외상 경험에 알아차림을 적용하면, 고통이 줄어들 수도 있고, 혹은 증가할 수도 있다. 최근의 증거를 보면 치명적인 사건에 의한 스트레스 보고는 해로울 수 있는데, 그것은 어떤 사람은 처음부터 외상 사건과 멀리 거리를 둘 필요가 있기 때문이다Ehlers, et al., 2003; Groopman, 2004. 또한 티즈데일과 동료들은Ma & Teasdale, 2004; Teasdale et al., 2000 이전에 두 번의 우울증 에피소드가 있는 환자 집단들이 마음챙김에 근거한 치료를 받은 후에도 만성적인 환자들과 비교하여 완화되는 경향이 그다지 많지 않다는 점을 발견하였는데, 이것은 MBCT가 이러한 특정 환자들의 스트레스가 많은 삶의 사건들을 다루는 데 별 도움이 되지 않는다는 것을 보여 준다. 이 연구가 외상 자체를 다루고 있지는 않으나, 어떤 방법 하나가 만병통치약으로 적용될 수 없다는 사고방식을 일깨워 준다.

마음챙김 수행 처방은 임상적 판단에 의해 내려져야 한다. 적절한 시기와 안전이 중요하다. 외상 기억에 의해 주의가 압도당하여 불안정한 경우, 마음챙기는 노출은 효용성을 잃는다. 주의가 안정될 때까지 주의를 외상에서 멀리 떨어지게 하고, 그 후에 다시 시도하는 것이 좋다. 어떤 경우에는 환자가 회복력과 자아의 힘을 확고히 하는 것을 돕는 지지적 심리치료가 마음챙김 수행에 앞서 필요할 수도 있다.

강한 정서를 다룰 때, 외적 감각에 대한 알아차림은 우리의 주의를 모으고 덜 압도당하도록 하는 데 효과적인 방법이다. 예를 들면, 공격적이며 정신지체자인 한 성인은 화를 발생시키는 상황에서 발바닥으로 주의를 옮기는 방법을 배움으로써 다시 공동체로 돌아갈 수 있게 되었다Singh, Wahler, Adkins, & Myers, 2003. 발 아래의 땅 혹은 얼굴에 닿는 시원한 바람을 느낄 때, 우리는 현재 순간으로 돌아올 수 있다.

내적인 일에 초점을 맞추는 일은 일반적으로 환자를 외상의 기억과 정서에 보다 가까이 가게 한다. 이것은 환자가 준비되었을 때 점차적으로 도입할 수 있다. 환자는 외상과 관련된 내적인 경험에 의해 주의가 흐려질 때까지 그 경험에 마음챙겨 주의를 기울일 수 있다. 경험이 너무 강렬해지면 환자는 호흡이나 몸의 편안한 부위에서 휴식처를 찾을 수 있다. 여전히 느낌이 압도적이라면 환자는 주의를 몸과 세계와의 경계, 즉 닿는 감각[觸感]에 주의를 모을 수 있다. 외적인 대상에 대한 알아차림은 안전을 위해 이용할 수 있다. 일단 안정을 되찾게 되면 환자는 내면에서 일어나는 것들로 부드럽게 다시 주의를 돌릴 수 있다. 때로는 경험에 이름을 붙이는 것만으로도'뜨거운 피부' '답답한 위' '강열한 공포' 주의가 가지는 치유의 힘을 잃지 않으면서 외상과 관련 있는 것들로부터 충분한 거리를 둘 수 있다. 마음챙김에 근거한 치료자는 외상 기억과 새로운 관계를 만드는 데에 초점이 있고 열린 알아차림, 내적 그리고 외적인 대상에 대한 알아차림으로 유연하게 작업할 수 있다Miller, 1993; Urbanowski & Miller, 1996.

환자가 어떤 정동에 의해 압도되어 있을 때, 정신에 영향을 주는 약이 필요할지도 모른다. 약이냐 명상이냐medication vs. meditation 하는 논쟁은 주의에 의해 정해진다. 만약 환자가 일상적인 삶에 필요한 활동을 하는 데 충분히 자신의 주의를 조절하지 못한다면—적절하게 집중할 수 없다면—약이 필요할 수 있다.

공식 명상의 특별한 사례

대부분의 임상가는 아마도 환자에게 공식 명상수행을 제안하기보다는 비정규적이며 일상적인 마음챙김 수행을 심리치료에 도입할 것이다. 그럼에도 불구하고 어떤 환자에게는 공식 명상이 심리치료의 유용한 보조수단으로 활용될 수 있다. 1970년대부터 시작된 명상을 주제로 한 방대한 심리학적 연구물들을 보면, 명상은 자율적인 자기 조절self-regulation 전략으로써 혹은 자기 자각을 향상시키는 데 효과적으로 사용될 수 있다고 한다Bogart, 1991; Burnard, 1987; Craven, 1989; Deatherage, 1975; Delmonte, 1986, 1988; Engler, 1986; Epstein & Lieff, 1981; Kutz et al., 1985; Kutz Borysenko, & Benson, 1985; Miller, 1993; Shapiro, 1992; Smith, 1975; Urbanowski & Miller, 1996; VanderKooi, 1997.

어떤 환자에게 명상을 권유해야만 할까? 명상에서 효과를 보기 위해서는 규칙적인 수련이 필요하다. 안타깝게도 환자는 그것을 지속하지 못하는 경우가 많다. 델몬트Delmonte, 1988는 하루 두 번, 10~20분 집중 명상을 하도록 배운 외래 환자들 가운데 54%가 24개월 후에 그만두는 것을 발견했다. 외향적이고 덜 신경증적인 환자들이 더 지속했다. 일반인보다는 환자들이 더 지속하는 경향을 보였는데, 이것은 고통이나 혹은 유익함에 대한 기대가 동기를 증진시킨다는 점을 보여 준다. 이것은 왜 MBSR 프로그램에서 만성 통증 환자의 75%가 4년이 지난 후에도 명상을 계속하는지 설명하는 데 도움이 될 것이다. 그러므로 치료자는 환자의 동기를 검토해야 한다.

지루함과 그 결과로 그만두고자 하는 바람wish이 명상수행을 시작할 때 부딪히는 공통적인 장애다. 이것들이 생길 때, 환자는 '지루함' 혹은 '그만두기를 바람'을 알아차림의 대상으로 하도록 지도받는다. 역설적이게도 이것이 수행을 보다 흥미 있게 하는 데 도움이 된다. 또 다른 장애는 자기평가 — "나는 명상을 바르게 하고 있지 않다." —다. 자기평가 역시 알아차림의 대상으로 할 수 있는데, 정해진 시간 동안 자기평가적인 생각이 얼마나 많이 일어나는지 세어 보는 방법이 있다.

환자를 위한 공식 명상을 고려할 때 또 다른 중요한 변수는 자아 강도, 혹은 정서적인 탄력성이다. 명상수행은 역효과를 가져올 수 있다. 인지조절능력이 느슨해졌을 때 보상 작용이 상실되는 환자는 공식 좌식 명상[좌선]을 해서는 안 된다. 예를 들어, 신체기억을 포함한 불안정적인 외상기억들이 표면으로 떠오르거나, 혹은 약한 정도의 자아상실depersonalization 상태가 공황을 유발할 수도 있다. 샤피로Shapiro, 1992의 연구를 보면, 장기간에 걸쳐 마음챙김 수행을 하는 사람들 중 62.9%에게서 집중적인 명상 전후 적어도 하나의 역효과가 있었다고 보고되었다. 이러한 역효과 중 많은 것들이 단순히 예상 가능한 부정적인 마음상태, 즉 초조, 도시 생활에 대한 과민, 혹은 부정적인 성격 특징에 대한 알아차림에 불과하다. 그러나 심각한 역효과도 연구 대상인 27명 중 2명7.4%에게서 보고되었다. 여기에는 우울, 혼란 그리고 심한 떨림 등이 포함된다. 흥미롭게도 88%의 수련생들이 집중수행처에서 수행 전 명상의 긍정적 효과를 보고했는데, 3개월의 과정을 끝낸 13명 가운데 12명92%이 긍정적 효과를 보고했다. 부정적 효과를 느꼈던 몇몇 참가자들도 인내를 배울 수 있었다는 등의 긍정적 측면을 느꼈다. 한 수련생은 다음과 같이 얘기했다. "더 깊은 안정에 이르기 위해서 근본적으로 불안정해진다." Shapiro, 1992, p. 65

유능한 명상 지도자는 일시적인 불편함과 해리, 과장, 공포 혹은 환각과 같은 자기 감각의 분열을 구별해 내는 데 도움을 줄 수 있다. 어떤 환자는 자신이 이 어려운 경험을 이겨 내기 위해서는 더 많은 명상이 필요하다고 가정한다한정된 심리학적 이해가 있는 명상 지도자가 종종 이렇게 추천한다. 이는 상황을 더 악화시킬 수도 있다. 인격분열을 경험하는 명상가는 공식 명상을 그만두어야만 하고, 아마도 마음챙기는 육체 운동, 하타 요가, 또는 일과 같이 외적으로 초점을 맞춘 활동에 주의를 기울이는 훈련으로 대치해야 한다.

약한 성격을 가진 사람은 좌식 명상을 통해 주의의 안정이나 내적 경험에 대한 안전한 노출을 길러나갈 수 있지만, 이 경우 명상 시간은 한정되어야 한다. 아마도 몇 분 정도로 짧아야 할 것이다Schmidt & Miller, 2004. 환자에게 고통스러운 기억이 떠오를 수 있다는 사실을—특히 집중적인 마음챙김 명상 동안에—알려 주는 것은 도움이 된다.

어떤 종류의 명상을 제안해야 할까? 집중은 주의를 안정시키고 고요함을 만드는 반면, 열린 알아차림은 우리의 마음이 작동하는 방식에 대한 통찰을 얻게 해 주고 억압된 정신적 내용을 드러내게 해 준다. 집중명상만으로는 일반적으로 단기간의 이완을 촉진하는 데 더 적합하지만, 마음을 어지럽히고 산만하게 하는 생각에 대해 마음챙겨 알아차리는 것은 전혀 이완하는 것이 아닐 수 있기 때문이다.

그럼에도 불구하고 앞에서 논의했듯이, 마음챙김 명상은 심리치료에 매우 효과적인 부가조치일 수 있으며 일반적으로 심리치료에서 추구하는 증상의 완화를 넘어 심오한 알아차림과 자유에 도달하게 해 주는 잠재력이 있다. 경험이 풍부한 마음챙김 명상 지도자인 조셉 골드스틴은 다음과 같이 말한다.

> 보다 섬세한 차원에서 우리가 마음챙김의 특질을 세밀히 검토한다면, 우리는 고통을 아는 무엇을 인지하기 시작한다. 즉, 우리는 의식 그 자체의 본질을 탐구하는 것이다. 명상수행에서 가장 놀라운 측면 중 하나는 우리가 주의를 두는 대상이 무엇이건 간에 앎의 본질—열려 있고 비어 있으며 마음의 알아차리는

본성—은 늘 같다는 것이다. 이것은 알려진 것에 의해서 전혀 영향을 받지 않는다2004, p. 12, 고딕체는 추가한 것임.

명상은 심리치료에서 얻은 결실을 지지하고 보다 깊은 자기탐구를 증진하기 위해서 치료의 마지막에 추천될 수도 있을 것이다.

07
우울증
-삶으로 돌아가기-

스테파니 모건Stephanie P. Morgan

심지어 고통, 슬픔, 절망, 공포의 순간일지라도
매 순간이 중요하고 매 순간이 가치 있고
매 순간을 헤쳐 나갈 수 있는 것처럼 삶을 살아가는 것…….
— 카밧진Jon Kabat-Zin, 1990, p. 11

"그것은 황량하고 생명 없는 사막이다. 나는 지평선 위에서 너를 볼 수조차 없다. 중요한 것은 나도 여기에 온전히 있지 않다는 것이다." 이 환자의 말은 우울증 경험의 중심 요소인 고통, 고립, 퇴행을 보여 주고 있다. 우울증은 정서적인 고통을 회피하기 위하여 경험으로부터 관심을 다른 곳으로 돌리는 것을 의미한다. 이러한 퇴행 때문에 우울한 사람은 직접적인 경험에서만 발견되는 삶을 박탈당한다. 마음챙김은 직접적인 경험으로 돌아가는 훈련이고, 우울한 상태에 대한 도전이다. 이 장에서 나는 치료자와 환자가 어떻게 마음챙김을 통해서 환자의 고통의 핵심으로 다가갈 수 있는지 살펴본다. 마음챙김을 통해서 치료자는 이 치료의 영역에서 친밀한 동반자를 제공받을 수 있고 환자는 곧바로 삶으로 돌아가도록 도움을 받는다.

우울증은 미국 문화 속에 만연해 있다. 미국에서만 1,900만 명의 성인이 우울 장애로 고통을 겪고 있는 것으로 추산된다Narrow, 1998. 현행 연구를 보면 우울증은 생물학적, 심리학적, 사회적 요소에 의한 복합 장애라고 한다National Institute of Mental Health, 2001. 정신약리학에서는 뇌의 화학작용을 통한 생물학에 초점을 맞추고 있는 반면, 심리치료는 우울증의 사회적 · 심리적 차원에 역점을 둔다. 세 가지 주요 심리치료 접근은 ① 사고와 감정의 부적응적이고 왜곡된 양상을 변화시킴으로써 치료하는 인지행동치료Beck, Rush, Shaw, & Emery, 1987, ② 문제 있는 관계에 초점을 맞추는 대인관계치료Markowitz, 2002, ③ 환자의 현재의 경험에 영향을 주는 개인적이고 역사적인 사건을 탐구하는 정신역동치료Blatt, 2004다. 역설적이게도 치료자가 우울증 환자를 치료할 때, 그들의 머릿속에는 경쟁적으로 다가오는 그리스 합창이 종종 들린다. 그 때문에 치료 과정에서 실제적으로 환자와 '함께 있기'가 어려워진다.

우울증은 복잡한 생리심리사회적biopsychosocial 문제이기 때문에, 편협한 이론적 또는 치료과정의 자세는 도전을 받는다. 예를 들면, 정신역동치료 전문가는 기분을 개선하기 위해 육체적 운동 또는 격리 상태를 줄이는 것 같은 행동 변화를 제시하는 것에 대하여 일반적으로 더 이상 주저하지 않는다. 반대로 최근의 인지행동치료자는 의미Westen, 2000와 전이McCullough, 2000에 역점을 두고 있다. 또한 생물학적인 접근과 심리치료학적 접근을 결합시킨 우울증 환자 치료가 연구에 의해 지지받고 있다Arnow & Constantino, 2003; Segal, Vincent, & Levitt, 2002. 마음챙김 이론과 실천은 환자가 고통스러워하는 곳에 함께 있으면서 우울증 환자에게 치료적으로 대응할 수 있는 능력을 증진시켜 준다. 그리고 마음챙김에 근거한 치료법에서 발견할 수 있는 것과 같은 구체적인 치료개입 전략을 구성하기 위한 하나의 모형을 제공함으로써 다양한 치료 학파에 공헌할 잠재력을 가지고 있다.

마음챙김에 근거한 치료

마음챙김은 우울증과 연결된 감정과 행동을 포함하는 정서를 환자들이 조절하게끔 도와주기 위해서 개발된 변증법적 행동치료DBT; Linehan, 1993a의 핵심 요소다. DBT는 임상가에 의해 적용되는 역설적인 치료법paradoxical treatment인데 환자가 자신의 정서적인 경험을 변화시키는 것뿐만 아니라 그들의 정서를 수용하도록 도와준다. 마음챙김은 역설적 수용의 측면이 있으며 노출을 통하여 부정적 정서를 회피하는 일을 감소시킴으로써 실행될 수 있다. 연구 기간 동안 DBT는 경계선 성격장애, 특히 자살극 행동을 하는 환자를 위한 강제적인 치료 양식이었다Bohus et al., 2004; Robin & Champman, 2004. 구체적으로 우울증에 관한 한 연구에 의하면 DBT는 나이든 성인을 위한 효과적인 치료법이라고 지적한다Lynch, Morse, Mendelson, & Robin, 2003.

또 다른 마음챙김에 근거한 접근은 수용과 참여전념 치료다ACT; Hayes, Strosahl, & Wilson, 1999. 현재의 경험에 대한 완전한 수용과 장애물을 마음챙겨 내려놓는 일에 초점을 맞추는 동시에 환자는 삶의 목표를 확인하고 추구한다. 무선적이며 통제된 연구를 통해서 우울증 치료에서 ACT의 효과성에 대한 예비적인 증거를 얻었다Zettle & Hayes, 1986; Zettle & Raines, 1989. 연구 결과를 통해서 ACT의 유효성은 빈도수보다는 부정적인 사고에 대한 신뢰성의 감소에 기인함을 알 수 있었다Zettle & Hayes, 1986.

마음챙김에 근거한 인지치료MBCT는 우울증 치료에서 마음챙김의 포괄적인 통합이다Segal, Williams, & Teasdale, 2002. 그것은 카밧진의 마음챙김에 근거한 스트레스 완화MBSR 프로그램Kabat-Zinn et al., 1990에서 개조된 8주간의 집단 치료이며, 인지행동치료의 요소들을 포함하고 있다. 시걸, 윌리엄스 등은 만성 우울증의 두 가지 보편적 특징인 과잉 일반화된 기억과 반추적인 생각이 마음챙김에 의해 감소되었다는 초기의 연구 성과에 착안했다Teasdale et al., 2000, 2002; Williams, Teasdale, Segal, & Soulsby, 2000. MBCT는 우울한 환자들이 자신들의 생각과 느낌을 객관적 사실이라고 고려하지 않으면서 알아차리도록 분명하게 훈련시켰다. 이를 '탈중심화decentering' 라고 한다. 탈중심화 과정을 통해서 환자는 자신의 생각과 느낌에 대해 덜 회피하고 덜 반응하게 된다.

치료는 통상 치료를 받는 대조군의 치료와 비교하여 8주 프로그램이 끝난 후 60주 동안 3번 또는 그 이상의 우울증 증상 발현에피소드을 보이던 환자 집단에서 44%까지 재발을 줄였다Segal, Williams et al., 2002. 연구가 반복되었을 때 유사한 성공 패턴이 발견되었다Ma & Teasdale, 2004. 시걸, 윌리엄스 등 2002은 가장 효과적이기 위해서 임상가는 개인적으로 마음챙김 수행을 해야 한다고 권한다. 치료자의 마음챙김 수행은 일상생활과 치료 시간에서, 이 장에서 설명된 접근의 초석이다.

마음챙김 원리를 응용한 우울증 접근

임상가가 끊임없이 우울증으로 고통받는 환자와 함께 앉아 있을 때, 우리 모두는 도움이 되는 무언가를 발견하기 위하여 머리를 쥐어짜고 가슴을 여는 경험을 한 적이 있다. 우리는 환자의 고통에 동요된다. 우리의 치료 계획과 계획안은 만족할 만큼 빨리 작동하지 않거나 혹은 전혀 작동하지 않을 수도 있다. 각각의 우울증 증상발현이 더 많은 비슷한 증상발현을 증가시킬 수 있다는 자각과 함께 우리의 다급함은 더 커질 수도 있다McIntyre & O' Donovan, 2004. 환자의 경험의 복잡성과 고통에 유연하게 반응하게 하는 데 마음챙김이 도움이 될 수 있음을 인식하고 있는 임상가의 수가 많아지고 있다Brach, 2003; Epstein, 1998; Magid, 2002; Martin, 1999; McQuaid & Carmona, 2004.

이 장에서 설명하는 접근은 마음챙김 원리를 응용한 것mindfulness-informed이다. 그것은 심리치료자 자신의 마음챙김 수행을 토대로 하고, 일반적으로 뚜렷한 마음챙김 기술을 가르치는 것은 포함되어 있지 않다. 그것은 환자의 필요에 따라 다양해질 수 있는 개인적인 심리치료이기 때문이다. 일련의 계획된 치료 계획안보다도 이 접근은 우울증이 무수한 방식으로 나타나고 복합적인 원인이 있으며, 따라서 각 환자들이 건강하게 되는 길도 독특하다는 이해를 바탕으로 유연성을 요구한다. 윌리엄 스타이론Styron, 1990은 자신의 우울증에 대한 회고록인 『보이는 어둠*Darkness Visible*』에서 "한 사람의 만병통치약은 다른 사람의 함정이 될지도 모른다."p. 72라고 썼다.

여기서 설명하는 접근은 우선적으로 정신역동적 임상 훈련과 마음챙김 수행에서 유래된 통찰을 통합한다. 치료관계의 우선성에 대한 인정, 강력한 치료적 경계boundaries, 그리고 전이에 대한 주의는 정신역동적 뿌리를 보여 준다. 그럼에도 불구하고, 이 접근은 또한 인지치료와 행동주의치료의 개입도 통합하며, 지금 여기에서의 경험에 대한 주의와 치료적 현존에 대해 강조하는 실존적·인본주의적 심리치료의 요소들을 포함한다.

생동감 대 외면함

심리치료실에 들어가 보자. 환자는 앉아서 한숨을 내쉬며 말한다. "나는 우울합니다." 우리는 본질적으로 우울하다는 것이 이 사람에게 무엇을 의미하는지 발견하기 위해 면밀하게 조사하는 질문을 환자와 우리 자신에게 던진다. 우리가 우울증을 보는 첫 번째 렌즈는 **생동감**aliveness이라는 렌즈다. 원인과 증상에 관계없이 환자들은 본질적인 방식에 있어서 삶과의 접촉이 끊어진 느낌인 생동감의 결핍을 경험할 것이다.

우리는 접촉하려고 시도한다. 우울증 환자는 우울의 형태에 관계없이 자신의 경험을 외면하고 있다. '외면함turning-away'은 '경험 회피experiential avoidance'보다 덜 전문적인 표현이며Hayes, Strosahl et al., 1999, 두 가지 이유로 여기서 사용되었다. 첫 번째, 이 용어가 경험에 가깝다. 그것은 한 인간이 느낄 수 있는 경험과 마주하고 있는 모습을 보여 준다. 두 번째, 우울증에서 일반적인 느낌인 포기의 의미를 시사한다. 치료는 외면되어 온 곳을 발견하는 일을 포함한다. 우리는 우울증 환자에게 안전성과 정서적 친밀감을 불러일으키려고 노력한다. 그렇게 해서 필연적인 생동감의 결여를 동반하는 외면의 태도는 극복될 수 있다. 심리치료에서 우리는 바로 경험으로 **향하고**turning toward 경험과 함께 **있도록**be with 제안한다.

마음챙김과 생동감

우리가 마음챙기고 있을 때, 우리는 생동감을 느낀다. 명상 지도자인 반테 구나라타나 스님Gunaratana, 2002의 말씀에서 "당신은 삶의 실제적 경험에 대해 그리고 어떻게 실제로 느끼는지에 대해 더욱 민감하게 됩니다. 당신은 삶에 관해 고상한 생각들을 기르면서 앉아 있는 것이 아닙니다. 당신은 살아 있는 것입니다." p. 38 커피 한 잔을 마음챙겨서 마시는 동안 우리는 손으로 컵의 질감을 느끼고 따스함을 느끼며 향기를 맡고 입술로 컵 가장자리의 두툼함을 알아차리고 입 안에서 맴도는 액체를 경험하며 삼킬 때 독특한 풍미를 맛본다. 우리는 다중감각 경험을 하고 있으며, 이 경험은 많은 차원에서 우리를 일깨운다. 이것이 생기를 주는 것이다.

심리치료자로서 우리는 마음챙김을 통해서, 우울해서 생동감이 결여된 사람에게 우리 자신의 귀와 가슴을 더 잘 기울일 수 있다. 치료자는 마음챙김을 통해 환자가 생각을 다른 곳으로 돌리려는 순간에 마음을 맞추도록 가다듬게 된다. 역으로 마음챙김 수행자들은 임상적 만남에서 삶의 신호들이 드러날 때, 그것을 느낄 수도 있다. 매번 새로운 순간의 잠재성에 대한 알아차림이 있다. 심리치료에서 우리는 누군가의 두근거리는 경험의 맥박을 찾으려 하고, 그 맥박을 더 직접적으로 경험할 때 생기는 어려움이 무엇이든지 그 어려움에서 깊은 만남을 이루게 된다.

통증과 괴로움은 우울증 치료에 항상 따르는 문제다. 통증은 피할 수 없다. 괴로움은 통증을 두려움과 후회로 다루려고 할 때 생긴다. 괴로움의 자세한 내용은 아주 중요하다. 우울증은 독특한 개인의 문제이어서, 그 문제에 있는 역사와 이야기들은 중요하다. 1장에서 논의한 것처럼, 사람들은 '더 좋은 느낌'을 위해서 치료하러 온다. 우울증을 다룰 때 어떤 통증은 완화될 수 있다. 그러나 통증에 대한 변화된 관계 방식만이 궁극적으로 괴로움을 경감시켜 준다. 마음챙겨 알아차릴 때 환경에 관계없이 우리는 삶의 경험과 직접적인 접촉을 가지면서 존재하게 되고 더 생동감을 느끼는 일이 가능하다.

이 장에서는 우울증 치료의 네 가지 초점 영역에 적용된 마음챙김의 유용성을 탐구한다. 네 가지 영역이란 ① 환자 경험에 대한 공동 탐구, ② 자살 충동, 지루함, 적개심에 대한 도전, ③ 치료 관계 그리고 ④ 행위 변화의 촉진이다. 이 영역의 각각에서 마음챙김을 통해 환자와 환자 자신의 경험뿐만 아니라 치료자와 환자 간 접촉의 밀접함을 증가시킬 수 있다. 그럼으로써 환자의 삶에 다시 활기를 불어 넣는다.

마음챙기는 공동 탐구

마음챙기는 주의는 알아차림자각, 현재에 중점을 두는 것 그리고 수용으로 특징된다. 비록 시종일관 마음챙기는 탐구를 시행하는 것은 불가능하더라도, 다음의 질문들에는 마음챙김을 응용한 심리치료적인 연구의 정신이 담겨 있다.

- 바로 지금 무엇이 일어나고 있는가?
- 당신은 지금 일어나는 것과 함께 머물 수 있는가?
- 당신은 지금 일어나는 것 속으로into 숨쉴 수 있는가? 또는 당신은 지금 일어나는 것과 함께with 숨쉴 수 있는가?

마음챙기는 탐구는 환자의 경험에 대하여 미리 처리하거나 가정하지 않으면서 제한을 두지 않는다. 이 탐구는 왜보다는 무엇에 초점을 둔다. 그것은 무엇이 일어나든 태연하게 주의를 기울이는 태도다. 젠들린Gendlin, 1996의 육체적인 '감각 느낌felt-sense'에 초점을 두는 기술처럼, 마음챙기는 주의는 치료적 움직임이 일어나는 영역으로 접근해 가는 것을 촉진한다.

필립 애러나우Aranow, 1998는 치료 개입을 묘사하기 위해서 명상적인 움직임meditative move이라는 신조어를 만들었다. 그 움직임에는 해석이나 단순히 "아하!"라고 하는 환자의 감탄사도 포함되는데, "환자는 우리의 모든 정신적 경험과 정서를 향해 연민의 마음으로 분명히 보는 자세를 기르는 데 도움을 받게 된다." 젠들린의 육체적인 '감각 느낌' 은 단지 마음챙기는 주의의 한 영역일 뿐이다. 우리는 주의를 육체적, 이성적, 정서적, 직관적, 행동적, 대인관계의 차원들을 포함하는 경험의 다중 경기장으로 가져갈 수 있다.

자애로운 주의

우리는 임상가로서 수련받을 때, 아마 좋은 구실이 있겠으나 사랑love이라는 단어를 부끄럽게 여겨 멀리한다. 그럼에도 불구하고, 심리치료는 아주 친밀하고 자애로운 만남이 될 수 있다. 심리치료자 폴 러셀Russell, 1996은 말한다. "치료는 사랑 관계다. 뭔가 사랑하는 상태가 '되기' 위하여 노력하는 것은 잘되지 않는다. 잘될 수 있는 유일한 일은 이미 거기 있는 사랑을 느끼는 것이다." p. 13 러셀의 말은 사랑이 우리가 만들어 내는 것이 아니라, 친밀하게 주의를 기울이는 행위에서 발견된다는 점을 시사한다. 성실과 돌봄이 내포된 주의는 사랑의 자질을 가지고 있다. 우리는 신생아나 죽어 가는 사람의 호흡에 주의를 기울이는 것처럼 환자와 함께 앉아 있으려고 노력한다. 그런 주의에는 진정한 따스함과 관심은 물론 고상함과 섬세함이 있다. 임상가로서 그리고 단지 인간으로서, 우리 모두는 이런 방식으로 사람들에게 주의를 기울여 왔다. 그것은 자연스럽게 일어난다. 이 책의 2부에서 논의한 것처럼 주의의 자질은 기를 수 있다. 우리는 더 많은 일과 시간에 온 마음으로 주의를 기울이는 것을 배울 수 있다.

통증의 수용

환자가 처음 상담실에 들어왔을 때, 우리는 "무엇 때문에 왔습니까?" 라고 물을 것이다. 우울증 환자는 흔히 "나는 단지 좋아지기를 원합니다." 라고 대답한다. 내가 앞서 언급한 문제가 이미 생겼다. 다르게 느끼길 원할 때, 환자들은 자신의 실제 경험을 외면한다. 우리는 괴로울 때, 우리 자신을 버린다. 때때로 다음의 질문들에 의해서 명쾌하게 이것을 다루는 데 도움을 받는다.

- 당신은 몸과 마음에서 무엇을 경험하는가?
- 당신이 통증과 맺고 있는 관계의 질은 어떠한가?
- 당신이 지금 느끼고 있는 방식에서 자신에 대한 연민과 이해가 있는가?

보통 이러한 질문들은 당혹스러울 것이다. 통증은 불쾌하기 때문에 환자는 뭔가 다른 것을 느끼려고 노력하고 있다. 환자들이 자신의 경험과 함께 머물게 하기 위해서 우리는 고통에 관하여 묻는다.

환자가 경험의 어떤 면을 설명하면서 자신의 목소리가 작아진다는 것을 알아차리거나 자기를 하찮게 여기는self-dismissal 태도를 관찰함으로써 자신을 포기할 때, 환자와 함께 관찰하는 것은 도움이 된다. 한 환자는 자신의 슬픔에 관하여 질문받을 때에는 습관적으로 무시하면서 더 빠르게 말했다. 내가 관찰했을 때 그는 나의 질문에 대한 반응을 단지 '끝내려고' 하는 것 같았다. 그리고 그는 "우리가 바라보면서 얻을 수 있는 것은 아무것도 없다고 생각합니다." 라고 알려 주었다. 이것은 그의 고통은 회피되어야 할 것이라는 그의 검토되지 않은 전제에 우리가 도전할 수 있도록 해 준다.

이야기의 가치

이야기, 즉 우울로 분투하는 사람의 이야기 형식의 역사는 결정적으로 중요할 수 있다. 환자들의 과거 사건은 항상 현재의 고통에 영향을 준다. 그것은 때때로 환자의 삶에서 중심 인물을 의미하고 그들의 고통을 만든, 명백하게 누군가가 일으킨 사건이다. 우울해진 사람은 종종 자신의 이야기에 관심이 없다. 이것은 회피하는 한 모습이며 자기 포기의 한 형태다. 그것은 지난 일에서 발견될 인생은 없다는 그들의 검토되지 않은 느낌이다. 그들은 충실한 순응의 분위기로 자신의 과거에 대하여 우리에게 말한다. 이것을 관찰함으로써 그들의 삶에 대한 관계를 자각하게 된다. 우리는 함께 이런 태도의 뿌리에 대한 탐구를 시작할 수 있고 포기되었던 영역에 마음챙김의 빛을 비출 수 있다.

수년 전 한 남자가 인생에서 흥미를 잃었다고 호소하며 치료하러 왔다. 이전에 스코틀랜드의 로커비Lockerbie 상공에서 여객기가 폭파되어 추락한 사건이 있었는데, 치료를 시작한 지 몇 주 후에 그는 그 사건으로 큰 상처를 입었다고 말했다. 나는 그 사고로 희생된 죽은 사람의 숫자 때문에 그의 우울증이 더욱 악화되었을 것이라고 추정했다. 그럼에도 불구하고 나는 추락 사고의 어떤 점이 그를 그렇게 힘들게 하였는지를 그에게 물었다. 그는 테러리즘이 교육 주도권을 제3세계로 가져다주려는 잘 의도된 노력의 고발장이라고 느꼈다고 설명했다. 그 사건은 다른 문화에서 계발을 촉진하기 위한 수단으로써의 교육에 그가 전 생애 동안 참여해 온 일의 의미에 의문을 품게 해 주었다. 우리는 그가 생각하는 재앙의 중심적인 의미를 거의 무시하고 있었다.

우리가 마음챙겨 주의를 기울일 때, 환자에게 의미 있는 어떤 것을 미숙하게 제외시키지 않는 섬세함과 개방성이 생긴다. "여기서 우리는 무엇을 가지고 있는가?"라는 진실한 태도와 함께 우리는 누군가와 관계한다. 우리는 과거와 현재 경험의 연구자로서 우리의 환자를 적극적으로 돕는다.

생각은 진실이 아니다

생각은 반박할 수 없는 사실이 아니라는 지혜 그리고 우울증에서 부정적인 생각의 역할은 인지치료의 초석이다Beck et al., 1987. 2장에서 논의했듯이, 생각의 조건 지어진 본질에 대한 이해는 불교 심리학과 서양 심리학이 공유하고 있다. 환자는 종종 생각들이 사실이 아니라는 것을 인식했을 때 자유를 얻는다. 그것들은 단지 생각일 뿐이다.

그러나 사고 논박과 사고 대체에 의해 우울증에 빠지기 쉬운 특정한 사고의 확인에 초점을 둔 전통적인 인지행동 기법들은 일부 환자에게는 한정된 치료 효과만 있었다. "나는 내 생각이 제정신이 아니라는 것을 알고 있습니다." 또는 "나는 내가 왜 이것을 생각하는지 그리고 그것이 왜곡되어 있다는 사실도 알고 있습니다."라고 말하는 사람과 함께 얼마나 자주 마주 앉아 있었음에도 불구하고, 그 통찰을 치료적으로 거의 이용하지 못한 적이 얼마나 자주 있었는가? 시걸 등Segal, Williams et al., 2002은 마음챙김 훈련의 힘에서 환자가 단지 부정적 생각만이 아니라, 모든 생각에 대한 그들의 관계를 근본적으로 변화시키는 잠재성이 있음을 인식했다. 그들은 생각에 빠지지 않고, 그것이 오고 가는 것을 바라보고, 반복적으로 현재의 경험으로 돌아옴으로써 반추하는 생각의 빈도가 감소하는 것을 발견했다.

반추가 환자의 우울증의 한 특징일 때, 다음의 관찰과 질문들은 도움이 된다.

- 당신은 그 생각을 진실이라고 믿는 것처럼 표현했습니다.
- 당신의 기분이 변했을 때, 당신이 다르게 생각하고 있는 것을 알아차렸습니까?
- 당신이 그 생각을 표현할 때 피곤해 보입니다. 당신은 그것 때문에 지칩니까?

느낌은 변한다

느낌이 변한다는 사실은 우울한 사람에게는 큰 위안을 가져다줄 수 있다. 우리가 순간순간의 경험에 더 주의를 기울일 때, 모든 것은 흐른다는 사실이 쉽사리 명백해진다. 육체, 자라나는 어린이 그리고 자연 세계를 통해서 우리는 이 진리를 강력하고 지속적으로 깨닫게 된다. 우울증으로 분투하는 환자는 종종 이 사실을 잊어버린다. 한 환자가 말한다. "나는 이것우울증을 견딜 수 없습니다." 또는 "나는 이것과 함께 살 수 없습니다." 경험 탐색에서 환자는 자신이 바로 지금 어떤 통증이 일어나더라도 어떻게든지 참아내는 것을 본다. 참을 수 없는 것은 그 상태가 결코 변하지 않을 것이라는 두려움이다.

좀 더 섬세한 단계에서 경험에 마음챙겨 주의를 기울이게 되면, 우울증 환자는 '심지어 우울한 동안에도, 그들은 항상 우울증을 경험하는 것이 아니다.' 라는 중요한 통찰을 얻게 된다. 어떤 두 순간도 같지 않다. 수년 전, 에이즈로 죽어가는 친구가 인생의 마지막 몇 주를 남기고 말했다. "너도 알다시피 마음은 놀라워. 나는 이제 마지막 며칠을 남겨 놓고 있어. 어느 순간에는 두렵고, 어느 순간에는 천사들이 오고 있는 것을 느끼며, 또 다른 순간들에는 달콤한 잡담을 즐기고 있어." 만약 우리가 어떤 상태가 단일한 구조를 갖는다고 생각한다면, 우리는 충분히 가까이에서 보고 있는 것이 아니다. 앞서 언급한 것처럼 경험을 과잉 일반화하는 경향은 우울증과 관련되어 있다Williams et al., 2000. MBCT는 이러한 경향에 맞서기 위해서 마음챙김 기술을 가르친다. 마음챙김 원리에 근거한 심리치료 과정에서 우리는 다음의 제안들을 제공함으로써 경험의 변하는 본질에 대한 마음챙김을 촉진할 수 있다.

- 어떻게 지나갔든지, 지난 주 당신이 우울하다고 느끼지 않았던 시간에 대하여 말해 주십시오.
- 바로 지금, 당신의 느낌에 대해서 말할 수 있습니까? 아무리 미묘하더라도 당신 느낌의 어떠한 변화도 알아차리세요.

이것은 섬세한 작업이다. 위기나 손실을 겪고 있을 때, "이것은 변할 것이다."라고 말하는 것은 몹시 비공감적일 수 있다. 적절한 시기가 중요하다. 우리는 누군가 고통스럽더라도 현재 경험에 머무를 수 있도록 도와주기 위하여, 모든 현상의 변하는 본질에 대한 알아차림자각을 기르도록 시도하고 있다. 무엇이든지 발생하고 있는 것과 머물게 되면, 기분이나 마음의 상태는 견고하지 못하다는 사실을 발견하게 된다.

풍요로운 침묵

주어진 순간에 환자의 침묵의 의미와 기능은 한없이 다양하다. 침묵의 순간에 마음챙김을 적용할 때, 우리의 알아차림자각은 말없이 전달되고 있는 것에 더욱 정교하게 맞추어진다. 어떤 침묵은 방어를 위해 세워진 벽처럼 느껴진다. 우리는 직관적으로 이것을 느끼고 환자가 말하지 않는 것에 관해서 말하도록 권유하면서 더 안전한 상황을 만들려고 노력한다. 어떤 침묵은 회피적이거나 방어적이며, 어려운 경험과 함께하는 것에 대한 거절임을 보여 준다. 우리는 이러한 침묵들에 도전한다. 또 다른 침묵들은 분노다. 우리는 그러한 분노를 느낄 때, 그 분노에 대해서 의견을 말한다.

그래도 다른 침묵들은 풍요롭다. 그 침묵은 삶으로 충만하고 동요 없이 가장 잘 남아 있는 뚜렷한 느낌이 있다. 우리는 그들의 침묵 안에서 '존재'를 나르고 있는 누군가와 앉아 있는 것이다. 우리는 이 존재의 활동과 합류한다. 그리고 우리의 말없는 참여는 침묵할 수 있는 그 사람의 자유를 능동적으로 지지하는 것으로 경험된다. 이러한 말 없는 교감의 순간들은 변형적transformative일 수 있으며, 어떤 말도 필요 없다. 그 경험만이 있을 뿐이다.

말로 가득 찬 시간처럼, 치료하는 동안의 말없는 시간은 변할 수 있다. 우리가 누군가와 침묵 속에 둘러싸여 함께 앉아 있을 때, 변하는 하늘을 바라보는 것과 유사한 느낌이 있다. 자유와 풍요를 느끼던 침묵은 무미건조하거나 긴장을 느끼기 시작한다. 가볍고 굽이굽이 흐를 것 같았던 침묵은 갑자기 가득 찬 느낌을 느낀다. 마음챙김은 이들 다양한 침묵의 질감에 우리를 조율시켜 주고, 이러한 순간에 우리가 어떻게 환자와 함께 있어야 하는지 식별하도록 도와준다. 때때로 침묵의 성질을 느끼기 어렵다. 그래서 우리는 말을 해야 할지, 말한다면 무엇에 대해 말해야 할지 방황한다. 이것은 특히 우울증과 연관이 있다. 그 사람은 침묵 속에 외로이 버려졌다고 느낄 것인가? 아니면 움직이거나 머무는 데 자유로움을 느낄 것인가? 우리의 침묵은 관대함으로 경험될까 아니면 무관심으로 경험될까? "침묵이 풍요로운지, 아니면 어떤 면에서는 당신을 방해하고 있는지 의문이 간다."라는 의견은 그러한 질문을 공유한다. 이것은 또한 우리가 함께 길을 찾고 있는 중이라는 사실을 잘 보여 준다. "당신은 같이 있는 것이 필요합니까?"라고 묻거나 또는 침묵의 성질이 변할 것처럼 보인다고 평하는 것은 더 많은 접촉과 탐구를 위한 초대장이 될 수 있다.

우울증의 가슴 찾기

치료는 우울증의 가슴heart을 찾을 것을 요구하며, 환자가 경험하는 이 영역에 자애로운 주의를 기울이게 한다. 마음챙김은 그 일을 수행하기 위한 충분한 힘이 있고 섬세한 도구다. 이론은 인간 경험의 일반적인 지도를 우리에게 제공해 준다는 면에서 도움이 된다. 이론은 우리의 주의가 향해야 할 곳을 아는 데 도움이 된다. 하지만 이론은 무언가 결여되어 있다. 정의상, 이론은 가장 훌륭한 지침이지만 풍경 자체는 아니다.

우리는 순간순간 함께 만들어 가는 경험에 내맡김으로써만 마지막 목적지에 갈 수 있다. 우리는 희미하게 알아차린 어떤 것과 관계하고 동시에 이해의 빛을 밝히려고 노력한다. 이러한 노력으로 마음챙김에 의해 초래되는 일은 경험의 비중, 고통의 깊이, 환자가 홀로 남겨졌다고 느끼며 자신을 홀로 두는 방식들과 함께 현존할 수 있는 능력이 부가된다. 아직 현존이 경험될 수 없을 때, 우리는 현존의 밑그림을 빌리고 오랫동안 참는다. 일어날 사건에 대한 우리 자신의 요구에서 벗어나 우리는 누군가와 앉아 있는 일을 시도한다.

어떤 사람이 이러한 적나라한 방식으로 자신의 경험에 도달했을 때, 그것은 고통스럽다. 우리는 그 경험을 회피해 온 이유를 존중한다. 우리는 단지 절망감hopelessness이나 절망을 이해하는 것이 아니다. 우리는 환자와 함께 그것을 경험한다. 그 사람은 다듬어지지 않은raw 대로 느낀다. 그것은 가슴을 여는open-heart 수술의 한 모습이다.

> 성년기의 대부분을 자살 충동으로 분투해 온 한 중년 남자가 자기 혐오의 깊이와 넓이를 경험하기 시작했다. 한 치료 회기에서 그는 이런 적나라한 방식으로 자기 자신과 대면했다. 그는 양탄자를 내려다 보았다. 그는 위를 보면서 말했다. "나는 당신을 바라볼 수 없어요." 뒤따르는 완전한 침묵의 순간에 분명히 공유되는 그의 분노의 느낌이 있었다. 우리 둘 다 테스트를 받고 있었다. 이 순간에 우리는 나를 대면하지 못하는 그의 상태와 대면할 수 있을까? 우리는 그의 증오를 대면할 수 있을까? 말없는 가운데 그의 경험과 함께 머무는 것은 새로운 기반으로 서서히 나아가는 것이다.

마음챙김은 불확실성의 고통 속에서 우리를 지지해 준다. 토대는 바로 여기에서 우리가 가지고 있는 것임을 신뢰를 통해 개발한다. 생명은 피 속에 있다. 치유는 흐름 속에 있다. 무엇이 일어나더라도 그것과 함께 제대로 숨쉴 수 있는 우리의 능력을 가장 깊게 테스트하는 순간들이 바로 이러한 때다. 정확히 이 깊은 영역 안에 그런 민감성이 있기 때문에, 우리가 함께 앉아 있는 그 사람은 우리가 이것을 느낄 수 있을 정도만큼 느낀다. 우리가 현존하는 분위기 안에서 생명력은 경험된다.

치료적 도전에 대한 마음챙김

우울한 경험으로 특징지어지는 무력감helplessness과 절망감hopelessness은 우울증 환자와 함께 앉아 있는 경험을 반영한다. 3장에서 언급한 것처럼 우리 자신의 경험에서 무슨 일이 발생하든지 완전히 현재에 있을 수 있는 능력 속에서 우리가 성장할 때, 우리는 환자가 가져오는 것이 무엇이든지 그것에 점점 더 열려 있을 수 있게 된다.

참여하는 평정

마음챙기는 현존에서 경험에 대한 우리의 관계는 **참여하는 평정**engaged equanimity의 하나다. 참여하고 있음은 현재에 있는 것, 전심專心할 수 있음을 의미하지, 외면하는 것이 아니다. 그것은 환자의 경험을 공감하고 깊이 이해하기 위한 우리 능력의 초석이다. 우리가 충분히 참여할 때, 우리가 그들에게 주는 영향력을 인식하는 것처럼 환자와 그들의 고통이 우리에게 주는 영향력에 우리 자신을 열어 놓는다.

> 심각한 심리적 외상의 병력이 있는 한 여성이 자신의 아버지가 때리던 일에 대해 자세히 말하고 있었다. 그녀는 한 시점에서 이야기를 멈췄고, 나는 그녀에게 그것에 대해 물었다. 그녀는 나의 얼굴에서 고통을 알아차렸고, 나를 화나게 하고 싶지 않았다고 말했다. 이러한 교환은 그녀에 대한, 그녀와 나누고 있는 나의 감정이 문제가 될 수도 있다는 그녀의 가정을 검토하게 해 준 기회가 되었다. 종종 부모의 감정은 문제가 되는데, 그

것은 그들 자신에게 있는 문제나 그들 자신의 문제가 아니라, 부모가 그들을 책임질 수 없었기 때문이다. 그때 그녀는 나의 표현에서 그녀가 두려움을 느낀 것을 표현할 수 있었다. 내 느낌으로 그것은 그녀와 함께 있기보다는 그녀를 떠날 것이라는 두려움이었다.

순간순간 경험의 흐름을 알아차릴 때, 평정이 길러진다 Salzburg, 1995. 이 평정이 있을 때, 우리는 인생의 부침*에 의해 근본적으로 방해받지 않고 살아갈 수 있다. 평정은 판단하지 않는 개방성, 즉 모든 경험의 궁극적인 효력 workability에 대한 신뢰를 함축하고 있다. 참여와 평정은 서로 조화를 이루어 준다. 평정이 참여와 짝을 이룰 때, 안내받음 없이 상대방의 경험의 깊이 속에서 그 사람과 친밀하게 연결될 수 있다. 우리는 앉은 자리를 떠나지 않은 채 움직인다. 이것이 치유에서 핵심적인 요소가 되는 두 가지 실마리가 공존하는 상태다.

우울증 환자는 참여하는 평정을 유지하는 데 만만찮은 도전에 부딪히는데, 특히 자살충동, 권태 그리고 적개심의 형태로 나타난다. 이러한 도전들에 부딪혀 치료할 때, 우선적이고도 가장 중요한 일은 그 도전에 의해서 '끊어져 버리지 killed off' 않는 것이다. '끊어져 버린다.'는 말은 환자의 공격성을 의미하는 것이 아니다. 만약 우리가 순간에 현존하지 않는다면, 우리는 끊어져 버린다. 순간에 현존하는 것은 가장 진실한 의미에서 함께 살기 live with 위한 능력이며, 바로 이 경험 안에서 삶 또는 생명의 맥

* 인생의 부침(浮沈)을 불교에서는 8세간법(世間法) 또는 팔풍(八風)이라고 한다. 마음을 들뜨게 하는 4가지 좋은 경험과 마음을 침체시키는 4가지 좋지 않은 경험을 할 때 마음은 흔들린다. 8세간법(lokadhammā)은 이익과 손실, 명예와 불명예, 칭찬과 비난, 즐거움과 괴로움이다.(『앙굿따라 니까야』 8: 6; IV 157)

박을 발견하는 능력이다. 그것은 변형적transformative이다.

자살 충동

환자가 자살 시도를 원할 때, 우리는 강렬한 감정을 경험한다. 그 사례의 특수한 성격 때문에 우리는 겁이 나고, 화가 나거나, 자기비판을 느낄지 모른다. 자살 충동은 치료에 대한 고발의 형태로 경험될 수 있다. 치료자가 되기 위한 공식적인 수련 과정에서 이러한 생각이나 느낌들은 역전이countertransference라는 표현으로 막연하게 언급된다. 만약 우리가 그것을 알아차린다면, 아마 우리는 환자와 상호작용에서 그들에게 휘둘리는 일이 줄어들 것이다. 마음챙김 수련은 이러한 알아차림을 확장시켜 주어서 우리가 반응하는 보다 섬세한 단계를 알아차리게 되어 현재에 더 잘 머물 수 있게 된다.

마음챙김을 지니고 즉각적인 반응을 덜 하게 되었을 때, 우리는 보다 쉽게 알아차린다. 위험을 최소화하거나 지나친 관리, 즉 너무 많은 질문을 하고 본질적으로 불확실한 상황을 확실하게 하고자 하는 시도를 통해서 우리는 거리를 둘지도 모른다. 환자는 이러한 변화를 느끼고 결국 마음의 문을 닫아버릴 수도 있다. 이런 일은 환자와 우리 자신 모두에 대한 알아차림을 놓쳐 버렸을 때 일어날 수 있다. 갑자기 치명적인 방식으로 우리가 환자를 놓쳐 버리거나 환자가 우리를 놓쳐 버린다. 아무리 미세하더라도 이러한 움직임은 대인관계의 영역에 충격을 주며, 심지어 환자가 더욱 외롭게 느끼도록 만들 것이다. 그리고 자살 위험은 커진다.

만약 우리가 우리 자신의 두려움으로 혼란에 빠지지 않고 소원해지지 않는다면, 우리는 더 많은 탐구를 할 수 있을 것이다. 역설적으로 우리는 환자의 자살 충동에서 새롭고 결정적인 어떤 것을 발견할 수도 있다. 자살하려는 의도는 무엇인가? 괴로움을 경감하는 것인가? 복수인가? 무력함powerlessness을 견디는 맥락에서 실제적인 선택의 연습처럼 느끼는 것인가? 종종 삶은 우리가 원치 않는 곳에 있을 때에만, 그리고 우리가 듣고 싶어 하지 않는 것을 들을 때에만 발견된다. 우리가 지금 이 순간에 계속 들려오는 소리를 견딜 수 있음을 보여 줄 때, 그리고 굉장히 두려운 경험에 빠져 있는 환자와 함께 있을 수 있을 때, 친밀한 연결이 이어진다. 솔로몬Solomon, 2001은 그 자신의 우울증 일기인 『한낮의 괴물*The Noonday Demon*』에서, "당신은 사랑으로 우울한 사람을 고통에서 끌어낼 수 없다. ……당신은 때때로 그가 머물고 있는 곳에서 그 사람과 함께 그럭저럭 지낼 수는 있다."p. 436라고 적고 있다.

마음챙김은 **활동적인 겸손**의 자질을 촉진한다. 우리가 한 사람의 생명을 구원할 수는 없지만 생명줄이 될 수는 있다. 우리는 궁극적으로 통제할 수 없는 것에 대해서 책임을 져서도 안 되지만, 개인적인 경험에 직접적으로 관계 맺을 때의 책임으로부터 도망가서도 안 된다. 우리의 일은 포기하는 짧은 순간이 일어날 때, 그 외면을 확인하는 것이다.

> 나는 경감되지 않는 우울증으로 애쓰는 한 여성을 떠올린다. 어느 날, 우리 대화가 생명력이 없음을 느꼈고 그녀는 거리감을 느꼈다. 나는 그녀가 방에 있다는 느낌이 별로 들지 않았다고 언급했다. 그녀는 나를 똑바로 바라보며 말했다. "당신이 문제입니다." 그녀는 몇 분 동안 말이 없었다. 그녀는 자살하고 싶지만 나와 무엇을 해야 할지 모른다는 말을 계속했다. 그녀는 나에게 상처를 주고 싶어 하지 않았다. 그녀는 우리가 서로 문제가 된다는 점을 알고 있었다. 우리 사이에는 치밀한 판단이 뒤따랐다. 나를 위해서 생존할 필요는 없다고 그녀에게 말했다. 또한 나의

가장 깊은 느낌은 그녀의 자살이 자유의 표현일 수는 없으며, 우리가 서로 친밀해지려는 관계를 맺고 있는 것은 그녀 자신을 향한 더 확장된 잔인함일 뿐이라고 나는 그녀에게 말했다.

두 사람의 마음과 가슴의 충만한 만남으로 더 깊은 진실에 접근할 때, 우리는 항상 이러한 시간을 보냈다. 5장에서 언급한 것처럼, 인식은 깊어질 수 있고, 연결은 넓어지며, 이러한 순간에 시간과 공간은 삶의 힘과 신비 속에서 확장된다. 무엇인가 발견되거나 창조되거나 기억이 난다. 우리는 누군가와 함께 앉아 있을 때, 더 많은 순간 이러한 기회에 현존하려고 노력하는 중이다. 우리는 스스로 자신을 드러내는 삶 속에 현존하고 있다. 가능성의 원천은 생동감으로 향하는 이러한 공동의 장소에 이르게 된다.

지루함

우리 모두는 어떤 환자들과 함께 앉아 있을 때, 갑작스럽게 카페인에 대한 욕구를 느끼거나 은근히 시계를 훔쳐보는 경험을 해 본 적이 있다. 때때로 우리는 대화 중에 우리 자신을 관여시키려고 하면서 불필요한 질문을 한다. 우리는 '무엇인가 하려고' 시도한다. 이러한 시도 때문에 거짓 만남pseudoencounter, 즉 환자와의 진정한 접촉이 손상되고 만다. 치료자나 환자나 때때로 치료자의 주의를 필요로 하는 받아들일 수 없는 생각이나 느낌으로부터 도망친다. 우리는 스스로 "이 순간에 머무는 것에 무엇이 어려운가?"라고 질문할지도 모른다. 그때 호흡에 대한 마음챙김에 의해 우리는 그 방으로 더 잘 돌아올 수 있다. 호흡이나 의자에 앉아 있는 신체의 느낌과 함께 머물 때, 우리는 적어도 현재 경험의 한 측면과 접촉하게 된다. 이것은 우리가 지루함 때문에 환자로부터 멀어지는 것을 완화시켜 준다.

지루함은 또한 우리가 임상 시간 도중에 어찌할 바를 모를 때에도 생긴다. 우리는 '가야 할 곳' 이나 '환자를 데려갈 곳' 을 모색하고 있다. 우리는 자신에 대한 의심이나 치료 작업에 대한 의심에 사로잡힌다. 만약 우리가 이런 식으로 생각하고 느끼고 있다면, 환자 또한 그렇게 생각하고 느낄 것이다. 반면 그 순간에 진실하게 드러난 것을 말하는 것은 도움이 된다. "나는 우리가 지금 어디에 있는지 확신할 수 없습니다."와 같은 언급은 모호함 속에서 우리를 결합시키는 초청장이다. 만약 우리가 지금 일어나는 것과 함께 머문다면, 그것들은 분명하지는 않지만 매우 생동감이 넘칠지 모른다.

만약 환자가 지루해하기 때문에 우리가 지루해한다면, "당신은 지루해 보이네요. 이 지루함과 함께 있는 것은 어떨까요? 있는 그대로 그것과 함께 머무는 것입니다."라고 우리는 간단하게 말할 수 있다. 현재 순간의 경험에 초점을 맞춘 이러한 탐구는 우울한 사람에게는 도전이다. 실제로 일어나고 있는 일과 함께 있으라는 이러한 초청을 통해서 우리는 우울한 사람의 두 가지 습관, 즉 경험의 회피와 경험하는 대신에 경험에 대해서 반추적 사고에 빠지는 경향성이라는 두 가지 습관에 도전하고 있는 것이다.

오랜 우울증 병력이 있는 한 남자는 처음 몇 번의 치료 회기를 아내의 건강, 그의 재정적 안정, 그리고 환경 파괴에 대한 걱정을 보고하면서 보냈다. 우리가 이런 관심사에 대해서 논의하였음에도 불구하고, 그의 걱정은 누그러지는 것처럼 보이지 않았다. 나는 이에 대해 의견을 말했다. 나는 그에게 고통스럽겠지만 걱정을 하면 그의 실제적 경험에서 멀어지는 효과가 있는지 질문했다. 그는 잠시 한숨 돌린 후에 말했다. "나는 내가 실제로 느끼는 것 속으로 들어가기를 원하지 않습니다. 왜냐하면 훨씬 더 안 좋게 느끼게 될 것이기 때문입니다." 그는 십대 이후로 자살하고자 하는 생각을 가지고 있었다고 했다. 그는 다르게 느낄 수 있다는 희망이 없었기 때문에 이것에 대해 논의하기를 원치 않았다.

우리는 실제로 그의 깊은 고통을 외면하는 형태였던 그의 걱정거리에 대한 이야기를 하면서 거짓 치료pseudotherapy를 해 왔던 것이었다. 그는 자살하고 싶은 감정에 대한 많은 가정을 가지고 있었다. 그러나 수년 동안 이러한 가정을 확인하지 않았다. 지루함은 멈췄다. 그것은 고통스러웠다. 그가 점점 더 깊이 있게 그의 경험으로 향했을 때, 그는 생동감에 이를 수 있게 되었다.

적개심

우울증 환자가 자기 자신과 다른 사람에게 가질 수 있는 격앙된 적개심을 지닌 채 앉아 있는 일은 힘들다. 우리도 분노와 적개심을 느낀다. 환자의 자기비판이 잔인할 정도로 가혹할 때 위험을 느낀다. 우리는 인내를 잃는다. 우리는 어리석은 논쟁에 휘말리게 되는데, 그 논쟁에서 우리는 환자의 자기비판 진술을 논박함으로써 그들을 보호하려고 노력하는 우리 자신을 발견한다.

마음챙김의 도움으로 우리가 그러한 움직임을 자각할 때, 환자와 함께 그것을 알아차리고 그에 대해 탐구하는 것은 유익하다.

자신이 얼마나 무능한지를 한탄하던 매우 영민한 남자를 치료하는 동안, 나는 내 자신이 모순된 자료와 다시 부딪히게 되었음을 발견했다. 이것을 알아차린 후, 나는 내 자신이 그에게 동의하지 않음을 발견했다는 사실과 이것이 도움이 될 것 같지 않다는 것을 언급했다. 그는 웃으며 말했다. "나는 당신이 하는 말이 무슨 의미인지 알고 있습니다. 우리는 전에도 이런 적이 있었잖아요." 나는 우리가 틀에 박힌 춤을 추는 동안에 무언가 빠뜨릴 수도 있다고 말을 꺼냈다. 그는 물었다. "이를테면 어떤 것이지요?" 나는 어떤 의미인지 확신할 수는 없지만, 우리가 어떤 직접적 방식에서 그를 놓쳐 버리고 있다고 말했다. 그의 눈에서 눈물이 솟구쳤다. 그는 잠시 침묵했다. "나는 거기에 아무것도 없다는 것이 두렵습니다." 우리는 그의 불안과 함께 머물렀다. 두려움 속에 삶이 있었다. 한편, 나는 우리가 가야 할 필요가 있는 곳에 대해서는 아무런 느낌이 없었고, 우리가 논쟁하는 가운데 그의 현재 경험으로부터 떠나 있다는 느낌만이 있었다. 지금 일어나고 있는 일을 단지 알아차리는 것만이 그 자신에게 더 가까이 접근하는 일이 되었고 우리의 친밀도는 커졌다.

적개심이 우리에게 향할 때도 힘들다. 이런 경우에는 진실하게 말하는 것이 중요하다. 우리의 의견을 부드러운 어조로 말했을 때, 더 직접적으로 표현한다면 너무 추하거나 고통스러울 것이라는 환자의 느낌에 기운을 불어넣어 준다는 것을 우리는 마음챙김의 도움으로 알아차리게 된다. 환자의 분노나 증오를 수용하는 것은 힘들다. "당신의 증오에 대해서 말해 보세요." 또는 "분노가 일어나면 당신의 몸에서 어떤 느낌이 있는 것 같습니까?"와 같은 질문으로 이전에는 거부되던 느낌이 이해와 연결을 위한 중심 무대 위로 초청된다.

치료 관계의 마음챙김

치료 관계는 끊임없이 변화하는 장場이다. 치료 관계는 단지 개입을 위한 근거나 맥락이라기보다 개입 그 자체다. 치료 관계가 5장의 중심 주제였다면, 나는 이 장에서 치료 관계가 특히 우울증에 얼마나 적절한가에 대해 논의해 보려 한다. 관계적인 치료자relational therapist는 치유 작업의 핵심에 자기 자신 안의 그리고 사람들 사이의 연결 또는 단절의 경험을 둔다Jordan, Kaplan, Miller, Stiver, & Surrey, 1991. 마찬가지로 이 접근은 관계 문제를 우울증을 치료하는 데 핵심적인 것으로 보고, 연결과 단절의 부침浮沈을 조사하고 경험하기 위한 기법으로써 마음챙김을 이용한다.

자신으로부터의 단절

고립은 우울증의 주된 특징이다. 환자는 어떤 방식으로 단절된다. 환자 내부의 그리고 환자들 사이의 이러한 단절의 본질은 다양하고, 이 단절에 대한 환자의 경험은 극도로 개인적이다. 환자와 함께 이 영역으로 들어가기 위해서는 먼저 이 영역을 발견해야만 한다. 마음챙김은 우리가 이 영역에 가까이 다가갈 때, 우리를 조화롭게 해 주는 깊이 있는 경청의 자질을 제공한다.

우울증은 대부분 실제 감정real feeling이 없는 상태다. 심한 우울증을 겪고 있는 한 환자가 몇 달 후에 다음과 같이 고백했다. "내 안에 꽉 닫힌 방들이 있어요. 나는 그 방들 안으로 당신을 들어오게 할 수도 없습니다. 심지어 나조차도 들어가 본 적이 없는 방도 있어요." 그는 감정의 방들에 대해 이야기하고 있었다. 그 감정은 너무 힘들어서 견딜 수 없었던 감정이었다. 역설적이게도, 우울증을 치료할 때는 항상 더 적은 감정이 아니라 더 많은 감정을 필요로 한다. '더 좋게 느끼기 전에 나쁘게 느낄' 필요가 있다는 격언은 우울증에 대해서는 다음과 같이 다시 써져야 할지도 모른다. 더 좋게 느끼기 전에 느낄 필요가 있다.

우울증에서 단절은 항상 고통의 경험을 향해 있다. 폴 러셀은 좋은 치료를 '지금까지 혼자였고 기능부전 상태였던 심리적 공간에 관여하는 것' 으로 묘사한다Russell, 1996, p. 202. 이는 환자의 경험이 무엇이든지 관계의 맥락에서 그 경험을 공유하는 것이 가능함을 시사한다.

> 오랜 우울증으로 분투해 왔던 한 환자가 밤마다 술에 취해서 그의 어머니에게 화내는 아버지를 목격하고 해변으로 도망치려고 뛰쳐나갔던 일을 이야기했다. 나는 "그리고 당신을 쫓아오는 사람은 아무도 없어요."라고 말해 주었다. 그때 그는 누군가 자신을 따라온 적이 한 번도 없었다고 말했다. 이를 계기로 그의 감정이 스스로도 견디기 힘들고 또한 어떤 관계에서도 수용될 수 없다고 그가 가정했다는 사실이 그에게 분명히 드러냈다. 그 후로 그는 더 현실적인 방식으로 그 방에 들어갔다.

한편, 마음챙김 원리를 응용한 치료는 감정의 어느 순간에 생생한 경험과 다시 연결하기 위해 시도되지만 시점이 문제가 된다. 특정한 정신적 외상과 급성 우울증의 경우, 환자가 산만한 감정에 빠져 허우적거릴 때 마음챙기는 주의는 보다 조직화된 서비스로 그 감정에 명칭을 달고 분류하기 위해서 사용된다. 더 자세히 정리하자면, 궁극적으로 환자는 감정에 의해 조정되는 것이 아니라 감정을 가지는 것을 훈련해서 유익함을 얻는다.

치료자로부터의 단절

우리는 마음챙김을 통해 치료 관계를 포함한 경험의 모든 차원에 대해서 더 진실하게 환자에게 질문할 수 있게 된다. 종종 환자는 특히 부정적인 경험일 경우, 그들의 경험으로부터 우리를 보호하려고 노력한다. 이것은 우울증 환자가 가지고 있는 풍요로운 영역이다. 아마도 우리 동료는 느낄 것이다. 이 치료 관계를 통해서 환자는 새롭고 종종 다듬어지지 않은 고통스럽고 외로운 내면의 경험으로 들어가도록 격려받는다. 우리는 그들이 온전한 경험을 하고, 어떤 일이 생기더라도 그것과 함께 숨쉬라고 권유한다.

종종 단절이나 또는 우리가 존재하지 않는 것 같은 느낌이 있다. 역설적이게도, 환자가 우리를 충분히 신뢰하지 않는다는 사실을 공유할 수 있는 그 순간에 신뢰는 깊어진다.

> 한 환자가 얼마나 자신이 결점이 있다고 느끼는지에 대해 이야기하고 있었다. 그녀는 올려다보더니 눈길을 돌렸다. 나는 그 이유를 물었다. 그녀는 "당신은 지금 몸을 앞으로 기울이고 있어요. 하지만 나는 정말로 당신이 나와 함께 있다고 느끼지 못해요." 그러고 나서 그녀는 어릴 때, 어머니의 우울증과 뿌리 깊은 부재의 고통스러운 경험으로부터 항상 어머니를 보호해 왔던 방식들을 연상하였다. 그녀의 표현과 그녀의 단절의 느낌을 내가 받아들일 때 친밀한 연결이 있었다. 그녀가 이 느낌과 함

께 있을 수 있고, 내가 그녀의 감정과 함께 있을 수 있다는 것은 단순하지 않다. 그리고 우리가 그녀의 경험과 함께 있을 수 있다는 것도 단순하지 않았다. 단지 있음과 그 순간을 살고 있음이 있었다. 무엇인가 느슨해질 때, 강한 삶으로 길이 열린다.

열 망

관심과 열망의 결핍은 우울증의 전형적인 증상이다. 깊어진 치료 관계는 종종 욕구나 열망의 어떤 측면을 안전하게 경험할 수 있는 첫 번째 상황이다. 이것은 치료실에서의 새로운 삶의 전조이지만 미묘하기 때문에 놓치기 쉽다. 우리는 종종 완전히 잘못된 장소에서 삶의 징후를 찾는다.

우울증이 있는 중년 남성이 결혼생활 내내 셀 수 없이 많은 불륜에 30년이나 빠져 있었던 아내 때문에 치료를 받으러 왔다. 우리가 치료를 하는 동안, 그와 아내가 아주 다른 욕망의 세계를 경험했음이 분명해졌다. 아내는 자신의 욕망에 따라 살아왔지만, 그는 아무런 욕망도 자각하지 못했다. 치료의 한 회기에서 그 환자는 누군가에게 매료되는 상태에 대해 지나가는 말로 언급했다. 나는 그 이유를 물었다. 그러나 그의 대답에는 그다지 힘이 없었다. 그것이 적기가 아니었던 것인가? 그가 그것을 논의하기에 너무 수줍었던 것인가? 그 치료 회기가 끝날 무렵 그가 치료비를 내기 위해 개인수표를 쓰고 있었을 때, 그는 나를 똑바로 바라보며 말했다. "내가 정말로 좋아하는 게 뭔지 아십니까? 나는 당신이 저 창문을 깨끗이 닦았으면 좋겠어요." 그의 말에서 적대감을 느끼지는 않았다. 이 요구 속에 무언가를 바라는 그의 자유가 있었다. 나는 그것이 그가 나에게 요청한 첫 번째 일이라고 언급했다. 그는 대답했다. "아니요. 작년에 나는 햇빛 때문에 가리개를 내려 달라고 한 번 요청했습니다." 그에게 이 작은 요구들은 강해지는 삶의 첫 번째 요구였고 원하는 것을 갖기 위한 자유였다.

불확실성

우리는 우울증 환자가 가지는 감정의 막다른 골목의 영역 속으로 그들과 동행하려고 시도했다. 정의상, 이 영역은 표시되지 않는 곳이다. 관계적인 영역 또한 표시되지 않는 곳이다. 우리의 환자들은 우리가 지도를 가지고 있고 모든 이정표를 알고 있기를 희망하고 믿으려고 한다. 우리는 그렇지 않다는 사실을 알고 있다. 우리는 단지 길이 발견될 수 있다는 것만 신뢰할 뿐이다. 이 신뢰는 불확실성을 견디는 힘이 강해지면서 깊어진다.

우리는 종종 이 근본적인 사실을 잊어버린다. 때때로 우리는 환자의 고뇌의 힘에 의해서 동요된다. 어떤 관계적 순간들은 절묘하게 만나기 어렵고, 우리가 외면하거나, 피상적으로 대응하거나, 훈련된 대응 속으로 숨는다. 우리는 자신이 상처받는 느낌을 피하기 위해서 "당신은 무슨 생각을 하십니까?"라고 환자에게 되물을지도 모른다.

어린 세 자녀를 둔 어머니인 30세의 여성은 어린 시절 다양한 상실을 경험했고, 매우 우울한 상태로 치료를 받으러 왔다. 몇 주일 후에 그녀는 말했다. "나는 내가 정말로 느끼고 있는 것을 느낄 필요가 있고, 깊이 있게 내 자신을 따라잡을 필요가 있다는 사실을 깨달았어요. 그러나 내가 가만히 있도록 내버려 두지 않는 나를 필요로 하는 세 아이들이 있어요.

어떻게 해야 하죠?" 물론 그녀는 이것이 간단한 문제가 아님을 알고 있었다. 그리고 나는 간단한 대답을 제시하는 것은 적절하지 않다는 사실을 알았다. 조건부 대답을 통해 우리는 어려운 순간을 빠져나가는 데 도움받을지도 모른다. 그러나 그러한 대답 때문에 불확실함이나 거북함 같은 것을 더 생생하게 경험할 기회를 낭비하게 된다. "당신 생각은 무엇입니까?" 또는 "당신 자신에게 무슨 말을 하실 건가요?"와 같은 반응을 보이면 어느 정도 도움이 되겠지만, 이러한 반응으로는 순간의 충만함에 도달하지 못한다. 한편, "나는 당신이 무엇을 해야만 하는지 모르겠어요."와 같은 솔직함은 방어적이 되어 논의를 중단시킬지도 모른다. 나는 그것은 딜레마이고 우리는 '그 모든 진흙탕 한가운데'에 함께 있어야 할 필요가 있다고 대답했다. 설득력 있는 반응은 아니었지만, 그것은 그 순간에 우리가 알지 못했던 모든 것에 대한 알아차림에서 나온 것이었다.

환자의 행동에 대한 마음챙김

자기비판은 우울증의 주요 특징 가운데 하나다. 그것은 자기 판단self-judgement과 식별discernment을 구별하기 위해 환자의 행동을 언급할 때 유용하다. 판단적 사고는 좋은 이유 때문에 나쁜 이름을 얻었다. 즉, 그것은 더 나아간 탐구를 멈추게 한다. 환자는 행동에 대한 자기 판단을 말로 나타내고, 그 때문에 논의는 끝나고 만다. 반면, 식별은 그들이 진실로 있는 그대로 어떤 것을 경험할 때 생기는 지혜다. 마음챙김은 인식하지 못한 경험과 귀결에 알아차림의 영역을 열어둠으로써 식별하는 우리 능력이 강력해지도록 도와준다. 예를 들면, 숨을 들이쉴 때마다 담배 피우는 것을 느끼는 방식과 담배꽁초와 재에 주의를 기울이는 것, 그리고 아마 건강 결과에도 알아차림의 초점이 맞추어질 수 있다. 환자는 자신과 자신의 삶에 대하여 식별하도록 인도받지만, 우리는 그들이 선입견을 가지고 사물을 보거나 믿도록 노력하지는 않는다. 그 대신 우리는 환자가 경험주의자가 되거나 그들의 직접적이고 생생한 경험을 조사하도록 초청하고 있다.

우리가 환자와 함께 행동을 탐사할 때 다음의 세 가지 고려 사항, 즉 ① 의도에 대한 마음챙김, ② 위험행동 자제하기, ③ 자신에게 친절하기 등은 유효하다. 유연하며 호기심을 갖고 존중하는 태도를 지니는 것이 가장 좋다. 그리고 치료의 시초부터 환자가 표현하는 열망에 대한 논의를 연관시키는 것도 좋다.

의도에 대한 마음챙김

치료 첫 회기에서 우리는 유발 인자, 문제 및 고통들에 대하여 전형적인 질문을 한다. 우리는 종종 더 깊은 의도, 욕구 그리고 가치들에 대하여 물어보는 것을 무시한다.

- 당신의 마음속 욕구는 무엇입니까?
- 당신에게 진정으로 중요한 것은 무엇입니까?
- 당신은 어떻게 살기를 가장 원합니까?

환자의 삶이 그들의 마음속 욕구와 얼마나 더 가깝게 조정될 수 있을까? 어떤 이가 자신이 정말로 원하는 것을 더 잘 알아차릴 수 있다면, 행동에 대한 관계방식은 '해야만 하는 일shoulds'과 '해서는 안 되는 일should nots'에서 더 자발적이며 솔선하는 행동으로 옮겨간다.

ACT의 구성 요소 중 하나는 환자가 가치를 분명히 파악하고, 그런 다음 이러한 가치들에 보다 일관된 방식으로 행동하려는 기꺼운 마음을 기르도록 도와준다(Hayes, Strosahl et al., 1999). 목표는 환자가 더 깊은 의도를 가지고 살아가게 하는 것이다. 환자가 행동을 바꾸기 위해 시도할 때 생기는 어려움은 마음챙기는 알아차림을 위한 기회로 환영받는다.

역설적으로, 의기소침해진 환자는 종종 치료상의 일을 하기 전에 '더 좋게 느끼려고' 기다리고 있다. 우리는 다음과 같은 질문을 할 수 있다.

- 당신은 어떤 일을 하려고 선택하기 전에 그것이 하고 싶어지기를 기다릴 필요가 있습니까?
- 우리는 당신의 감정이 변한다는 사실을 알아차려 왔습니다. 당신이 무엇을 할지 결정하기 위해서 그 감정을 당신의 가장 깊은 곳에 가지고 있어야만 합니까?

위험 행동 자제하기

우리는 우울증 환자에게 자기 자신을 해치려는 의도가 있었는지 질문한다. 우울증을 치료하는 임상가가 자연스럽게 자살 방지에 초점을 맞추더라도 연속되는 자해 행위 전체를 고려하는 것은 유용하다. 흔히 환자가 자신의 자해에 대해서 말할 때, 그들에게는 외면하는 경향이 있다. 목소리가 작아지거나 옆을 바라본다. 우리는 그 주제에 대해서 프로그램된 녹음테이프를 듣고 있다고 느낀다. 환자가 말하는 동안, 그의 말에서 생동감이 말라 버리는 것처럼 보였다고 우리는 말할지도 모른다. 우리는 그 문제에 대해서 논의할 때 환자가 어떻게 느끼는지 알아차리도록 도와준다. 결국, 우리는 환자가 자해 행동에 대해서 생동감 있고 비판단적인 알아차림을 기르도록 안내한다.

어떤 사람이 미묘하게 자신을 해칠 수 있는 방법은 사람 수만큼 다양하다. 좀 더 미묘하게, 자기에게 가한 상처를 느끼고 듣는지를 우리는 각 개인에게 질문할 수 있다. 상당히 성공한 세일즈우먼인 한 환자는 일을 과도하게 추진함으로써 모르는 사이에 자신을 해쳤다. 그녀는 자신의 시간과 에너지를 고갈시키고 있는 프로젝트에 끝없이 매달리고 있었다. 그녀가 이런 일에 정성을 들일 때, 그녀는 이 일을 계속하는 것이 고통을 더 키운다는 사실을 알았다. 그녀는 '익명의 과도한 업무 수행자Overextenders Anonymous' * 집단은 꼭 있어야만 한다고 농담을 했다. 그녀는 자신에게 자초된 고통이 계속되는 것을 그만두어야만 한다고 말했다. 이 환자도 다른 사람들처럼 활동 자제하기 개념을 탐구하는 것이 유용했다. 자해 행동 자제하기를 연습하였을 때, 우울증의 두드러진 특징인 자신으로부터의 외면은 감소되었다.

만약 우리가 어려움에 처한 환자와 함께할 수 있다면, 그리고 그들을 각자의 특정한 지옥에 내버려 두지 않는다면, 그들은 새로운 방법으로 무언가를 직접 경험할 수 있는 기회가 있을 것이다. 아마도 그들은 무엇을 할 때 그들이 얼마나 생기 없는지 발견할 수 있을 것이다. 아마도 그들은 자신의 행동에서 유해함과 잔인함을 느낄 수 있을 것이다. 마음챙김은 이전에는 어두운 그림자 속에 있었던 경험의 이러한 면에 빛을 가져다준다. 그 행동은 무감각의 결과이며 무감각을 더 유지하려는 것이다.

우울증 환자는 자해 행동을 잘한다. 그들의 이러한 심각한 자각은 새로운 행동으로의 발전에 대한 절망감의 원인이 된다. 마음챙김 원리를 응용한 모형에서는 이러한 모든 비관적인 생각과 감정들은 단지 정신적인 사

* 알코올 중독을 극복하기 위한 비공식적인 단체인 익명의 알코올 중독자 모임 Alcoholics Anonymous(AA)를 빗대어 만들어 낸 용어로 생각됨.

건일 뿐이다. 그것들은 그것들일 뿐이며, 사람은 다음 순간에 다른 경로를 선택할 수 있다. 다음의 짧은 임상 장면은 이 점을 잘 표현하고 있다.

> 열렬한 기독교 신자인 60대의 지니는 우울증과 심각한 비만 때문에 치료를 받으러 왔다. 지니는 자신의 노부老父를 돌볼 필요성에 대해 이야기하면서 치료 회기를 시작했다. 그리고 재빨리 '너무 끔찍해서 말할 가치조차 없는' 자신의 식습관으로 주제를 바꾸었다. 나는 지니에게 그녀의 식습관이 그녀의 기도 생활에 들어가 있는지 물었다.
>
> 그녀는 대답했다. "그분은 듣기를 원하지 않아요. 나는 뭔가를 할 겁니다. 당신도 할 수 없고, 그분도 할 수 없고, 그것은 누구의 잘못도 아니고 바로 제 잘못입니다. 나는 내 자신이 역겨워요." 나는 지니에게 그 역겨움이 그녀에게 도움이 되었냐고 물었다. 그녀는 "물론 아니죠."라고 재빨리 내 말을 낚아챘다. 그리고 말했다. "잠시 주제를 바꿔도 될까요?"
>
> 그다음에 지니는 재정착을 위해 돈이 필요했던 한 피난민 가족에 대해 이야기했다. 지니는 풍족하지 않은 살림이었지만, 그들에게 상대적으로 많은 기부를 했다. 그녀는 계속 말했다. "하느님이 나에게 말씀하셨어요. 나는 3주 동안 그 말씀을 생각하며 앉아 있었고, 지금도 옳다고 느껴요. 그래서 나는 돈을 보냈고, 기분이 아주 좋았지요. 제정신이 아닌 것처럼 들린다는 걸 알아요. 하지만 나는 정말로 그것을 확인했고 그것은 정말 옳은 일이었어요."
>
> 나는 마치 그녀가 그것에 대해서 진실한 권위와 신뢰를 느끼는 것 같다고 말했다.

지니는 끄덕였다. 나는 만약 같은 방법으로 그녀의 체중 조절을 위한 분투에 하느님을 움직이게 하는 것을 고려해 보면 어떻겠냐고 그녀에게 물어봤다.

"무슨 의미예요?"

나는 그녀가 체중과 관련될 때는 하느님과의 관계를 포기하는 것 같이 보이지만, 그녀는 자신의 삶의 다른 부분에서는 하느님과 친밀하게 연결되어 있는 것 같다고 설명했다.

"음. 나는 한 번도 그렇게 생각해 본 적이 없어요. '그분을 움직이게 하라' 는 것은 어떤 의미죠?"

"그분을 모든 순간에 모셔오라는 걸 의미해요. 많은 방식으로 당신이 하고 있는 것처럼. 당신이 감자 칩에 손을 가져가는 순간 또는 그 후에도, 칩을 먹고 나서 당신 자신을 자책하는 그 모든 순간. 하느님이 이런 순간에 당신과 함께 있도록 하세요."

각각의 순간은 새로운 순간이다. 이 새로운 순간에 우리는 우리 자신을 해치는 것을 삼갈 수 있다. 심지어 우리가 이전에 수천 번이나 이런 방식으로 자신을 헤쳐왔다 할지라도 말이다.

자신에게 친절하기

자해 행동에 대한 자각이 커지게 되면, 마음챙김을 친절한 행동에 적용시킬 수 있다. 심리치료에서 우리는 **친절**이란 말을 멀리해 왔다. 도처에 있는 자기 돌봄self-care이란 말은 감상적이라기보다 의학적이다. 그러나 친절이 전하는 정신이나 치료적 태도의 의미를 자기 돌봄이라는 말이 내포하지 못할 수도 있다. 최근의 심리학 연구 보고서에 따르면, 심리치료, 특히 우울증 치료에서Gilbert, 2001 친절과 연민의 개념이 되살아나고 있다Ladner, 2004.

우리가 자기 자신에게 친절하게 대하는 방법에 대해서 환자들에게 물어볼 때, 우리는 보다 친밀하고 유사 경험experience-near의 방식으로 그들과 관계한다. 우리는 직접적으로 "당신 자신에게 친절을 느끼는 것은 어떤 것입니까?"라고 질문한다. 이 질문 유형은 환자 마음속의 깊은 의도와 일치하는 존재 방식에 대한 자각을 향상시키면서 환자에 대해 많은 것을 드러내 준다. 친절은 순간에 포착될 수도 있다. 심한 유아기 학대의 경험이 있던 한 남자가 어느 날 말했다. "나는 피아노를 치는 동안 존엄을 느껴본 적이 있습니다." 이 말, 그의 말, 존엄은 우리가 함께 치료하는 동안 중요한 지지 포인트가 되었다. 그는 존엄의 느낌을 확인하고 가치를 소중히 하는 것과 그 자신에 대해 부드러워지는 법을 배웠다.

자기 자신에게 친절하기에 대한 순간순간의 알아차림을 개발할 때, 환자는 그러한 행위의 장애물과 직접적인 접촉을 하게 된다. 장애물은 아마 습관적인 사고, 저항, 부정적으로 받아들인 것introject의 내면화, 부정적인 조건, 또는 반복적인 충동을 포함할 것이다. 왜 우리가 자신에게 친절할 수 없는지를 이해함으로써 자유로워질 수 있다. 그러나 단순하지만 마음챙기는 관찰은 우리가 반복적이고 시대 착오적인 행동들로부터 자유를 얻도록 도와줄 수도 있다. 우리는 어떤 순간에서도 친절을 선택할 수 있다. 최근에 이 주제를 탐구하면서 한 환자가 말했다. "나는 채널이나 음량을 바꾸는 매 순간마다 내 어깨를 아프게 했던 방식으로 라디오를 두었다는 사실을 알아차렸어요. 저는 이런 방법으로 매번 수없이 내 자신을 아프게 해 왔지요. 결국 나는 라디오를 옮겼습니다." 매 순간은 친절을 알아차리고 연습할 새로운 기회다.

한 가지 제안

바로 여기 지금 이 순간에 수많은 것들이 발견될 수 있다. 『한낮의 괴물*The Noonday Demon*』에서 앤드류 솔로몬Solomon, 2001은 "우울의 반대는 행복이 아니라 생동감이다."p. 443라고 쓰고 있다. 치료적인 만남 동안에 마음챙김에 의해서 우리가 누군가에게 행복을 줄 수는 없다. 그러나 우리는 환자들이 좀 더 살아 있다고 느끼도록 도울 수는 있다.

08
불안장애
-두려움과 친해지기-

크리스토퍼 거머Christopher K. Germer

우리가 두려워해야 하는 유일한 것은
오직 두려움 그 자체뿐이다.
그것은 퇴각을 진군으로 전환시키기 위해
필요한 노력을 마비시키는,
형언할 수 없고 비합리적이며 정당하지 않은 공포다.
— 루스벨트Franklin Delano Roosevelt의
취임 첫 연설(1933. 3. 4.)

불안장애는 임상가가 활동 속에서 마음챙김 원리를 관찰할 수 있는 분명한 기회를 제공한다. 마음챙김 패러다임에서는 고통을 피하려는 노력에 의해 우리가 고통을 가중시킨다고 가정한다. 불안한 사람은 특히 두려움의 불편을 피하려고 결심한다. 두려운 자극은 뱀단순한 공포, 쇼핑몰광장 공포,

공포, 또는 회사의 파티사회 공포 등과 같이 외적일 수 있다. 또는 마구 뛰는 심장공황장애, 또는 불경스러운 생각강박 장애 등과 같이 내적일 수 있다. 대부분의 불안증 환자는 자신의 공포가 비합리적이라는 걸 인식하고 있지만, 단지 인식만으로는 고조된 각성 기간 중에 회피하거나 도망치는 행위를 바꾸기에 충분치 않다.

마음챙김은 두려움이 생길 때, 그 두려움에 점차적으로 환자의 주의를 돌리기 위한 기법이며, 친근한 수용의 정도를 증진시키면서 그 두려움을 세밀하게 탐색한다. 마음챙김에 근거한 접근은 노출을 포함하는데, 노출은 불안을 효과적으로 치료하는 데 핵심적인 구성 요소다. 환자의 불안에 대한 관계에서 두려운 회피로부터 인내로 그리고 우호적 상태로의 점진적인 변화가 마음챙김 접근의 두드러진 특징이다. 우리는 두려움이 가라앉을 때까지 회피하지 않고 휘말려들지 않음을 배운다.

아마도 인간 역사가 시작된 처음부터 불안을 다루려는 노력을 해 왔을 것이다. 심지어 역사적 인물이며 심리학자였던 붓다도 들리는 바에 따르면, 불안과 그 치료에 대해 말한다.

> 왜 나는 항상 두려움과 공포를 기대하며 사는가? 두려움과 공포가 내게 닥쳐왔을 때, 내 자세를 그대로 유지하면서 그 두려움과 공포를 정복한다면 어찌 되는가? 걷고 있는 동안 두려움과 공포가 내게 닥쳐왔다. 나는 그 두려움과 공포를 정복할 때까지 서지도 않고 앉지도 않고 눕지도 않았다Nanamoli & Bodhi, 1995a, p. 104.

붓다는 노출을 치료로 인식했던 것으로 보인다. 질문받았을 때, 붓다는 노출을 단지 마음챙김의 치유적 측면으로 간주했던 것 같다.

왜 불안 치료는 마음챙김에 근거한 접근을 하는가

간결한 답은 다음과 같다. 불안은 피할 수 없는 것이기 때문에, 불안을 제거하려고 노력하는 것은 결실이 없고 종종 역효과적이다. 불안은 우리를 살아남게 하기 위한 진화를 거치면서 발달되었을 것이다. 두려움은 임박한 위험에 대한 단기 반응인 반면, 불안은 미래에 우리를 위험에 빠뜨릴지도 모를 사건에 대한 염려다. 지각되었지만, 실재하지 않는 위험에 대해 반응할 때 불안은 부적응적이 된다. 그리고 어떤 사람의 기능할 수 있는 능력에 지장을 줄 때는 장애가 된다American Psychiatric Association, 2000.

불안장애가 생기는 데에는 다양한 원인이 있다. 공황장애, 강박 장애와 같은 몇몇 불안장애에는 유전적 요소가 있다Gratacos et al., 2001; Rauch, Cora-Locatelli, & Greenberg, 2002. 비록 반복된 스트레스로 구조적이며 기능적 신경학상의 변화가 일어날 수 있더라도 외상 후 스트레스 장애PTSD와 같은 것들은 더 분명하게 환경적인 것이다Bremmer et al., 1995; Yehuda & Wong, 2002. 이들 모든 장애에 공통적인 것은 불안 경험에 대한 과민성이다. 직접적이거나 또는 간접적이거나 효과적인 치료는 불안 증상에 대한 환자의 반대적인 관계방식을 강조한다.

마음챙기는 알아차림 대 부정적 메타인지

심적인 사건에 대한 사고는 '메타인지Metacognition'로 알려져 있다Flavell & Ross, 1981; Toneatto, 2002. 우리 인간은 가장 단순한 감각 '내 심장이 두근거린다.'부터 가장 넓은 신념 '나는 불완전하다.'까지 우리의 내적 경험을 묘사하면서 끊임없이 막연하거나 메타인지적인 생각에 빠진다. 전통적인 인지행동치료CBT에서는 환자의 왜곡된 사고의 조사를 통해 부적응적인 메타인지를 유익한 메타인지로 대치시키기 위해 노력한다. 왜곡의 예로는 파국적 · 과잉일반화적 · 이분법적인 해석Beck, Emery, & Greenberg, 1985과 자기 자신과 세계에 대한 비합리적인 부정적 신념이나 도식Wells, 1997; Young, Klosko, & Weishaar, 2003이 있다.

불안장애는 부정적 메타인지에 의해 지속된다Toneatto, 2002. 악의가 없는 신체 반응은 위태로운 것"이런!"으로 해석될 수 있고, 그것을 피하기 위해 대응하는 노력은 상황을 악화시킨다. 만약 불안에 대한 환자의 혐오감이 여전히 남아 있다면, 치료자가 증상을 제거하기 위한 시도에 환자를 참여시키는 것은 종종 역효과적이다. '이완-유도 공황' 이 하나의 사례다. 이는 환자가 이완하기 위해 노력하고 있을 때 분출되는 공황이다Borkervec, 1987. 불안이 나쁘다는 믿음은 환자가 이완되었든 스트레스 상태에 있든 간에 공황을 야기할 수 있다.

마음챙기는 알아차림은 마음챙김이 평가'좋다' 또는 '나쁘다'하지 않거나 특별한 심적인 내용에 휘말려들지 않고 참여하는 관찰을 포함한다는 점에서 메타인지와 다르다. 마음챙기는 알아차림은 경험에 대해 단순히 '그래yes' 라고 말한다.

이는 심적인 사건에 관한 생각이라기보다는 오히려 그에 대한 알아차림자각이다. 그러나 몇몇 메타인지적 신념은 유익할 수도 있다. 이는 불교 심리학에서 통찰이라고 부르는 것과 비슷하다. 통찰은 준-메타인지quasi-metacognition로 이해할 수 있다. 이들은 모두 직관적이고 합리적이기 때문에 준準, quasi이며, 심적인 사건에 관한 실제 관찰이기 때문에 메타인지다. 토닛토Toneatto는 마음챙김 수행을 통해 환자의 마음에 나타날 수 있는 많은 유익한 통찰을 확인했다. 그 가운데 다음과 같은 것이 있다. ① 우리 생각의 대부분은 경험을 통해 조건화되며 객관적으로 사실true일 필요는 없다.

② 우리가 좋아하든 좋아하지 않든 간에 일생 동안 즐겁거나 즐겁지 않은 생각이 일어날 것이다. ③ 모든 사고와 느낌은 일시적이다. 그리고 ④ 비록 우리가 사고에 사로잡히더라도 사고는 환영幻影이다—영화 스크린에서 깜박이는 불빛처럼.

불안 치료에 대한 마음챙김에 근거한 접근에는 우리의 사고를 덜 동일시하는 것이 포함된다. 즉, 사건을 일어나는 그대로 수용의 태도로 알아차린다. 예를 들면, 강박적 생각에 대한 전통적인 CBT 접근에서는 그것을 확인하려 하며"나는 심장마비로 죽을 것이다." 그것에 도전하려 한다"그럴까요? 가능성은 어떤가요? 심장 심계항진(palpitation)이 그 밖에 무엇을 의미할 수 있을까요?". 대신에 마음챙김에 근거한 접근은 그것들이 일어났을 때 내담자에게 심장이 두근거리는 느낌과 그와 관련된 사고를 매우 세밀하게 탐색하라고 격려한다"심장이 두근거림……내가 죽을 것이라고 생각함……항상 내가 생각할 때면 더 빨리 뛰는 것 같음……심장박동에 대해 생각함……내가 방금 먹은 피자일 수 있음……". 이는 무서운 영화 필름을 잘라서 개개의 프레임으로 만들고, 검사를 위해 그 프레임들을 부엌 탁자 위에 올려놓는 것과 같다. 영화는 정밀한 조사로 그 소름끼치게 무서운 효과를 잃고 만다. 순간순간을 알아차리는 과정을 통해서 경험의 생생한 사실과 경험 후 곧 끌어낸 두려운 결론을 구별함으로써 그 두려움을 해체시킨다.

불안의 신경생리학적 근거

연구자들은 불안과 그 치료에 대한 신경생리학적 근거를 이해하는 데 흥미로운 진전을 이루고 있다. 양전자 방출 단층 사진 촬영PET을 사용함으로써 슈워츠, 스토셀, 백스터, 마틴 그리고 펠프스Schwartz, Stoessel, Baxter, Martin, & Phelps, 1996는 강박 장애가 있는 환자의 노출과 행동 반응 방지책에 의해 뇌에서 관찰 가능한 변화가 일어난다는 것을 발견했다. 이와 유사하게 CBT도 사회 공포증에서 약제 효과와 유사한 뇌 변화를 일으켰다 Furmark et al., 2002. 데이빗슨Davidson, 2003은 전두엽 피질과 편도체의 기능에 기초한, 접근과 회피 경향에 대한 통합적인 신경생리학적 모델을 개발하고 있다. 8주 이상 훈련한 마음챙김 명상수행자의 전두엽 피질 좌측이 활성화되는 것이 발견되었는데, 그에 상응하여 긍정적 정동도 증가되었다 Davidson et al., 2003.

우리는 뇌 행동에 대한 지식을 심리치료에 창조적으로 적용할 수 있다. 불안할 때 뇌에서 진행되는 것을 이해하는 환자는 한 발 물러서서 생각하는 데 도움이 되고 덜 반응적이게 된다. 제프리 슈워츠Schwartz, 1996는 PET 스캔 관찰을 강박 장애를 위한 마음챙김에 근거한 치료 전략으로 바꾸었다. 그는 환자로 하여금 그것이 단순한 뇌 습관—뇌 잠그기brain lock*—이라는 것을 상기시킴으로써 강박적 생각에 빠지지 않도록 도우며 환자에게 그가 말하는 요점을 증명하기 위해 뇌 사진을 보여 준다.

불안의 생물학적인 경로는 복잡하지만 점차 이해되고 있다Bremner & Charney, 2002; Davis, 1992; LeDoux, 1995, 2000. 감각 입력은 의식적인 자각을 하기 이전에 위험에 대처하기 위해 편도체대뇌피질 바로 아래에 위치에 의해 평가된다. 편도체는 시상하부hypothalamus를 포함한 뇌의 다른 구조에 메시지를 보낸다. 해마는 편도와 가까이 있으며 정서적 기억을 저장한다. 그래서 외상적 기억은 심지어 우리가 의식적으로 위험을 자각하기 전에 또는 단지 위험을 상상할 때 경보를 작동시킨다. 시상하부가 활성화되면 아드레날린과 비아드레날린을 생산하기 위해 부신adrenal gland에 신호를 보내고, 이를 위해

* 슈워츠 박사가 개발한 강박 장애를 스스로 극복하기 위한 방법인 뇌 잠그기(brain lock)는 4단계로 되어 있다. 1단계: 재명명(relabel), 2단계: 재귀인(reattribute), 3단계: 재초점(refocus), 4단계: 재평가(revalue)다. http://www.ocduk.org/2/foursteps.htm 참조〈2011년 6월 1일〉. 이 장의 강박 장애(OCD)를 다루는 부분에서 다시 소개됨.

뇌하수체pituitary gland에 신호를 보내며, 이를 위해 부신피질 자극호르몬을 방출하는 호르몬corticotropin-releasing hormone: CRH을 사용한다. 이러한 연결은 시상하부-뇌하수체-부신HPA의 축으로 알려져 있다. 부신에 의해 분비되는 다른 호르몬은 당질코르티코이드glucocorticoids*라고 하며, 긴급한 행동을 위해 몸을 준비시킨다. 불행히도 HPA 축이 만성적으로 활성화되면 스트레스 관련 장애를 유발할 수 있다. 이 주제에 관해서는 9장에서 좀 더 논의한다.

치료의 순응성 증진

로스Ross, 2002는 불안장애가 가장 일반적인 정신의학적 장애라고 하면서, 불안장애가 있는 미국인이 1,900만 명 정도라고 보고했다. 불안장애로 고통받는 사람의 60~90%는 CBT 그리고/또는 약물치료로 정상적인 삶을 영위할 수 있다. 그러나 이 분야에 인지행동 전략을 적용할 때 유연성의 난점이 발생할 수도 있다.

많은 도전이 있다. 때때로 긴 숙제 때문에 환자는 낙담하기도 한다. 종종 치료자들은 CBT 기법에 대해 충분한 훈련을 받지 못했거나Goisman et al., 1993, 소심한 환자가 두려운 상황에 직면하게끔 돕는 것을 별로 내켜하지 않는다. 환자가 노출 과제를 거부할지도 모른다. 특히 PTSD가 있는 환자는 치료 기간 동안 정서적으로 압도당할 수 있으며, 치료를 그만둘 수도 있다Schnurr et al., 2003. 공황장애에 관한 사실적인 한 연구에서 증상 발현 후 처음 22개월 동안에 광장공포의 단 18%만 회복되었다. 그리고 회복된 광장공포 환자 가운데 60%가 재발했다Keller et al., 1994. 명백하게 이들 환자의 많은 이들이 경험적으로 인정된 치료를 받지 않았다. 그러나 실험실에서

* 당질코티토이드는 부신피질에서 분비되는 스테로이드 호르몬을 말한다.

현장으로 기술을 이전하는 일이란 종종 동반질환comorbid 조건처럼 어려움이 따른다. 동반질환 조건은 예를 들면, 사회적 · 재정적 혹은 건강 염려, 환자의 시간을 많이 요구함, 약물 남용 또는 이차적 이익에서 비롯된 혼합된 동기 등이다. 마음챙김에 근거한 접근이 왜 치료 순응성을 증진시킬 수 있는지 최소한 세 가지 이유가 있다.

첫째, 치료 계획안이 유연하다. 이 접근은 치료 동맹, 환자의 동기, 그리고 환자의 독특한 생활환경을 존중한다. 자신의 독특한 문제 영역을 회피하려는 패턴을 갖고 있는 환자와 협력하여 기법을 선택한다. 치료의 진행예: 마음챙기는 수용은 기법이라기보다는 오히려 치료의 선봉에서 유지된다.

둘째, 치료가 긍정적이며 수용적이다. 현존하는 많은 치료는 결함 모형에 근거하고 있다. 환자는 고쳐야만 하는 잘못을 가지고 있다. 마음챙김에 근거한 접근에서는 현재 무엇이 일어나고 있는가를 인식할 때, 그리고 이완되고 폭넓은 방식으로 그것이 펼쳐지도록 허용할 때, 변화가 일어난다. 치료에서 진전을 이루기 위해서 환자는 판단하기, 그리고 자신에게 맞서 싸우기를 멈추어야 한다. 환자는 자신을 변화시키기 위해 노력을 기울여 왔으나 성공하지 못해서 제일 먼저 치료를 받으러 오게 되었기 때문에 많은 환자에게 이러한 변화에 대한 요구는 분명히 있다. 마음챙김 관점에서 볼 때, 병 그 자체혹은 편치 않음, dis-ease는 단순히 우리가 심적인 내용을 어떻게 붙드느냐 또는 밀쳐내느냐에 대한 반영이다—개인적 결함이 아니다.

불안 치료에 이 접근을 하는 세 번째 이론적 근거는 치료적 적합성이다. 많은 환자가 지금 명상을 하거나 마음챙김 준거틀을 가지고 있는 치료자를 찾고 있다. 치료 동맹이 지속적으로 치료 성과3장 참조와 상호 연관되어 왔으며, 환자에게 맞는 치료가 긍정적인 결과와 관련되어 있음을 보여 준다Devine & Fernald, 1973; Mattson, 1995. 마음챙김에 근거한 치료는 특히 몇몇 환자에게 꼭 들어맞는 치료 패러다임이다.

광장공포를 동반한 공황장애에 대한 마음챙김에 근거한 치료

광장공포를 동반한 공황장애 사례를 이용하여 불안에 대한 마음챙김에 근거한 치료 사례를 제시하고자 한다. 공황이 가장 철저하게 연구된 불안 장애인 데 반해서Antony & Swinson, 2000, 나는 현재 공황장애를 위해 출판된 마음챙김에 근거한 치료 계획안이 하나라도 있을지 모르겠다고 여겼으나 마음챙김에 근거한 불안 치료에 대한 일반적인 치료 지침이 있었다Barlow & Wilson, 2003; Brantley, 2003; Kabat-Zinn et al., 1992; Lopez, 2000; Miller, Fletcher, & Kabat-Zinn, 1995.

1981년 이후, 나는 공황장애의 인지행동치료를 전문으로 해 왔다. 다음에 제시한 치료는 2001년 이후 내가 개발해 온 프로그램으로 최근 마음챙김에 근거한 수련뿐만 아니라 몇몇 친숙한 인지행동 전략을 사용한다. 이는 보통 상대적으로 덜 복잡한 사례에서 완결까지 보통 10~15회의 개인 외래 회기로 구성된다.

치료 구조는 마음챙김에 근거한 인지치료MBCT에서 영감을 받았다. 티스데일Teasdale, 2000의 연구에서 3번 이상의 우울 증상이 발현된 환자 가운데 마음챙김 기술을 배운 환자는 치료받지 않은 통제 집단에 비해 대략 절반 정도만 재발했다. 환경적인 스트레스 요인에 대응하고 있는 듯한 환자들 가운데, 덜 만성적인 환자보다 오히려 만성적이고 반추하는 환자에게 적용할 때 소득이 있었다. 공황을 가진 환자는 빈약한 정서적 균형예기불안, anticipatory anxiety에 대한 위협에 관하여 반추하는 경향이 있기 때문에, 마음챙김은 마찬가지로 공황장애에도 유사하게 도움이 될 수 있을 것이다.

게다가 광장공포를 동반한 공황장애 치료에서 쇼핑몰과 지하철 등의 두려운 외적 상황에 대한 노출로부터 내수용기적interoceptive 노출 또는 현기증이나 두근거리는 심장 등의 공황의 내적 단서에 대해 환자의 과민성을 줄이기까지는 몇 년이 걸린다. 이렇게 외부로부터 내부 자극으로 치료 초점을 바꾸는 것이 마음챙김 수련을 향한 자연적 과정이다. 마음챙김 수련은 특히 마음과 몸의 내면에서 일어나는 경험에 밀착해서 주의를 기울인다.

통찰에 의해 안내된 마음챙김에 근거한 심리치료

이 치료 프로그램은 통찰에 의해 안내된 것insight-guided이다이 접근은 통찰 지향적 치료와 구별된다. 통찰 지향적 치료란 정신역동적 심리치료와 연관되어 있으며, 억압된 사고와 감정에 초점을 둔다. 공황에 대한 특별한 통찰은 발견적인 것으로, 환자가 마음챙김을 강화하도록 안내한다. 다음의 이러한 통찰에 대한 목록은 결코 망라된 것은 아니지만, 공황장애 치료에서 대부분의 임상가가 친숙해야만 하는 공통의 주제를 보여 준다. 나는 마음챙김에 근거한 심리치료자가 개인적 경험을 통해 이러한 통찰을 이해하고, 그리하여 환자와 미묘한 차이를 파악하는 방식으로 논의할 수 있고, 함께 창조된 경험적 훈련에 적용할 수 있기를 바란다.

1. 불안은 인생의 사실이다. 그것은 위험으로부터 우리를 보호한다. 신경체계 속에 각인되어 있고 피할 수 없는 것이다.
2. 우리는 느끼거나 생각하는 때와 장소 그리고 대상을 정확하게 통제할 수 없다. 심적 사건은 종종 우리가 그것을 의식하기 전에 뇌에서 일어난다.

3. 우리의 경험을 통제하거나 피하려고 노력하는 것은 무익한 일이다. 흔히 사태를 더 악화시킨다.
4. 뇌는 실수를 한다. 공황에 빠졌을 때, 위험이 없을 때에도 뇌는 위험을 지각한다.
5. 뇌에 의한 잘못된 경고에 몸이 반응하는 것을 믿을 때 문제가 발생한다. 우리는 두려운 환상 때문에 고통스러워한다.
6. 공황은 결코 영원하지 않다. 시작과 중간 그리고 끝이 있다.
7. 치료는 두려움을 향해 다시 주의를 기울여 두려움이 일어날 때 자세히 탐색하고 두려움과 친숙해지는 점진적인 과정이다.
8. 이 과정은 어떻게 공황에 빠지지 않느냐에 의해서가 아니라 얼마나 불안을 수용하느냐에 의해서 측정된다.
9. 치료란 두려움의 환상을 벗기기 시작하는 것을 의미한다. 두려움은 뇌에서 일어나는 일상적인 심적 사건이 된다.

독자는 공황장애 치료에서 뇌 기능이 강조되고 있음을 알아차렸을 것이다. 그러나 마음챙김 치료는 그러한 요소 없이 진행될 수 있다. 하지만 앞서 언급한 것처럼, 뇌 기능의 역할에 대한 이해를 통해서 환자는 자신의 증상과 좀 더 객관적으로 관계를 맺는 데 도움을 받는다. 그것은 또한 증상을 감소시킨다. "그건 내가 아니야, 그것은 내 뇌야!"

6장에서 제시한 마음챙김에 근거한 기법에서 경험적 훈련이 주로 선택되었다. 이것들은 환자가 보거나 수용하기 어려운 경험이나 우리가 개발하기 위해 노력하는 통찰에 기반을 두고 선정되었다. 대개 환자는 접근하는 방법과 신체감각이나 상황을 좀 더 온전하게 견뎌 내는 방법에 대해서 자기 자신의 아이디어를 가지려 할 것이다. 볼케벡Borkevec, 2002은 우리가 현재 순간에 조심스럽게 주의를 기울일 때, 적합하고 적응할 수 있는 반응이 나타날 것을 기대할 수 있다고 한다.

사 례

만약 환자가 생활에서 기능하는 데 충분한 주의를 조절하지 못하거나 심리치료를 시작할 수 없다면, 마음챙김에 근거한 공황장애 치료에 정신약리학적psychopharmacological 개입이 필요할지도 모른다. 반면, 경험적 회피 또는 노출을 지지하는지 여부에 따라 약물을 평가해야 한다. 여기에 제시한 복합적인 사례는 치료자가 통찰에 의해 안내된 마음챙김에 근거한 접근을 사용하여, 특수한 공황장애가 있거나, 일반적인 불안장애에 있는 경험적 회피를 다루는 방법에 대해 보여 주고 있다. 치료는 ① 평가, ② 몸에 대한 알아차림, ③ 마음에 대한 알아차림, ④ 두려움과 친숙해지기, ⑤ 자신과 친숙해지기, 그리고 ⑥ 재발 방지 등 여섯 부분으로 이루어진다. 이 여섯 부분은 느슨하게 순서대로 진행된다. 마찬가지로 각 부분과 연관된 핵심 통찰, 질문 그리고 연습은 내담자의 환경에 따라 다양하다.

45세의 이탈리아계 미국인인 캐라는 두 아이가 있는 결혼한 여성이다. 그녀는 15세 때 처음으로 공황발작을 경험했는데, 그때 그녀는 마리화나를 피웠으며, 숨을 헐떡이고 죽음을 상상하며 두려움에 몸을 떨면서 뜬눈으로 밤을 보냈다. 이 첫 번째 증상 발현 후, 캐라가 대학에 입학했을 때, 그리고 30세가 되었을 때, 첫째 아이를 낳고 얼마 되지 않았을 때 강한 불안과 공황이 있었으며, 각 증상은 몇 달간 지속되었다. 캐라는 적은 양의 클로노핀Klonopin을 조제받았고, 3명의 다른 치료자에게서 5년 동안 심리치료를 받았다. 그녀의 조건은 악화되었으며, 그녀는 고속도로에서 운전하는 일을 그만두었고 불안 때문에 매달 며칠씩 결근했다. 결국 캐라는 부작용 때문에 약을 끊었고, 심리치료도 그만두었으며, 점점 더 많은 광장공포와 공황발작에 시달리게 되었다.

캐라는 마음챙김에 근거한 치료로 효과를 본 가까운 친구의 추천으로 필자의 사무실을 방문하게 되었다. 캐라는 자신이 살고 있는 지역 밖으로 여행을 할 수 없었고 남편 없이는 쇼핑도 가지 못했다. 그녀는 평균적으로 일주일에 2회의 공황발작을 일으켰다. 그녀의 증상에는 빠른 심장박동, 짧은 호흡, 현기증, 가슴의 통증, 메스꺼움, 땀에 젖은 손바닥, 또렷하지 않은 시야, 자아감 상실depersonalization: '자신의 신체에서 완전히 떨어져 나온 상태', 현실감 상실derealization: '영화 세트에 있는 듯한 느낌' 등이 포함되었다. 캐라는 또한 매달 한두 번씩은 야간 공황발작이 있었다. 그녀는 자신이 '약한 사람'이며 아마 치료하기 어려운 경우일 거라고 눈물을 흘리며 속마음을 털어놓았다. 첫 번째 면담에서, 캐라는 자신이 치료를 받는 계기가 된 인생의 어떤 사건도 확인하지 못했다. 그때는 그녀가 첫 번째 공황 발작을 경험한 지 30년이 지난 특별한 시점이었다. 하지만 치료를 받는 도중에, 그녀는 딸이 이제 막 15세가 되었다는 사실을 깨달았다. 이 나이는 캐라가 처음 공황 발작을 경험한 시기였다.

캐라는 비만과 위-식도 역류 질환가슴 통증, 트림, 목 염증을 포함으로 신체적 건강이 비정상이었다. 그래서 그녀는 약을 복용하고 있었다. 그녀는 운동을 한 적이 없었는데, 상승하는 심장박동에 의해 공황발작이 연상되었기 때문이었다. 첫 번째 면담에 앞서 캐라는 심장전문의를 만났다. 그녀는 부작용에 대한 두려움 때문에 생기는 공황을 위해서 약을 먹고 싶지 않았다.

그녀의 인생에 별다른 중대한 스트레스 유발 요인은 없었다. 캐라는 가족과 친구들에게 좋은 지원을 받았으며, 어떤 약물도 남용하지 않았다. 그녀의 가족은 경제적으로 어느 정도 안정되어 있었으며, 두 자녀는 건강했고 그녀도 만족스러운 직업이 있었다.

캐라의 가족력을 보면, 양쪽 부모 집안 모두 우울증과 '신경과민nerves'에 대해 양성적이었다. 3명의 형제자매가 있는 원 가족 중에서 그녀만 불안 때문에 괴로워했다. 캐라는 강하다고 느끼지 않았지만 '강한 사람'처럼 보이려고 항상 노력했다고 말했다. 그녀의 아버지는 그녀가 어릴 때부터 알코올 중독자였는데, 캐라가 울면 그녀에게 "바보 같아." "너무 예민해."라고 말하면서 야단을 쳤다. 캐라는 "내 감정과 전쟁을 시작했다—과도하게 신경썼다."라고 말했다. 그녀의 어머니는 아버지 앞에서는 절대로 울지 못하게 했다.

1회기: 평가와 치료 소개

핵심 통찰

1. 공황을 일으키는 두려운 감각 피하기
2. 공황을 자연스럽게 맞이하기
3. 수용의 지혜

질문

1. 공황을 일으키는 내적 요인은 무엇인가?
2. 공황을 묘사해 보시오.
3. 당신 인생에서 왜 두려움을 받아들일 수 없는가?

실습

1. 마음 흐름 목록을 완성하기

캐라는 1회기의 2시간 동안의 면담에서 앞서 말한 정보를 대부분 이야기했다. 나의 첫 번째 목표는 캐라와 그녀의 분투와 성격에 대해 이해함으로써 공감적인 관계rappo를 형성하는 것이었는데, '어디가 아픈지?' '무엇을 가치 있게 생각하는지?' 를 파악하는 일이었다.

캐라는 강한 사람으로 보이기를 원했기 때문에, 광장공포가 달갑지 않은 것은 명백했다. 내적 요인에 대한 과민과 그녀의 신체에서 일어나는 변화를 참지 못하는 이유는 아마도 그녀의 아버지가 그녀의 민감함을 참지 못한 것에서 찾을 수 있을 것이다. 캐라는 자신의 신체 감각의 상세한 목록을 주었고, 우리는 공황을 일으키는 내적인 요인을 분류하기 시작했다. 그 목록은 ① 두근거리는 심장, ② 가슴의 통증, ③ 질식, 그리고 ④ 호흡이 가빠짐이었다. 가장 파국적인 결말은 항상 죽음이었다. 때로 캐라는 조절하지 못하는 것처럼 보이는 것의 당혹감을 두려워했다. 모든 신체적 반응을 통제하려고 하는 것은 무익하며, 어떻게 두려움에 대한 두려움이 공황의 순환을 지속시키는지, 그리고 어떻게 그녀의 건강에 대한 염려가 그녀의 의사들에 의해 근거 없는 것으로 판명났는지에 대해서 논의했다.

우리는 1회기에서 심리 교육 과정을 시작했다. 그 과정은 증상의 자연스러움을 강조하는 것이었다. 느끼려 하는 자발성이 크면 클수록 불안은 작아진다는 불안과 자발성의 반대 척도inverse scales of anxiety and willingness; Hayes, Strosahl, & Wilson, 1999, pp. 133-134를 사용하여 수용의 개념을 소개했다. 그녀는 시험 삼아서 두려운 통제와 얼어붙은 비활동성보다는 수용이 더 나은 선택이라고 결정했다. 그녀는 자신의 신체가 스트레스를 받을 때 어떻게 기능하는지, 스트레스는 어떻게 강화되는지, 그리고 그녀의 신체의 모든 변화를 어떻게 견뎌야 하는지를 이해함으로써 수용을 기르려고 노력하는 일에 동의했다. 1회기가 끝날 때, 캐라에게 마음 흐름 목록Mind Stream Inventory: MSI을 소개했다. 이 목록은 프로그램의 일부로 필자가 개발한 것이었다. MSI는 기록을 통한 자기 모니터링이다. 캐라에게 적어도 하루에 3번, 불안할 때 또는 바로 그다음에 이어지는 생각, 느낌, 신체의 감각 그리고 행동을 단지 적어 보라고 했다. 이 연습을 통해 환자는 호기심을 가지고 불안 경험을 대하게 된다. 심적 사건을 알아차리고 명칭을 붙이는 것은 환자를 순간순간 알아차림으로 인도한다. MSI는 마음챙김 모니터링 기록Mindfulness Monitoring Record; Roemer & Orsillo, 2002과 유사하다. 하지만 그것은 더 짧은 심적 사건의 더 긴 줄을 붙잡는다.

1회기에서는 치료를 위한 무대를 준비했다. 그 내용은 환자의 병력 알기, 공감적인 관계 형성하기, 치료의 이론적 근거 소개하기, 문제를 객관화하기 위해 심리 교육 제공하기, 마음챙기는 알아차림 실습을 시작하기 위해서 간단한 연습을 소개하기였다.

2회기: 몸에 대한 알아차림

핵심 통찰

1. 뇌는 위험에 대한 잘못된 경고를 한다.
2. 공황은 일시적 상태다.

질문

1. 당신의 신체는 어떻게 두려움을 경험하는가?

실습

1. 3분 호흡 공간(Segal, Williams, & Teasdale, 2002, p. 184).
2. 현재 순간의 감각에 대한 알아차림(먹기, 소리).
3. 바디스캔 명상(Kabat-Zinn, 1990, pp. 92-93).

캐라는 MSI에 있는 대로 순간순간 자세하게 공황이 전개되는 것을 탐색하는 데 약간의 어려움이 있었다환자는 보통 치료받는 동안 여기에서 향상을 보인다. 캐라는 지난 주에 공황 발작이 한 번도 없었다고 보고했다. 그리고 그녀는 숙제를 하기는 어려웠지만 공황 발작이 없었던 것이 숙제 때문인지 분명히 의아하게 생각했다. 그녀는 자신의 공황에 대한 호기심을 키워 가는 것처럼 보였다. 회기 사이에 캐라는 월경 전에 더 불안해지는 것을 알게 되었는데, 그녀는 직장에 가는 도중에 두려움이 커져서 종종 신경성 배탈이 났다.

2시간 동안의 2회기에서 우리는 편도체가 어떻게 감각자극을 이용해서 의식하기 이전에 빠르게 위험을 조사하여 잘못된 경고를 보내는지에 대해 토론했다. 우리는 자세하게 순간순간의 알아차림이 어떻게 작동하는지, 우리가 이 알람을 일찍 인지할 수 있는지, 불안이 공황의 급류로 바뀌기 전에 그것을 작은 물줄기로 붙잡을 수 있는지에 대해 토론했다.

또한 우리는 캐라의 증상 하나하나를 생물학적 관점에서 탐색했다. 캐라가 심장이 두근거리는 것을 두려워하기 때문에, 자기를 보호하는 행위를 준비하는 데 혈압 상승과 심장박동 속도의 적응성의 중요성에 대해서 토론하였다. 그녀의 가슴 통증은 두려움에 반응하는 심근의 긴장 때문이거나 위산 역류 증상이었다. 캐라는 마음챙기는 주의를 통해서 집에서 가슴 통증에 대해서 좀 더 조사해 보는 데 동의했다. 짧은 호흡은 공황증상 발현 동안에 캐라에게 경고하는 증상이었다. 우리는 과호흡 증후군 hyperventilation syndrome과 뇌가 산소와 이산화탄소의 부조화 때문에 혈액 속에 산소가 충분하지 않다는 잘못된 평가를 어떻게 내리는가에 대해서 토론했다.

다행스럽게도 캐라는 회기 동안에 답답한 목과 질식에 대한 공포를 개선했다. 우리는 땅콩 하나를 천천히 마음챙기면서 먹는 연습을 하였다. 캐라는 삼키지 못할지도 모른다는 생각 대신에 맛과 씹는 느낌과 삼키는 일에 주의를 기울임으로써 아주 자연스럽게 삼킬 수 있다는 사실을 배웠다. 그녀의 삼킬 수 없다는 느낌은 두려움에 대한 정신생리학적 반응이었다9장 참조. 이것은 일상생활에서의 마음챙김과 우리가 무엇을 하든지 그 순간에 주의를 기울이는 것의 가치에 대한 더 넓은 토론으로 이어졌다.

캐라는 집에서 몇 번씩 '마음챙기고 땅콩 먹기' 를 할 것에 동의했다. 우리는 그녀의 미래를 향한 두려운 생각에 빠지지 않기 위해서 현재 순간에 초점을 맞추는 이론적 근거에 대해서 토론했다. 우리는 회기 중에 치료실과 그 밖에서 나는 환경의 소리를 마음챙겨 알아차리는 실험을 했다. 두 가지 부가적인 연습을 소개했다. ① 3분 호흡 공간TMBS; Segal, Williams et al., 2002, p. 184은 현재 순간에 그녀의 주의를 묶어 두며, ② 바디스캔 명상BSM; Kabat-Zinn, 2002a은 그녀의 예측할 수 없는 불안을 일으키는 신체를 탐색하고 친숙해지는 데 도움이 되었다. 나는 캐라에게 호흡 공간을 가르쳤고, 그녀에게 지침이 되는 인쇄물을 주었다. 캐라는 또한 바디스캔 명상을 위한 CD도 받았다. 마지막으로 그녀는 MSI를 몇 차례 더 완성하려고 노력할 것에 동의했다.

우리는 그 한 주의 통찰을 요약했다. 공황은 처음과 중간과 끝이 있다. 그것은 자연스럽게 그리고 틀림없이 끝난다. 공황은 우리가 수용한다면 거의 끝난다. 만일 우리가 현재 순간의 감각, 예를 들어 호흡에 초점을 맞추면 공황과 싸우느라 더 공황에 빠지게 되지는 않는다. 감각에 주의를 기울이는 것과 감각과 싸우는 것은 다르다. 더 나아가 대항해서 싸울 것은 아무것도 없다. 왜냐하면 두려움은 어찌되었든지 편도체에 의한 잘못된 경고이기 때문이다. 우리는 안전하게 신체를 관찰할 수 있으며 두려움이 사라지게 할 수 있다.

캐라는 3회기에서 월경 주기가 시작되었고, 두 차례의 야간 공황 발작으로 고통스러웠으며, 직장에서 한 번의 공황발작이 있었다고 보고했다. "나는 내 자신의 몸이 두려워요!" 라고 그녀는 말했다. 그녀는 지금까지

3~5회기: 마음에 대한 알아차림

핵심 통찰

1. 우리는 생각하고 느끼는 것을 통제할 수 없다.
2. 우리는 잘못된 경고와 두려움에 의해 납치당할 수 있다는 사실을 믿는다.

질문

1. 공황에 빠졌을 때, 어떤 생각과 느낌이 자동적으로 생기는가?

실습

1. 마음 흐름 목록(MSI) 완성하기
2. 마음챙김 명상(하루 10분)

1,000번 정도의 가슴앓이 증상발현이 있었으며, 그 가운데 800번은 심장발작이었다고 생각한다는 사실을 알게 되었다. 즉, 그녀는 "녹음 테이프가 내 마음 속에서 '심장발작'을 노래하고 있다."라고 했다. 그 주 내내 캐라는 홀터 모니터 검사Holter monitor test*를 시행한 그녀의 의사가 특히 그녀의 심장은 건강하다고 한 말을 상기하는 실험을 했다. 그 결과 캐라는 조금 진정되는 것 같았다. 그녀는 특히 통증이 어디에 있는지, 통증이 어떻게 식도에서 퍼지는 것 같은지, 다른 사건에 마음을 썼을 때 통증이 어떻게 가라앉는지에 대해서 확인했다. 캐라는 자신의 증상에 마음챙기며 주의를 기울이는 기술을 향상시키고 있었다. 캐라는 바디스캔 명상을 시도했지만, 집에서 두 자녀와 함께 있으면서 시간을 내기란 너무 어려웠다고 말했다아마도 자신의 신체에 대한 두려움 때문에 바디스캔 명상을 위한 시간을 찾기 어려웠을 것이다. 하지만 그녀는 즐길 만한 소리에 주의를 기울여 들었다. 마음챙기고 먹기

* 노먼 홀터(Norman J. Holter)가 발명한 심장 활동 검사.

는 그녀에게 효과가 있었고, 집에서 아마도 10% 정도로 질식의 두려움을 줄이게 되었다. 이러한 전개는 고무적이었다.

우리는 3~5차 회기 동안에 자동적 사고와 느낌에 초점을 맞추었다. 캐라는 불안할 때, 적어도 하루 두 번씩 MSI를 작성했다. 그녀는 다음의 명령을 자신에게 반복해서 말했다. ① "내버려 두자. 그리고 하느님께 맡기자." ② "항복하라." ③ "숨 쉬라!" 캐라는 자신의 공황에 대해서 스스로에게 합리적인 설명을 반복하고 있는 자신을 발견했다. "그건 내 생각일 뿐이고 이런 생각들은 쓰레기더미야!" 그리고 "나는 내 불안을 단지 받아들이고 심장 문제 찾는 일을 그만두어야 해!" 또한 캐라는 '마음-신체를 연결시키기' 위해서 요가 교실을 찾기 시작했다.

치료의 이 국면은 특히 흥미로웠다. 캐라는 자신의 뇌는 단지 오래된 습관을 반복하고 있을 뿐이라고 인식했다. "필 박사Dr. Phil는 생각이 단지 심적 습관일 뿐이라고 말합니다."라고 그녀는 보고했다. 또한 캐라는 자신의 주의가 어떻게 뇌의 잘못된 경고에 의해 납치당하는지와 가슴 통증 때문에 죽을지도 모른다는 예상은 환상이라는 점에 대해서 자세히 알아차리게 되었다. 하지만 그녀는 "나의 두려움이 그렇게 강하고 일그러져 있을 때, 그것이 환상이라고 기억하는 것은 어려운 일이에요!"라고 큰소리로 말했다. 현재 순간에 일어나는 생각을 주의 깊게 탐색한 캐라는 점차 두려움의 환상에서 벗어나기 시작했다. 예를 들면, 한 MSI 순서는 다음과 같았다.

1. 심장이 뜀.
2. 지금은 아니야!
3. 심장마비면 어떻게 하지?
4. 이런.

5. 어깨에서 그것을 느끼고 있나?
6. 점점 나빠지고 있다.
7. 공황에 빠지고 있다.
8. 공황은 위험하지 않다.
9. 나는 이렇게 엉망이다.
10. 나는 이것이 싫다.
11. 내버려 두고 하느님께 맡기자.
12. 너는 괜찮아, 다만 흔들릴 뿐이야.
13. 이가 맞부딪혀 딱딱 소리를 낸다.
14. 끝날 거야. 다만 흔들릴 뿐이야.
15. 배의 움직임을 보라. 호흡은 좋다.
16. 전율.
17. 심장이 뜀.
18. 공황일 뿐이야. 멈출 거야.

캐라는 생각, 느낌, 감각 그리고 행동의 추이를 확인하고 이름 붙이는 능력에서 분명히 향상되고 있었다. 그녀는 공황이 더 악화되기 전에 자신의 경험을 심장마비가 아니라 '공황'으로 인식할 수 있었다는 점에서 고무되었다. 그녀는 자신의 경험의 세부 내용을 순간순간 주의 깊게 관찰할 때, 더 좋은 느낌이 있음을 발견하였다. 이것은 심적 사건의 '역류 upstream'에 대한 마음챙기는 알아차림이 정보처리의 초기 단계에서 어떻게 공황으로 연결되는 과정을 차단할 수 있는지를 보여 주는 한 예다.

캐라는 자녀들이 일어나기 전에 매일 아침 10분씩 공식 마음챙김 명상을 시도하는 데 동의했다. 수련을 탐색하는 데 도움을 주고자 존 카밧진 Jon Kabat-Zinn, 2002b이 만든 CD를 주었다. 또한 캐라는 MSI를 계속 작성하는

6~10회기: 두려움과 친숙해지기

핵심 통찰

1. 치료의 향상은 공황이 얼마나 일어나지 않느냐에 의해서가 아니라, 불안을 얼마나 수용하느냐에 의해서 측정된다.

질문

1. 내 신체에서 다시 안전을 느끼기 위해서 어떤 신체의 감각과 외부 상황을 탐색하고 수용할 필요가 있는가?

실습

1. 마음챙기는 노출
2. 마음챙김 실습(명상, MSI 등)

것도 동의했다. 그녀는 스스로의 힘으로 발견하고 있다고 생각되는 모든 긍정적인 자기 명령self-statement을 글로 적기를 원했다.

이번에는 캐라의 심장 마비 신호인 어깨 통증을 위산 역류의 통증처럼 실재와 같이 재구성해 보았다. 마음챙김 먹기를 반복해서 경험한 결과, 질식의 두려움은 없어졌다. 짧은 호흡은 추가적인 연습 없이 사라지고 있는 것 같았다. 아마도 일반적인 마음챙김의 귀결일 것이다. 공황은 적어도 일주일에 한 번, 임의적으로 계속 일어났다. 하지만 강도가 약해졌고 시간도 짧아졌다.

캐라는 계속해서 매일 10분씩 명상을 했다. 하지만 호흡에 대한 명상이나 복부의 움직임을 알아차리는 명상 때문에 호흡이 짧아지는 것을 발견했다. 이것은 호흡명상에 대해서 걱정하거나 너무 열심히 하는 환자에게 일어날 수 있는 일이었다. 따라서 우리는 그녀의 주의의 대상을 '신체의 고요함'으로 바꾸었다. 명상의 대상은 무릎 위에 조용히 올려놓은 손의 감각이었다. 캐라는 그 수련 덕분에 평온하게 느꼈다고 말했다. 그녀는 느낌이 생겼다가 가버리는 것임을 배웠고, 그녀는 모든 정서적인 변화 속에서도 고요하게 앉아 있는 능력을 갖게 되었다. 캐라는 명상시간을 매일 20분으로 늘렸다. 지침은 단지 그녀의 주의가 그녀의 손에서 벗어날 때, '벗어난 마음을 알아차리는 것' 과 부드럽게 그녀의 알아차림을 신체의 고요함으로 되돌리는 것이었다. 이 연습은 보통 공황 환자에게 적합한 명상이다. 이 연습을 통해 평온함이 생기며 주의는 안정된다.

다음의 마음챙김에 근거한 핵심 통찰은 이때의 치료 국면에서 논의되었다.

1. 불안이 방해가 아니다. 불안과 싸우는 것이 방해다.
2. 두려움의 경험이 없다면, 어떻게 두려움을 내려놓는 연습을 할 수 있겠는가?
3. 요점은 당신의 신체와 마음의 수용 속에서 성장하는 것이지 공황의 극복이 아니다.
4. 치료의 향상은 얼마나 공황이 일어나지 않았는가에 의해서가 아니라, 당신의 인생에서 얼마나 많은 불안을 허용할 수 있느냐에 의해서 측정된다.

환자들은 보통 6회기 때, 두려움 유발 자극에 자신을 노출시키기 시작한다. 두려운 감각을 견디어 내는 것을 배운 결과, 자신을 시험하고자 하는 자연스러운 소망이 생긴다. "그 회의에서 나는 얼마나 오랫동안 있을 수 있는가? 나는 무엇을 경험할 것인가?" 캐라는 수용에 근거한 작업으로써 어떤 도전을 하는 대가에 스스로 과제 점수를 주는 현명한 계획을 가지고 찾아왔다. 그녀는 '한 번에 한 사건씩, 두려움을 수용하는 것을 배우기' 로 결정했다. 캐라는 각 회기마다 점수를 얻기로 나와 계약했다. 그녀는 에어로빅을 하면서 심장이 뛰는 것을 경험해 보는 도전을 했다캐라는 운동을 안 한 지 15년이 지나서야 운동을 좋아하는 그녀 남편이 정말로 도움이 된다는 점을 발견했다. 캐라는 노르딕트랙[제자리에서 달리는 운동 기구]을 사용하여 점수를 모았다. 또한 그녀는 울기, 두려움을 경험하면서 호흡하기, 그리고 다른 사람들에게 자신의 두려움을 고백하기 등을 통해서 점수를 얻었다. 이 모든 것은 보상받는 수용의 이름으로 행해졌다.

캐라는 점차 혼자서 쇼핑하러 가고, 운전해서 딸을 다른 동네로 데려가며, 마지막으로는 에어로빅 클래스에 참가하는 계획을 가지고 찾아왔다. 또한 그녀는 자신에게 말했다. "호흡하라! 신체 증상은 단지 불안뿐이다." 그리고 "그것과 싸우지 마라 — 싸우면 더 악화될 것이다."

11+회기: 자신과 친숙해지기

핵심 통찰

1. 나는 내가 장애가 있다고 느낄 수도 있지만, 나는 또한 건강하다.
2. 우리는 과거의 경험으로부터 계속해서 우리의 세계를 만든다.

질문

1. 받아들이기 가장 어려운 자기 자신에 대한 핵심 신념은 무엇인가?

실습

1. 마음챙김 명상(매일)
2. 다른 마음챙김 수련

이 시기 동안, 캐라는 그녀의 딸에게 두려움의 모델이 되는 것을 그만두고 싶은 '약한 사람' 이었다는 그녀의 신념을 고백했다. 캐라는 『아주 민감한 사람*The Highly Sensitive Person*』Aron, 1996을 읽고 그녀가 가정한 자신의 약점이 또한 강점이 될 수도 있다는 것에 안심했다. 아버지의 성난 꾸지람 속에서 자란 어린 시절 이후, 이것은 새로운 시각이었다. 캐라는 자신의 신체에서 느껴지는 어떤 불편함도 얼마나 깊이 거부했는지를 발견하였는데, 그 이유는 어렸을 때 오직 그녀의 신체감각만이 그녀를 문제에 빠뜨렸기 때문이었다. 그녀는 평온해지려고 애를 쓰는 일이 오히려 흥미 있는 삶의 경험에서 멀어져 가게 하는 것을 보았다.

약한 사람 같은 느낌은 슬픔과 연관되어 있다. 캐라는 관찰했다. "내 딸은 내가 그 아이 나이였을 때를 기억나게 한다. 나는 두렵고 상처받았으며 외로웠다. 나는 그때의 상황보다도 그 느낌들을 더 기억한다." 아버지의 비난 때문에 생긴 약한 느낌은 무섭고, 슬프며, 외롭고, 고통스러웠다. 그리고 이 느낌 가운데 어느 것도 그녀가 '약한 사람' 이었다는 캐라의 핵심 신념을 불러일으킬 수 있다.

자신에 대한 핵심 신념 또는 심리도식은 영, 클로스코 그리고 와이샤르 Young, Klosko, & Weishaar, 2003에 의해 명확하게 설명되었고, 타라 베넷-골먼Tara Bennett-Goleman, 2001에 의해서 마음챙김 접근 속으로 섞이게 되었다. 심리도식은 느낌, 사고 그리고 행동을 같이 얽어놓은 것이다. 우리 대부분은 하나 또는 그 이상의 핵심적 · 비적응적 · 무의식적인 심리도식을 가지고 있는데, 그 심리도식에 의해 외부 세계와 관계하는 방식이 형성된다. 심리도식의 예는 포기, 승인, 추구, 상처 입기 쉬움, 실패, 복종, 권위, 불신, 밀착, 결핍 등이다. 각 환자들은 결국 자기 자신에 대하여 부끄럽고 감추어진 '진실' 을 가장 잘 포착할 수 있는 단어 하나를 발견할지 모른다. 공황장애에서 '결함이 있는' '약한' 또는 '미친' 상태가 일차적으로 의심이 가는 것이다. 자신에 대한 핵심 신념이 확인되고 마음챙겨 관찰될 때까지 치료는 완결된 것이 아니다. 마음챙기는 관찰에 의해 그 신념은 있는 그대로—잘못된 생각으로 보인다. 환자가 자신의 개인적인 역사를 어느 정도 이해하는 것은 이러한 깊은 단계의 수용을 위해서 종종 필요하다. 캐라의 사례에서는 이미 이전의 치료를 통해서 나타났다.

캐라에게 지속적으로 흥미로웠던 다른 마음챙김 기술은 새롭게 발견한 요가 실습, '신체의 고요함'에 대한 명상, 자기 명령특히 "내버려 두자. 그리고 신에게 맡기자.", 그리고 가끔씩 캐라가 불안해질 때의 MSI 등이었다.

종결 회기: 재발 방지

핵심 통찰

1. 나는 항상 내가 원하는 것보다 더 많이 불안할 것이다.
2. 불안은 왔다가 가버릴 것이다.

질문

1. 언제 나는 두려움에 납치당하기 쉬운가?
2. 일상생활에서 나는 어떻게 마음챙김을 기를 것인가?

실습

1. 매일 마음챙김 실습

치료의 마지막 국면에서 공황이 주기적으로 다시 나타날 것임을 인식하는 것은 중요하다. 불안은 피할 수 없고, 공황의 병력을 가지고 있는 사람은 보통 사람보다 유전적으로 더 불안을 경험하기 쉬울지도 모른다. 마음챙김에 근거한 접근의 가정은 공황이 조건화의 결과라는 것이다. 즉, 뇌의 습관이 자동적으로 어떤 맥락에서 다시 나타나는 것이다. 공황이 있는 환자가 공황을 극복했다고 믿는다면, 마음챙기는 주의는 점차 약해지고 공황 습관은 힘을 다해 돌아오게 될지도 모른다.

마지막으로, 치료의 재발 방지 국면에서 환자는 상황이 그들을 공황에 빠지기 쉽게 만든다는 사실을 기억하도록 노력해야 한다. 예를 들면, 캐라는 피곤할 때, 월경 전에, 야외에 있을 때, 그리고 알코올 중독자 아버지가 떠오를 때 쉽게 공황에 빠진다는 사실을 인식했다. 이러한 때는 마음챙김이 약해지고 환자가 두려움과의 싸움으로 돌아갔을 때다. 환자는 자신이 두려움을 수용하는 것을 돕는 가장 효과적인 마음챙김 기술을 기억하도록 격려받아야 한다.

마지막으로, 공황이 있는 환자는 마음챙김 기술을 평생 동안 지니도록 격려받아야 한다. 그러면 불안이 공황장애로 펼쳐지는 것이 줄어들게 된다. 이상적으로는 매일 20분 정도 명상을 실습해야 하지만, 많은 환자들이 명상의 취미를 가지지 못하며, 충분한 사회적 지지를 받지 못한다. 하지만 호흡 알아차림, 일기쓰기, 걷기 명상과 다른 기법6장 참조과 같은 일상생활을 위한 마음챙김 기술들은 보다 쉽게 일상의 정해진 일과 속에 포함시킬 수 있다. 우리 사례에서 캐라는 공황발작이 멈춘 후, 일주일에 한두 번으로 명상의 횟수를 줄였다. 치료가 끝날 때, 캐라가 좋아하던 마음챙김 실습은 현재 순간에 하고 있는 일에 주의 기울이기와 매일 마음챙김 요가를 실습하는 것이었다. 내가 캐라에게 우리의 임상 자료를 이 책에서 사용하기 위해 허가를 요청했을 때, 그녀는 이렇게 말했다. "나는 평생 회피하는 습관을 가지고 살아왔어요. 이 책은 나와 같은 사람들이 수용의 습관을 가지게 도와줄 수 있을지도 모르겠네요."

다른 불안장애

마음챙김에 근거한 치료의 관점에서 다른 불안장애를 간략히 살펴보자. 모든 불안장애를 유지시키는 특징은 내적인 그리고/혹은 외적인 두려움의 단서에 대한 회피다. 고민거리의 원천은 치료 프로그램 설계에 대한 비판이다Craske & Hazlett-Stevens, 2002. 각 불안장애는 불안한 개인과 치료자에게 독특한 도전을 제기한다.

범불안장애

리자베스 로머와 수전 오실로Roemer & Orsillo, 2002는 범불안장애generalized anxiety disorder: GAD 치료 프로그램을 통해 불안에 대한 마음챙김과 수용에 근거한 치료법을 임상 분야에 정면으로 도입했다. 그들의 프로그램은 CBT 속으로 마음챙김과 수용 기법을 통합하는 것에 대한 건강한 논쟁을 촉발시켰다Antony, 2002; Borkovec, 2002; Crits-Christoph, 2002; Craske & Hazlett-Stevens, 2002; Hayes, 2002; Mennin, Heimberg, Turk, & Fresco, 2002; Roemer & Orsillo, 2003; Wells, 2002. 이 치료는 GAD가 있는 내담자의 만연된 걱정에 기반을 둔다. 만연된 걱정은 무언가 미래에 잘못될 수 있다는 걱정, 불특정한 걱정, 많은 심적 잡담을 동반한 걱정, 그리고 편한 잠을 이루지 못하는 수면, 과로, 소심함 그리고 피로 등의 상태라는 것을 표현하는 걱정이다. 이전의 치료법으로는 GAD가 있는 환자 가운데 절반 이하만 도왔다Borkevec, 2002. 로머와 오실로2002는 현재 순간, 알아차림과 수용에 대한 일반적인 태도가 불특정한 불안을 통제하거나 감소시키기 위해 시도하는 GAD 패턴에 대한 해결책이 될 것이라고 주장했다. 만연된 걱정은 주의와 태도에서 점진적인 변화를 요구한다. 그들의 치료 계획안에는 심리교육, 조기 신호 탐지, 마음챙김 기법, 모니터링, 이완 그리고 마음챙김 행동이 포함되어 있다. 로머와 오실로2002의 혁신적인 치료 접근은 현재 경험적으로 시험되고 있다.*

강박장애

강박장애obsessive-compulsive disorder: OCD에서 고통의 원천은 안심하지 못하는 반추적 사고강박관념; obsessions와 일시적으로 고통을 감소시키는 행동강박행동; compulsions이다. OCD가 있는 환자는 어떤 것을 안전하게 만들려고 애쓴다. 강박적 걱정의 한 예로는 '내가 문을 잠갔나?'이며, 강박행위에는 잠자러 가기 전에 세 번이나 문을 실제로 점검하는 것이다. OCD는 공포증, 약물남용 장애, 그리고 우울증 다음의 네 번째로 가장 일반적인 정신의학적 장애다Robins et al., 1984. 비록 환자의 25%가 노출치료를 거부하지만Greist & Baer, 2002, 행동치료실제 상황[in vivo], 노출 그리고 반응 방지와 함께 약물치료가 표준적 치료다.

앞서 언급한 제프리 슈워츠Schwartz, 1996는 마음 챙기는 알아차림과 자신의 신경 영상neuroimaging 연구에 기반을 두고 OCD를 위한 치료계획안을 개발했다.** 이 프로그램은 새롭고, 수행하기가 쉬우며, 생각이나 행동에

---

* 이 책 출판 후, 로머와 오실로는 2005년 11월에 이 분야의 책 한 권을 편집했으며, 2008년 10월, 14년간의 공동 연구성과를 모아 한 권의 책을 저술했다. *Acceptance-and Mindfulness-Based Approaches to Anxiety: Conceptualization and Treatment* (Series in Anxiety and Related Disorders) by Susan M. Orsillo (Editor), Lizabeth Roemer (Editor), Springer, 2005.
  Mindfulness-and Acceptance-Based Behavioral Therapies in Practice(Guides to Individualized Evidence-Based Treatment) by Lizabeth Roemer, Susan M. Orsillo, The Guilford Press, 2008.

** Schwartz, J., & Begley, S. (2002). *The mind and the brain: Neuroplasticity and the power of mental force*의 2장 Brain Lock(pp. 54-95)에 이 치료법의 개발과정이 설명되어 있다. 특히 p. 76 이하에 슈워츠가 1975년 처음 접한 마하시(Mahasi) 위빠사나 수행을 직접 경험하면서, 냐나포니카(Nyanaponika) 테라의 『불교 명상의 핵심(*The Heart of Buddhist Meditation*)』에서 영감을 얻은 과정이 설명되어 있다. 네 가지 R은 OCD 환자에게 마음챙김 기법과 인지행동치료가

대한 반복적인 순환에 자물쇠를 잠그려는 환자의 성향을 표적으로 한다. 슈워츠는 먼저 뇌의 기능과 OCD에 대해서 환자를 교육한다. 그러고 나서 네 가지 R을 제시한다. 즉, **재명명**relabel: "그건 잠기지 않은 문에 대한 것이 아니야. 내 OCD에 대한 것이야.", **재귀인**reattribute: "내 뇌가 이걸 하고 있는 것이지, 내가 아니야.", **재초점**refocus: "왜 유용한 일을 하지 않지? 내 아이가 잠자리에 들었을 때 아이에게 동화 읽어 주기 같은 것 말이야." 그리고 **재평가**revalue: "이 반복적 사고는 방해되며 시간 낭비야." 등이다. 환자는 뇌 활동의 새로운 패턴을 실행하고, 옛 패턴은 소거시키도록 교육받는다. 게다가 환자는 자신을 인질로 붙잡고 있는 사고로부터 탈중심화하는 법을 배우며, 새로운 가능성을 위한 공간을 만든다. 나는 슈워츠의 접근에 대한 통제된 연구 성과를 모른다. 그러나 내 임상적 경험에서 보면, 환자가 그 방식에서 즐거움과 유익함을 얻었다.

사회공포

사회공포social phobia가 있는 사람은 사회적 상황에서 당혹감을 느끼거나 모욕을 당할 수 있다는 가능성 때문에 주로 고통받는다. 사회적인 장소 또는 공연 장소에서 공황 발작이 일어날 수 있으며, 환자는 전형적으로 학교나 데이트 또는 직장과 같은 상황을 피하는 방식으로 대처하는 것을 배운다. 흔히 사람은 '액체에 의한 용기liquid courage', 즉 알코올로 문제를 회피한다. 사회 불안social anxiety을 막기 위해 약을 사용할 수 있으나, 필요할 때 약을 사용하는 것은 회피 행동의 한 형태일 수 있다. 효과적인 치료에는 인지적 재구성위협에 대한 좀 더 사실적인 평가, 노출 그리고 사회적 기술 훈련이 포함된다Cottraux et al., 2000. 대부분의 불안장애처럼, 사회불안에는 유전적 요소가 있다Mancini, van Ameringen, Szatmari, Fugere, & Boyle, 1996.

접목된 치료과정을 보여 주는 한 예다.

사회 불안에 대한 마음챙김에 근거한 접근은 마음챙김에 대한 일반적 기술, 즉 현재의 순간에 몸에서 일어나는 것에 반응하지 않는 수용을 기르기 위한 시도가 될 수 있으며, 그러고 나서 두려움과 특별히 강한 신체 감각에 마음챙김을 적용할 수 있다. 여기에서 환자의 삶의 열망을 기르고, 환자가 자신의 목표를 추구할 때 마음과 몸이 자연스럽게 반응하게 용기를 북돋는 것에 의해서 ACT 접근은 여기에 도움이 될 수 있다. 이 접근은 블록과 울퍼트Block & Wulfert, 2000의 연구에서 CBT와 비교해 행동 회피의 감소에 의한 몇 가지 성공을 보여 준다.

특정 공포

특정 공포specific phobia에는 비행, 고소高所, 피, 뱀, 쥐 그리고 잠재적으로 어떤 다른 자극에 대한 공포가 포함된다. 공포의 기원에는 고전적 조건화, 어떤 일반적 공포에 대한 선천적인 위험에 기인하는 생물학적 준비 상태, 유전적 요인Vythilingum & Stein, 2004, 그리고 무의식적인 갈등이 포함될 수 있다. 실제 상황에서의*in vivo* 노출은 선택의 치료이며, 약은 보통 필요치 않다. 만약 혈액 검사, 비행기 탑승, 엘리베이터가 있는 아파트로 이사하기 등에 직면하는 것이 임박하지 않았다면, 치료자는 오직 특정 공포의 치료를 위해서만 환자를 보는 일은 거의 없다.

마음챙김에 근거한 치료에서는 환자로 하여금 두려움이 기억 속에서 일어날 때 우선 그 두려움 쪽으로 방향을 돌림으로써 노출을 촉진할 수 있다심상적 탈민감화. 그러고 나서 아주 상세하게 그 두려움을 탐색한다. 환자에게 신체적 감각이 일어날 때, 사고의 흐름에 따라 각각의 순간을 묘사하도록 요구할 수 있다. 환자는 도망치고자 하는 의도를 항상 마음챙기게 될 것이며, 회피 반응을 더 탐색하기 위해 잠깐 동안 몸을 억제할 수도 있다. 환자가 심상적으로 이 모든 것을 할 수 있을 때, 환자는 실제 상황에서 똑같이 정밀한 순간순간의 탐색을 시작할 수 있다.

나는 때때로 우리가 현미경을 통해 그 두려움을 바라보기를 원한다고 공포증 환자에게 설명한다. 먼저 우리는 세포조직을 본다. 다음에 세포를, 다음에 분자를, 다음에 전자를, 그리고 전자 사이의 광대한 공간을 본다. 우리가 더 깊이 탐사하면 할수록 우리는 더 작은 두려움을 보게 된다. 두려움이란 우리가 경험을 피상적으로 보는 한에서만 존재할 수 있다.

외상 후 스트레스 장애

미국 인구의 50% 이상이 심리적 외상 사건에 노출된 적이 있다고 통계적으로 예측한다Kessler, Sonnega, Bromlet, Hughes, & Nelson, 1995. 심리적 외상은 외상적 사건이 지속적으로 재경험될 때, 연관된 상황을 피할 때, 그 사람이 정서적으로 마비를 느낄 때, 또는 지속적인 각성 증상이 있을 때 장애가 된다. 외상은 편도체, 시상, 시상하부, 해마, 그리고 뇌간 같은 의식적 또는 언어적 사고에 덜 접근할 수 있는 피질하부 부분에 영향을 미치는 것으로 나타난다Hull, 2002. 외상 후 스트레스 장애posttraumatic stress disorder: PTSD는 위험이 지나간 오랜 뒤에도 생물학적인 준비 상태로 남아서 작동한다.

외상을 입은 사람에 대해 마음챙김과 수용에 근거한 치료의 가장 좋은 예로는 변증법적 행동치료DBT; Linehan, 1993a; Robins, 2002가 있다. DBT는 경계선적 성격장애를 가진 환자를 위한 치료의 표준이다. 그 가운데 많은 사람이 외상의 병력이 있다. 리네한Linehan의 프로그램에서 마음챙김 기술과 고통 인내distress tolerance라는 두 개의 모듈은 수용에 기반을 둔 것이다. 마음챙김 기술에서 환자는 순간순간의 경험을 관찰하고, 서술하고 그리고 참여한다. 그리고 고통 인내에서 환자는 불편에 대해서 행동하지 않고 고통을 참아내는 것을 배운다. 리네한은 다음과 같이 재치있는 말을 한다. "당신은 정신적 환자처럼 느낄 것이다. 그러나 그것이 그런 환자처럼 당신이 행동해야만 한다는 걸 의미하는 건 아니다." Carey, 2004, p. 6에서 재인용

치료자는 외상 환자를 치료할 때 마음챙김을 기술적으로 적용해야 한다. 외상적 기억으로 향하거나 그곳에서 떨어지게 주의를 변경하는 것—주의 조절attention regulation—은 아마도 현재 순간의 요구에 근거한 지혜 기술wisdom skill이라는 표현으로 가장 잘 설명된 것이다. 경험 법칙은 주의의 안정성을 평가하는 것이다. "환자가 압도당하지 않으면서 고통을 경험할 수 있는가?" 외상과 마음챙김 기법에 대해서 더 알고 싶으면 6장 참조. 지적인 이해만으로는 신체-마음속의 외상을 치유하는 데 충분치 못하다. 그러나 반응적인 회피 없이 신체 경험을 마음챙기는 알아차림은 유익할 것이다. 버셀Bessel van der Kolk은 다음과 같이 말한다. 외상 환자는 "기분과 신체 감각 그리고 내면의 신체적 충격에 대한 치료자의 조율된 주의" Wylie, 2004, p. 36에서 재인용를 필요로 한다. 치료자는 환자를 위한 봉사자가 되어야 하며, 환자의 탐구를 돕는 친구가 되어 그들이 마음속으로 느끼는 경험을 신뢰해야 한다.

불안한 환자와 마음 챙기며 작업하기

마음챙김에 근거한 치료에서 불안한 환자와 작업할 때 네 가지 고려해야 할 사항에 대해 간단히 언급하고자 한다.

첫째, 이상적으로는 치료자가 명상수행을 통해서 마음챙김에 대한 개인적인 경험이 있는 것이 중요하다. 환자에게 감정이 나타났을 때, 그 감정을 수용하도록 제안하는 것과 호기심을 갖고 열린 가슴으로 그것들이 변형되는 것을 지켜보면서 강렬한 정서적 어려움과 함께 개인적 경험을

하는 것은 다른 것이다. 만약 치료자가 개인적 경험으로부터의 확신이 있다면, 환자는 자신의 최악의 두려움이 실제로 다룰 수 있는 것이라는 믿음을 갖게 될 것이다.

둘째, 치료자는 목표 지향적 행동과 애쓰지 않음의 역설을 효과적으로 전달할 수 있어야 한다. 마음챙기는 알아차림은 증상 완화의 한 수단이다. 그러나 이를 이루기 위해서는 목표를 전적으로 포기하고 현재에 대한 알아차림에 몰두할 필요가 있다. 어떤 환자는 한때 당혹스러워하며 소리쳤다. "어떻게 단지 더 나아지게 하기 위해서 그것을 하지 않을 수 있나요!" 만약 그것을 일시적으로 중지한다면, 치료 목표가 실제로 성취될 것이라는 믿음을 치료자는 가질 필요가 있다. 치료자는 치료 과정에 집착 없이 참여하는 역할 모델이다.

셋째, 치료자는 분노나 슬픔 같은 부정적 마음 상태를 경험하는 것과 자아 비통합의 차이점을 알 필요가 한다. 마음챙김 실습은 정서적 균형과 고통 완화의 차원에서 하는 것이지 그 자체로 끝은 아니다. 마음챙김 연습은 현명하게 적용하지 않으면 역효과를 초래할 수 있다. 환자들은 경험에 의해 상처받기 때문에 자신의 경험을 피하고 있다. 우리는 이전에 회피하던 두려움에 대한 긍정적 경험을 만들기 원한다. 우리는 환자가 두려움으로부터의from 자유에서 두려움 안에서의in 자유로, 기술적으로 이동하도록 노력하고 있다.

마지막으로, 마음챙김 그 자체는 하나의 기법으로 붙잡을 수 없다. 마음챙김은 표현하기 어려운 존재 방식이다. 공식적인 마음챙김 명상 실습 또는 MSI 같은 우리의 전략적 연습은 단순한 소품이다. 매 순간, 우리의 삶에 깨어 있음은 상당한 의도와 노력을 요구한다. 이는 임의로 쓸 수 있는 것은 무엇이든지 사용하면서, 환자와 함께 공유할 수 있고 우리 스스로의 힘으로 수행하는 평생의 노력이다.

09
정신생리학적 장애들

-고통 받아들이기-

로널드 시걸Ronald D. Siegel

어느 누구도 고통을 좋아하지 않는다. 역사를 통해서 보면, 사람은 그것을 제거하기 위해서 어떤 일이라도 해 왔다. 어찌할 수 없는 몇 가지 신체적 불편함은 있지만, 놀랄 만큼 다양한 의학적인 장애들은 더 좋게 느끼려는 우리의 시도에 의해 실제로 잘 관리되고 있다. 마음챙김 수행은 이러한 조건을 해결하고, 과정 속에 있는 우리 삶을 풍요롭게 하는 데 도움이 될 수 있다.

환자에게 명시적으로 마음챙김을 가르친 최초의 체계적인 치료 프로그램의 하나는 만성 통증을 다루기 위해 설계되었다Kabat-Zinn, 1982. 반면 아직까지 통증이나 병을 치료하기 위해 마음챙김에 근거한 프로그램을 사용한 대규모의 통제된 연구들은 많지 않기 때문에, 이전 자료들에 대한 재검토가 전적으로 권장된다Baer, 2003; Grossman, Niemann, Schmidt, & Walach, 2004. 지난 20년 동안, 마음챙김의 의학적인 적용은 확장되어 왔고, 심리적인 요인이 있는 넓은 범위의 신체적 장애의 치료에 마음챙김 실습이 통합되어 왔다

Goldenberg et al., 1994; Kabat-Zinn et al., 1998; Kaplan, Goldenberg, & Galvin-Nadeau, 1993; Logsdon-Conradsen, 2002; Saxe et al., 2001; Shapiro, Bootzin, Figueredo, Lopez, & Schwartz, 2003; Tacon, McComb, Caldera, & Randolph, 2003.

서양의 담론에서는 매우 익숙한 마음과 신체의 구별 때문에 판단을 그르치기 쉽다. 주관적인 심적 상태는 약물 효과나 운동, 식이요법과 같은 신체적 요인에 의해 영향을 받는다. 역으로 많은 신체적 장애도 심리적 요인의 영향을 받는다. 가장 일반적인 것은 정신생리학적인 장애다. 그 가운데 부정적 정서를 포함하는 일정한 심적 상태가 세포조직에 변화를 일으키고 차례로 증상을 일으킨다. 예를 들면, 두통, 위장 통증, 피부 장애, 그리고 모든 종류의 근육-골격통증이 포함된다. 이러한 장애들은 의학적 · 심리학적 · 행동적 요인들이 서로 뒤섞여 있기 때문에, 임상의는 이 모든 요소들에 대응하는 시도에서 융통성 있고 통합적인 치료개입으로 발전시켜 왔다. 정신생리학적 장애는 마음챙김을 접목시킨 치료가 특히 잘 맞는 것으로 밝혀졌다.

등 감각 프로그램back sense program은 그러한 치료의 하나로, 필자와 동료들이 만성 요통 치료를 위해 명확한 마음챙김 수련 교육과 함께 인지, 정신역동, 행동 그리고 체계적인 치료 개입을 통합하기 위해서 개발한 것이다Siegel, Urdang, & Johnson, 2001. 이 프로그램은 많은 사람들의 장애를 완전하게 해결하기 위해서 재활의학과 심리학에서 최근의 혁신을 가져왔고, 통증 관리를 위해 마음챙김을 활용한 초기 프로그램을 능가하게 되었다. 환자들은 출판된 자가 치료 안내 책자*Back Sense: A Revolutionary Approach To Halting the Cycle of Chronic Back Pain*; Siegel et al., 2001*를 통해서 또는 정신건강이나 재활치료 전문가를 통해서 프로그램에 참여할 수 있다.

---

* 『요통혁명: 통증혁명 실천편』 로널드 시걸 외 공저, 이재석 역, 2006, 국일미디어.

이 장에서는 마음챙김 수행이 정신생리학적 장애를 치료하기 위해서 다른 심리치료적 치료개입과 어떻게 효과적으로 결합될 수 있는지를 설명하면서 이 프로그램에 대해 논의한다. 이 장에서 공식 마음챙김 수련이 환자에게 주는 이득을 탐색하고, 마음챙김 수련에서 추출된 원리들—이완 통제, 불편함 인내하기, 부정적 감정과 함께 머무르기, 그리고 현재로 다시 주의 기울이기—이 어떻게 치료의 다른 요소들을 활성화할 수 있는지 탐색한다. 또한 요통을 치료하기 위한 접근이 어떻게 스트레스와 관련된 광범위한 건강문제를 치료하기 위해서 적용될 수 있는지에 대해서도 논의한다.

진화적 사건

거의 모든 사람들이 산발적 요통을 경험하는 반면, 5백만 명의 미국인에게 만성적인 요통3개월 이상 지속은 시간에 상관없이 삶의 모든 면을 간섭하는 악몽 같은 장애다Agency for Health Care Policy and Research, 1994. 최근까지만 해도 대부분의 정형외과의사들은 그 장애는 진화의 의도되지 않은 결과 때문에 널리 퍼진 것이라고 설명하였다. 무수한 환자들이 들은 이 이야기는 우리 선조들이 직립과 두 발로 걷는 것을 배울 때, 척추가 압박받게 되었다는 것을 설명한다. 척추 디스크척추 뼈 사이의 작은 완충물에 가해지는 압력이 증가하고, 척추의 다른 조직은 아마도 손상이 되었을 것이다.

놀랍게도 최근 연구는 의사와 환자 모두에게 이러한 생각에 문제를 제기한다. 새로운 증거들은 고통받는 많은 사람들에게 진정한 원인으로 심리적인 스트레스, 근육 긴장 그리고 공포에 근거한 활동 회피의 순환을 지적한다Siegel et al., 2001. 여러 가지 진화적 사건은 미결에 더 가깝고, 우리가 그것들에 효과적으로 반응할 수 있도록 마음챙김이 도움이 될 것이라는 점은 분명하다.

투쟁-아니면-회피

모든 포유류는 오래되었고, 정교해진 위기 반응을 공유하고 있다. 이 반응은 종종 '투쟁-아니면-회피fight-or-flight' 체계라고 한다. 이는 위험에 처했을 때 놀랍게 기능하며, 아마도 진화의 역사를 통해 매우 뛰어난 적응상의 이점을 가지고 있었을 것이다. 포유류가 위협을 받으면, 교감신경계와 시상하부-뇌하수체-부신HPA 축이 활성화되고, 그 결과 혈류에 에피네프린아드레날린이 증가하고, 다른 많은 생리적인 변화가 나타난다Sapolsky, 1998. 적과 더 잘 싸우거나 위험으로부터 도망칠 때는 호흡, 심박, 체온 그리고 근육긴장이 모두 증가한다. 시각과 청각은 더욱 예민해진다. 이와 동시에 소화활동, 면역체계 반응과 같은 장기적인 과정은 멈추게 된다. 스트레스 생리학자들은 이것이 적응적이라고 말한다. 당신이 누군가가 되려고 할 때, 당신 자신의 점심을 소화하기 위해서 자원을 소모할 필요는 없다Sapolsky, 1998.

이제 이것이 보통 어떻게 작동하는지를 살펴보자. 들판에서 풀을 먹고 있던 토끼가 여우를 보았다고 상상해 보라. 토끼는 눈에 띄는 것을 원치 않아서 꼼짝 않겠지만, 도망갈 것을 준비하기 위해 더 예민하고 육체적으로 각성된다토끼는 싸움을 좋아하는 동물이 아니다. 만약 여우가 토끼를 보지 못하고 그냥 지나갔다면, 곧 토끼의 부교감 신경계는 다시 활동을 재기하고, 생리기능은 편안한 수준으로 돌아갈 것이다. 이러한 체계는 토끼를 위해서 훌륭하게 작동한 것이며, 분명히 그들의 생존에 기여해 왔다.

이제 잠시 그 토끼가 우리처럼 고도로 진화된 대뇌 피질을 가지고 있고, 언어와 복잡한 상징, 예측하는 사고를 할 수 있다고 상상해 보라. 여우가 떠난 후 토끼는 생각하기 시작할 것이다. "여우가 다시 올까? 여우가 우리 가족을 발견할까?" 일단 직접적 위험이 지나갔더라도, 그 토끼는 여우에 대해서 생각하고 있는 자신을 발견할 수 있다. 물론 다른 관심사와 은퇴를 위해 당근을 충분히 저장할 수 있을지 없을지에 관해서는 말할 것도 없다. 그런 모든 생각들로 토끼의 투쟁-아니면-회피 체계가 계속해서 활성화될 것이고, 이는 '켜짐' 상태로 고정되어 버릴 것이다.

분명 지나치게 축약했지만, 이것이 인간에게 일어나는 일이다. 우리의 상징, 예측적 사고 능력은 복잡한 문명을 건설하기 위해서는 매우 적응적인 요인으로 작용했지만, 반면 이는 우리 포유류의 투쟁-아니면-회피 체계와 함께 공존하는 데는 부적합했다. 직립 보행으로의 변화보다 오히려 이러한 진화적 사건에 유행성 만성 요통이나, 다른 정신생리학적 장애에 대한 책임이 있다. 실제로 투쟁-아니면-회피 방식에 의해서 일어난 모든 심리적 변화들은 그 체계가 계속해서 활성화되어 있다면, 증상과 관련된 스트레스를 일으키거나 악화시킬 수 있다. 이제 우리는 마음챙김 수련이 진화적 사건에 의해 우리가 갖게 된 경향성인 투쟁-아니면-회피 체계의 과잉활동을 중재하는 데 매우 유익할 수 있음을 살펴볼 것이다.

증상이 생길 때, 우리가 그것을 오해한다면 만성적이며 스트레스와 연관된 증상을 키울 가능성은 극적으로 증가될 것이다. 마음챙김 수행을 치료에 도입하기 전에 무엇이 환자의 증상을 유발시켰는가에 대한 정확한 이해가 바탕이 되어야 하는 일은 중요하다.

등 문제인가

다시 만성적 요통 문제로 돌아가 보자. 최근까지 대부분의 환자 및 건강관리 전문가들은 환자에게 지속되는 요통의 원인을 분명 디스크나 척추의 다른 구조의 손상에 의한 것으로 자연스럽게 추측해 왔다. 요컨대, 만약 손가락이 베이면 우리는 피를 보고 아픔을 느낀다. 비록 상처가 눈에 보이지 않더라도 요통도 이와 유사하게 기능한다고 자동적으로 추측한다.

그러나 최근 이것을 문제시하는 연구가 폭발적으로 이루어져 왔다. 그러한 연구들은 모두 척추의 조건과 통증의 현존 사이에 상호 연관성의 결여를 지적한다. 이러한 발견을 교육하는 것은 효과적인 치료 프로그램의 필수 부분이며, 즉 이러한 연구에 대한 이해는 척추가 손상되거나 다치기 쉽다는 환자들의 걱정을 경감시키는 데 도움이 된다.

- 심각한 요통으로 전혀 고통받은 적이 없는 사람들의 약 2/3에게서 종종 만성적 요통의 원인으로 여겨지는 '비정상적인' 등뼈의 구조가 있었다Jensen et al., 1994.
- '성공적인' 외과수술 이후에도 많은 사람들에게 고통이 여전히 지속된다. 역학적인 수술의 성공과 환자에게 고통이 남아 있는지 아닌지 사이에는 상호 연관성이 거의 없다Fraser, Sandhu, & Gogan, 1995; Tullberg, Grane, & Isacson, 1994.
- '등뼈가 휘어지도록back-breaking' 힘든 노동을 하고, 인체공학적으로 원시적인 가구와 도구를 사용하는 개발도상국의 사람들에게서 만성적인 요통은 가장 낮은 비율로 발생했다. 척추 손상이 만성요통의 원인

이라고 우리가 예상했던 것은 잘못되었다 Volinn, 1997.

척추손상이 만성적 요통의 원인이라는 가정에 의문을 제기하는 자료들과 함께 우리는 심리적 요인의 연관성에 대한 많은 연구를 본다.

- 육체적 수단이나 육체적인 것이 요구되는 직업에 종사하는 사람들보다 심리적인 스트레스 특히 업무에 대한 불만족이 있는 사람에게서 부적응적 요통이 진전될 수 있다고 예측하는 것이 더 신뢰성 있다 Bigos et al., 1991.
- 요통 환자들이 정서적 스트레스 상황에 있을 때 등허리 근육 긴장이 많이 나타나지만, 반면에 다른 통증 환자들은 그렇지 않다 Flor, Turk, & Birbaumer, 1985.
- 심리적 외상의 경험이 있거나 전쟁 지역 같은 스트레스 상황에 살고 있는 사람들 가운데 현저하게 만성 요통이 퍼져 있다 Beckham et al., 1997; Linton, 1997; Pecukonis, 1996.

만성 요통의 순환

이러한 종류의 연구들을 모두 모아 보면, 구조적인 비정상보다는 심리적 요인이 만성 요통의 원인임을 보여 준다. 이는 8장에서 설명한 불안장애의 역동과 많은 공통점이 있는 순환을 통해서 일어난다. 그것의 중심 구성 요소들로는 불합리한 공포, 정신생리학적 각성의 증가, 증상에 대한 오해 그리고 행동 회피가 있다. 환자가 이러한 순환을 차단하기 위해 마음챙김 수련을 효과적으로 사용하기 전에, 이러한 순환에 대한 이해가 필요하다. 다음 사례는 이것이 어떻게 드러나는지를 보여 주는 전형적인 예다.

> 지난 겨울에 삽으로 눈을 치운 후 로버트의 등허리는 아프기 시작했다. 그는 예전부터 이와 같은 통증을 경험했고, 보통 며칠 안에 통증이 사라졌었다. 그러나 이번엔 2주가 지났지만 여전히 통증이 있었다. 사실, 그는 때때로 다리에서부터 발로 이어지는 통증을 경험했다.
>
> 로버트는 걱정하기 시작했다. 그는 몸매를 관리하고 스트레스를 풀기 위해서 체육관에서 운동하는 것을 즐겨 왔다. 등허리가 아플 때는 운동을 멈추고, 등허리가 회복되기를 기다렸다. 이번엔 통증이 지속되는 것에 놀라서 의사와 진찰 약속을 했다. 로버트의 담당의사는 좌골부위 다리 통증에 대한 증상 보고를 듣고 척추 신경의 손상을 의심했다. 자기공명영상MRI을 보니 디스크 돌출이 보였고, 의사는 소염제를 먹을 것과 디스크를 더 움직이게 할지 모르는 활동을 피할 것을 제안했다. 등허리 상처가 생기기 전에 로버트는 회사에서 여러 가지로 힘든 시기를 보내고 있었다. 회사 사정은 좋지 못했고, 그의 상관은 극도로 긴장되어 있었다. 등허리의 문제가 시작되기 전에 그는 스트레스를 느끼고 있었지만, 이제는 더 불안하고 동요하게 되었다. 매일 아침 같은 통증 때문에 잠에서 깨어났다. 로버트는 전혀 나아지지 않을까 봐 두려워지기 시작했다.

로버트는 만성 요통 순환Siegel et al., 2001에 빠지기 시작했는데, 이는 어떤 사건이나 과로에 의한 상처와 함께 시작될 수 있으며, 또는 명확한 신체적 촉발 요인 없이도 우울함에서 시작될 수 있다Hall, McIntosh, Wilson, & Melles, 1998.

일단 통증이 기대보다 더 오래 지속되거나 통증의 강도가 높은 단계에 이르면, 두려움이 한 요인이 된다. 만성 요통은 유행하고 있으며, 사실상 모든 사람이 주변에서 요통으로 고통스러워하면서도 의사에게는 도움을 받지 못하는 사람들을 알고 있다. 척추의 임의적 변형까지도 매우 자세히 드러낼 수 있는 MRI의 보급 때문에, 환자들은 척추의 쇠약에 대한 이미지와 함께 두려움을 가지게 되었다.

등허리에 대한 두려움과 걱정은 여러 가지 부정적인 영향을 끼친다. 로버트처럼 대부분의 사람들이 이전까지는 심리적 스트레스를 줄여 주고 근육을 강하고 유연하게 유지하는 데 도움을 주었던 육체적 활동들을 포기하는 반응을 한다. 비활동성과 결합된 괴로운 생각 때문에 불안, 좌절 그리고 화 등이 일어나며, 이것들은 투쟁-아니면-회피 체계의 각성 수준을 높인다. 이러한 각성들은 차례로 근육의 경직을 일으키며, 동시에 지금까지 근육이 이완될 수 있게 도와준 자연스러운 근육의 움직임이 박탈된다. 따라서 무력감을 동반한 통증-걱정-두려움-긴장-통증의 순환이 확고해진다.

두려움은 근육 긴장을 증가시킴으로써 통증을 가중시킬 뿐만 아니라, 실제로 통증 감각 자체를 증폭시키기도 한다. 고통 경험이 단순히 세포 조직의 변형 정도에 비례하는 것이 아님을 입증하는 증거들은 상당히 많다Melzack & Wall, 1965. 사람은 주어진 자극을 안전하다고 느낄 때보다 놀란 상태일 때 훨씬 더 고통스럽게 경험한다Beecher, 1946; Robinson & Riley, 1999. 통증에 대한 걱정은 긴장된 근육에 의해서만이 아니라 그러한 경직된 근육에서 생기는 통증 감각을 증폭시킴에 의해서 통증 순환을 일으킨다. 따라서 통증을 대하는 우리의 태도를 바꿀 수 있게 해 주고, 근육 이완에 도움을 주며, 결국 통증과의 관계에 변화를 줌으로써 통증 경험에 영향을 줄 수 있는 마음챙김 수련에 대해서 간단하게 살펴보게 될 것이다.

만성 요통 순환의 또 다른 요인으로 잘못된 귀인歸因이 포함된다. 일단 어떤 이가 자신의 요통에 대해서 걱정하게 되면, 그들은 그러한 통증을 더 악화시키거나 더 낫게 하는 자세 혹은 움직임을 찾아내려고 애쓰게 될 것이다. 일단 그러한 연관성을 발견하면 문제 있다고 가정된 행동을 할 때마다 그 사람은 더 불안해지고 더 긴장된다. 통상 증가된 통증이 뒤따르고, 주어진 활동이 위험하다는 믿음은 강화된다. 운동공포증kinesiophobia: 움직임에 대한 두려움이라는 이러한 조건화된 반응이 의학적 진단보다도 요통의 만성화 그리고 무력감을 더 잘 예측해 주는 요인으로 보인다Crombez, Vlaeyen, Heuts, & Lysens, 1999; Waddell, Newton, Henderson, & Somervile, 1993.

8장에서 설명한 불안 장애와 만성 요통 사이의 유사성은 분명하다. 양쪽 모두 투쟁-아니면-회피 체계에 의한 과잉활동의 결과다. 그리고 둘 다 미래지향의 부적응적인 공포 반응, 경험 회피 그리고 문제의 본질에 대한 잘못된 가설도 내포하고 있다. 마음챙김—수용의 태도로 현재 경험에 대해 알아차림—은 불편함에 대한 인내를 증가시키고 걱정스러운 생각과의 동일시를 감소시켜 이러한 일련의 과정을 중화하는 데 도움이 될 수 있다.

회복의 순환

그 증후군으로부터의 회복은 통증 순환의 단절을 요한다. 회복 순환에는 마음챙김 수련에 의해 지원될 수 있는 다음의 세 가지 기본적인 요인, 즉 ① 인지적 재구성, ② 전반적 신체활동성의 재개, 그리고 ③ 부정적 정서와 작업하기 등이 포함된다. 환자에게 가장 두드러진 통증 순환의 양상에 따라 각 요소를 더 혹은 덜 강조하면서, 치료 개입은 개인적으로 조정될 수 있다.

치료를 시작하기 전에 드물지만 잠재적으로 통증의 심각한 의학적인 원인을 판명하기 위해서 철저한 신체검사를 받아야만 한다. 종양, 감염, 상처, 그리고 특이한 구조적 이상을 포함한 이러한 장애들은 만성 요통의 200가지 사례 가운데 오직 한 사례의 원인이었다Agency for Health Care Policy and Research, 1994; Deyo, Rainville & Kent, 1992. 이러한 신체검사는 치료 가능한 의학적 장애를 간과하는 것을 피하고, 인지적 재구성을 촉진하고, 그리고 활동 재개를 위한 신뢰할 만한 허가를 주기 위해서도 필요로 한다.

마음챙김 그리고 인지적 재구성

환자가 자신의 통증이 척추의 조직적 손상에 의한 것이라고 믿고 있는 한, 그들은 두려움을 가지고 통증에 반응하고 그와 연관된 활동을 피하며, 따라서 통증 순환을 지속시킨다. 사람의 이러한 믿음을 변화시키는 과정은 도전적인 일이다. 통증이 강해질 수 있기 때문에, 먼저 대부분의 환자들에게 그리고 많은 임상의들에게 근육 긴장이 통증의 실제적 원인일 수 있다는 사실을 믿게 하는 것은 어렵다.

환자는 만성 요통과 조직적 손상 사이의 연관성에 의문을 제기한 결정적인 조사 연구를 소개받고, 이어서 요통 순환이 어떻게 기능하는지에 대한 설명을 듣는다. 이러한 심리교육적인 과정의 중요한 부분에 의해 환자는 정신생리학적 장애의 본질을 이해하는 데 도움을 받는다. 겉으로 보기에 신체적 문제 같은 증상을 치료하기 위해서 환자가 마음챙김과 같은 심적 훈련을 받아들이기 전에 이러한 이해는 특히 필요하다. 우리가 심리적 요인이라고 말하면 그들의 통증을 상상된 것이나 '모두 머릿속에 있는 것' 으로 생각할까 봐 많은 환자들이 신경을 쓴다. 그들은 꾀병을 피운다고 비난받을 것을 두려워할지도 모른다. 임상의로서 환자의 통증은 근육의 변화 때문에 일어나며, 어느 면으로 보나 실재하는 것임을 강조하는 것은 매우 중요한 일이다.

일단 만성 요통 순환에 대해서 배우게 되면, 마음챙김 수련을 통해 통증에 대한 인내력을 키우고, 회피 반응을 줄이며, 부정적인 사고들로부터 벗어나고, 그리고 힘든 감정과 작업하는 것을 촉진하게 되어 통증 순환을 차단하는 데 도움을 받을 수 있음을 환자들에게 제안한다. 그러고 나서 기본적인 마음챙김 명상에 대한 지침1장 참조을 소개한다.

효과는 점진적인 반면, 마음챙김 수련은 치료 전반에 필요한 인지적 유연성을 키워 주는 것 같다. 일어나는 생각들을 쫓거나 판단하지 않고 생겨났다 사라지는 것을 관찰함으로써, 환자는 그러한 생각의 내용들과 덜 동일시하게 된다. 마음챙김 수련은 생각이 사회적으로 영향을 받는다는 사실을 알 때도 도움이 된다. 즉, 환자는 자신의 마음속이 의사, 친구 그리고 다른 사람들에게서 들은 생각들로 가득 차 있음을 알아차린다. 환자는 이제 이 책의 다른 장에서 논의된 적이 있는 인지행동과 정신역동의 원리들을 관찰하게 된다. 즉, 우리가 어떤 사건에 반응하는 것을 결정하는 것은 사건 자체 때문이 아니라, 그 사건에 대한 우리의 해석 때문임을 알게 된다. 이에 대한 직접적인 경험을 통해서, 환자는 구조적 손상이나 심지어는 의학적 진단의 가정들은 가변적 구조—실제에 대한 객관적인 결론이 아니라—라는 생각들을 받아들이며 통증과 함께할 수 있게 된다. 그 사람 내부에서 경험되는 통증, 두려움 그리고 행동 사이의 상호작용을 관찰하는 것도 또한 마음챙김 수련에 의해 지원받을 수 있다. 대부분의 환자는 인지와 정서가 자신의 통증에 작용하는 역할에 대해 자각하지 못한다.

캐시는 몇 년 동안 요통으로 괴로워해 왔다. 의사는 경미한 디스크 돌출 이외의 아무것도 발견하지 못했지만, 자신이 '등 문제bad back'가 있고 항상 다시 상처 입을 위험에 있다고 스스로 확신했다. 그녀는 그녀의 몸이 척추에 가하는 압력을 견딜 수 없다고 확신했기 때문에, 오랫동안 앉아 있는 것을 특히 피했다. 그녀는 욱신거리는 통증을 경험하면 바로 일어나서 주위를 걸었다.

마음챙김 수련은 처음에는 쉬웠다. 그녀는 누워 있는 자세에서 시작했다. 그녀는 자신의 호흡을 따라갈 수 있었고, 누구나 경험하는 헤매는 마음도 잘 다루었다.

그녀가 의자에 앉아서 수련을 시도해 보라는 말을 듣자, 수련이 어려워지기 시작했다. 캐시는 자신의 주의가 항상 허리 쪽으로 향하여 통증을 감시하고 있음을 주목했다. 그녀는 욱신거림을 경험하자마자 일어나고 싶었다. 캐시는 또한 자세를 바꾸고자 하는 충동이 통증 자체의 강도에 의해서보다는 두려움에 의해서 더 동기화된다는 것을 알아차리게 되었다. 그녀는 마음속으로, 캐시는 의자에 앉은 지 5분 후부터 아팠고, 20분 동안은 절대 앉아 있을 수 없을 것이라고 생각하면서 의자에 앉는 '시간 계획'을 짰다. 그녀는 의자에 앉아서 계속 수련할 것을 권유받았을 때, 불안한 느낌, 등허리 근육의 긴장 증가, 그리고 더 많은 통증과 함께 두려움으로 가득한 생각들이 꼬리를 물고 일어나는 경험을 했다.

마음챙김의 이러한 활용은 사고의 패턴을 관찰하기 위한 인지행동 방법과 잘 들어맞을 수 있다. 예를 들면, 나는 때때로 환자들에게 작은 수첩을 가지고 다니면서 등허리에 대한 불안한 생각이 떠오르는 것을 알아차릴 때마다 표시해 보라고 권한다. 대부분의 사람들이 그러한 생각이 끊임없이 일어난다는 것을 알기 때문에, 몇 시간 되지 않아 실습을 포기한다. 또한 환자에게 통증에 대한 신념 질문지Siegel et al., 2001*나 운동공포에 대한 탐파 척도Kory, Miller, & Todd, 1990와 같은 조사표를 완성하도록 권할 수도 있다. 이 두 가지는 지금까지 자신의 조건에 대해서 인지하지 못했던 가정들을 알아차리는 데 도움이 된다. 그러한 치료 개입은 부정적인 감정과 인지에 대한 알아차림을 증진시키기 위한 마음챙김을 잘 활용함으로써 만성 요통 순환에 대한 아이디어를 더 그럴 듯하게 만들어 준다.

활동 재개를 위한 마음챙김의 활용

회복 과정의 두 번째 단계인 **모든 육체적 활동**의 재개는 많은 기능에 도움이 된다. 이는 운동공포와 무력감에 대한 두려움을 치료하기 위한 노출-반응 방지 치료로, 환자의 이러한 경험들과의 관계 방식을 변화시키기 위해 설계된 것이다. 두려움에 대한 반응으로 활동을 회피하는 대신에 환자는 활동을 시작하고 결과로 나타나는 두려움에 개방적이거나 친근해지려고 한다8장 참조. 육체적인 운동은 또한 무르고 약해진 근육을 위한 것이고, 심리적인 스트레스를 감소시키는 수단이다.

환자에게 각 활동을 즐거움, 중립적 또는 즐겁지 않음, 그리고 쉬움, 적당함 또는 재개하기 어려움으로 등급을 매겨가면서, 상실활동조사표Lost Activities Inventory; Siegel et al., 2001를 사용하여 그들이 포기한 활동 분류표를 만들 것을 요청했다. 환자는 자신이 상상하기에 가장 즐길 만하고 수행하기에 가장 덜 어렵거나 덜 두려운 활동부터 시작하도록 소개받는다. 이는 자기 강

* 저자 주: 이것과 다른 등허리 감각 조사표는 www.backsense.org에서 얻을 수 있다.

화 과정을 만들고, 인내할 수 있는 수준에서 불안을 유지하기 위해서 설계된 것이다.

환자가 포기했던 활동들을 재개하기 시작할 때 흔히 통증이 심해지는데, 이는 굳고 약해진 근육을 처음으로 사용하는 것이 고통스럽기 때문이기도 하고, 공포에 도전하는 결과로 두려움이 증가하기 때문이기도 하다. 마음챙김 수련은 이러한 어려운 단계들을 환자들이 통과할 수 있게 해 주는 효과적 도구가 될 수 있다.

통증은 괴로움과 같지 않다

통증에 대한 전형적인 반응을 설명한 붓다의 유명한 이야기가 있다.

> 통증의 느낌을 접촉했을 때, 배움이 없는 보통 사람凡夫은 슬퍼하고, 비탄에 빠지며, 한탄하고, 가슴이 마구 뛰어 괴로워한다. 그래서 그는 육체적, 정신적 두 가지 고통을 느낀다. 이는 마치 한 남자를 화살로 쏘고, 바로 직후에 그에게 다른 화살을 쏘아, 결과적으로 그가 두 화살의 고통을 느끼는 것과 같다 Bhikkhu Bodhi, 2004b, p. 1.

이는 혐오반응 때문에 바로 고통 경험[두 번째 화살에 의한 괴로움]이 뒤따르고, 이 괴로움은 마음챙김 수련에 의해서 즉시 관찰된다는 고대의 깨달음이다. 나의 환자들 중 한 사람이 간결한 수학 공식으로 '통증×저항=괴로움' 이라고 표현했다. 환자 자신의 경험 속에서 확인한 이러한 통찰을 통해 환자들은 활동을 재개할 수 있게 된다.

> 베스는 참기 어려운 좌골 통증으로 여러 차례 무기력해진 적

이 있다. 그녀는 인체공학적 자동차 시트, 사무용 의자 그리고 최고의 정형외과용 매트리스를 구매하는 데 수천 달러를 썼다. 통증이 재발할 때마다 그녀는 낙담하였고, 그것의 원인을 확인하기 위해서 필사적으로 애썼다. 그녀는 만약 충분히 조심한다면 그것이 다시 생기지 못하게 할 수 있을 거라고 희망했다.

베스의 오빠가 곧 결혼할 예정이었고, 그녀는 그 결혼식에 몹시 가고 싶어 했다. 불행하게도 그녀는 조절을 할 수 없는 비행기 의자에 오랜 시간 묶여 있게 되면 불구가 되어 버린다고 확신하여 비행기 여행을 두려워했다. 우리는 그녀의 준비를 돕기 위해서 마음챙김 수련을 사용해 보기로 결정했다.

베스는 일반 의자에 앉아서 그녀의 호흡을 따라가는 것부터 시작했다. 약 10분쯤 후에 그녀의 다리 감각으로 주의를 가져가게 되었다. 그녀는 다리 감각이 타는지, 아픈지, 욱신욱신 쑤시는지, 찌르듯이 아픈지 알아차리기 위해 최대한 정확하게 감각을 관찰하라고 권고받았다. 그녀에게 두려운 생각이나 산만한 생각이 일어날 때마다, 지금 현재 그녀의 다리에서 느껴지는 실제 감각으로 주의를 되돌리라고 권고받았다.

처음엔 감각이 강하게 커졌고, 베스는 겁이 났다. 그러나 30분의 마음챙김 과정이 지나자, 그녀는 감각이 실제로 다양하다는 것을 알아차리게 되었다. 감각은 강도뿐만 아니라 질적으로도 변했다. "나는 견딜 수 없어." 또는 "이것이 나를 좌절시키지는 않을 거야." 같은 생각들이 일어났다가 사라졌다.

함께 연결된 영화의 프레임이 빠르게 돌아갈 때 연속되어 있다는 환영을 주는 것처럼, 베스는 그녀의 통증이 분리되어 있는 순간순간의 감각의 연속들로 구성되는 방식을 알아차려 보라고

> 권고받았다. 저녁 노을을 보거나 교향곡을 듣게 될 때에도, 그녀는 계속해서 상세하게 알아차려 보라고 권고받았다. 감각은 꽤 불쾌한 것이었기 때문에, 종종 알아차림은 어려웠다. 그럼에도 불구하고, 베스는 그녀가 그러한 경험들과 함께 머무를 수 있다는 사실과 결국에는 처음 시작했을 때보다 실제로 더 불쾌함을 느끼지 않는다는 사실을 발견하고 놀랐다.

이러한 종류의 마음챙김 수련을 하는 동안에 활동 재개를 방해하는 여러 가지 것들이 바로 잡힌다. 첫째, 통증에 대한 부정적인 생각과 느낌인 혐오반응이 통증 그 자체의 감각과는 분명히 다르다는 것을 이해하게 된다. 이러한 혐오반응이 괴로움의 경험붓다가 말한 두 번째 화살을 만들어 낸다. 이러한 관찰은 사람이 통증을 억지로 피하거나 완화시키려는 느낌보다 오히려 있는 그대로 경험하게 하기 때문에 거대한 자유를 줄 수 있다. 통증을 있는 그대로 수용할 수 있다면, 광범위한 영역의 활동이 다시 가능해진다.

둘째, 현재 순간에 주의를 가져옴으로써 예측에 의한 불안이 줄어든다. 심지어 끔찍한 상황에서도 우리가 가지는 두려움은 미래에 관한 것임을 종종 관찰하게 된다. 예를 들면, 사람은 심각한 자동차 사고가 눈앞에서 일어나는 것을 의식하게 될 때에도, 그들의 마음에는 종종 미래를 향해 달려간다. '나는 괜찮을까? 내가 사랑하는 사람들은 살아남을 수 있을까?' 미래에 대한 이러한 걱정은 그들이 고통스럽거나 피를 흘릴 때조차도 일어난다. 현재에 주의를 가져옴으로써, 통증 순환을 부추기는 예측에 의한 불안은 줄어든다. 근육의 긴장도가 낮아지고 지각되는 통증의 강도도 줄어든다.

셋째, 마음챙김 수행은 사람이 '지지받는다고' 느끼도록 도와준다. 어떤 사람이 고통 속에 있고 그 고통을 경감하기 위한 명확한 선택지가 없을 때, 그는 매우 괴로워진다. 마음챙김 수련을 통해서 환자들은 고통을 증가시키고 더 화나게 만드는 혐오 반응의 악순환을 악화시키지 않는 구성된 활동을 하게 된다. 현재 순간은 피해야 할 위협이 아니라 오히려 피난처가 될 수 있다.

일단 환자가 자신의 통증을 덜 두려워하면, 그들은 포기했던 활동들을 재개하면서 행동적으로 더 잘 움직일 수 있게 된다.

환자에게 금지되지 않은 행동은 위험하지 않다는 것을 자주 상기시켜야 한다. 그리고 그들에게 마음챙김을 지니고 통증에 접근하도록 반복해서 권유하여야 한다. 활동과 통증 사이의 조건화된 연결을 끊기 위해서 다음 도전으로 넘어가기 전 몇 주 동안, 환자는 매주 여러 차례 자신이 선택한 활동에 참여하도록 격려받는다. 그들은 보통 이 기간 동안에 통증 수준의 변동을 관찰할 수 있다. 그럼에도 불구하고 활동을 일관되게 유지한다. 이것으로 그들은 활동 자체가 문제가 아님을 깨닫도록 도움받는다.

의도 다루기

많은 환자들이 통증 그 자체에 대해서보다는 무력감에 대해 더 많이 걱정한다. 마음챙김 수련을 통해 그들은 통증 감각에 의해서 무력해질 필요가 없고 감각이 행동에 영향을 끼칠 필요가 없음을 깨닫게 된다.

> 미첼은 자신의 일을 사랑하는 경찰이다. 그녀의 요통은 2년 전 그녀의 순찰차가 완전히 파괴된 자동차 사고 후에 시작되었는데, 그 후 2년 넘게 지속되었다. 주목할 만한 의학적 발견이 없었음에도 불구하고 그녀는 의자에 몇 분 이상 앉아 있을 수가

없었다. 그녀는 행정직으로 발령받았다. 그러나 지금은 그녀의 부서가 거의 없어지려고 하는 상황이어서, 그녀는 정규 경찰 업무에 복귀하지 않으면 직업을 잃게 될 지경이었다. 미첼은 순찰차에 하루 종일 앉아 있을 수 없는 것과 머지않아 직업을 잃은 편모가 되는 것이 두려워졌다. 유능하고 행동력 있는 여성에게 이러한 생각은 견딜 수 없는 것이었다.

미첼은 그녀의 통증 원인이 근육 긴장이라는 사실을 기꺼이 수용했지만, 그녀의 육체적 고통은 전혀 줄어들지 않았다. 그녀는 호흡에 집중하는 단순한 마음챙김 수련을 소개받았고, 처음에는 쉽게 해냈다. 그녀는 통증 감각을 관찰하고 그것들의 변하는 성질을 자각할 수 있었다. 그러나 시간이 지남에 따라 통증은 강해지고, 그녀는 의자에서 꿈틀거리기 시작했다. "나는 일어나야만 해요."라고 그녀는 알렸다. "통증이 너무 심해요." 그녀는 몇 분 더 등허리 감각과 머물도록 권고받았다. 그녀의 꿈틀거림이 계속 심해졌을 때, 의자에서 일어나고자 하는 절박감에 주의를 기울이라고 지도받았다. 즉, 의자에서 일어나고자 하는 의도 자체에 마음의 초점을 두도록 지도받았다. 그녀는 몸에서 절박한 의도의 느낌을 찾아내도록 권유받았다.

잠시 후, 미첼은 그녀의 가슴과 목의 답답함과 압박처럼 일어나려는 절박함을 느낀다고 하였다. 그러자 그녀는 이 부분에 그녀의 주의를 기울일 것을 권고받았다. 의자에서 일어나고자 하는 의도와 연결된 그 감각—요통과는 무관한 감각—은 곧 변하기 시작했고, 그녀의 몸에서 옮겨 다녔다. 그녀의 꿈틀거림은 멈췄고, 계속해서 의자에 앉아 있을 수 있었으며, 주의는 다시 호흡으로 돌아올 수 있었다.

이 경험은 매우 큰 효과를 가져왔다. 그때까지, 미첼은 강해지는 통증 감각과 불편함에서 벗어나기 위한 움직임 사이에는 어떤 틈도 알아차릴 수 없었다. 하지만 그 사이에서 일어나려는 의도가 생기는 것을 관찰하였기 때문에 다른 감각, 즉 아주 강해진 자유의 느낌도 관찰할 수 있게 되었다. 마음챙김 수련에 의한 이러한 작업을 통해 그녀는 의자에 오랫동안 앉아 있는 것을 배울 수 있었으며, 이는 그녀가 마침내 정규 경찰 업무를 재개할 수 있을 것이란 확신을 주었다.

힘, 유연성 그리고 인내력 훈련

일상 활동에 대한 공포반응을 없애고, 근육의 힘과 유연성을 회복시키는 두 가지 일을 가속시켜 주는 한 방법은 구성된 운동 훈련이다. 단계적 역기 들기, 스트레칭 그리고 에어로빅을 통해서 환자는 구조적으로 조정되는 두려움을 넘어가도록 도움을 받는다Siegel et al., 2001. 일단 맨손으로 25파운드약 11.3kg를 들어 올릴 수 있게 되면, 환자는 아이의 장난감이나 쇼핑백을 들어 올리기 위해 허리를 구부리는 것을 덜 두려워하게 된다. 조심스러움과 움직이지 않음으로써 줄어들고 약해진 근육과 운동공포증 모두를 체계적인 운동에 의해 치료한다. 활기찬 운동이 처음에는 통증을 악화시키는 것 같지만, 회복을 촉진시킨다는 것에 대한 증거들이 늘어나고 있다Guzman et al., 2001; Mayer et al., 1987; Rainville, Sobel, Hartigan, Monlux, & Bean, 1997; Schonstein, Kenny, Keating, & Koes, 2003.

환자는 이전에 방치했던 근육 운동을 시작할 때 종종 통증이 강해지는 것을 경험한다. 이 시점에서 재활 프로그램이 흔히 실패한다. 따라서 환자가 조직화된 운동 프로그램을 시작했을 때 일어나는 두려움과 통증을 다루는데, 그 밖의 활동 재개와 함께 마음챙김 수련은 효과적으로 적용될 수 있다. 호흡에 대한 알아차림을 통해 집중 능력이 어느 정도 향상된 후,

환자는 역기 들기, 스트레칭 그리고 에어로빅과 연결된 통증 감각에 대한 수용적 주의accepting attention를 기울이도록 안내받는다. 이는 통증에 대한 인내를 길러 주고, 강해지는 통증 때문에 역효과로 근육긴장이 일어날 가능성을 줄인다.

부정적 정서를 다루기 위한 마음챙김 활용

많은 환자들의 경우, 자신의 통증이 구조적 손상에 의한 것이 아님을 배우는 것, 만성 요통 순환이 어떻게 작동하는지를 이해하는 것, 그리고 충분한 활동을 재개하는 것은 그들을 그 장애로부터 자유롭게 하는 데 충분하다. 그러나 어떤 사람에게는 일상 활동으로의 복귀는 충분하지 않다. 우리의 경험에 따르면, 전반적으로 이들은 정서적 어려움—요통에 대한 걱정을 넘어서—을 가지고 있는 사람들이며, 그 때문에 계속되는 근육 긴장이 있는 사람들이었다. 종종 이들에게는 정신 역동적 탐색과 사회 기술 훈련의 결합이 도움이 된다. 여기에서 다시 마음챙김 수련이 회복 과정을 지원할 수 있다.

정서를 인지하는 데 어려움이 있는 사람은 정신생리학적 장애에 의해 불균형적으로 괴로워한다는 증거가 있다Schwartz, 1990. 그리고 감정을 확인하고 안전하게 표현하는 것을 배우면 증상 빈도를 줄일 수 있다Pennebaker, Keicolt-Glaser, & Glaser, 1988. 우리가 생각이나 느낌을 인지하거나 인내할 수 없을 때, 외부적 위협에 대한 반응처럼 위협적인 긴급사태에 대해 투쟁-아니면-회피 체계가 반응한다. 삶의 경험은 부인된 인지와 정서를 계속해서 끌어내기 때문에, 우리의 투쟁-아니면-회피 체계가 자주 과열된다. 따라서 정서에 대한 알아차림을 강화하면 만성 요통에서 자유로워지는 데 도움을 받을 수 있다는 사실은 놀라운 것이 아니다.

모든 사람들이 에디를 매우 '멋진 친구'라고 생각했다. 그가 항상 그랬던 것은 아니었다. 소년 시절, 그는 화를 잘 내는 아이로 유명했고 자주 싸웠다. 그에겐 그의 일탈을 참지 못하는 엄한 아버지가 있었다.

청소년기에 에디는 개과천선하여 모범적인 시민이 되었다. 어른이 되어서도 그는 말다툼을 하는 일이 거의 없었고 항상 예의 발랐다. 그는 종종 슬픔, 외로움 또는 불안을 느끼지만, 결코 분노는 느끼지 않는다고 했다.

당연히 에디는 치료 프로그램을 고분고분하게 매우 잘 따랐다. 그는 지금까지 자신의 통증에 대해서 얼마나 무서워하였는지를 인식하였고, 체계적으로 활동을 재개할 수 있었다. 그는 확실히 그의 치료자가 기뻐하기를 원했다.

그렇지만 에디는 계속되는 통증으로 실망했다. 그가 분노를 인식하고 표현하는 데 이상할 정도로 억압적임이 분명해지자, 그는 화가 일어날 것 같은 상황에 대해 논의해 보자고 격려받았다.

그가 이 방법으로 이전에 부정했던 분노를 확인할 수 있게 된 반면, 마음챙김 수련 중에 그의 공격성이 아주 선명하게 나타났다. 그는 화나는 생각이 일어날 때 그것을 알아차렸고, 바로 자신에게 다른 사람을 용서하라고 이야기했다.

결국 그는 화가 많이 났었지만 의식적으로 화를 내지 않는 결정을 해 왔다. 왜냐하면 분노가 문제의 유일한 원인으로 보였기 때문이었다. 치료와 마음챙김 수련을 계속하면서 에디는 점점 느낌의 전 범위를 알아차리고 인식할 수 있게 되었다. 그의 불안은 줄었고 그의 통증도 감소되었다.

마음챙김 수련은 정신역동적 탐색을 두 가지 점에서 지원한다. 즉, 이전의 알아차리지 못했던 감정들을 자각하게 해 주는 점과 그러한 감정들을 인내하게 도와주는 점에서다. 마음챙김 수련을 하는 동안에, 마치 자유연상을 하는 동안처럼, 생각, 느낌 그리고 기억들이 자유롭게 마음에 떠오른다. 과정상 차이점은 마음챙김 수련에서는 각각의 심적 사건들의 의미를 찾기 위해서 그것들을 따라가라고 격려하지 않는다. 그럼에도 불구하고, 두 수련 모두 우리가 지금까지 알아차리지 않았던 정서와 인지를 의식으로 가져온다. 마음챙김은 감각이 영원하지 않고 항상 변한다는 사실을 보는 데 도움을 줌으로써, 통증에 대한 인내를 기를 수 있게 도움을 주고, 또한 힘든 감정의 인내를 촉진한다. 환자는 감정이 일어나고, 경험되고, 그리고 마침내 사라지는 것을 본다. 정서에 쉽게 압도되는 사람들을 위해서 설계된 치료법인 변증법적 행동치료DBT에서, 이것은 마음챙김 수련이 기능하는 중요한 방식이다Linehan, 1993a.

이완 훈련이 아니다

지금까지 논의해 온 마음챙김의 활용법은 정신생리학적 장애 치료에서 보다 관습적으로 적용된 이완훈련과는 상당히 다르다. 이완 훈련에는 여러 가지 형태가 있다. 예를 들어, **점진적 이완**progressive relaxation; Jacobson, 1938, **자율 훈련**autogenic training; Schultz & Luthe, 1959, **이완 반응**relaxation response; Benson & Klipper, 2000, 또는 다수의 안내된 심상 실습이 있다.

마음챙김 수련은 무엇이든 현재 순간에 실제로 일어나는 것에 수용의 태도로 주의를 기울인다는 면에서 이러한 접근들과 다르다. 이러한 조사하는 특질은 마음챙김이 생리적 각성을 줄이는 것을 통한 증상 완화 시도를 넘어선 영역으로 나아가게 할 수 있다. 지금까지 우리가 살펴본 것과 같이 마음챙김 수련은 인지 변화를 촉진하고, 통증에 대한 인내를 길러 주며, 감정을 드러내고, 우리의 충동에 따라서 행동할 것인지 여부를 선택할 수 있는 능력을 키워 준다.

그러나 과정상 마음챙김 수련에 의해 산만함이 줄어들기 때문에 증상의 강도가 초기에는 강해질 수 있다. 6장에서 언급했듯이, 마음챙김 수련을 통해 혼란스러운 생각, 느낌 그리고 기억들이 자각될 때 자율신경계의 각성이 증가할 수도 있다. 그럼에도 불구하고, 길게 보면 마음챙김 수련은 더 지속적으로 신경 체계를 안정시킬 수 있게 해 주는 것 같다. 그 이유는 마음의 작용에 대한 통찰을 얻고, 우리 경험의 변화에 의한 저항과 억압의 느낌이 줄어들기 때문이다.

통 제

마음챙김 수련을 통해 배울 수 있는 많은 교훈들은 정신생리학적 장애를 성공적으로 다루는 데 필수적이다. 그 가운데 한 가지는 목표 지향적인 노력과 내려놓음 사이의 선택적인 균형을 찾는 일이다.

마음챙김 수련은 역설들로 가득하다. 종종 '목적 없는' 활동으로 묘사되는데, 이는 마음챙김 수련이 순간에 일어나는 것은 무엇이든 주의를 기울이기 때문이다. 거기에는 순간에 일어나는 것에 주의를 기울이는 데 산만해져 있는 경험도 포함된다. 이는 주의의 대상에 집중하려고 노력하는 것이 얼마나 힘든지 결심하는 데 어려움이 있는 초보자에게는 때때로 혼란스럽다. 그들은 자신의 마음이 '텅 비어야' 만 한다고 상상하며, 마음이 헤맬 때마다 매번 실패하고 있다고 느낀다. 마음이 산만한 순간과 집중되어 있는 순간에 사람들이 편안해지려면 어느 정도의 시간이 필요하다. 결국, 그들은 초점을 두고 있는 목표를 내려놓는 동시에, 주의를 기울이는 일에 힘쓰는 법을 배운다. 역설적이게도, 우리가 더 이상 초점을 두는 일을 억지로 하지 않을 때 마음은 자연스럽게 초점에 맞추어진다.*

영향력 있는 선사禪師인 스즈키 순류鈴木俊隆, 1905~1971가 이 원리에 대해서 비유적으로 쓴 글이 있다. "당신의 양이나 소를 통제하는 방법은 넓은 목초지를 제공하는 것이다."Suzuki, 1973, p. 31 우리는 정신생리학적 장애를 다룰 때 이러한 역설을 본다. 이 역설은 모든 상황에서 일어나는데, 그 안에서 투쟁-아니면-회피 체계의 과잉 활동은 오히려 바라지 않는 효과를 만든다. 이는 바로 노력하는 행동이 어느 정도의 분투를 내포하고, 따라서 그 체계를 어느 정도 활성화하기 때문이다. 불면증으로 괴로워하는 사람이 잠을 자려고 애를 쓰면 쓸수록 더 각성되고 잠에서 깬다. 자신의 몸을 통제함으로써 발기부전과 대항해서 싸우는 남자는 그 전략이 실패한다는 것을 발견한다. 이완하려고 노력하는 것은 종종 실패한다. 증상 감소에 대한 집착 때문에 증상은 지속된다.

수용과 참여치료ACT에서 창조적 절망감creative hopelessness이라고 하는 이 통찰은 정신생리학적 장애를 해결하는 데 특히 유용하다. 그 개념의 의미를 전달하기 위해서 ACT는 집게손가락을 넣을 수 있게 짚또는 대나무으로 짠 관 모양의 '중국 수갑'의 은유를 제시한다. 이 수갑에 손가락을 넣었을 때, 그 손가락을 뽑아내려고 노력하면 할수록 그 관은 더 단단하게 손가락을 붙잡는다는 것을 발견한다Hayes, 2002.

마음챙김을 효과적으로 수련하기 위해서, 또는 많은 정신생리학적 장

* 노력은 하되(doing mode) 집착 없이(being mode) 한다는 의미로, 『금강경』 장엄정토분에 나오는 '마땅히 머무는 바 없이 그 (보시 등 육바라밀의) 마음을 일으키라(應無所住而生其心).'는 말과도 뜻이 통한다. 한편 노자 『도덕경』 37장에서 말하는 '도는 항상 하는 것이 없지만 하지 않는 것도 없다(道常無爲而無不爲).' 와도 일맥상통한다고 생각할 수 있다.

애를 효과적으로 다루기 위해서, 환자는 우리가 통제할 수 있는 영역과 노력해서 역효과가 생기는 영역을 구별하는 법을 배워야 한다. 일반적으로 우리는 우리의 행동을 효과적으로 통제할 수 있지만, 경험은 그렇지 않다. 마음챙김을 배우는 사람은 매일 정해진 시간 동안 수련에 전념할 수 있지만, 이완을 느낄지 긴장을 느낄지, 집중될지 산만해질지는 통제할 수 없다. 이와 유사하게 요통이 있는 환자는 운동의 범위를 체계적으로 늘려 가는 것과 스트레칭과 운동 프로그램에 전념할 수 있지만, 통증이 일어날 때 통제할 수는 없다.

특히 현대 서양 문화에서 통증을 피하기 위해서 노력하는 것이 오히려 역효과를 낳는다는 개념을 이해하는 것은 특히 어렵다. 광고를 통해 우리가 받아들이는 정보의 홍수 때문에, 대부분의 사람은 올바른 치료법을 획득한다면 결코 통증을 경험하지 않을 것처럼 느끼게 되었다. 전통적인 통증 치료법은 통증 경감에 초점을 둠으로써 이러한 관념을 강화한다. 결과적으로 통증 경감을 위한 목적을 포기하는 것이 회복에 필수적임을 수용하는 것은 어려울 수 있다.

마음챙김 수련은 도움이 될 수 있다. 통증에 대한 우리의 반응에서 괴로움이 생긴다는 관찰에 의해, 그리고 즐겁고 불쾌한 경험이 오고 가는 것을 보는 방법을 배움에 의해, 궁극적으로 환자는 만성 요통 순환으로부터 자신을 자유롭게 해 줄 수 있는 수용적 자세를 기를 수 있게 된다. 환자는 마치 날씨처럼 통증이 완전히 그들의 통제 밖에 있는 것으로 대하는 방법을 배우게 된다. 심리적 건강은 목표 지향적 노력과 수용 사이의 능숙한 균형을 내포한다는 깨달음은 DBT, ACT, 마음챙김에 근거한 스트레스 완화MBSR, 그리고 마음챙김에 근거한 인지치료MBCT를 포함한 대부분의 마음챙김에 근거한 치료의 중심적인 구성 요소를 형성한다.

무상과 죽을 운명

만성 요통 경험은 많은 사람들로 하여금 실존적 현실에 직면하게 강요한다. 그들의 조건이 치명적이라고 걱정하는 환자는 거의 없는 반면, 자신의 신체적 건강에 대한 믿음을 잃게 만들 수 있다. 육체의 허약함과 무상無常함이 자각될 때, 요통을 훨씬 넘어서는 이러한 걱정과 관련된 불안을 종종 불러일으킨다. 당연히 그러한 불안은 만성 요통 순환의 원인이 될 수 있는 긴장을 가져온다.

세계의 모든 종교 전통은 죽을 운명mortality을 지닌 실존의 근원적 현실을 해결하려고 고심해 왔다. 신과 내세를 믿는 환자는 이러한 보편적 걱정을 경감하기 위해서 자신의 종교 전통에 눈을 돌린다. 그러한 신앙의 힘이 없는 사람에게 만성 요통의 경험은 실존적 위기로 그들을 안내한다.

무신론과 경험적 전통에서 생겨난 마음챙김 수련은 이러한 환자에게 그 도전을 다루는 방법을 제시할 수 있다. 마음챙김 수련을 통해 사람은 대개 인생의 모든 것이 어떻게 현재 순간에 존재하는지와 기억과 미래에 대한 생각은 심리적 구조라는 사실을 이해하기 시작한다. 앞서 논의했던 것처럼, 마음챙김 수련을 통해 우리는 자신을 보다 더 큰 세계와 동일시하게 되고 이 때문에 우리는 자신의 몸 상태에 보다 덜 열중하게 된다.

치료적인 안내를 받으며 환자는 현재의 순간에서 피난처를 구할 수 있음을 깨닫기 시작하고, 다치기 쉽고 결국 쇠약해지는 육체의 실재에 직면할 수 있는 능력을 기르게 된다. 여기에는 역설이 있다. 마음챙김을 포함한 만성 요통의 통합 치료법을 통해서 사람은 자신의 등허리가 실제 육체적인 손상을 입은 것이 아니며, 일상적인 삶을 살 수 있음을 깨닫게 된다. 동시에, 모든 생명은 영원하지 않다는 것[무상함]을 이해하는 데 도움이 되며, 그 이해는 육체란 결국 쇠약해지고 그 기능을 멈춘다는 현실을 준비하게 도와준다.

맞춤식 마음챙김

어떤 마음챙김 수련이 어떤 환자에게 가장 적합한지를 결정하는 데는 많은 변수가 작용한다. 만약 환자가 특정한 실습이 너무 도전적임을 발견한다면, 그는 그 실습을 꾸준하게 하지 않을 것이다. 게다가 몇몇 실습은 상처입기 쉬운 사람에게 실제로 해로울 수 있다.

심리적 외상 생존자

필자는 지금까지 마음챙김이 어떻게 감정에 대한 강화된 알아차림과 인내를 도울 수 있는지, 요약하면 그러한 내용물을 자각 밖으로 내보내고자 하는 노력과 연관되어 있는 만성 긴장을 줄이는 일을 돕는지에 대해 논했다. 그러나 고통스러운 기억이나 정서를 습관적으로 억압하는 개인의 경우, 이것은 압도적인 것이 될 수 있다. 심리적 외상trauma 생존자는 만성 요통이 있는 환자 및 다른 정신생리학적 장애가 있는 사람들 사이에서 상당히 많이 나타나기 때문에 이것은 치료에서 빈번한 쟁점 사항이다 Beckham et al., 1997; Pecukonis, 1996; Yaari, Eisenberg, Adler, & Birkhan, 1999. 그런 환자들은 흔히 자신의 호흡을 관찰한 지 몇 분 지나지 않아서 극도로 불안해지는데, 특히 그들이 눈을 계속 감고 있는 경우 더 심했다. 이런 경우, 수련의 '지지해 주는holding' 효과와 거부된 경험을 드러내 주는 힘 사이의 비율은 회복과는 너무 멀어져 버린다.

6장에서 논의했듯이, 이것에 대한 한 가지 해결법은 주의를 내면보다는 오히려 외적인 세계를 향하게 하는 마음챙김 실습을 사용하는 것이다. 흔히 주의를 바닥에 닿는 발의 느낌으로 기울이는 걷기명상이 종종 효과가 있고, 육체적 활동을 강화하는 목적도 이룰 수 있다. 마음챙김을 지니고 실행할 수 있는 요가 실습은 또 다른 좋은 대안이 된다. 움직임 속에서 마음챙김과 유연성 훈련을 결합할 수 있기 때문이다.

통제 중독

목표 지향적 활동에 계속 참여하는 데 집착하는 데서 웰빙 감각을 찾는 사람에게 마음챙김 수련은 어려울 수 있다. 그런 환자들은 흔히 휴가나 구성되지 않은 활동을 즐기지 않는다고 보고한다. 이들은 증상의 모든 양상을 과학적으로 연구함으로써 정신생리학적 장애에 자신을 가두는 사람들과 같은 부류다. 그들은 계속해서 그들을 더 좋거나 더 나쁘게 만드는 변수를 확인하려고 노력한다.

한편 마음챙김 수련은 이들에게 잠재적으로 매우 유익하지만, 그들은 마음챙김 수련이 매우 위협적임을 발견할 수 있다. 그들은 종종 빠르게 지루함을 호소하고 수련의 실용성에 대해 질문할 것이다. 이러한 환자에게는 상당한 심리교육이 필요한데, 그 내용은 통제하려는 그들의 욕구가 장애에 미치는 역할과 마음챙김 수련이 어떻게 통제를 그만두는 것을 견디게 도와주는가에 대한 것이다. 걷기명상이나 마음챙김 요가 실습과 같은 활동적인 기법이 처음에는 이런 환자들에게 더 쉽다.

마음챙김과 다른 정신생리학적 장애들

다른 정신생리학적 장애의 상당수가 만성 요통과 유사한 과정에 의해서 지속된다. 동시에 이런 장애들이 모든 병원 방문의 큰 부분을 차지한다. 마음챙김 수련과 그것과 연관된 통찰 양자는 이 장애들을 해소하는데 효과적일 수 있다.

다른 통증 및 근육 긴장 장애들

만성 요통을 초래하고 지속시키는 것과 같은 요인들이 종종 다른 근육과 관절장애에 광범위하게 작용한다. 이런 장애에는 건염[腱炎, tendonitis], 활액낭염, 뼈돌기, 발바닥 근막염, 턱관절 증후군, 반복사용 긴장성 손상 증후군repetitive strain injury: RSI, 만성 두통, 그리고 섬유근통증fibromyalgia 등으로 진단된 증상들이 포함된다. 이러한 장애의 상당수가 구조적 손상, 상처, 혹은 병의 진행과정에 의해 초래된 것일 수 있는 반면, 그것들은 아주 종종 근육긴장 장애다. 의사 동료들과 나는 만성 요통 순환으로부터 자유로워질 수 있는 환자들이 만일 계속해서 심리적 스트레스가 쌓이게 되면, 이와 같은 다른 장애 중 한 가지에 종종 걸리게 된다는 것을 발견했다.

이 장애들이 뿌리를 두고 있는 진행 과정은 만성 요통 순환과 유사하다. 그것은 아마도 육체적 아니면 심리적인 스트레스와 함께 시작할 것이다. 그런 환자가 일단 걱정에 빠지게 되면, 그 환자는 통증 부위에 초점을 두기 시작하고, 그것을 자주 보호하고, 일상 활동을 포기한다. 고민과 좌절이 자리를 잡고 통증 순환이 확고해진다.

이러한 장애들 전부에 대한 치료법은 유사하다. 먼저, 통증의 다른 원인들을 배제하기 위해서 충분한 의료적 정밀검사가 필요하다. 그 다음으로 심리교육이 진행되는데, 이 과정은 도전적일 수 있다. 왜냐하면 만성 요통처럼 대부분의 이러한 통증 증후군은 환자의 건강 책임자들이 제공한 구조적 손상이나 질병이 통증의 원인이라는 정보를 전제로 하고 있기 때문이다. 다음으로, 환자는 자신이 포기한 활동의 목록을 작성한다. 이러한 과정은 체계적으로 다시 소개되는데, 이는 두려움을 최소화하며 즐겁게 시작한다. 마음챙김 수련은 연관된 통증 감각에 대한 인내를 길러주곤 한다. 마음챙김 실습은 또한 거부된 정서에 대한 알아차림을 강화시켜주고, 증상을 통제하려는 시도를 그만두도록 촉진할 것이다.

위장 및 피부 장애

근육 긴장 장애처럼, 이런 상태도 그 뿌리에 육체적 질병의 진행이 있다는 것이 널리 전제되고 있다. 반면 어떤 경우는 감염, 알레르기 그리고 생리적 과정이 원인이지만, 많은 경우의 위염, 과민성 장증후군, 습진, 건선과 관련된 장애들은 심리적 스트레스가 원인이거나 심리적 스트레스에 의해서 악화된다Blanchard, 1993; Friedman, Hatch, & Paradis, 1993. 마음-신체 상호 개입intervention의 폭넓은 다양성이 희망을 보여 준다. 마음챙김 명상 자체는 건선 치료를 빠르게 해 준다는 사실을 실험적으로 보여 준다Kabat-Zinn et al., 1998.

종종 이러한 장애 전부는 만성 요통과 유사한 패턴을 따른다. 처음 나타나는 증상은 아마도 감염과 같은 신체적 사건이 원인일지도 모른다. 그러나 일단 환자가 증상에 사로잡히기 시작하면, 그들의 고민은 투쟁-아니면-회피 체계를 활성화하는 원인이 된다. 그러면 그 다음에는 문제를 악화시키거나 지속시킨다. 좀 더 부지런한 환자들은 의료적 치료를 따르고, 증상에 더 많이 몰두하게 되면 악순환의 함정에 갇혀버리게 된다. 의료적 개입은 그 문제를 완화하는 데 종종 실패하며, 우리가 앞서 논의한 심리적 개입 같은 것이 유용하다. 효과적 전략에는 심리교육, 증상에 대한 심리적 반응을 스스로 살펴보기, 일반적인 행동의 회복, 그리고 부정적이거나 스트레스에 의해 일어나는 감정을 다루는 것에 대한 안내가 포함된다.

다른 장애를 다룰 때에도 마음챙김 수련은 증상에 대한 수용과 인내하는 태도를 기르는 데 매우 유용하며, 감정에 대한 알아차림을 강화시키고 통제 시도의 역효과를 풀어주는 데도 매우 유용하다.

45세의 성공한 사업가 에드는 여러 가지 위장증상을 호소하며 치료하러 왔다. 한 주 동안, 그는 복부 확대증과 메스꺼움 때문에 괴로웠다. 다음엔 변비와 설사가 번갈아가며 그를 괴롭혔다. 그는 수많은 의료적 정밀검사를 받았지만, 어느 것도 그의 병을 밝히거나 괴로움의 구조적 원인을 규명하지 못했다. 그는 다양한 약물 치료를 받았고, 여러 가지 제한된 식이요법도 시도해 보았다. 새로운 개입은 매번 희망을 보이다가 실패했다.

에드는 먹는 것과 먹은 후의 느낌 사이의 연관성을 찾기 위해서 먹는 것을 주의 깊게 살펴보았다. 그는 일을 방해하거나 당황스럽게 만드는 시기적절치 않은 순간에 그 증상이 일어날 것을 항상 두려워했다. 자신의 상태를 치료하는 방법을 찾는 일이 그의 삶의 초점이 되었다.

우리는 어떻게 증상 완화에 몰두하는 것이 심리적 스트레스의 원인이 되며, 그 자체가 증상의 원인이 될 수 있는지에 대한 설명을 하면서 시작했다. 뒤이어 마음챙김 수련에 대해서 소개했다. 그 수련은 그의 상태에 대한 불안한 생각을 관찰하기 위한 것이고, 아울러 증상을 거부하지 않는 태도를 기르기 위한 것이다. 에드의 파국적인 두려움이 검토되었고, 그는 감정 목록을 작성하도록 권고받았다. 그 감정을 관찰하는 것이 그에게 가장 어려운 일이었다. 그는 자신의 증상, 감정 그리고 생각을 고치려하지 않으면서, 그것들과 '함께 있기' 위해서 마음챙김을 사용하는 수련을 했다.

에드는 일반적으로 매우 행동 지향적이었기 때문에, 이러한 접근은 처음에는 어려웠다. 그럼에도 불구하고, 계속적인 지지를 받으면서 그가 이전에 치료법들을 찾았던 일이 얼마나 무익한지, 그리고 치료법을 찾는 것 자체가 자신의 위장에 얼마나 불안하게 몰두하게끔 했는지를 이해할 수 있었다. 시간이 지나자 그는 증상이 일어날 때, 왔다가 가도록 내버려 두면서 다시 정상적으로 먹기 시작했다. 그의 불편함은 누그러지기 시작했고, 그는 삶의 많은 영역에서 과도한 통제에 대한 열망이 그의 괴로움의 원인이었음을 깨닫기 시작했다.

성기능 장애와 불면증

이런 상태들도 역시 정신생리학적 각성을 통제하려는 역효과적인 시도를 내포하고 있다. 그 장애들은 신체적 질병 과정이나 생리학적 조건에 의해 유발될 수 있지만, 환자 및 건강관리 종사자들은 이런 문제들을 보다 쉽게 심리적 요소를 가지고 있는 것으로 규정한다. 결과적으로 심리적인 개입을 시도하려는 설득이 덜 필요하다. 경험적으로 확인된 많은 심리적 치료법이 개발되어 왔다Heiman & Meston, 1997; Smith & Neubauer, 2003.

성기능 장애

성기능 장애 치료는 정신분석적 개입으로 시작되었는데, 이 개입은 어린 시절의 성 심리 발달에 뿌리를 둔 신경증적 갈등을 드러내기 위해 고안된 것이었다. 그러나 이 분야는 마스터스Masters, 1970와 존슨Johnson, 1966의 연구와 그들의 제자들에 의해 극적으로 발전했다. 이들은 성기능 장애의 주요 원인인 성행위 불안에 초점을 맞추었다. 비아그라나 그와 유사한 약이 나오기 전, 가장 효과적인 개입 방법은 환자가 자신의 증상과 싸우는 것을 그만두고 창조적 절망감으로 안정되는 것을 돕는 것이었다.

예를 들어, 발기부전 치료를 생각해 보자. 가능한 신체적 원인들은 제외하고 치료자는 환자가 발기를 통제하려는 바로 그 노력 때문에 불안해지고, 그 불안 때문에 평범한 신체적 반응이 방해받는다는 사실을 이해하도록 돕는다. 그 다음에 치료자들은 커플들에게 성교까지 나아가지 말라는 지시와 함께 전희에 전념하라고 한다. "만약 발기가 되면 그렇게 내버려 두세요. 그러나 발기가 되지 않는다면 그것도 괜찮습니다." 목표는 지금 이 순간 전희의 감각에 주의를 기울이는 것이고, 발기가 되게 하는 것이나 그 상태를 유지하는 것에 대한 걱정을 멈추는 것이다.

마음챙김 수련은 그런 치료계획안을 지원하는 데 매우 적합하다. 수용의 태도로 정신적 · 신체적 경험들이 오고 가는 것을 바라보는 방법을 배움으로써, 환자는 현재 순간에 경험을 통제하지 않는 기술을 배운다. 만약 이것이 공식 마음챙김 수련에서 먼저 수련된다면, 성 치료 실습에도 멋지게 적용될 수 있다.

불면증

확장 일로에 있는 조제약의 공급 측면에서 불면증은 의료계로부터 많은 관심을 받아 왔다. 대부분 비약물 치료는 자극 조절 요법, 수면 건강 교육, 이완 훈련, 수면 제한 요법의 몇 가지 조합으로 시행된다Smith & Neubauer, 2003. 수면장애 분야의 중심이 되는 치료 개입인 자극 조절 요법에는 오직 수면이나 성관계를 위해서만 환자에게 침대를 제공하는 것이 포함된다. 만약 환자가 15~20분이 지나도 깨어 있으면, 환자는 침대에서 내려와서 충분히 졸릴 때까지 다른 무언가를 해야만 한다는 것을 의미한다.

흥미롭게도 대부분의 환자들은 불면증이 성기능 장애와 유사한 패턴을 따른다고 보고한다. 잠을 자지 못할 것에 대한 불안은 잠을 방해하는 각성으로 이어진다. 몇 가지 치료 처방은 이러한 사실을 인지시키고 심지어는 "깨어 있으라."와 같은 역설적인 제안들을 사용하는 반면Shoham-Salomon & Rosenthal, 1987, 대부분의 치료 개입은 잠들기 위한 목표에 초점을 맞춘다.

마음챙김에 근거한 대안적인 접근 방법이 있는데, 몇몇 환자들은 유용성을 발견했다. 먼저, 의학적이며 다른 정신의학적 장애들은 제외한다. 그다음 불면증의 역동을 재검토하고 증상에 대항하여 싸우는 것을 포기하는 지혜를 설명해 준다. 그리고 나서, 환자는 마음챙김 수련을 배우고 잠 대신에 마음챙김 수련을 해 보라고 권유받는다.

일정한 수련 기간 동안, 집중적으로 마음챙김 수련에 참가한 사람은 흥미로운 현상을 알게 된다. 그들은 잠을 덜 필요로 한다. 명백하게 마음챙김 수련은 잠이 주는 많은 회복의 이점들을 제공하며, 어느 정도까지는 잠을 대체할 수 있다. 이러한 사실을 환자에게 설명하고, 잠드는 것에 대한 고민을 줄이는 대안으로 마음챙김 수련을 제안한다.

낮에 마음챙김 명상을 기꺼이 수련하는 환자에게는 잠자리에서도 수련해 보라고 권한다. 다음날 피곤할 것이라는 걱정스러운 생각이 떠오르고 사라지는 것을 허용한다. 만약 수련 때문에 잠으로 이끌 정도로 이완된다면 환자는 편안하게 잠을 잘 것이다. 만약 그렇지 않다면, 환자는 잠을 자기 위해 애쓰면서 밤을 지새운 것보다는 훨씬 더 휴식을 취한 느낌으로 아침을 맞이하면서 원기를 회복하는 경험을 할 수 있다. 각각의 경우에서 불면증과의 투쟁은 그만두며 그 결과 일반적으로 보다 더 정상적인 수면 유형에 이르게 된다.

이 접근법은 오직 잠과 성관계를 위해서만 침대를 제공하는 자극 조절 요법의 기본 규칙을 어기고 있다는 점에서 흥미롭다. 그럼에도 불구하고 장애의 핵심 역동을 제거함으로써 마음챙김 수련은 많은 환자들을 만성 불면증으로부터 자유롭게 할 수 있다.

유사점들

이러한 다양한 정신생리학적 장애들 사이에는 많은 유사점이 있다. 많은 장애들이 투쟁-아니면-회피 방식에서 오는 만성적인 각성을 원인으로 하는 신체적 스트레스 요인이나 신체적 증상과 함께 발생한다. 일단 발생하면 그 증상은 정서적 고통을 일으키고, 그 정서적 고통은 신체적 스트레스 반응을 강화하며, 그에 따라 증상을 악화시킨다. 그러면 악순환이 정착된다.

이러한 순환은 몇몇 지점에서 끊어질 수 있다. 대부분의 사람들에게 인지적 재구성과 행동 변화를 통한 노출 치료의 결합이 필요하다. 많은 사람들에게는 불안을 일으키게 하는 다른 문제들을 탐색하는 것도 중요하다. 이런 모든 과정들은 마음챙김 수련과 마음챙김 수련으로 얻게 되는 통찰을 치료에 응용함으로써 촉진될 수 있다.

밝은 면들*

정신생리학적 장애가 있어서 기쁘다고 말하는 사람은 거의 없지만, 회복 과정에서 배우는 교훈에 감사하는 환자들은 매우 많다. 돌이켜 보면, 많은 사람들이 자신의 증상을 삶에 접근하는 방식이 어떤 면에서 균형을 잃었음을 일깨워 주는 신호로 이해하게 된다. 놀랄 만큼 많은 사람들이 정기적인 마음챙김 수련에 참여하게 되고, 그것과 역사적으로 관련된 철학적 원리를 탐색하게 된다.

장애가 치유될 때, 환자는 통제를 벗어나 있는 것을 통제하려고 애쓰는 것에서 괴로움이 생겼다는 사실을 깨닫게 된다. 그리고 점차로 내려놓는 법을 배울 수 있게 된다. 모든 것들은 변한다[無常]는 현실이 더욱 분명해진다. 환자는 현재 순간의 경험에 감사함을 기르게 될 수도 있다. 이것이 실제로 살고 있는 삶이라는 사실을 깨달으면서, 또 정서적 고통과 신체적 고통을 모두 견디는 법을 배울 수 있다는 확신, 그리고 더 이상 그것을 풀기 위해 돌진할 필요가 없다는 확신도 얻게 된다. 환자 중 일부는 자신의 치유 경험의 영향으로 불교나 불교와 관련된 가르침을 깊이 탐구하기 시작한다. 그들의 의학적 조건이 그들의 삶을 영적 차원으로 열어 주는 문이 된 것이다. 역경을 배움과 성장의 기회로 삼을 때 삶은 풍요로워진다.

---

* 영어 속담 'Every cloud has a silver lining(먹구름도 뒤쪽에는 은빛으로 빛난다).' 에서 가져온 말로, 어두움(괴로움)이 있으면 밝음(즐거움)도 있다[苦盡甘來]는 의미.

10
아이와 함께하는 작업
-초심자의 마음-

트러디 굿맨Trudy A. Goodman

마음챙기도록 노력하시오.
그리고 모든 것을 자연스러운 흐름에 맡겨 두시오.
그리하면 당신의 마음은 어떤 환경에서도 고요하게 될 것입니다.
마치 맑은 숲 속의 연못처럼.
온갖 경이롭고 진기한 동물들은 연못에 물 마시러 올 것이고
당신은 모든 것들의 본성을 분명하게 볼 것입니다.
당신은 신기하고 경이로운 많은 것들이
오고 가는 것을 볼 것이지만 당신은 고요할 것입니다.

—Achaan Chah *A Still Forest Pool*, Chah, Kornfield, & Breiter, 1985, p. vi

'초심자의 마음' 은 마음챙김의 자질에 대한 선禪 전통에서 익숙한 표현이다. 그것은 개방성, 수용성 그리고 배우려는 준비성이다. 마음챙김 수

련은 인생의 초심자들, 즉 아이가 가지고 태어나는 개방성과 이완된 자발성의 상태를 길러 준다. 아이는 다른 나라에서 산다. 치료자는 그들과 연결하기 위하여 자연적이고 문화적인 단절에 다리를 놓아야 한다. 때때로 치료는 어른과 작업할 때보다 아이와 관계되어 있을 때 더 도전적일 수 있다. 초심자의 마음은 치료자가 아이의 세상 속으로 들어가도록 도와줄 수 있다.

이 장에서는 임상가들이 마음챙김의 도움으로 부모가 그들의 역할을 어떻게 더 효과적으로 하는 것을 도울 수 있는지, 아이와 그들의 가족을 연결하는 것을 도와줄 수 있는지를 탐구할 것이다. 비록 마음챙기는 양육mindful parenting이 대중적 관심을 끌어왔지만, 이것은 지금까지 전문가와 연구 문헌 어디에서도 거의 관심 받지 못한 영역이다. 또한 아이와 그들의 가족들이 다양한 상황에서 마음챙김을 계발하도록 도와주는 프로그램과 기법에 대해 다루고자 한다.

아이에게 마음챙겨서 관계하기

마음챙김 지향 아동치료mindfulness-oriented child therapy의 특징은 무엇인가? 그것은 열린 가슴으로 비판단적인 주의를 가지고 아이와 우리 자신의 경험 속으로 반복해서 되돌아가려는 의도이자 강화된 능력이다.

아이와 함께하는 작업에의 도전

아이는 어른의 방식으로 의사소통을 하지 않는다. 그들의 많은 생각과 느낌은 놀이와 몸짓을 통해 비언어적으로 표현된다. 마음챙김 수련은 비언어적인 자각알아차림을 강화하기 때문에, 아이와 만나는 심리치료자는 마음챙김 수행을 통해서 아이와의 의사소통을 원활하게 한다. 마음챙김의 순간은 즉각적이고, 언어 이전이며, 개념이 생기기 전에 명확하게 대상을 보는 순간이다. 마음챙김 명상을 통해서 우리는 산만한 생각에 빠져 있거나 경험에 대해서 얘기하기보다는 순간에 무엇이 일어나는지 알아차리는 방법을 배운다.

마음챙김에 대한 조작적 정의—수용의 태도로 현재 경험의 알아차림—는 아이와 관계하는 데 유용한 입지를 제공한다. 아이는 어른보다 현재 순간 속에 더 사는 것 같다. 사실 시간과 그 흐름에 대한 어른의 개념규정으로 아이는 상당히 혼란스러워한다. 이렇게 말하다 보니 13세의 여자아이가 있는 가족을 치료하던 일이 생각난다. 아이 어머니가 아이에게 자기가 소녀였던 때의 이야기를 할 때, 딸이 대답했다. "엄마, 나는 엄마가 어떻게 그처럼 과거에서 살 수 있는지 이해할 수 없어요! 내가 생각하고 행동하는 것은 지금이잖아요!" 마음챙김을 통해서 우리는 아이의 현재 순간 의식에 공감적으로 관계 맺는 우리의 능력을 증가시킨다. 마음챙김은 현재 순간의 연속으로 자신의 삶을 경험하는 것을 도와주기 때문이다. 마음챙김에 의해서 우리는 시간 개념을 덜 진지하게 가지게 되는데, 아이는 자연스럽게 그렇게 한다.

수용acceptance은 또한 아이와 어울리는 데 아주 중요하다. 아이의 애착의 강도 때문에, 그리고 어른은 계속해서 아이를 사회화시키려고 하기 때문에, 아이는 다른 사람에 의한 수용 또는 거부에 매우 민감하다. 비판단적이고 있는 그대로 수용하는, 즉 평가 없이 이해하는 마음챙김의 측면은 치료실에서 필요한 정서적 안정감과 신뢰의 분위기를 만들어 낸다.

또한 마음챙김을 통해 치료자는 종종 아동 치료에서 경험하는 귀찮은 측면인 반복을 수용하도록 도움을 받을 수도 있다. 아이는 특이할 정도로 기꺼이 자신이 선택한 활동들을 거듭 반복해서 하려고 한다. 아이에게 변형적transformational이고 즐거울 수 있는 놀이의 반복이 치료자에게는 기운을 빼는 지겨운 일이 될 수 있다. 이렇게 미묘한 역할 바꿈changing 반복적인 놀이를 하는 동안, 마음챙김은 치료자가 아이와 정서적인 연결을 하고 흥미를 유지하는 데 도움이 될 수 있다.

마음챙김을 통해 종종 비언어적으로 깨어 있는 순간에 아이에게 무엇이 일어나고 있는지 우리가 깊이 알 수 있는 기회를 얻는다. 아이의 세상은 우리 어른의 세상과 다르다. 우리는 지금 이 순간 일어나는 일과 함께 바로 현재에 머물면서 마음챙김을 지니고 아이의 세상으로 들어갈 수 있다. 우리가 마음챙기지 못할 때, 어린 환자의 잘못된 행동이나 거부를 통한 그들의 피드백에 종종 의지할 수 있다. 초심자의 마음을 가지고 있는 아이는 우리 어른들의 교사다.

심리치료적 현존

심리치료적 현존psychotherapeutic presence은 다른 사람과 신체적으로 함께 있는 것 이상을 의미한다. 그것은 다른 사람과 함께 있는 연결 속의 마음챙김mind-fulness-in-connection의 감각 느낌felt sense을 의미한다. 치료적 현존의 반대는 방심상태이거나 선입견이다. 아이는 어른이 자신과 정서적으로 연결되어 있는지의 여부에 특별히 민감하다. 누군가와 신체적으로 함께 있는 곳에서 혼자 있다는 경험을 한 아이는 실제적으로 혼자 남겨져 있는 것보다 더 버려졌다고 느낄 수 있다.

> 18세의 환자 캐리는 그녀가 6개월 정도의 아기였을 때, 어머니가 그녀를 안고 있는 비디오테이프를 보고 화가 났다. 그 비

디오에서 캐리는 어머니 무릎에서 펄쩍펄쩍 뛰고 있었다. 캐리와 어머니는 비디오카메라를 들고 있는 이모를 바라보고 있었다. 어머니는 주기적으로 캐리에게 몸을 구부려 코로 비비고 찌르고 간지럽게 했다. 그런 후 재빨리 동생에게로 말하기 위해 고개를 돌렸다. 캐리는 이런 겉보기에 인자한 장면이 이상하게도 불편했다. 그녀는 어머니가 자기는 안중에 없고 기계적인 방법으로 그녀에게 말하고 가볍게 흔들고 있음을 느꼈다. 접촉하려는 자신의 욕구와 자신을 안심시키려는 욕구 때문에 일으킨 어머니의 반응은 주제넘게 느껴졌다.

비록 캐리는 어머니와 신체적으로 함께 있었지만, 어머니가 정서적으로는 같이 있지 않았다고 느꼈다. 캐리도 마음챙김 명상을 수련했다. 그녀는 명상에서 관찰한 느낌과 어머니에 의해 정서적으로 강요받은 느낌 양자를 비교했다. 그녀는 고요한 심적 상태에서 주의를 모으고 평화로운 현존 상태로 가려고 노력할 때, 그녀가 비디오테이프에서 어머니를 보고 느꼈던 것처럼, 불안한 생각이 그녀의 의식 속으로 급습했다.

캐리의 경험은 두 가지 점을 설명해 준다. 첫째, 어른이 보여 준 주의의 특질이 아이가 자신의 경험에 주의를 기울이는 방식을 어떻게 형성시키는지 보여 준다. 둘째, 우리는 어떻게 마음챙김 수련이 일반적으로 사회적 인지를 향상시킬 수 있는지를 알 수 있다Siegel, 1999. 캐리는 마음챙김 수련을 통해 어머니의 정신적 유산을 좀 더 정확하게 지각할 수 있게 되었다고 믿었다.

이와 같이 향상된 민감한 알아차림을 치료자는 심리치료에 적용한다. 치료하는 동안 치료자가 자신의 마음의 움직임에 대한 알아차림을 지닐 때, 치료자는 아이의 내적인 경험—피하거나 친밀해지는 경험, 현존 또는 멍한 경험, 버려진 또는 버리는 경험—에 대해서 많은 것을 배우게 된다.

혼돈 속의 현존

> 9세의 칼로스가 나의 사무실에 왔을 때 물었다. "여기가 자신을 미워하는 아이들을 위한 곳인가요?" 그는 정말로 자신을 미워한다고 곧바로 털어놓았다. 극 놀이dramatic play에 빠져들기 전까지, 칼로스는 나에 대해 제대로 알지도 못한 상황이었다. 극에 나오는 주제는 폭력적이고 명백하게 성적인 것이었다. 친숙하지 않은 사람과 한 방에 있는 것을 개의치 않음과 그의 놀이의 억제되지 않은 솔직함 때문에 나는 당황스러웠다.

이 첫 번째 치료 회기의 한 순간에, 우리는 각자 들어 올린 손에 작은 인형을 가지고 있었다. 그리고 칼로스의 게임을 따라 천천히 미끄러지면서 엎드린 채로 바닥을 가로질러 갔다. 그는 갑자기 나를 올려다보며 의심스럽게 물었다. "이것이 당신의 일입니까?" 그의 유머 감각에도 불구하고, 나는 칼로스에게는 실제real와 가장된 것pretend 사이의 선이 분명하지 않음을 보았다. 공상 속으로 들어가고 나오는 그의 능력 때문에 나는 현기증이 났다. 그리고 나는 그의 놀이에서 나타나는 모든 정서적인 소재에 압도당하는 것을 느끼기 시작했다. 칼로스와 함께 있을 때, 나는 내적인 혼란과 압도당하는 생각과 느낌의 소용돌이를 느꼈다.

마음챙김 덕분에 그 회기의 현기증 나는 인상 속에서 한결같은 주의를 유지할 수 있었다. 세 번의 들숨 날숨과 함께 나는 내 자신의 마음을 가라앉혔고, 내 자신의 혼란스러운 마음의 상태는 칼로스의 마음의 반영이라는 사실을 인지했다. 나는 자신의 세상을 이해하려는 그의 강렬한 욕구를 느꼈다. 이것은 결과적으로 우리의 임상적 과제가 되었다.

나는 우리 둘을 도울 마음챙김 실습을 소개하기로 결심했다. 나를 그의 정서적 혼돈 속에서 빠져 나오게 한 적이 있는 동일한 기법에 의해 칼로스가 도움을 받을 수 있을지 모른다고 생각했다. 우리는 '세 번 숨쉬기'라는 게임을 개발했다. 그 게임에서는 그가 어떻게 느끼고 있는지를 탐색하기 위해서, 그가 원할 때마다 우리가 하고 있는 일이 무엇이든지 멈춘다. 칼로스는 게임을 하는 순간에 우리의 상호작용과 자신의 경험에 순간적으로 주어진 통제를 좋아했다. 그는 또한 상처받기 쉽고 어려운 느낌을 표현하는 법을 점점 배워 갔다. 이런 방식으로 칼로스는 그의 동요된 내적 생활을 마음챙겨 알아차림으로써 유익함을 얻기 시작했고, 나는 그와 더 연결될 수 있었다.

진정한 현존, 연결 속의 마음챙김 또는 치료적 현존이라고 부를 수 있는 마음의 특질에는 우리가 환자와 정서적으로 연관되어 있을 때, 우리 자신의 주의의 동요를 자각하는 것이 포함된다. 톰슨Thomson, 2002은 "진정한 현존은……치료자와 내담자 사이 어딘가에 자리 잡고 있어야만 한다."라고 제안했다p. 546. 이것은 우리가 환자의 경험에 열려 있고 수용적임을 의미하지만, 동시에 그 연극은 의식의 놀이임을 자각하고 있음을 의미한다. 마음챙김을 지니고 있으면, 치료자는 환자의 경험에 휘말리지 않으면서도 참여할 수 있게 된다. 우리는 환자와 연결을 잃지 않으면서 우리 자신의 반응 속에 들어가고 나올 수 있으며, 우리의 마음이 지금 하고 있는 일로부터 배울 수 있다. 이 과정은 어른보다도 아이와 함께할 때 더 미묘하다. 왜냐하면 아이의 상호작용은 덜 언어적이고 덜 구조적이기 때문이다. 우리는 마음속으로 느끼고, 개념 이전의 경험에 대해 정신을 바짝 차리고 있어야 한다. 그 일은 보다 세밀한 주의를 기울여야 한다.

단절 속의 현존

우리는 지속적으로 마음챙기는 알아차림이 어떻게 아이와의 연결을 촉진하는지 살펴보았다. 지속적인 알아차림은 우리가 우리의 경험을 즐기고 있는 한 자연스럽게 따라오며 재미있다. 그러나 치료하는 도중에 불쾌한 경험도 생긴다. 그리고 치료자의 주의는 종종 반응을 하는 과정에서 흩어지기 시작한다. 지속적인 마음챙김에는 순간에 일어나는 모든 일을 수용하면서 아이와 현재 속에 머물려고 하는 의도가 필요하다. 마음챙김을 향상하려는 의도는 치료실에서 발생하는 연결과 단절의 패턴을 알도록 도와준다.

> 5학년인 마리아는 사회적 철회social withdrawal와 정서적 수동성 emotional passivity 때문에 학교에서 치료를 의뢰하였다. 마리아는 상냥하고 유순하지만, 교실 안에서 정서적으로 함께 있지 않았던 것처럼 치료에서도 정서적으로 함께하지 않았다. 보통 그녀의 나이에서는 강한 관심사인 신체적 외모를 포함해서 거의 모든 일에 무관심했다. 그녀는 머리를 감지 않았고, 그녀는 전반적으로 돌봄을 받지 않는 것 같았다.

마리아는 정서적으로 무덤덤하고 대화에 참여하지 못하기 때문에 그녀와 방에 함께 있는 것은 어려웠다. 치료에서 마리아와 같이 있고자 하는 나의 의도에도 불구하고, 나는 멍해지거나 계획을 하거나 공상에 잠기는 유혹을 거의 억제할 수 없었다. 때때로 나는 치료 회기를 두려워하는 자신을 발견하곤 했다. 현존과 연결로 되풀이해서 돌아오기 위한 나의 모든 노력에도 불구하고 우리의 연결은 생동감이 없는 것 같았다. 나는 회기 후에 종종 탈진되었다.

길고 활기 없는 여섯 번의 치료 회기를 보낸 후, 나는 마리아와의 관계에서 무언가 빠져 있다는 당혹스러운 느낌을 알아차렸고, 그것을 탐색하기 위해서 마리아의 부모와 이 난처함을 공유했다. 몇 주가 지난 후, 나는 이른 아침에 마리아의 아버지로부터 전화를 받았다. 그는 딸과 성적性的으로 연관된 적이 있었다고 나에게 말했다. 그는 자신의 정서적 마비emotional numbness와 열망에 대해 설명하면서, 그 때문에 그녀에게서 그러한 편안함을 찾았다고 하였다. 그는 자신의 행동이 어린 소녀에 대한 마리아 어머니의 무관심을 보상해 주려는 것일지도 모른다고 합리화했다. 그러나 마리아의 아버지는 그런 무관심에서 자신의 역할을 분명히 자각하지 않았다. 나는 무슨 일이 있었는지 말해 준 그의 용기에 감사했다.

마리아는 자신에게도 다른 사람에게도 현재 존재하는 것을 거부해 왔었다. 그녀는 꿈속에서 살고 있었고, 정상적인 여학생의 외모에서 벗어나 있었으며, 심지어 무엇이 정말로 잘못되었는지를 알지 못한 채 행동했다. 나의 반응—떠나기를 원하고 그녀와 함께 있는 것을 거부하는 반응—은 괴로울 정도로 정확하게 마리아의 느낌을 반영했다. 나는 그녀의 어머니 자신도 학대의 희생자라는 사실을 나중에 알았다. 그리고 단절된 나의 느낌은 또한 마리아의 어머니의 일관된 태도인 정서적 이탈을 반영했다. 만약 우리가 기꺼이 마음챙김과 함께 머무르고 마음챙김이 자체의 진실을 드러내도록 한다면, 연결과 단절에 대한 마음챙김은 때때로 신기할 정도로 숨겨진 사실을 드러낼 수 있다.

말없이 괴로움을 견디고 있는 환자를 치료할 때, 호기심과 수용의 태도로 현재 순간으로 되돌아가려는 우리의 의도는 어떻게 느끼는지 상관없이 필수 기술이다. 특히 아이는 언어적인 표현 없이 치료를 받으러 온다. 치료자에게 혼동을 주거나 불투명한 것은 결국에는 아주 흥미 있는 것이 될 것이다. 만약 우리가 계속해서 그것으로 되돌아가려는 의도가 있다면 말이다. 마음챙기는 알아차림은 우리의 이론적 준거틀에 관계없이 모든 구석을 탐색하면서 어디라도 갈 수 있다. 질문은 "지금, 여기에서, 나의 경험과 내 환자의 경험에서 무엇이 일어나고 있는가?"다.

초심자의 마음

> 초심자의 마음에는 많은 가능성이 있다. 숙련자의 마음에는 거의 없지만.
>
> —스즈키Shunryu Suzuki, 1973, p. 21

대부분의 교육 현장에서 교사는 새로운 학생들을 가르치는 데 열성적이며, 종종 초심자들에게 특별한 관심을 표현한다. 초심자는 배우는데 열성적이고, 훌륭한 질문을 하고, 호기심이 있으며, 대체적으로 정보와 경험을 잘 받아들인다. 얼마나 기쁜 일인가!

아동 환자는 자신의 치료자에게서 그러한 수용성receptiveness을 찾을 것이다. 치료자가 나를 이해할 수 있을까? 나를 알 수 있을까? 나의 문제를 느끼고 나의 성취를 인정할 만큼 인내심이 있을까? 치료자는 나와 함께 있는 것을 좋아할까? 이 긴 주문을 충족하기 위해서 치료자는 선입견이 있는 관념들 없이 아이를 만나야 한다. 아이의 진단이나 가족력에도 불구하고, 아이와 함께 있는 것이 어떤 느낌인지 그리고 아이가 느끼는 것을 알아차리면서 있어야 한다.

> 불그레한 볼과 뒤로 묶은 머리를 한 3세의 소녀 레니와 그녀의 부모는 유명한 소아과 의사의 소개로 나를 찾아왔다. 그 의사는 레니가 자폐증이 있는지 의문을 가지고 있었다. 겁먹은 레니

의 부모는 다른 의사의 진단을 원했다. 내가 처음 레니를 만났을 때, 레니의 돌려진 시선, 침묵 그리고 한 번도 뒤돌아보지 않고 어머니를 기꺼이 떠나는 행동 모두를 통해서 그 진단을 확인한 것 같았다. 레니는 나를 인정하거나 나의 말에 대답할 준비가 되어 있지 않았다. 사실 레니는 나를 무시하는 듯 하였다. 레니는 나와 함께 놀이방으로 들어가서 앉았을 때, 눈 내리는 거리를 달리는 큰 회색 차 뒷좌석에 혼자 앉아 있는 작은 소녀의 그림을 그렸다.

다른 방법에서도 마찬가지로, 레니는 자신의 세상 속에서 살고 있는 듯한 무엇과 대화를 했다. 레니의 놀이는 반복되었고, 레니는 반복해서 말했다. 레니의 행동은 환영하는 것도 아니고 거부하는 것도 아니었다. 여전히 나는 그 순간에 충분히 나의 주의를 기울였고, 나의 알아차림의 영역에서 일어나는 모든 느낌의 인상에 마음챙기게 되었을 때, 이 작은 소녀의 현존과 약간의 연결에 대한 감각 느낌이 있었다. 나는 레니의 부지런함, 에너지, 불안, 고집 속에서 레니의 현존을 느꼈다. 레니는 내 안에 있는 같은 성질을 불러일으켰다. 레니의 어머니는 그것들은 어린 레니의 성격의 일부라고 확정지었다.

레니가 정말로 아스퍼거 증후군Asperger syndrome으로 괴로워했던 사실은 시간이 지나면서 분명해졌다. 레니가 학교생활을 하는 동안에 적당한 보살핌과 도움을 받는 데 그 진단은 중요했지만, 레니의 부모와 내가 치료의 초점을 둔 곳은 그녀의 비전형적인 신경학 뒤에 묻혀 있었던 그 어린 소녀에 대한 이해를 기르는 것이었다. 이런 이해에 의해서 레니의 욕구는 유연하게 다루어질 수 있었다.

우리가 이미 진단이 내려진 사람을 살필 때, 알지 못한다는 마음가짐은 발견을 위한 전제 조건이다3장 참조. 초심자의 마음은 알지 못한다. 우리는 종종 불안한 느낌 때문에 또는 이미 예상된 진단에 맞추려고 노력하면서 우리의 마음을 미리 닫아 버린다. 치료자로서 우리는 균형과 평정을 유지하면서 이런 성향을 피하고 불확실성 안에서 배울 필요가 있다. 나는 진단적 이해를 보류하려고 노력했다. 그래서 레니의 개성과 경험에 진정으로 연결 맺는 일은 방해받지 않았다. 마음챙김 수련은 이러한 점에서 도움이 될 수 있다. 즉, 마음챙김을 통해서 수행자는 '인지적 개념 구성cognitive construing' 을 일시 정지하는 훈련을 받는다Delmonte, 1987.

훈련 중에 있는 아동 치료자는 무엇인가 드러나려는 상황에서 이완된 태도로 아이와 함께 앉아 단순히 수용적이 되는 것이 괜찮은 것임을 종종 알 필요가 있다. 우리가 가지고 있는 개념과 이론을 살짝 가볍게 보류하게 되면, 우리는 아이와 함께 상호 발견의 여행을 하게 된다. 그것은 협동 작업인데 그 안에서 치료에 대한 우리의 생각은 연결의 '감각 느낌' Gendlin, 1996을 위하여 덜 강조된다. 감각 느낌은 마치 아이처럼 순간순간 변한다. 초보 임상가들이 치료회기 중에 생각하는 방법에 대한 지침을 물을 때, 그 대답은 "너무 많이 생각하지 마라."는 것이다. 만약 우리가 아이와 함께 순간을 느낀다면, 우리가 무언가 필요할 때 그것은 자연스럽게 우리에게 일어날 것이다.

우리의 초심자의 마음은 아이에게는 선물이다. 우리가 초심자의 마음으로 대하면, 아이는 자유롭게 앞으로 나가며 우리의 이완된 수용 공간에서 지낸다. 우리가 평화로운 존재 상태에 있으면, 아이는 어떤 부분도 남겨두지 않고 있는 그대로 다가오도록 초대받는다. 아이의 정신 속에서 사는 두렵고 수용할 수 없는 '이상하고 경이로운' 모든 생명들은 우리의 수용성이라는 '고요한 숲 속의 연못' 으로 모여든다Chah et al., 1985, p. vi.

언어 이전의 알아차림

아이는 말할 능력을 가지기 전부터 힘든 경험을 한다. 그것들은 아이의 몸과 느낌 속에 묻힌다. 심지어 어른에게도 심리적 외상 경험의 결과는 주로 언어 이전의 문제로 남는다. 마음챙기는 알아차림을 통해서 임상가는 알아차림에서 추방당한 언어 이전의 경험들을 통합하는 데 도움을 받을 수 있다. 특히 수용의 요소와 함께 마음챙김은 힘든 경험을 안전하게 끌어낼지도 모른다. 숲에서 조용히 조심스럽게 나오는 동물들처럼 말이다. 언어 이전의 경험 영역에서 친밀함을 가지고 거기에 편안함을 느끼는 치료자는 괴로워하는 아이와 조용히 연결되어 머물 수 있다.

> 큰 갈색 눈을 가진 헝클어진 머리의 5세 소년 제이슨은 입학했던 모든 유치원 프로그램에서 이미 쫓겨난 상태였다. 내가 제이슨를 만났을 때, 제이슨은 치료 학교 프로그램에 참가하고 있었다. 새로운 학교 측에서 제이슨의 행동을 제한하였을 때, 제이슨은 소리를 지르고 울부짖고 팔을 휘두르다가 결국에는 쓰러졌다. 제이슨은 종종 어머니의 남자친구가 어머니를 때리는 것을 분명히 목격했지만, 어린 제이슨은 당연히 어머니를 보호할 수가 없었다. 제이슨의 어머니는 수동적인 죄의식과 "사지를 찢어버리겠다."라고 말로 위협하며 제이슨의 분노에 반응함으로써 문제를 악화시켰다. 제이슨과 어머니는 모두 무력감과 통제할 수 없음을 느꼈다.

치료의 일환인 공상 놀이에서 제이슨은 화가 난 나쁜 남자를 제압할 수 있는 슈퍼맨, 사람을 구하는 영웅일 수 있었다. 그럼에도 불구하고, 제이슨은 5세 소년의 작은 몸과 상처 입기 쉬운 점을 예민하게 느꼈다. 새 학교에서 두려움과 분노의 폭발을 유발시키는 한계 설정 때문에, 제이슨은 이러한 권한 박탈감disempowerment을 느끼게 된 것이다. 나는 제이슨과 함께 새로운 접근을 선택했다. 제이슨이 자신의 폭풍우에 반응할 때, 분노 또는 반발 없이 안정되고 차분하게 그를 붙잡아 줄 수 있는 접근이었다. 이것은 큰 효과가 있었다. 제이슨의 화는 소진되어 버렸고, 참을 수 없는 슬픔을 느낄 때 그는 자신을 달래고 위로하면서 조용히 흐느껴 울었다.

제이슨은 두려움을 언어로 표현하는 방법을 배우게 되자 자신의 팔과 다리가 떨어져 나갈지 모른다는 것 때문에 두렵다고 속마음을 털어놓았다. 어머니의 사지를 찢어버린다는 위협이 이 두려움에 반영되어 있었다. 아이가 사는 '나라'에서 말은 글자 그대로 받아들여진다. 제이슨은 자신의 분노에 대한 보복으로 내가 그의 팔과 다리를 잡아당길 것을 두려워했다. 제이슨은 조금씩 두려움과 현실 사이의 차이점에 대해 말하는 법을 배웠다. 제이슨은 자신의 팔과 다리가 안전하게 몸에 붙어 있다는 것을 배웠고, 치료자가 제이슨의 분노를 멈추게 했을 때 그녀가 그에게 상처 주지 않을 것을 배웠다. 제이슨의 분노는 가라앉았다.

제이슨의 치료는 대부분 비언어적이었다. 아이는 특히 다른 사람의 감각 느낌에 마음을 맞춘다. 제이슨이 고통스럽게 폭발하는 동안, 비판단적으로 그의 몸부림을 알아차리고 연결되려고 하는 나의 노력에 의해 제이슨은 분명하게 긍정적인 영향을 받았다. 마음챙김은 어른보다 아이에게 더욱 전해지기 쉬운 것 같다. 놀랍게도 나중에 제이슨은 다른 어린아이들과 함께 있는 곳에서 그 아이들이 분노발작temper tantrum을 일으켰을 때, 자신이 친절하고 진정시킬 기회를 찾았음을 인식했다.

강한 감정들이 일어날 때 마음챙김은 수련된다. 오랜 세월이 아니라 일정한 정기적인 수련기간과 마음챙기려는 의도가 필요한 것이다. 마음챙기려는 나 자신의 의도는 다음과 같은 교훈을 나의 치료실 벽에 걸어 두고 20년 동안 지속되어 왔다.

> 깨어 있는 주의 속에서 존재하기, 자신에 대해 관찰하기, 판단하기보다는 이해하려는 의도를 지니기, 단지 그것이 거기에 있다는 이유에서 무엇이 나타나더라도 완전하게 수용하기 등을 통해서 우리는 깊이 있던 것을 표면으로 나오도록 허용하고 우리의 삶과 의식을 풍요롭게 한다. 이것이 알아차림의 위대함이다Maharaj, 1997, p. 112.

대부분 우리의 경험은 정말로 깊고, 개념 이전, 언어 이전의 알아차림의 영역이다. 우리는 마음챙김 수련을 하는 동안에 그 영역에서 고요하게 머무는 법을 배운다.

아이는 언어적인 세계에서 아직 충분히 살지 못한다. 그리고 어른은 때때로 언어적인 세계에 너무 강하게 집착한다. 어른은 언어적 설명이나 해결책을 제공함으로써 아이의 경험을 처리하려는 경향이 있다. 마음챙김 수련과 함께 이 지각 영역은 심리치료자를 위한 안전한 휴식장소가 될 수 있다.

현재 순간

앞에서 언급한 것처럼, 지금 여기에서의 치료 작업은 환자에게 일어난 일을 실제적으로 다루는 장소다. 5장에서 논의한 심리치료의 '지금 순간now moment'에 대한 대니얼 스턴Daniel Stern, 2003의 숙고는 마음챙김 수련을 설명하는 것처럼 들린다.

> 시간에는 간격이 없다. [순간은] 직접적이다. 즉, 말에 의해 전달되거나 재규정되지 않는다. ……만남의 순간은 심리치료에서 변화를 위한 가장 중요한 경험을 제공한다. 그것은 가장 기억할 만한 순간이며, ……치료 과정을 바꾸어 놓는다Stern, 2003, p. 57.

비록 스턴은 우리가 그런 순간에 대한 이론을 가지고 있지 않다고 암시하지만, 불교 심리학은 현재 순간의 많은 미묘한 의미들과 지속적인 태도로 그 순간에 주의를 기울이는 방법에 대해서 아주 자세하게 설명하고 있다.

현재 순간이 가지고 있는 한 가지 문제는 바로 매우 빨리 지나가 버린다는 것이다. 우리가 순간의 경험을 개념화할 때, 그것은 이미 사라져 버린다. 우리는 마음챙김으로 언어 이전의 경험의 순수한 발생과 소멸에 더 가깝게 다가간다 — 현재 순간에 더 가깝게.

임상 연구자들은 유아-부모의 상호작용을 비디오로 녹화하여, 10배속으로 두 사람 사이에서 빛이 번쩍거리는 미세 의사소통을 관찰했다Beebe & Lachmann, 1998; Tronick, 1989. 아이가 흘긋 본다. 어머니가 응답한다. 그녀의 응답은 아이의 행동에 대한 반향이다. 이처럼 어머니와 아이는 계속해서 상호작용한다. 상호 간의 부름과 응답은 아주 빠르게 일어나서 관찰자의 의식적인 마음으로는 따라잡을 수 없다. 우리는 현재 순간의 알아차림을 통해서 이 미묘하고 비언어적인 과정을 볼 수 있도록 더 가까이 다가간다. 그리고 더 쉽게 아이의 세상으로 들어가 참여하게 된다.

치료자가 어떻게 그런 미묘한 관계 속으로 들어가는가? 아동 환자에게 정서적으로 조율한 치료자는 객관적이고 지적인 자각보다는 직관적이고 마음챙기는 자각을 통해서 이러한 미세 의사소통에 참여할 것이다. 연결과 이해 감각은 따라잡기에는 너무 빠르게 흘러가는 상호 지각의 흐름의 결과일지도 모른다. 이러한 조율이 강할 때, 그 치료자는 충분히 환자에게 주의를 기울이고 '몰입flow' 에 빠진다. 정서적 조율과 진정한 현존을 통해서 유능한 치료자는 파악하기 어렵고 이어져 있으며 빠르게 흘러가는 현재 순간에 충분히 참여한다.

어떤 아이의 경우에는 분명하게 현재 순간으로 주의를 기울이는 것에 의해 치료가 촉진된다.

> 9세의 매기가 나에게 왔다. 매기는 이전에 두 명의 경험 있는 임상가의 치료를 받았으나 성공적이지 못했다. 매기는 감정적으로 단절되어 있었고, 종종 학교에서 놀림을 당하였고, 비판에 아주 민감했다. 매기는 숙제하는 것을 거부해서 부모와 자주 싸웠다. 매기의 남동생이 훌륭한 학생이고 학교에서 매우 인기가 있다는 것은 도움이 되지 않았다. 학교 상담가는 아이들이 매기를 '독살스러운 머리' 라고 부른다고 털어놓았다. 매기의 부모는 매기가 덜 희생당하고, 덜 화내고, 덜 외로움을 느끼도록 도와줄 방법을 몰랐다.

9세가 되기도 전에 심리치료 베테랑이 된 매기는 심리학의 낌새를 느낄 수 있는 것이라면 어떤 것에나 과민반응을 보였다. 거만하며 심리학에 거리를 두는 이 소녀는 한바탕 소란을 피운 다음 음울한 침묵에 빠져버려 매번 제대로 치료의 목적을 이룰 수 없었다.

작년 겨울 어느 날 오후, 매기와 나는 등불이 켜진 내 사무실 바닥에서 서로 마주 보고 앉았다. 나는 매기와 연결되기를 원했지만, 매기는 자신에게 아주 익숙했던 방법에 실망했다. 그 침묵은 긴장되고 불편했다. 내 생각들은 창문 밖으로 헤매고 있었다. 그때는 온 세상이 짙은 파란색으로 변해가는 고요한 순간인 해질녘이었다. 나는 명상의 깊은 평화를 느꼈다. 나는 자연스럽게 매기에게 고개를 돌리고 부드럽게 말했다. "봐라. 저 밖은 전부 파랗지." 매기는 바라보았다. 나는 매기에게 이런 푸른 황혼의 세상을 본 적이 있었는지 물었다. 매기는 호기심을 느끼면서 이 새로운 방식에 주의를 기울였다. 그것은 만남, 현존, 평화의 순간이었다. '지금' 이라는 짧은 한순간, 우리는 서로의 세계로 들어갔다. 스턴Stern, 2003, p. 54은 "지금 순간now moment이 도착하자마자, 다른 모든 것은 떨어져 나간다. 그리고 각 파트너는 현재에 두 발로 서 있다. 현재는 시간과 공간을 채운다."라고 썼다.

1년 후, 나는 매기에게 마음챙김 수련을 가르쳤다. 상상의 왕좌에 높이 앉아서 몸을 통해 부드럽게 움직이는 호흡의 들어옴과 나감에 초점을 맞추었다. 매기는 고요히 자신 있게 몰두하여 느낌과 그 느낌들이 이야기하는 모든 이야기들을 알아차리면서 10분 동안 앉아 있는 법을 배웠다. 왔다가 가고, 나타났다가 사라지는 동안, 매기는 착실하게 앉아 있었다. 매기는 항상 자신의 생각을 믿을 필요가 없다는 것을 이해했다. 매기는 그 생각이 생기도록, 그리고 가도록 내버려 두는 것을 선택할 수 있었다. 매기는 자기 방의 침대 위에서 다리를 포개고 앉아서 수련했으며, 현재 순간에서 안식처를 찾았다. 차 등Chah et al., 1985을 인용해서 다시 말하면, 매기는 고요한 숲 속의 연못을 찾았고 거기에서 자신의 안에 있던 거친 것, 무서운 것, 수용하기 어려운 것 등 모든 것이 나올 수 있었으며, 그것들은 마음껏 물을 마실 수 있었다. 아이는 자신의 모든 '낯설고 멋진 피조물들' 이 똑같은 어린 가슴에서 평화롭게 공존할 수 있음을 배울 수 있다.

놀 이

놀이치료는 정신분석 심리학에서 발전했다. 어린아이들은 상징적으로 표현하고, 그들 자신만의 언어인 놀이의 언어로 생각하고 느끼는 것을 표현하도록 격려받는다. 치료자는 마음챙김의 향상에 의해 보다 기술적으로 주의를 기울이게 되고 성공적인 놀이치료에 통합될 다른 자질들을 기르게 된다Landreth, 2002.

놀이 공간은 친밀하고 직접적이다. 아이는 탐색하고 다시 만들고 다시 한다. 놀이를 하는 동안에 아이는 삶에서 겪은 어려운 사건과 참기 힘든 정서를 소화할 수 있는 경험으로 변형transform시킬 수 있다. 치료자가 놀이의 영역으로 들어가기 위해서는 자신의 생각과 표현의 논리적이고 직선적이고 언어적인 모드를 일시적이나마 기꺼이 버려야 한다. 임상가는 그들 자신의 주관적 경험에 대한 친밀한 알아차림을 통하여 놀이에 대해서 어린애 같은 정서적인 친밀감을 지니고 편안함을 기른다.

일반적으로 아동 환자는 임상가보다 놀이에 더 잘 몰두하는 능력이 있다. 마음이 이완되어 있으면 치료자는 어린 환자에게 더 가까이 다가갈 수 있고, 따라서 치료자는 놀이의 흐름을 탈 수 있다. 놀이하는 동안, 아이는 커지고 힘이 세질 수 있다. 아이는 자신의 세상을 통제할 수 있고, 게임을 설계하여 항상 이기며, 결코 물러나거나 지지 않는다. 아이는 방해나 외상적 사건으로부터 거리를 둔 치유를 만들어 낼 수 있다. 그러한 일들을 다른 사람에게 일어나게 하거나 그 결과를 효과적으로 통제하는 것을 통해서 그렇게 할 수 있다.

6세의 힐러리는 선천적 심장 질환을 고치기 위한 수술을 받기 위해 입원했다. 잘 회복한 후에 힐러리는 악몽을 꾸었고, 힐러리의 침대는 흠뻑 젖었다. 힐러리는 '병원' 게임을 구성했는데, 그 게임에서 오토바이힐러리는 오토바이를 무서워했다 위에서 고함을 치는 의사 부대들이 어린 환자들에게 주사바늘을 찌르려고 하였다. "자, 자, 울지마." 하고 힐러리는 환자들을 안심시켰다. 힐러리는 또한 자신이 그랬던 것처럼 모든 환자들이 주사와 진찰로부터 완전히 회복될 것이라고 확신했다.

안전하고 보호받는 놀이치료에서 힐러리는 상황을 돌보았다. 그것은 이전에 힐러리가 희생자였고 무서움을 느꼈던 상황이었다. 힐러리는 자신감을 되찾았고 야뇨증은 멈추었다.

놀이는 모든 사람에게 꼭 필요하다. 어른은 일과 놀이 사이를 구별한다. 보통 부대적인 목표예: 돈를 위해 하는 활동을 일이라고 부르며, 그 자체를 위한 활동을 놀이라고 부른다. 일은 행위doing이며, 미래로 시선이 향해 있고, 놀이는 존재being이며, 현재 순간에 자발적이고 온 마음으로 하는 활동이다. 놀이에 몰두하는 것은 명상에 몰두하는 것처럼 일반적으로 에너지를 증가시킨다. 주의는 통일되고 집중된다이것은 아이가 아주 많은 에너지를 가지고 있다는 한 가지 이유가 될 수 있다. 임상 수련을 포함해서 치료가 놀이가 될 때, 우리는 하루를 다 보낸 후에 더 많은 에너지로 넘치는 자신을 발견한다.

신선하고, 직접적이고, 자발적이고, 널리 깨어 있고, 지금 여기의 현실 속에 몰두하는 어린 시절의 잊어버린 세계에서 쉬는 것은 어른의 마음을 위한 마음챙김 훈련의 한 종류다. 우리는 어린 환자들과 함께 작업하고, 함께 놀고, 함께 존재함으로써 신선하고 새로워짐을 느낄 수 있다. 아이는 마음챙기는 현존을 기르는 데 최고의 교사가 될 수 있다.

가족치료

여기서 논의했던 여러 가지 치료 기술은 아이와 함께하는 개인적 작업일 뿐만 아니라 가족치료로도 적절하다. 대부분 가족치료의 한 가지 목표는 자녀-부모 사이의 상호 이해를 강화하는 것이다. 마음챙김 수련을 통해서 아이와 연결되고 아이를 이해하는 능력이 커진 치료자는 이 작업을 지원할 수 있다.

가족 구성원 각자가 공감적으로 조화를 유지하고 있을 때, 가족치료의 큰 도전은 가족 구성원 사이에 등거리를 유지하는 것이다. 이것은 강한 정서나 갈등의 순간에 특히 어려울 수 있다.

강한 정서를 인내하는 능력, 현재 순간의 흐름과 함께 머무는 능력, 혼돈의 한 가운데에서 현존하는 능력, 그리고 미세한 비언어적 의사소통을 알아차리는 능력, 이 모든 것은 가족치료자가 이 거친 바다를 항해하는 일을 돕는다.

초심자의 마음도 가족 치료에 매우 유용하다. 가족 치료 회기를 효과적으로 계획하는 것은 실질적으로 불가능하다. 각자 자신의 이야기와 과제를 가지고 있는 여러 사람들과 한 방에 있을 때 우리에게는 많은 변수가 생기는데, 무엇이 일어나든지 창조적이며 지성적으로 응답할 수 있을 것이라는 믿음에 우리의 유일한 희망을 건다. 마음챙김 수련이 가져다주는 편안함, 즉 새롭고 변하는 순간순간의 현상과 함께 있으면서 편안한 것은 이런 환경에서 치료자에게 정말로 도움이 된다.

다음에 논의하는 것처럼 마음챙김 수련에 개방적인 가족 구성원에게 실제적으로 마음챙김 수련은 그들의 성장과 발달을 지원할 수 있다.

부모를 위한 지침

마음챙김 수련을 통해 치료자는 여러 가지 방식으로 아이와 그 가족에 대해 이해하고 효과적으로 연결될 수 있다. 그러나 아이의 성장과 발달에 더욱 중요한 것은 아이가 부모와 건강한 관계를 가지는 것이다. 부모에게 마음챙김 수련을 가르치는 것은 그만큼 여기에서 제공해야 할 본질적인 것이다.

비록 이 글을 쓸 때, 양육 기술에 대한 마음챙김 수련의 효과에 대해 통제된 연구들은 없었던 것 같지만, 마음챙김 수련을 했던 부모들은 대중매체를 통해 마음챙김 수련을 칭찬해 왔다. 몇 권의 책들이 그 주제에 대해 저술되었고Kabat-Zinn & Kabat-Zinn, 1998; Kramer, 2003; Napthali, 2003, 적어도 어떻게 마음챙김 수련이 양육을 강화하는지에 대한 일화를 공유하는 웹 사이트가 하나 있다www.theminfulparent.org.

때때로 부모는 자녀에게 화가 나거나 자녀에게서 소외된다. 그 때문에 공감적으로 그들과 연결되는 것이 어려워진다. 또 다른 경우에, 부모는 양육 과정에서 일반적으로 생기는 단절이나 긴장을 참는 것을 마음내켜하지 않기 때문에 필요한 한계를 정하는 데 주저한다. 대부분 양육 가이드 개입은 부모가 자녀와 공감적으로 관계하는 능력을 키우거나 Faber & Mazlish, 1999; Green, 2001, 행동에 대한 분명하고 일관된 귀결을 정하는 능력을 강화하면서Barkley & Benton, 1998; Patterson, 1977, 이러한 어려움 가운데 한 가지에 초점을 맞춘다. 발달심리학자들은 전반적으로 효율적인 양육에는 이러한 전략즉, 사랑과 한계를 모두 능숙하게 제공하는 것 사이에서 최상의 균형을 찾는 것이 포함된다는 점에 동의한다.

마음챙김 수련을 하는 부모는 종종 마음챙김을 통해서 육아의 핵심적인 차원 두 가지를 더 좋게 하는 데 도움을 받는다고 말한다. 아동치료의 맥락 안에서 앞서 그 이유를 논의했는데, 마음챙김을 통해서 더 큰 현존, 연결과 단절의 알아차림, 아이의 비언어적 의사소통에 대한 개방, 그리고 놀이에서 아이와 어울리는 능력을 갖추게 되고, 이 모든 것은 아이가 부모의 사랑과 이해를 더 충분하게 경험하는 것을 도와준다.

그와 대등하게 중요한 것은 마음챙김이 가져다준 안목과 인내심이다. 많은 부모들은 본능적으로 반응하는 것보다 오히려 그들이 생각하는 방식이 가장 좋다는 관점에서, 자녀의 잘못된 행위에 대응하는 데 큰 어려움이 있다고 보고한다. 슈퍼마켓에서 2세의 자녀를 다루는 것을 힘들어하는 부모나 10대 자녀와의 논쟁에서 저버린 부모는 비록 역효과가 될 것이라고 알더라도 화를 내며 반응할지도 모른다. 심지어 아동 보호 시스템의 주의가 미치지 않는 부모는 자주 가벼운 '육아 범죄parenting crimes'를 저지른다. 마음챙김 수련을 통해 부모는 좀 더 능숙하게 갈등을 다루고, 보다 능숙하게 적절한 한계를 세우도록 도움을 받을 수 있다.

부모가 자녀의 일상적인 변화에 주의를 기울일 때, 그들은 어린 시절과 인생 자체에서 예민하게 무상함의 감각 느낌을 기른다. 부모가 마음챙기는 알아차림으로 무상함을 관찰하게 되면, 어려운 한계를 세웠을 때 부모가 부딪히는 연결의 손실을 인내할 수 있게 된다. 무상함을 관찰할 때 경험되는 손실은 부모에게 더 안정감을 주고, 도전적인 경험과 함께 존재할 용기를 줄 수 있다.

마음챙김 수련에 의해 우리는 유아 양육에 대한 희망을 가지게 된다. 현재 순간 유아의 행동에 조심스럽게 주의를 기울이는 유아지도 심리치료사는 유아의 확고한 애정의 증가, 인지 발달 및 정서 조절을 보게 된다. 관찰, 기다림, 경이watch, wait, and wonder: WWW 프로그램에서는 드러내 놓고 마음챙김을 포함시키지는 않지만, 자녀와의 상호작용에서 서두르지 말고 자녀의 지시를 따르라고 부모를 가르치는데, 그 때문에 이러한 긍정적인 결실을 거두어 왔다Cohen et al., 1999; Cohen, Lojkasek, Muir, Muir, & Parker, 2002.

이것을 토대로 적어도 하나의 명백한 '마음챙기는 양육mindful parenting' 프로그램이 개발되어 왔고 현재 연구 중이다. 이 프로그램은 유아에게 공감적으로 주의를 기울이는 부모의 능력을 강화하기 위해 고안된 것이다 Reynolds, 2003. 이 프로그램은 주 1회 집단 모임으로 구성되는데, 그 모임에서 부모는 20~30분 동안 지속되는 공식적인 조용한 관찰 시간에 참여한다. 그리고 부모는 유아와의 상호작용의 특성을 알아차리는 것뿐만 아니라 유아의 행동을 상세하게 알아차리도록 격려 받는다. "부모는 유아의 삶의 페이스에 맞추어 속도를 늦추도록 권유받는다. 그들은 자녀 경험의 아주 작은 부분을 알아차릴지도 모른다. 그리고 자녀의 정서적 반응은 물론 그들 자신의 반응을 느슨하게 한다."p. 364 최초의 일화 보고에 따르면, 그 프로그램이 아이의 행동에 대한 알아차림과 이해를 증가시킨다는 점을 보여 준다.

사람이 자신의 모든 경험은 변화하는 순간의 연속이며, 생각과 심지어는 자기 감각조차도 구성된 것임을 이해하게 도와줌으로써, 마음챙김 수련은 사람이 사건들을 덜 개인적으로 받아들이게 도와준다. 이것은 분명히 좋은 양육의 핵심이다. 왜냐하면 그것은 부모가 본능적으로 개인적 상처나 자존심에 의해 반응하기보다는 자녀의 요구를 인식하도록 해 주기 때문이다. 또한 감정을 참는 능력이 커짐에 따라 부모는 자녀가 발달적으로 요구하는 것—어려운 한계를 세우는 것을 포함한—을 유연하게 제공할 수 있다. 비록 단기적으로는 이것 때문에 부모가 거절 당하거나 쉽게 짜증내는 결과를 초래할지 모르지만 말이다.

부모가 자녀에게 반응할 대안적인 방법을 설명하는 것은 심리치료사의 입장에서는 비교적 쉽다. 그러나 실제로 부모 입장에서 이것을 이행하는 것은 어렵다. 습관적이고, 자동적이며, 감정적으로 충전된 양육 반응은 완고하고 변화에 저항하는 경향이 있다. 마음챙김에 의해 현재 순간을 알아차리게 되면, 부모는 자신의 반응을 일으키는 단계를 보기 위해 잠깐 멈출 수 있게 된다. 부모는 자녀의 행동에 반응하는 자신들의 느낌을 관찰할 수 있고, 또한 그들이 실제로 반응하기 전에 자동적으로 반응하려는 의도를 관찰할 수 있다. 이 잠시 동안의 멈춤은 대안을 생각할 수 있는 아주 중요한 순간을 제공한다.

그러므로 부모가 자녀를 더 연민하고 사랑하는 것을 도와줌으로써, 그리고 보다 능숙하게 한계를 세우는 것을 도와줌으로써 마음챙김은 부모를 위한 지침에서 소중한 역할을 한다. 양육할 때의 마음챙김 수련은 부모가 자녀와 함께 있을 때, 그들의 몸에서 감정이 어떻게 나타나는지 알아차리는 단순한 형태가 될 수 있다. 자녀에 대한 반응이 동요되고 있음을 발견했을 때, 부모는 자신의 호흡을 따라가거나 물리적 환경에 주의를 기울이도록 제시받는다. 그러한 아이디어를 수용하기 위해서는 다음 절에서 기술된 보다 집중적인 가족 마음챙김 수련이 더 유익할 수 있다.

아이와 가족을 위한 마음챙김에 근거한 프로그램

다음은 내가 개인적으로 경험한 아이를 위한 프로그램의 예다. 이 프로그램들은 특별한 심리치료 프로그램이 아니지만 긍정적 행동변화와 가족의 웰빙에 밀접한 관계가 있다. 이 예들은 아동 치료에 마음챙김을 통합시키는 새로운 방법을 개발하는 데 흥미 있는 독자를 고무하고자 소개한다.

가족 프로그램

마음챙김 공동체 모임

나는 캘리포니아 로스앤젤레스에서 마음챙김을 포함시킨 가족 프로그램을 운영하고 가르친다. 이 프로그램은 '성장하는 정신Growing Spirit' *이라고 한다. '성장하는 정신' 에서, 아이는 마음챙김을 증진시키는 즐거운 활동을 한다. 그리고 아이는 각 나이 또래를 위해 특별히 설계된 명상을 배운다다양한 설정에서 아이와 함께 사용될 수 있는 명상에 대해서는 다음 참조. 부모도 마음챙김 수련을 지도받는데, 명상과 비공식적 마음챙김 실습을 배운다. 가족 생활의 어려움 속에서 참여 가족은 마음챙김과 연민 그리고 지혜를 기르기 위한 의도를 공유한다. 이 프로그램은 월 1회, 일요일 아침에 시행된다. 그리고 공동체의 상호 지지는 프로그램의 지속과 분명한 성공을 이루는 데 핵심 요소다. 이 프로그램에서는 아이들 사이의 경험, 부모들 사이의 경험, 부모-자녀 사이의 경험을 충분히 공유한다.

아이와 하는 명상은 보통 그룹으로 행해진다. 부모는 숙련된 명상지도자가 지도하는 30분 동안 명상을 한 다음, 45분 동안 양육에 대한 토론을 한다. 부모는 자녀를 기르는 일에 마음챙김의 원칙을 적용하는 법을 배운다. 그리고 그들은 이 프로그램을 진행하는 동안에 그들의 경험을 다른 사람과 나눈다.

아이와 부모는 토론과 프로그램 처음과 마지막에 명상시간을 함께한다. 아이는 종종 집단에 참가하는 것자신과 다른 사람에 대한 자신의 진심어린 요구와 바람을 공유하는 것에 대해서 처음에는 수줍어한다. 그러나 그들은 일반적으로 공동체에 의해 인식되고 인정받는다는 느낌을 받는다.

부모들이 보고한 일화를 보면 프로그램은 그들의 아이들이 자기 자각

* 저자 주: 자세한 내용은 www.growingspirit.org 참조.

self-awareness과 주의 깊음attentiveness을 개발하고, 힘들다고 느낄 때 속도를 늦추거나 심호흡을 할 의향을 개발하는 데 도움이 되었음을 보여 준다.

아이들도 프로그램을 좋아하는 듯이 보인다. "나는 그렇게 재미있을지 몰랐어요. 다시 가고 싶어요."맥스, 4세. "나는 먹기 명상을 좋아해요. 마음이 편해져요."새라, 8세.

가족 수련회

동료들과 나는 매사추세츠 배리Barre에 있는 통찰명상협회Insight Meditation Society에서 6일간 여름 가족 수련회의 다른 유형을 개발해 왔다.* 비슷한 프로그램은 캘리포니아 우드에이커Woodacre의 스피릿 록 명상센터Spirit Rock Meditation Center**에도 있다.

게임과 활동으로 구성된 아동 프로그램은 집단 기법과 마음챙김 훈련을 포함한다. 마음챙김 훈련은 몇 가지 명상은 물론이고 6장에 언급한 일상생활의 기술을 포함하여 자신의 직접적인 생활과 행위에 관한 알아차림을 키우도록 아이를 격려해 주는 주제에 대해 이야기하기가 포함되어 있다. 5, 6세 정도의 아이들은 명상실의 고요하고 위엄 있는 분위기에 눈에 띄게 영향을 받는다는 것을 발견했다. 그들은 10분 동안 앉아서 명상하는 것을 좋아한다. 그러고 나서 뛰어오른다. 그들은 고요한 시간을 가짐으로써 재충전되어 자신의 집단으로 간다.

집단은 연령으로 나누어진다. 그리고 집단에 따라 활동이 다양하다. 5장에서 제시한 둘이 하는 명상을 아이들에게 적용하기 위해 간단하게 만들었다. 먼저 자신의 호흡의 리듬을 관찰하고, 파트너와 자기의 호흡을 조율한다. 식사시간 동안 정기적으로 마음챙김 종을 울린다. 종이 울

---

* 저자 주: 자세한 내용은 www.dharma.org/ims/programs 참조.

** 저자 주: 자세한 내용은 www.spiritrock.org 참조.

리면 모든 사람은 움직이지 않는다. 말을 하는 도중이거나 먹는 도중이라도 움직이지 않고 20초 동안 조용히 한다. 습관적인 패턴이 방해를 하고 관찰될 수 있다. 아이들은 또한 자애명상을 배우고 수련한다. 그리고 그들은 자애명상이 집이나 학교에서 어려울 때 사용할 수 있는 도구임을 안다. 부모는 명상하고 이야기를 듣고 활기가 넘친 토론을 한다. 매일 수영, 놀이 그리고 경험 함께 나누기 등의 가족 시간이 포함된다.

학 교

마음챙김을 학교에서 채택할 수 있는 한 모형이 인도에서 개발되었다. 발렌티노 지아코민Valention Giacomin과 그의 동료 루이지나 드 비아시Luigina de Biasi가 설립한 사르나트Sarnath의 보편교육학교Universal Education School에서 찾아볼 수 있다. 두 사람은 이탈리아 출신의 은퇴한 교사다. 그들은 이탈리아의 교육현장에서 마음챙김을 통합하기 위한 그들의 교육과정을 다듬는 데 10년을 보냈다.

이 지역 다섯 곳의 가난한 마을로부터 220명이 넘는 여러 카스트의 아이들이 종일반 교육 또는 야간 3시간 프로그램 중 하나에 참석했다. 저녁 수업은 일하는 아이와 문맹어른을 위한 것이다. 많은 아이들은 교복 이외에는 옷이 없었고, 학대, 무시, 그리고 그 밖의 사회적 문제가 있는 가정에 속해 있었다. 나는 문맹과 절망적으로 가난한 주민들이 어떻게 간단하고 유익한 방법으로 마음챙김을 배우는지 보기 위해서 2001년에 이 학교를 방문했다. 1997년, 보편교육학교 아동의 42%는 성취 테스트에서 평균 이상 평가를 받았다. 이는 동등한 마을 학교의 15%와 비교되었다.

발렌티노의 교과과정은 지역 힌두문화에 채택되었고, 아이가 교육 받은 후 살아가면서 현명한 선택을 하도록 도울지도 모르는 경험과 통찰을 얻을 수 있도록 설계되었다. 이런 통찰의 하나는 우리의 개인적 경험은 개인적으로 구성되어 있으며, 그것 자체는 고정된 특질이 없다는 것이다. 내가 방문하는 동안, 심지어 4세의 아이도 이것을 이해할 수 있음을 발견했다. 자기 점심은 맛있다고 생각하고 있지만 자신의 친구가 그것을 좋아하지 않는다고 생각한 한 소녀는 자신의 점심 자체는 실제로 좋지도 나쁘지도 않다고 말할 수 있었다. 그것은 각각의 아이의 취향에 달려 있을 뿐이다. 이런 수준의 추상적 개념을 이해할 수 있는 어린아이들을 목격한 것은 놀랄 만한 일이었다.

내가 어느 미술 수업에서 12세 남아와 얘기하고 있었을 때, 그 소년은 갑자기 꼼짝하지 않았다. 무표정하게 나를 노려보면서 대답을 거부했다. 어떤 누구도 움직이거나 말하지 않는 것을 알기 전까지 나는 매우 이상하게 생각했다. 나는 이 학교에서 하루에 몇 차례씩, 1분 동안의 마음챙김을 위해서 누구나 행동과 말을 멈추도록 초대되는 종이 울리는 의식이 있다는 것을 몰랐다. 이 실습을 통해 아이들은 마음과 지각의 본질에 대한 활발한 탐구를 하게 된다. 벨이 다시 울리자 아이들은 즐겁게 손을 흔들었고, 그들의 경험을 보고하고 되돌아볼 준비를 하였다. 아이들은 고요함 속에서 알아차린 것을 수업에서 공유하였다. 아주 어린아이들조차 감각, 소리, 심적 상태, 생각과 감정에 대한 비판단적 알아차림을 보고할 수 있었다.

나는 4~16세의 아이들이 15분 동안 조용한 명상 시간에 함께 앉아 있는 것을 보았다. 보편교육학교는 학생의 삶에서 마음챙김 훈련의 효과와 다양한 나이 집단의 아이들이 가지고 있는 마음챙김 기술을 훈련할 능력에 대해 체계적인 연구를 할 수 있는 훌륭한 기회를 제공해 주었다.

수감된 청소년

소년원은 비참하고 절망적인 청소년을 수용하는 곳이다. 이곳은 아이들과 함께하는 마음챙김 훈련의 유용성에 대해 출판된 데이터가 있는 몇 개 되지 않는 배경의 하나다. 태국의 101명 비행 청소년을 대상으로 한 7일 집중 명상 프로그램 연구에서 조사자는 참여자 모두 만족, 고요함, 집중, 충동성에서 의미 있는 자기 보고식self-reported 향상과 함께 수행이 유익하다고 느꼈다는 것을 발견했다Witoonchart & Bartlet, 2002.

2002~2003년에 나는 로스앤젤레스의 한 소년원에서 세 집단의 청소년에게 마음챙김 명상을 가르쳤다. 한 집단은 아프리칸 미국인과 라틴계 남성 청소년나이 14~18세이고, 다음은 여성 청소년, 세 번째는 수감되어 있는 동안에 자살을 기도했거나 다른 사람을 상해한 적이 있는 여성 청소년을 위한 특별 보호시설에 있는 집단이었다.

우리는 둥글게 앉아서 자기소개를 하고, 누가 법정으로 가서 판결을 받았으며, 다른 시설로 이동하고, 친구나 가족으로부터 힘든 소식을 들었는가를 이야기하면서 대부분의 프로그램을 시작했다. 그리고 집단의 어떤 구성원이 강한 두려움이나 슬픔으로 괴로워하고 있으면, 그를 위한 간단한 자애명상을 하였다. 여러 가지 간단한 명상을 한 후나이가 더 어린아이를 위해서는 더 간단한 언어를 사용한다. 아래 참조, 나는 20분간 마음챙김 명상과 토론을 이끌었다.

우리는 그 해의 코스에서, 소년원 종교시설에서 반나절간의 집중명상을 몇 번 허가 받았다. 오전 9시부터 오후 12시 30분까지 좌선, 걷기명상, 몇 가지 요가동작을 실습했다. 나는 우리의 모든 행동을 의무적으로 감시하는 교도관들과 나누어 먹을 도넛을 가져갔다. 나는 레크리에이션 시간 동안에 다른 청소년들이 볼 수 있는 야외에서, 2명이 한 조가 되어서 등 뒤로 손을 잡고 느린 걷기 명상과 같은 익숙하지 않고 잠재적으로 위협적일 수 있는 활동에 기꺼이 참가하는 재소자들의 자발적 행동 때문에 계속해서 놀랐다. 이들은 절망이라는 선물을 가지고 있었다. 많은 청소년이 긴 형기를 살아야 했다. 심지어 무서운 성인 시설에서의 종신형을 선고받은 청소년도 있었다. 그들은 새로운 어떤 것을 시도하는 것 때문에 잃을 것도 거의 없었다. 몇몇은 재기의 기회를 열망하였고, 소년원으로 자신을 이끈 삶으로 돌아가지 않겠다고 결심하였다.

한 수감자인 데렉은 다음과 같은 방법으로 마음챙김 기술을 사용했다. 어느 날 데렉은 법원으로 소송되기 위해 수갑을 찬 채 '마치 동물처럼' 금속 감금시설 속으로 밀려 들어갔다. 가는 도중에 데렉은 명상지침을 기억했다. "단지 여기 앉아서 호흡하라!" 법원으로 가는 동안, 데렉은 책상다리를 하고 등을 바르게 펴고 자세와 균형을 잡고 앉았다. 데렉은 굴욕적 상황에서 자신의 존엄을 표현하는 방법을 발견했다. 그 명상을 통해서 데렉은 격노와 원한을 완화하였다. 데렉은 판사에게 호의를 가지고 자신을 보여 줄 수 있었다. 그리고 나중에 돌아와서 자신의 성공을 집단에게 보고했다.

데렉이 속한 집단의 대부분 구성원은 그들의 마음챙김 모임에서 긍정적인 결과를 보고했다. 그것은 덜 공격적이며, 더 통제된 느낌, 어려운 감정을 다루는 방법, 집단 자체를 진행하는 동안의 보기 힘든 안전과 친절의 느낌이었다. 많은 참여자들은 어려울 때, 정서적 자기조절의 기술로써 필요한 만큼 한 주에 한 번 명상수행을 하였다.

아이를 위한 마음챙김 실습

다음의 명상법들은 미취학 아동부터 청소년에게 적용할 수 있다. 이것은 아이가 어느 정도의 주의력 안정과 유연성을 기르도록 도와주기 위한 명상법이다. 이완법은 몸과 마음의 과도한 긴장을 풀어 주기 위하여 처음에 실시한다. 다음에 다섯 가지 육체적 감각 가운데 하나에 초점을 맞추면서 마음챙기는 알아차림을 개발한다. 이는 주의력을 높여 주고, 명상의 대상에 더 많은 흥미를 갖게 해 준다. 실습을 통해 주의 산만과 방심이 줄어들고, 알아차림의 예민함이 강화된다.

공간-속-종소리 명상

이 명상은 쉽게 다양한 연령 집단에 맞춰질 수 있다.
아이들은 방석에 무릎을 꿇거나 책상다리를 하고 편안하게 앉는다.
지도자는 자신의 경험을 바탕으로 말을 하면서, 가르치는 동안 스스로도 실습한다.
지도자는 다음과 같이 지시한다.

"눈에 보이지 않는 계란 속에 앉아 있는 여러분 자신을 상상해 보세요.
보이지 않는 달걀 껍질이 여러분 앞, 뒤, 위, 아래, 옆의 모든 주변을 감싸고 있어요.
눈을 감고 아주 조용하게 있어야 해요.
조용하게 몸과 마음을 편안히 하고 움직이지 마세요."

10대를 위한 지침
"여러분 자신이 정말로 편안하다고 생각하면서, 평화로운 고요함 속에서 단지 쉬세요.
여러분 마음이 멀리 갈 수 있는 만큼, 공간을 전 우주로 확장해 보세요."

어린아이를 위한 지침
"여러분의 팔과 다리, 손과 발, 온몸과 피부를 전부 상상해 보세요.
이제 빈 공간에 가득 찬 달걀이 사방으로 늘어난다고 상상해 보세요. 여러분이 볼 수 있는 곳까지.
여러분은 지금 큰 비눗방울을 불고 있습니다. 비눗방울은 점점 더 커집니다.
여러분 자신이 밖을 향해 사방으로 펼쳐지는 그 비눗방울이 되었다고 상상해 보세요.
자, 이제 몇 번 깊게 숨을 들이마셨다가 내쉬어요.
숨을 깊이 들이마시면서 여러분 속으로 깊이 들어갑니다.
숨을 내쉬면서 저 먼 공간 속으로 돌아간다고 생각하세요.
여러분 전체 마음이 점점 커진다고 느껴 보세요.
그리고 큰 공간 속에서 가만히 쉬고 있다고 상상해 보세요."
(이렇게 말하고 나서 조금 있다가 지도자는 종을 친다.)
"이제, 여러분은 종소리가 그칠 때까지 들어보세요."
(소리가 멈출 때까지 기다린다.)
"이제, 지금부터 울리는 종소리가 몇 번인지 세어 보세요."
(3~7분 동안, 30~60초 간격으로 종을 친다. 지도자는 매번 명상 때마다 세 번에서 아홉 번의 종을 친다.)

공간-속에서-종소리 명상은 10분까지 지속할 수 있다.
나중에 아이들에게 들린 종소리가 몇 번이었는지 질문해 보라.
제시된 질문은 종소리가 들린 횟수였기 때문에, 모든 대답은 올바르다.
더 알아차리게 하기 위해 "여러분 종소리가 사라질 때, 어디로 갑니까?"라고 물어 보라.
아이들은 종종 이 질문에 신중하고 의미 있는 대답을 하기도 한다.

감각 깨우기 명상

"가볍게 떨어지는 눈송이처럼 또는 나무에서 조용히 떨어지는 나뭇잎처럼 여러분 머리끝에서 목으로 부드럽게 내려오면서 모든 주의를 모아 느껴 보세요.
여러분의 주의를 어깨, 팔 그리고 손으로, 가슴, 배, 엉덩이 그리고 허벅지로, 다리, 무릎, 발목, 발, 발가락으로 내려가면서 천천히 느껴 보세요.
몸에서 일어나는 모든 느낌을 알아차리면서, 여러분 마음이 몸에서 쉬게 해 보세요.

여러분 몸에서 쑤심, 떨림, 욱신거림, 별 느낌이 없음, 따뜻함, 시원함, 부드러움, 딱딱함, 편안함 또는 조여드는 느낌이 있으면 있는 그대로 알아차려 보세요.

여러분이 주의를 기울일 때 그 느낌이 어떻게 바뀌는지 잘 알아차려 보세요.

앉아 있는 자세에서 움직이지 말고 변하는 느낌을 그대로 느끼면서 여러분 몸으로 고요함을 느낄 수 있다면 그대로 바라보세요."

만약 아이들이 7세 이상이라면, 안내받는 명상은 다음의 다섯 감각을 돌아다니면서 10분 정도 계속될 수 있다.

몸의 접촉

"여러분의 몸(엉덩이 또는 발)이 바닥에 닿는 곳을 느껴 보세요.

옷과 몸이 닿아 있는 곳(목, 팔, 다리 등)을 느껴 보세요.

입술이 서로 닿아 있음을 느껴 보세요.

눈꺼풀이 서로 닿아 있는 곳을 느껴 보세요."

아이들이 접촉을 알아차리는 일을 탐구하기 위하여 미끈한 돌과 같은 물건을 사용할 수도 있다.

"여러분 손에 있는 돌의 무게를 느껴 보세요.

무겁습니까? 가볍습니까? 부드럽습니까? 둥급니까?"

(대답하지 말고 그대로 돌의 느낌을 느껴 보게 한 후, 시간이 허락되면 한 사람씩 느낌을 말하게 한다.)

듣기

아이들은 교실이나 치료실에서 나는 소리나 자연의 소리를 들으면서 듣는 경험에 주의를 기울일 수 있다.

"여러분은 귀로 소리를 듣기만 하고 있을 수 있습니까?

비 내리는 소리를 들을 수 있습니까?

비행기 소리가 들립니까?

비행기 소리가 사라질 때까지 계속 들어 보세요.

들리는 소리가 무슨 소리인가 궁금해하지 마세요.

무슨 소리인지 알려고 노력하지 말고 단지 소리를 들어 보세요."

(지도자는 한숨소리나 기침소리, 또는 다른 소리를 낸다.)

" '한숨소리' '기침소리' 라고 이름 붙이지 말고 그냥 지금 나는 소리를 들을 수 있습니까?"

(다시 소리를 낸다.)

냄새 맡기

약간의 향기가 후각 경험을 두드러지게 할 수 있다.

"공기 속에 향기나 냄새가 있다면 여러분이 맡는 냄새를 알아차려 보세요.

그 냄새가 좋은 냄새인지 싫은 냄새인지 알아차려 보세요.

만약 좋은 냄새라면, 여러분의 코가 더 그 향기를 맡으려고 원하는지 지켜보세요.

만약 싫은 냄새라면, 코를 막고 싶어 하거나 고개를 돌려 피하고 싶은 여러분의 마음을 보세요.

만약 여러분이 전혀 그것을 알아차리고 있지 않다면 여러분 마음에 무슨 일이 일어나는지 보세요."

보기와 맛보기

눈으로 볼 때와 맛볼 때의 감각에 대한 관찰은 다음의 먹기 명상을 참조하라.

만약 아이들이 7세 미만이라면, 각 감각 명상은 아주 간단하게 할 수 있다. 만약 아이들이 7세 이상이라면, 1분 이상 각 감각에 대한 명상을 할 수 있고 자신의 감정이나 생각에 주의를 기울이는 실험을 할 수 있다. 각 명상 사이에, 명상할 때 어떠했는지 아이들과 토론한다. "주의를 기울이려는 우리의 소망이 우리를 변화시켰나요? 더 많이 알아차렸나요?"

나이가 많은 아이들은 실제의 감각과 자동적으로 감각에 명칭을 달고 생각하는 것을 구별하기 시작할 수 있다.

명상을 지도할 때, 따뜻하고 부드럽게 그리고 정확한 세부사항을 말해 주어야 한다.

사과 명상

모든 아이에게 사과를 하나씩 준다. 먼저 아이들은 모든 생명들과 거미줄처럼 서로 연결된 부분으로서 사과를 곰곰이 생각하게 한다.

"이 사과는 어디서 왔을까요? 가게에서 사왔을까요? 가게에는 어떻게 왔을까요?
가게로 오기 전에는 어디에 있었을까요? 사과나무는 어디에서 왔을까요?
꽃에서 왔을까요? 다른 나무에서 왔을까요? 씨앗에서 왔을까요?
무엇이 그 나무가 크게 자라도록 영양분을 주었을까요? 비일까요? 흙일까요? 햇빛일까요?
얼마나 많은 사람들이, 얼마나 많은 일이 이 사과가 나무에서 여러분의 손으로 가져오는 데 도움을 주었을까요?"

그러고 나서 아이들에게 먹기 명상을 가르친다.

"사과를 먹기 전에 가까이서 잘 보세요.
무슨 색깔이고, 어떤 모양이고, 크기는 얼마나 됩니까?
냄새를 맡아 보세요. 무슨 냄새 같아요?
손에서 무엇이 느껴집니까?
아직 먹지 마세요. 사과를 알려고 하면서 알아차리세요.
자, 이제 먹어 보세요. 급하게 먹고 있나요? 천천히 씹어 보세요.
아직 삼키지 마세요. 씹는 동안 혀는 무엇을 하고 있는지 알아차려 보세요.
천천히 느린 동작으로 씹어 보세요.
혀로 사과를 치아 쪽으로 움직이고 미는 것을 느낄 수 있는지 보세요.
그 밖에 무슨 일이 있습니까?
여러 가지 맛이 있나요? 어떤 맛이지요? 달콤합니까? 더 많이 먹고 싶어지나요?
씹은 사과를 삼키기 전에 빨리 한 입 더 먹고 싶나요? 그렇게 하면 어떤 일이 일어나나요?"

아이들은 동작을 느리게 하는 방법과 그들의 감각 인상과 충동에 마음챙기는 법을 배운다. 아이들은 즐거운 느낌, 원하는 마음, 그리고 더 먹으려고 서두르는 것이 서로 연결되어 있음을 보기 시작한다.

자애 명상

"편안하고 이완된 자세로 앉아서 눈을 감습니다.
여러분 마음속에서 여러분을 기쁘게 해 주었던 일을 기억해 보세요.
가슴에 두 손을 모으고 온몸에 미소를 보내 보세요.
편안히 하고 마음속에서 따뜻하고 행복함을 느껴 보세요.
행복, 평화, 친절, 사랑의 느낌이 여러분 가슴에서 온몸으로 퍼져 가게 하세요.
'내 자신이 행복하고 평화롭기를 바랍니다.'
그다음에, 가족 가운데 한 사람에게 사랑, 따뜻함, 행복을 보내 보세요.
'아버지가 행복하고 평화롭기를 바랍니다.'
'어머니가 행복하고 평화롭기를 바랍니다.'
집에서 기르는 강아지나 고양이 등이 있다면 그 애완동물에게 사랑을 보냅니다.
'우리집 강아지가 행복하고 평화롭기를 바랍니다.'
또는 친구에게 사랑을 보냅니다.
'내 친구가 행복하기를 바랍니다.
우리 반 친구 모두가 행복하기를 바랍니다.
우리 동네 사람들이 모두 행복하기를 바랍니다.
우리나라 사람들이 모두 행복하기를 바랍니다.
세계의 모든 사람들이 행복하기를 바랍니다.
공중을 날아다니는 새들이 행복하기를 바랍니다.
물속에서 헤엄치는 물고기가 행복하기를 바랍니다.
기어 다니는 모든 곤충들이 행복하기를 바랍니다.
이 세상 모든 생명들이 행복하기를 바랍니다.'
우리는 어떤 것도 내버려 두기를 원하지 않습니다.

작은 아이들은 종종 외칠 것이다. "올챙이는 어떻습니까?" "거미는 어떻습니까?" 그러면 "올챙이, 거미가 행복하기를 바랍니다."라고 말해 준다.
자애와 연민의 마음을 사방으로 방사하며, 온 세상으로 우리의 자애를 펼치면서 우리의 마음과 가슴에 집중한다.

아이들과 함께하는 마음챙김 수련과 임상작업은 서로를 풍요롭게 해 준다. 마음챙김 수련을 통해 우리는 생각을 좀 더 가볍게 지니도록 배움으로써 아이의 세계에 들어가는 데 도움을 받는다. 귀중하고 관계적이며 변형적인transformational 순간에, 아이의 경험과 우리 자신의 경험에 주의를 기울일 정도의 충분한 고요함을 주면서 정서적 반응에서 벗어나도록 치료자와 부모는 마음챙김을 통해 배운다. 어른의 주의는 산만한 몽상 속에 계속 휩쓸린다. 그러나 마음챙김의 의도는 초심자의 마음을 회복시키는 것이다. 이 의도와 함께 치료자와 부모는 더 큰 명료함과 진정함으로 아이를 만나는 것을 배우게 될지도 모른다. 그리고 현재 순간에 사는 것에 대해서 아이들에게서 배우게 될지도 모른다.

11
마음챙김에 관한 연구

사라 레자르Sara W. Lazar

이 장에서는 마음챙김과 명상에 관련된 과학적 연구를 개관한다. 이는 ① 명상과 그 추정상의 기제putative mechanisms를 내면에서 바라보기, ② 심리치료에서 마음챙김이 효과가 있는지를 탐색하는 연구, ③ 명상의 생리학에 관한 연구, 그리고 ④ 연구의 미래 방향으로 나누어진다. 이런 개관은 포괄적이지는 않지만, 임상가에게 도전하고자 하는 느낌, 방법, 마음챙김에 대한 경험적 탐구에 관련된 성과물을 제공할 것이다.

마음챙김과 집중명상의 내면

명상할 때, 실제로 어떤 일이 일어나고 있는 것일까? 이전의 개념들을 재음미하는 것이 도움이 될 수 있다. 주의는 알아차림자각에 초점이 맞춰진다. **집중**concentration은 호흡이나 만트라 같이 하나의 대상에 초점을 맞춘 주의를 말하는 반면, 마음챙김은 보통 감각, 생각, 감정과 같이 집중에 방해가 되는 것distraction에 대한 탐색을 말한다. 마음챙김 명상mindfulness meditation: MM의 기법은 특히 주의를 더 자주 안정시킬 필요가 있을 때인 수행의 초기 단계에서 집중과 마음챙김을 결합한다. 집중명상concentration meditation: CM은 마음이 '다른 어딘가에' 있는지 알아차리는 것을 제외하고는 방해가 되는 것에 대한 어떠한 마음챙김도 포함하지 않는다.

대부분의 마음챙김에 근거한 치료 연구는 마음챙김에 근거한 스트레스 완화MBSR 프로그램을 탐구한다. 이 프로그램은 일상생활의 마음챙김 기법즉, 공식 명상수행뿐만 아니라을 상당히 강조한다. 이 프로그램과 다른 마음챙김에 근거한 치료 프로그램에는 치료결과에 기여하는 집단의 지지, 심리 교육, 그리고 인지행동 기술 같은 일반적인 구성요소들이 있다. CM은 초월명상TM; Alexander, Langer, Newman, Chandler, & Davies, 1989과 벤슨의 이완 반응relaxation response: RR 프로그램Benson, Beary & Carol, 1974의 주된 구성 요소다. 이 프로그램들은 일상생활에서의 마음챙김을 강조하지 않는다. 그럼에도 불구하고, CM은 그 자체의 목표가 아닌 어느 정도의 마음챙김을 자연스럽게 생성한다.

명상 수련을 연구할 때, 우리가 관찰한 것을 이해하기 위한 모형을 필요로 한다. 한 모형은 **인지적**cognitive일 것이다. 예를 들면, 델몬트Delmonte, 1989는 CM과 MM 모두에 **인지적 개념구성**cognitive constructing을 감소시키는 공통적인 요소가 있다고 본다. 인지적 구성개념은 추론적이고 정교한 사고를 말한다. 델몬트는 추론적 사고는 CM 동안에는 **차단되고**obstructed, MM 동안에는 **중지된다**suspended고 주장한다. 실제로 CM과 MM은 환자로 하여금 호흡, 만트라 혹은 주의의 다른 대상으로 초점을 되돌리게 함으로써 생각의 흐름을 끊도록 훈련시킨다.

다른 모형은 **생리적**physiological인 것이다. 호흡에 초점을 맞추는 것 혹은 단어 하나의 반복은 쉽게 피부 전도, 심장 박동 속도 그리고 호흡 속도와 같은 신체적 각성 측정치를 감소시키는 이완 반응을 이끌어 낼 것이다 Delmonte, 1984; Wallace, Benson, & Wilson, 1971. 생리학적이고 의학적인 상태의 호조는 부분적으로 감소된 신체적 각성과 스트레스 때문일 수 있다. 심적인 산만함과 관계가 없기 때문에, 이 모형은 CM 자료에 적합하다. 그러나 스트레스 감소는 카밧진Kabat-Zinn의 마음챙김 프로그램의 핵심적인 부분이다 1990. 카밧진 프로그램과 TM, RR 등의 CM에 근거한 프로그램은 의료적인 개입으로 명백하게 효과적임에도 불구하고, 각 프로그램이 효과를 내는 생물학적이고 인지-신경학적인 구조들은 매우 다를 것이다. 어떤 환자는 한 접근법보다 다른 접근법을 통해서 더 효과를 볼지도 모른다. 그러나 이 논문처럼 이 문제를 언급한 체계적인 연구는 아직 없다.

마음챙김은 효과가 있는가

심리적이거나 신체적인 문제를 위한 마음챙김 훈련의 효과를 평가할 때, 우리는 사람이 그 문제를 피하고 부정하고 없애려는 일상적 전략을 사용하기보다는 오히려 그들의 생활에서 의도적으로 불편함과 함께 있기 때문에 이로움을 얻는지 아닌지를 조사하고 있는 중이다마음챙김과 명상에 대한 임상적 결과를 보여 주는 연구 문헌에 대한 뛰어난 비평적 개관은 Baer, 2003, Bishop, 2002, Bonadonna, 2003, 그리고 Grossman, Niemann, Schmidt, & Walach, 2004 참조.

엄청난 양의 고무적인 데이터에 따르면, MM이 다양한 신체적 · 정서적 질병에 어떤 유익한 효과가 있다. 비교해서 말하면, 마음챙김 프로그램의 효과를 평가하는 잘 고안된 과학적 실험은 그렇게 많지 않다. 마음챙김에 대한 많은 연구들은 적절한 통제가 결여되어 있다. 부분적으로 이것은 마음챙김 수련의 핵심 요소와 적절하게 연결되는 통제적 개입을 만드는 데 어려움이 있기 때문이다. 예를 들면, MBSR의 통제된 연구를 하기 위하여 8주 집단이 필요할 것이다. 그 프로그램에는 참여자들의 동의를 얻을 만큼 충분히 강제성을 띤 매일 40분간의 과제가 포함되어 있다. 비록 이 과제가 치료적인 가치는 없다 하더라도 말이다.

배어Baer, 2003는 MBSR 프로그램이나 MBSR을 모형으로 한, 마음챙김에 근거한 인지치료MBCT 치료 계획안 중 한 가지를 사용한 22가지 연구를 개관했다. 변증법적 행동치료DBT와 수용과 참여 치료ACT처럼 마음챙김 요소가 있는 다른 효과적인 치료 프로그램은 배어의 개관에 포함되지 않았다. 왜냐하면 그것들은 마음챙김에 근거했다고 하기에는 덜 명확하다고 간주되었기 때문이다. 배어의 연구에서 다루어진 조건들에는 불안, 우울, 폭식, 만성 통증, 섬유종, 건선, 암에 관련된 스트레스, 그리고 비임상적 집단 속에서 의료적, 심리치료적 기능이 포함되었다. 대다수의 연구는 반복된 측정, 사전 · 사후, 혹은 추수조사 설계들을 사용했다. 배어는 한정된 숫자의 통제된 연구들에 기초해서 MBSR은 "대개는 효과가 있다probably efficacious." 심리치료 절차의 증진과 확산을 위한 미국 심리치료 협회 12국의 특별전문위원회의 기준에 따르면; Chambless et al., 1998 참조라고 결론을 내린다. 우울 치료를 위한 MBCT는 비교 치료 집단을 사용하는 독립적인 연구자들에 의해 더 많은 연구가 행해지면 그렇게 불리게 될 것이다. 배어2003는 덧붙여 다음과 같이 말했다.

> 방법론적 결함에도 불구하고, 마음챙김에 근거한 개입은 다양한 정신건강 문제를 완화하고 심리적 기능을 향상시키는 데 도움이 될 것이라고 최근의 논문들은 주장한다. 이 연구들은 또한 마음챙김에 근거한 프로그램에 등록한 많은 환자들은 집에서의 과제 수행에 대한 높은 요구에도 불구하고 그것들을 완수

할 것이며, 많은 사람들은 치료 프로그램이 끝난 후에도 오랫동안 마음챙김 기술을 계속 수련할 것이라고 주장한다p. 139.

비숍Bishop, 2002에 의한 개관에서는 더 많은 연구에 대한 강한 권고와 함께 효과성에 관한 유사한 결론이 보인다. 더 많은 세부사항을 원하는 이들을 위하여 〈표 11-1〉은 MBSR과 MBCT를 임상적으로 테스트한 많은 조건들과 각 연구 방법론과 결과물을 포함하고 있다. 빠르게 확장되고 있는 마음챙김에 근거한 치료 영역에서 새로운 연구들이 계속 쏟아지고 있다. 독자에게는 마음챙김에 근거한 치료 프로그램 웹 사이트가 소개될 것이다. 그것들 중 일부는 가장 최근의 발견들을 포함해 부록 A에 제시했다.

6장에서 언급한 것처럼, DBT와 ACT는 마음챙김 이론과 수행을 포함하고 있다DBT에서 마음챙김 구성요소에 대한 논의는 Robinson, 2002 참조; ACT는 Hayes, 2002 참조; 두 접근법에서의 마음챙김에 대한 개관은 Hayes, Follette, & Linehan, 2004 참조. 이러한 다중 구성 치료 프로그램 두 가지는 작지만 임의적이고 통제된 수가 증가한 결과 연구들에 의해 지지된다Hayes, Masuda, Bissett, Luoma, & Guerrero, 2004.

DBT와 ACT를 어려운 환자 모집단에 테스트했다. DBT의 첫 통제 시험 연구에는 경계선 성격장애BPD가 있는 만성적 자살 충동에 사로잡히는 환자들이 포함되었다Linehan, Armstrong, Suarez, Allmon, & Heard, 1991. 1년의 추수조사에서, DBT 치료 집단에게는 유의미하게 더욱 적어진 자살 충동 행동이 있었고, 입원일수가 더 적어졌으며, 그리고 일상적인 치료를 받는 통제집단보다 더 오랫동안 치료를 받았다. DBT는 또한 약물 남용 BPD 환자에게 성공적이었다Linehan et al., 1999, 2002. DBT는 더 오랜 기간의 결과 연구들이 행해질 필요가 있음에도 불구하고Westen, 2000, BPD를 위해 가장 철저히 확인되고 널리 사용되는 심리치료적인 치료다Bohus et al., 2000, 2004; Koerner & Linehan, 2000; Linehan, 2000. DBT 접근은 폭식장애Telch, Agras, & Linehan, 2001와 거식증Safer,

〈표 11-1〉 마음챙김에 근거한 치료연구: 결과물과 쟁점

조건	개입	발견한 것	쟁점	참고
불안	GAD와 공황장애를 위한 MBSR의 비통제된 연구. 3개월 추수조사와 함께 사전·사후 검사. n=24	사전·사후 연구에서, '우울과 불안에 대한 Beck과 Hamilton 점수' 에서의 현저한 감소, 3개월 추수에서 이러한 변화들의 지속. 많은 환자들 중 절반 정도가 코스의 시작 전 주와 비교된 코스 마지막 주에 공황발작 보고. 또한, 광장공포증 환자들에 대한 '공포 조사표와 운동성 목록' 에서의 의미 있는 감소들. 3개월 지난 후, 84%는 최소한 주당 3번씩 공식 마음챙김을 여전히 수련하고 있었음.	통제집단 없음. 24명의 환자들 중 절반은 개입 동안에 불안완화제를 복용하고 있었음.	Kabat-Zinn et al. (1992)
	이전 연구에 대한 3년간 추수조사. n=18	연구 초기에 관찰된 변화들은 3년 시점에서 유지됨. 3년 시기에 연락 가능한 18명의 연구 대상자 중 16명은 매일 생활에서 호흡 알아차림의 비공식 기법을 실천했고, 그 프로그램이 일상생활에서 지속적인 가치가 있다고 보고함. 38%(n=7)는 여전히 주당 최소한 3번씩 공식 수련을 하고 있었음.	연구 대상자의 반은 참가기간 동안에 불안을 위한 추가적인 심리치료를 받았음. MBSR은 불안을 위한 단독적인 치료로는 충분하지 않다고 제안. 그러나 공식 수행에 요구되는 시간이 주어지고, 높은 수준으로 계속된 수행은 이 개입이 환자들의 삶에 매우 긍정적인 효과를 준다고 주장함.	Miller et al. (1995)

주요 우울증	우울증을 위한 TAU 혹은 MBCT+TAU에 무선할당. n=149	기분 점수에 변화 없음. 1년 추수조사에서 MBCT집단의 환자들은 TAU에 비교해 재현 혹은 재발의 비율이 의미 있게 감소함. 환자의 90%가 8주 개입의 최소한 절반을 완수했음에도 불구하고 탈락자가 많았음. MBCT 과정의 최소 4주를 완수한 대상자들의 결과가 가장 좋았음.	이전에 최소 3회의 우울증 재발 증상을 가진 환자들만이 TAU와 비교해서 향상됨. 통제 집단은 TAU만 받음; 주의, 동료 지원 등에 기인한 평범한 효과가 있을 수 있음.	Teasdale et al.(2000)
	TAU 또는 MBCT+TAU에 무선할당. n=45	통제 집단에 비교해, 사전–사후 개입을 상기시키는 특별한 기억의 비율이 의미 있게 증가함.	통제집단은 TAU만 받음; 동료 지원, 주의 등에 기인한 평범한 효과가 있을 수 있음.	Willlam, et al.(2000)
	TAU 또는 MBCT+TAU에 무선할당. n=75	MBCT 집단은 TAU에 비교하면 재현 또는 재발의 비율이 반 정도임. Teasdale et al.(2000)에서 환자 보유율이 더 좋음.	이전에 단지 2회의 재발 증상이 있는 환자들은 과정을 완수하는 경우가 적었음.	Ma & Teasedale (2004)
통증	만성 통증에 대한 MBSR의 비통제된 연구. n=51	연구 대상자의 50%는 PRI에서 50%의 감소보다 더 컸음. 대상자의 65%는 최소한 33%의 감소를 보임.	비통제.	Kabat-Zinn (1982)
	만성 통증에 대한 MBSR의 비통제된 연구(단, 하나의 무처치 비교 집단이 사용됨). n=90	PRI에서 58%의 감소 그리고 연구 대상자들 다수에게서 BPPA와 간섭 척도(interference scale) 수준에서 30%의 감소가 보고되었다. MSCL, TMD, GSI 점수 평균 35~50%의 감소가 발견됨. 비교 집단 내에서는 이 측정에 아무 변화도 보고되지 않았음.	비통제. 비교 집단은 PRI와 TMD 척도에서 개입 집단에 잘 비교되지 않았음.	Kabat-Zinn et al. (1985)

〈계속〉

조건	개입	발견한 것	쟁점	참고
통증	만성 통증에 대한 MBSR의 관찰된 추수조사. n=225	환자들은 2.5개월에서 4년간의 사후 개입을 위해 연락받았음. PRI 점수는 개입 6개월 이내에 개입 이전 수준으로 돌아갔음에도 불구하고, 다른 모든 점수들(POMS, SCL-90-R, MSCL, BPPA)은 최대 4년간에 사후개입 수준으로 유지되었음. 1년차에는 거의 대상자의 반 정도가 여전히 정식 명상을 정기적으로 수행하고 있었고, (≥주당 3회 이상); 4년차에서는 30%가 정기적으로 수행하고 있었음.	비통제. 통계적으로 적합하지 않은 회귀 분석이 사용됨.	Kabat-Zinn et al. (1987)
섬유종	섬유종 환자에 대한 변경된 MBSR의 비통제된 연구. n=59	환자의 절반이 결과 수치의 최소 50%에서 ≥25% 향상을 보였음(통증과 수면을 위한 VAS, SCL-90-R, CSQ, MSCL, FIQ, FAI). 환자의 19%는 결과 수치의 최소 50%에서 ≥50%의 향상을 보였음.	비통제. 환자의 절반은 '무반응자'로 분류됨(척도의 최소 절반에서 ≥25%). 원래 77명의 환자가 등록했으나, 첫 2주 이내에 18명의 환자가 탈락되어 분석에 포함되지 않았음.	Kaplan et al. (1993)
	섬유종 환자에 대한 변경된 MBSR의 통제된 연구. n=121(79명의 참여자,	환자의 67%는 통제집단의 40%에 비교하여 호전된 증상을 보고했음. 더 나아가, 섬유종 증상에서의 변화는 통제집단보다 참여자 내에서 16%가 더 컸고, SCR-90-R의 GSI 내에서	대기자 통제집단은 주의, 동료 지원 등에 기인한 평범한 효과가 있을 수 있었음. 통증과 스트레스 그리고 의사	

	42명의 대기자 혹은 무처치 통제집단)	의 감소는 통제 집단보다 참여자 내에서 32%가 더 크게 나왔음.	소통에 대한 교육을 포함한 개입도 아마 수치 변화에 기여했을 것임.	Goldenberg et al. (1994)
폭식장애	폭식에 대한 변경된 MBSR의 비통제된 연구. n=18	폭식의 횟수와 심각성에서 눈에 띄는 감소. 감소는 먹기 통제, 포만감, 그리고 마음챙김 감각의 증가에 관련되어 있다. Beck의 불안과 우울 척도에서 의미 있는 감소.	통제집단 없음.	Kristeller & Hallet (1999)
혼합 모집단	다른 종류의 질병을 가진 모집단(불안/공황 17%, 우울증 16%, 통증 27%)을 위한 MBSR의 관찰 연구와 1년 추수 조사. *n*=136	SCL-90-R의 불안 하위 척도에서 44% 감소, 우울증 하위 척도에서 34% 감소가 발견됨. 또한 건강과 연관된 생활지수(SF-36)에서 의미 있는 증가 발견, MSCL에서 신체적 증상 28%의 감소(통증에서 8% 감소). 불안과 우울(*n*=41)을 포함하여 1년 추수 조사에서 가장 뛰어난 향상이 유지되었음. 1년 시점에서 70%(*n*=31)는 주당 3회 이상으로 공식 명상을 여전히 하고 있었음.	통제집단 없음. 단지 환자의 30%가 1년 시점에서 응답했고, 이 환자들은 더 큰 집단을 대표하지 못할 수도 있음(의미 있는 향상을 보인 환자들은 조사에 응답하기를 더 좋아했을지도 모름).	Reibel et al. (2001)
공동체 자원자	건강한 연구 대상자에 대한 MBSR의 무선화된 대기자 통제연구. *n*=28	우울증에서는 59%, 불안에서는 60%의 감소(통제 집단에서는 각각 7%, 10%와 비교됨)를 포함해서 개입 집단은 SCL-90-R 수치에서 유의미하게 더 큰 감소를 경험함. 또한 자기통제와 수용 척도에서 유의미한 긍정적 변화가, 그리고 영성에서 작지만 유의미한 증가가 발견됨.	연구 대상자들은 행동의학 과정에 등록한 대학생들이었음. 한 명을 제외하고 모두가 여성이었음.	Astin (1997)

〈계속〉

조건	개입	발견한 것	쟁점	참고
	건강한 학생에 대한 MBSR의 무선화된 대기자 통제 연구. n=78	STAI에서 유의미한 감소 발견, SCL-90, 그리고 INSPIRIT와 ECRS에서 증가. 대기자 집단에서 결과들은 반복되었음.	눈에 띄는 사후개입 시점은 높은 스트레스 기간인 시험기간 동안 일어났음.	Sapiro, Schwartz, & Bonner (1998)
암	유방암과 전립선암 환자들의 MBSR. n=58	SOSI로 측정된 불안과 우울 증상의 감소가 있는 반면에, 환자의 생활의 질과 수면의 질에서 증가가 발견됨. 또한 1년 정도의 사후개입에서 최고혈압의 감소와 감마 인터페론과 인터루킨(IL) 10(둘 다 암환자의 우울증과 관계 있음.)을 포함한 몇몇 면역 매개 변수에서 유의미한 감소를 발견함. 또한 시험관 내에서 유방암의 성장을 지연시키는 IL-4의 세 배 증가를 발견함.	면역과 심리적 측정 사이에 상관관계가 없음에도 불구하고, 질병 진행 시 역할을 하고 있다고 생각되는 생화학적인 표지(marker)에서 유의미한 변화를 발견한 것은 명상이 단지 환자의 기분만이 아니라 의학적 결과에 직접적 영향을 미친다는 이론에 희망을 가지게 함.	Carlson et al.(2003, 2004)
	무선화된 적극적 통제집단 혹은 2기 유방암 환자에 대한 MBSR. n=63	연구는 수면 장애에 특히 집중함. 특히 수면 부족이 스트레스와 관계 있는 환자들에게 수면의 질 향상을 발견함. 공식 명상수행의 양과 수면의 질 향상 사이에 상호 관계가 없음에도 불구하고, 수면 후의 상쾌해진 느낌들과 매주 진행된 수업 사이에, 한 주 동안 환자들	집단들은 기초선(baseline)과 유의미하게 달랐는데, 아마도 기초선 측정치들이 수집되기 전에 임의 추출 때문일 가능성이 있음.	Shapiro et al.(2003)

		이 실행했다고 보고한 '비공식' 수행의 양 사이에는 긍정적인 상호작용이 있었음.		
건선	UV 치료 동안에 공식 마음챙김 수행을 시도한 사람들을 임의 추출한 집단(수업도 과제도 없음) 대(對) 마음챙김을 하지 않은 자외선 치료 집단. *n*=37	피부가 깨끗한 상태를 유지한 날들의 숫자에서 두 집단 사이에 유의미한 차이를 발견. 중요한 것은 앞서 보고한 다른 결과 연구들과 다르게, 이 연구에서 환자들은 어떠한 사회적 지원, 심리사회적 교육, 혹은 전형적인 MBSR 개입의 인지치료적 요소를 받지 않았음. 더 나아가 그들은 요가나 바디스캔 없이 단지 치료 기간 동안에만(매일 수행한 것 아니라) 오직 호흡에 대한 마음챙기는 주의를 수련했음. 또한 결과는 순전히 의학적인 것—피부가 깨끗했던 시간—이었음. 그것은 앞서 설명한 암 연구처럼 MBSR은 단지 심리적인 결과뿐만 아니라, 건강의 결과에 직접적인 영향을 줄 수 있는 충분한 생리적인 효과가 있을 수 있다고 주장함.		Kabat-Zinn et al. (1998)

주(註): MBSR, Mindfulness-Based Stress Reduction(마음챙김에 근거한 스트레스 완화); MBCT, Mindfulness-Based Cognitive Therapy(마음챙김에 근거한 인지치료); GAD, Generalized Anxiety Disorder(범불안장애); TAU, Treatment As Usual(일상적인 치료); MSCL, Medical Symptom Checklist(의학적 증상 검사목록); TMD, Total Mood Disturbance(전반적 기분장애); POMS, Profile of Mood States(기분 상태의 윤곽); STAI, State-Trait Anxiety Inventory(상태 특성 불안 목록); SCL-90-R, Symptom Checklist-90-Revised(개정된 증상 검사목록 90); GSI, General Severity Index(전체 심도 지수); PRI, Pain Rating Inventory(통증 비율 목록); BPPA, Body Parts Problems Assessment(신체 부분 문제 사정); FIQ, Fibromyalgia Impact Questionnaire(섬유종 영향 질문표); FAI, Fibromyalgia Attitude Index(섬유종 태도 지수); CSQ, Coping Strategies Questionnaire(대처 전략 질문표); SF-36, Short Form 36(간이 형식 36); BDI, Beck Depression Inventory(Beck 우울증 목록); INSPIRIT, Index of Core Spiritual Experiences(핵심 영성 경험 지수); ECRS, Empathy Construct Ratings Scale(공감 구성 비율 척도); UV, ultra-violet(자외선).

Telch, & Agras, 2001 같은 섭식장애 환자에 대한 치료에서도 성공적으로 사용되고 있다.

ACT에 대한 통제된 결과 연구들은 우울증Zettle & Raines, 1989, 직장 스트레스Bond & Bunce, 2000, 그리고 대중 불안Zettle, 2003을 포함한 광범위한 증상 조건을 다룬다. ACT에 관한 하나의 주목할 만한 연구에서는 일상적인 치료와 비교하여, 양성 정신병 증세를 보인 환자들의 경우에 단지 ACT 4회기에 참여한 후4개월 이후 재입원율의 50% 감소를 보여 주었다Bach & Hayes, 2002; ACT 연구에 대한 개관은 Hayes, Masuda et al., 2004 참조.

집중명상CM에 대한 건강과 관련된 흥미 있는 발견에는 거주하는 주택에서 TM을 수행하는 노인들의 수명 연장Alexander, Langer, Newman, Chandler, & Davies, 1989 및 아프리카계 미국 노인 시민들의 혈압 감소Schneider et al., 1995가 포함되는데, 두 경우 모두 통제 집단과 비교했다. 벤슨의 이완반응RR 프로그램에 의해서 간질성 경련의 기간과 빈도 감소Deepak, Manchanda, & Maheshwari, 1994 그리고 심각한 월경 전 증후군에서 유의미한 감소Goodale, Domar, & Benson, 1990가 초래되었다. 바로 앞서 언급한 것을 제외하고, 집중명상에 근거한 기법에 의한 치료 결과 연구 문헌도 마음챙김 연구 문헌처럼 유사한 방법론적 문제들을 내포하고 있다.

명상의 생물학

명상수행에 수반하여 일어나는 기본적인 생리학적 · 신경학적 변화 및 면역의 변화들에 관한 수많은 연구가 진행되어 왔음에도 불구하고, 지금까지 명상이 그 효과를 발휘하는 실제적 기제에 대한 직접적 증거는 없다. 여기서 이 글을 쓰는 현재, 마음챙김 명상에 대한 입수 가능한 생물학적 자료를 개관한다. 중요한 점은 대부분의 이런 연구들이 환자가 아닌

건강한 연구 대상자를 대상으로 하였고, 그래서 치료적 모집단에게 이 발견들을 일반화하려고 할 때 반드시 주의해야만 한다는 것이다. 명상 연구 문헌에 대한 더 넓고 앞선 개관으로는 오스틴Austin, 1998과 머피 등Murpy, Donovan, & Taylor, 1997을 보라.

몇몇 생물학적 연구들은 모순되는 결과를 가지고 있다. 부분적으로 이는 다른 명상 형태로 수행하는 연구 대상자들을 대상으로 했기 때문이며, 각 연구 대상자들이 실행한 명상수행의 양에 관한 연구들 사이에 그리고 그 내부에 커다란 이질성이 있기 때문이기도 하고, 명상하는 연구 대상자들의 숙련도를 평가하는 기준이 결여되어 있기 때문이기도 하다. 어떤 연구들에는 2달 경험에서 20년 경험을 가진 연구 대상자들이 섞여 있었다. 이 점이 결과에 어떤 영향을 미칠지에 대한 고려는 거의 없었다.

비임상적인 연구들의 장점은 종종 통제 조건들보통은 단순히 쉬는 것과 명상미경험meditation-naive의 통제 대상자들을 쓴다는 것이다. 명상을 선택하는 사람들은 평균적인 모집단과는 매우 다를 수 있다. 그래서 실험 대상자와 통제 대상자들 사이의 추정할 수 있는 차이는 명상의 효과가 아니라, 이들 모집단 간의 선천적인 차이에서 비롯될 가능성이 크다. 여러 연구들이 장기와 단기간 수행자들 사이의 미묘한 차이점을 보여 주고 있다 하더라도, 장기적 연구들은 이런 관심사를 직접적으로 다룰 필요가 있을 것이다. 그런 연구들이 이런 가설에 대해서 논박할 수 있을지도 모른다.

인지적 변화

경험 많은 명상가들은 수행을 통해 집중하는 능력과 스트레스를 주는 자극을 다루는 능력을 기른다고 주장한다. 경험 많은 명상가들의 주장이 어느 정도 타당성이 있음을 주장하면서, 다양한 연구자들은 명상가와 통제 대상자 사이의 이런 특성들에서 차이점을 증명해 왔다.

스트레스 반응

평정을 기르는 것을 통해 수행자는 반응을 덜하면서 부정적 사건을 경험하는 능력을 키운다. 골먼과 슈워츠Goleman & Schwartz, 1976는 통제 집단에 비교하면 명상가는 불쾌한 상황에 대해 보다 적은 생리적 반응을 보여야 한다는 가설을 세웠다. 이 가설을 검증하기 위해서 명상가와 통제 집단의 피부 전도 반응SCR을 측정했다. 연구 대상자들은 재현된 목공소woodshop 사건을 보고 있었다. SCR은 자율 신경 각성의 표시로 생성된 땀의 양을 측정한다. 통제 집단에 비교하면 명상가 대상자들은 SCR에서 처음에는 약간 더 큰 증가를 경험했지만, 더 빠르게 기준선 수준으로 돌아왔다. 그것이 명상가 대상자들의 부정적 이미지들에 대한 반응은 높아졌지만, 그런 다음 재빨리 그 이미지를 '내려놓고' 심적인 고요와 평정상태로 돌아갈 수 있었음을 의미한다. 추측컨대, 이 대상자들은 그들의 자율 신경 각성을 오래가게 하는 반추적인 생각에 빠져 있지 않다.

주 의

밸런타인과 스위트Valentine & Sweet, 1999는 초보자와 경험 많은 대상자 양쪽에서 지속되는 주의attention에 대한 마음챙김 명상과 집중명상의 효과를 직접적으로 비교하는 연구를 했다. 흥미롭게도 모든 대상자들은 불교 명상을 수행했지만, 그 명상은 명상하는 동안 정신의 집중에 대한 그들의 자기보고에 의존하여 마음챙김 혹은 집중명상으로 분류되었다. 표본의 크기는 매우 작았음에도집단별 9~10명의 대상자, 마음챙김 명상자들은 집중명상 집단과 비교할 때, 예상하지 못한 자극다른 반복 빈도를 가진 음색들을 알아내는 능력에서 유의미하게 더 나았다. 더 나아가, 모든 명상가들은 모든 자극을 알아내는 능력에서 통제 집단보다 더 나았고, 양쪽 집단은 수행의 결과로 높은 주의력을 기르게 되었다고 주장했다. 두 명상 집단은 그들이 수행한 총 연수에 기초해서 세분했을 때, 명상 형태와는 무관하게 자극을 알아내는 능력에서 초보자와 경험자들 사이에 놀랍고도 유의미한 차이가 있었는데, 수행을 2년 이하로 한 수행자들보다 수행을 2년 이상 한 연구 대상자들은 거의 5% 이상 가깝게 자극을 더 잘 알아낼 수 있었다. 이 마지막 발견으로 명상가들과 통제집단 사이의 차이점은 집단 사이의 성격의 차이가 아니라 수행 효과에 기인한다고 강하게 주장한다.

습관화

수행경력이 많은 네 명의 선승을 대상으로 한 카사마츠와 히라이Kasamatsu & Hirai, 1973의 선행 연구는 그들의 뇌파EEG형태가 반복적으로 딸깍거리는 소리에 습관화되지 않았고, 반면에 명상하지 않은 통제 집단의 경우에는 습관화되었음을 보여 주었다. 벡커와 샤피로Becker & Shapiro, 1981는 15년 후, 세 집단[선, 요가, TM]의 명상가들과 두 집단의 통제집단—소리에 면밀히 주의를 기울이라고 지시받은 한 집단과 그것을 무시하도록 지시받은 다른 집단—으로 구성된 다섯 집단을 대상으로 반복 실험을 하였지만, 앞의 연구와 같은 결과를 도출하는 데 실패했다. 그러나 다른 집단에 있는 연구 대상자들은 서로 나이가 맞춰지지 않았다선, 37.8세; 요가, 31.5세; TM, 28.7세; 두 통제 집단, 26.5세와 29.5세. 게다가 두 연구에서 제공된 소리의 특성과 소리 내는 방법이 달랐는데, 이것이 두 연구의 차이점을 설명할지도 모르겠다. 카사마츠와 히라이Kasamatsu & Hirai, 1973의 연구에서 소리는 스테레오 스피커를 통해서 들려졌고, 반면에 벡커의 연구에서는 연구 대상자들이 헤드폰을 사용했다. 헤드폰과 결합된 신체 감각은 귀에 보다 더 주의를 끌어들일 수 있고, 모든 연구 대상자들이 딸깍거림에 더 주의를 기울이게

했다. 또한 어떤 연구도 음의 크기를 보고하지 않았다. 그래서 두 번째 연구에서는 첫 번째 연구에서 관찰된 미묘한 효과를 극복하기 위해, 소리가 더 크거나 혹은 더 방해하는 것이 가능했다.

신경생물학적 변화

수많은 연구들이 호흡 수나 심장 박동 수와 같은다음 부분 참조 말초신경과 자율신경의 측정치들을 바꾸는 명상 기법의 능력에 관해서 언급해 왔더라도, 이들 수행에 의한 두뇌 활동을 직접적으로 관찰할 수 없기 때문에 몸-마음의 역동에 대한 이해가 제한되어 왔다. 지금은 명상 상태를 신경학적으로 정의 내리기 위해 노력하는 과정에 있다. 명상 상태들을 단순한 휴식 혹은 수면 같은 좀 더 전통적인 의식 상태들과 비교하는 것뿐만 아니라, 다른 명상과 요가 수련 사이를 구분하는 것은 흥미롭다. 명상의 다른 형태 간의 비교는 의식에 대한 신경계의 기본 원리를 명백히 해 줄지도 모른다.

명상의 생물학에 관한 연구에서 다루기 힘든 문제는 수행자의 마음 안에서 정확히 무슨 일이 일어나는지를 규명하는 것이다. 예를 들어, 1년간 마음챙김 명상MM을 수행한 사람은 뇌 활동과 실제 수행 측면에서 30년간 MM을 수행해 왔던 사람보다도 집중명상CM 수행자에게 더 가까울 수 있다. 초보적인 MM 수행자의 심적 내용에 대한 가치 있는 탐구는 거의 없을지 모른다. 우리가 무엇을 측정하느냐 하는 문제는 실험실에서 관찰 시간을 2~3분으로 줄이게 될 때 더 중요해진다. 순간순간의 뇌 영상 연구를 하는 중에 수행자는 실제로 무엇을 하고 있는가? 호흡에 집중하는가? 산만한가? 산만하다는 것을 알아차리고 있는가? 산만함에서 호흡으로 돌아오고 있는가? 우리의 실험 기술은 아직 이러한 사건을 식별할 수 없다.

그러나 신경영상neuroimaging 기법은 몸-마음의 개입을 이해하는 데 몇 가지 중요한 공헌을 해 왔다. 먼저, 명상이 단순한 휴식 혹은 수면 초기 단계와 구별되는 별개의 상태를 일으키는지 일으키지 않는지에 관한 연구 문헌에서 다소의 논쟁이 있어 왔다. EEG, 기능적 자기공명영상fMRI, 그리고 양전자 방출 단층 사진 촬영PET을 사용하는 연구들에 의하면 명상 상태는 수면 혹은 휴식과는 다르다는 것을 분명히 보여 준다Hebert & Lehmann, 1977; Lazar et al., 2000; Lou et al., 1999. 흥미롭게도 이 연구들은 단 하나의 독특한 '명상 상태' 가 있는 것이 아니라, 오히려 다른 형태의 명상수행은 뇌 활동의 다른 형식을 이끌어 낸다는 것도 보여 준다. 이것은 이 다른 형태들의 명상을 실행한 후에 질적으로 다른 심적 상태를 이야기하는 명상수행자들의 주관적인 보고와 선을 같이한다.

신경영상 연구

지난 10년 혹은 15년에 걸쳐 발전한 두 개의 신경영상기법인 fMRI와 PET는 과학자들이 폭넓고 다양한 작업을 하는 동안 뇌 내부의 활동을 확인할 수 있게 해 주었다. 이 도구를 사용한 몇 가지 명상 연구가 출판되었다.

fMRI와 PET는 모두 명상수행을 하는 동안에 사용되는 뇌의 영역을 확인하는 데 사용될 수 있음에도 불구하고, 각 방법을 통해 연구자들은 신경 활동의 다른 측면들을 평가하게 된다. fMRI 데이터는 몇 십 분 동안 연속적으로 뇌의 전 영역에 걸쳐서 얻어지며, 명상의 초기 단계와 깊이 들어가 있는 동안에 연구자들이 신경 활동의 시간적 과정을 추적할 수 있게 한다. 예를 들어, 주의와 생리적인 조절에 관련된 뇌의 많은 영역에서 나타나는 fMRI 신호는 쿤달리니 명상만트라 명상의 한 형태을 하는 동안에 증가하는 반면, 감각 피질과 같은 영역은 이런 형태의 명상Larzar et al., 2000을 하는 동안에 활동성이 점차로 감소한다. 이러한 명상 형태는 신체적 감각으로부터 주의를 거둬들인다.

그와는 대조적으로, PET 영상은 각 실험적인 상태마다 단 한 장의 사진을 만들기 때문에 과학자는 시간이 지나면서 뇌가 어떻게 변화하고 전개되는지가 아니라 이 시기 동안에 평균적인 두뇌활동만을 볼 수 있을 뿐이다. 그렇지만 이 기술은 도파민과 같은 특수한 신경전달물질을 영상화하는 데 사용될 수 있다. 이러한 특성들은 요가 니드라 명상을 연구하는 연구자에 의해서 활용되었다. 이런 명상 형태는 감각에 대한 증가된 알아차림을 촉진하지만, 정서적 반응을 감소시키기 위한 심상imagery과 집중 기법들을 활용한다. 요가 니드라 명상을 수행하는 경험 많은 연구 대상자를 사용한 PET 연구는 일차 감각 피질primary sensory cortex을 포함한 뇌의 여러 영역들이 명상 동안에 활성화되었음을 보여 준다Lou et al., 1999. 이 연구자들은 실행 능력 조절, 정서 처리, 운동 계획에 관계된 영역들에서 감소를 발견했다. 이는 요가 니드라 명상을 하는 동안에 이러한 기능이 비활성화된다는 가설과 일치한다. 추수조사에서 같은 연구자들은 요가 니드라 명상이 선조체[striatum: 동기와 보상에 관여하는 뇌 부위]에서 도파민의 감소 결과를 가져왔음을 보여 주었는데, 이는 저자들이 주장하는 운동 계획의 감소 및 육체적 이완감 증가와 일치한다Kjaer et al., 2002.

집중명상에 대한 또 다른 연구에서 뉴벅 등Newberg et al., 2001은 두정엽 활동의 감소를 발견했다. 이 영역은 감각 통합과 관련이 있으며, 이 영역이 손상되면 환자는 공간에서 움직이는 능력을 상실한다. 저자들은 명상하는 동안 이 영역에서 감소된 활동성은 가끔 보고되는 신체 감각의 상실을 포함하여 신비한 경험들에 대한 주관적인 보고들과 일치한다고 주장한다Newberg et al., 2001. 이 동일한 영역은 체외이탈경험out-of-body experience: OBE을 보고하지 않는 쿤달리니 명상가들에게서 활동성의 증가와 관련이 있었다Lazar et al., 2000.

뇌파기록EEG 연구

fMRI가 시간의 경과에 따른 뇌 활동에 대한 정보를 줄 수 있지만 신호에 대한 시간적 분석은 매우 빈약하다. 각각의 영상들은 몇 초 동안의 뇌 활동치의 합성물이다. 대조적으로, EEG 신호는 1/1000초 단위의 해상도를 제공하지만, 단지 빈약한 공간적인 해상도일 뿐이다. 이들 영상들은 과학자에게 해마 또는 편도체처럼 깊은 피질 아래 구조의 활동을 확실하게 보여 줄 수 없으며, 단지 현재 활동이 일어나는 일반적인 뇌 영역만을 보여 준다. EEG를 사용하면서 과학자는 명상하는 동안의 뇌 활동의 역동적인 변화들을 확인할 수 있었는데, 그것은 일어나고 있는 뇌 활동의 다른 형태예: 알파, 감마 혹은 베타 파를 반영하는 방법을 통해서였다. 더 나아가 EEG는 PET와 fMRI를 넘는 장점이 있는데, 그것은 조용하고 비교적 자연적인 설정 속에서 연구자가 뇌 활동을 평가하도록 하는 것이다.

1970년대부터 명상 시의 뇌파 활동에서 변화를 확인하기 위해서 EEG를 사용한 많은 연구들이 시행되었다. 초기 연구들 중 다수는 TM을 수행하는 연구 대상자를 사용했는데, TM이 그 당시에 매우 유행하고 있었기 때문이었다. 하지만 다른 연구들은 차별 없이 다양한 전통으로부터 연구 대상자를 사용했다. 나는 어떤 형태의 MM을 수행하고 있는 연구 대상자들에게 직접적인 초점을 맞춘 최근의 연구들에 주목한다.

마음챙김 명상에 관한 가장 타당성 있는 연구에서, 데이빗슨 등Davidson et al., 2003은 8주간의 MBSR 프로그램 사전 · 사후에 건강한 연구 대상자들의 휴식 중의 EEG 형태를 측정했다. 데이빗슨은 우울증과 불안으로 고통받는 환자는 조용히 쉬고 있는 동안에 뇌의 우반구에서 EEG의 힘이 증가되며, 심리적으로 건강한 연구 대상자는 좌반구에서 더 큰 활동이 있음을 이전 연구에서 보여 준 적이 있다. 그 연구는 소규모임에도 불구하고, 결과들은 8주간 수행 이후에 휴식 중의 EEG 형태에서 왼쪽 방향으로의 이동을 보여 주었고, 그 연구를 끝내던 3개월간의 추수 조사 동안 지속되었다. 중요하게도 관찰된 변화들은 향상된 면역 기능과 상관이 있었다. 이러한 장기간의 연구는 명상하는 사람과 하지 않는 사람들 사이의 이미 생물학적인 차이가 있다는 비판을 다루기 위한 중요한 단계이고, 그것은 또한 명상이 뇌의 가소성plasticity과 정서적인 향상을 증진시킨다는 가설에 믿음을 제공한다.

레만 등Lehmann et al., 2001은 다섯 가지의 독특한 수련을 하고 있는 상당히 수행력이 높은 한 티베트 승려lama를 연구했다. 비록 모든 수련은 집중명상 형태였지만, 그 연구는 명상수행이 달라지면 뇌 활동의 형태도 달라진다는 점을 한 사람의 연구 대상자에서 분명하게 보여 주었다. 더 나아가서, 활성화된 영역들이 그 영역들의 기능에 대해서 알려진 것과 일치되었고예: 만트라로 활성화된 언어 영역의 사용, 심상으로 활성화된 시각 영역의 사용, 이 사실은 연구 대상자의 신경계의 활동이 그의 주관적인 보고와 일치한다는 점을 입증해 주는 데 도움이 된다.

종합하면, 신경학적인 데이터는 명상이 단순한 휴식과는 현저하게 다른 상태라는 것을 시사한다. 더 나아가, 명상 형태의 차이와 뇌의 활동 영역과는 관계가 있다. 신경학적 관점에서 이러한 뇌 영역들과 관련하여 명상수행 시 관찰된 심리적이고 신체적인 변화들을 초래하는 이유는 아직까지 알려져 있지 않지만, 이 초기의 연구들은 미래의 연구를 구상하는 방법에 중요한 단서를 제공한다.

자율신경계의 변화

호흡에 대한 영향

이완은 마음챙김 명상의 일차적인 목표가 아니기 때문에, 마음챙김 명상 집단이 경험한 신체적인 변화들은 집중 형태의 명상을 수행하는 연구 대상자들의 경험보다 더 이질적이다. 초보자의 경우, 마음챙김 수행은 역설적이게도 호흡의 비율을 증가시킬 수 있다. 그 이유는 아마도 초점을 맞추려는 노력이나 혹은 스트레스를 주는 생각과 감각을 새롭게 알아차려야 하기 때문일 것이다. 경험 많은 마음챙김 수행자들에 대한 한 연구에서, MM을 수행한 연수와 호흡 비율의 변화 사이에 상관성이 있었다Lazar, 2004. 단지 몇 년의 경험이 있는 연구 대상자들은 분당 1~2회의, 작지만 의미 있는 호흡 비율의 증가가 있었고, 반면에 6년 혹은 그 이상 수행한 연구 대상자들은 분당 2~8회 호흡의 감소를 보여 주었다. 이것은 명상 수행자가 천천히 더 강한 집중을 향상시키고 다양한 심리적인 문제들을 다루어 나갈 때, 더욱 깊은 수준의 이완에 도달할 수 있음을 시사한다.

심박률의 역동성에 대한 영향

자율신경계 기능에 대한 비교적 새로운 측정은 심박률의 변이성에 대한 분석에 의해 제공된다Malik & Camm, 1995; Pieper & Hammill, 1995. 심장박동 간 간격의 변이성은 심장 질환에서 예후 결과와 관련이 있어 왔다. 변이성이 낮은 환자는 급성 심장병에 의한 사망의 위험이 더 크다Ho et al., 1997; Ivanov et al., 1996; Malik & Camm, 1995. 태극권, 쿤달리니, 선 그리고 MM을 수행하는 연구 대상자들은 모두 휴식과 비교할 때, 명상하는 동안에 심박률의 변이성에서 증가를 보여 주고 있다Lehrer, Sasaki, & Satio, 1999; Peng et al., 1999. 이러한 발견들은 심폐의 상호작용뿐만 아니라, 명상 상태와 심박률의 오르내림에 대한 자율신경계의 조절 사이에 강한 관련성을 시사한다.

미래의 방향

마음챙김에 대해서 최근 과학 공동체에서 활발한 논의가 이루어지고 있으며Clinical Psychology: Science and Practice, May 2003, Vol.10 많은 박사논문이 나오고 있다. 치료에 대한 마음챙김 접근이 효과적으로 보일지라도, 왜 그리고 어떻게 마음챙김이 효과가 있는지에 대해서는 아직 판결이 나지 않은 상태다Baer, 2003. 미래의 연구를 위한 많은 흥미로운 질문들이 있다.

마음챙김 수행의 일반적인 효과

- 일상생활에서 마음챙김의 순간들이나 명상하는 동안, 마음챙김의 단기적인 생물학적 · 심리학적 효과는 무엇인가? 마음챙김 수행에 의해 증대되거나 축소되는 특정한 임상적인 조건—임상적인 개입에 실마리를 제공할 수 있는—과 관련된 특별한 뇌 작용은 있는가?
- 육체적 · 심리적으로 우리가 볼 수 있는 장기적 효과는 무엇인가? 마음챙김은 어떤 특수한 방법으로 육체적이고 심리적인 건강을 증진시키는가?
- 마음챙김 수행은 주의, 정서조절, 유연성 또는 반응성과 같은 개인의 인지적 능력이나 방식을 어떤 방법으로 바꾸는가? 괴로움과 마음의 본성에 대한 통찰과 같은 개념상의 변화가 일어나는가? 마음챙김이 지혜를 촉진하는지 측정할 수 있는가? 수행으로 개인적인 가치들이 변화하는가? 수행자는 일반적으로 세상과 더 연결되어 있다고 느끼

는가?

- 마음챙김은 행동을 바꾸는가? 만약 그렇다면, 어떤 행동을 어떻게 바꾸는가?

마음챙김에 근거한 심리치료

이 치료 범주에는 환자에게 직접적으로 가르쳤던 기법들이 포함된다.

- 마음챙김 개입은 다른 기법들보다 더 효과적인가? 만약 그렇다면, 어떤 전략이 어떤 환자나 조건에서 최상의 효과가 있는가? 마음챙김에 근거한 치료에 대한 의학적 금기는 무엇인가? 일상생활의 기술에서의 마음챙김 대對 공식 정좌명상좌선의 비교적인 가치는 무엇인가?
- 왜 마음챙김에 근거한 개입이 효과적일 수 있는가? 마음챙김은 분할할 수 없는 치료적인 과정인가 혹은 마음챙김은 현재의 알아차림자각, 수용 또는 노출과 같은 구성요소로 분할할 수 있는가? 어떤 요소가 누구에게 가장 효과적인가?
- 다중 구성요소 치료 가운데 일반적인 구성요소는 무엇인가? 마음챙김은 이 일반적인 요소에 어떤 것을 첨가하는가?
- 치료자는 마음챙김을 가르치기 위해서 얼마나 많은 훈련을 해야 하는가? 훈련의 수준이 결과에 영향을 미치는가?

마음챙김 원리를 응용한 심리치료

이 범주는 자신이 마음챙김을 수행하고 마음챙김을 통해서 괴로움을 완화하는 방법에 대한 이론적인 이해를 가진 치료자들에게 해당된다. 그러나 그들은 환자에게 마음챙김 수행을 가르칠 필요는 없다.

- 치료자가 마음챙김 수행을 하면, 더 나은 치료결과가 나오는가? 만약 그렇다면, 어떻게 그렇게 되는가? 치료자에겐 어떤 수준의 수행이 요구되는가?
- 마음챙김 원리를 응용한 치료자는 실제로 다른 치료자들과 다른가? 특히 어떤 특정 부류의 치료자가 명상에 끌리는가?
- 마음챙김에 관한 작업[가설]적인 이론working theory은 충분한가? 수행과 이론이 치료에서 주는 비교적인 영향력은 무엇인가? 치료자와 환자가 모두 마음에 관한 공통의 이론을 공유할 때 그리고/또는 둘 다 마음챙김을 수행할 때 긍정적인 효과가 있는가?
- 치료자가 마음챙김을 수행한다면, 변화할지도 모르는 치료에서의 관련 있는 자질은 무엇인가? 즉, 환자와 치료자 사이의 치료에서 우리는 어떤 변화를 관찰할 수 있는가?

요 약

우리는 명상을 통해 주의를 의지적으로 통제하는 것이 신경생리학에 영향을 준다는 강력한 증거를 가지고 있다. 인지적 · 생리적인 모형들이 우리의 이해를 도와주고 있음에도 불구하고, 이러한 기제가 어떻게 직접적으로 정신적 · 육체적 건강에 영향을 주는지는 불확실하다. 마음챙김 명상수행은 환자들의 건강을 이롭게 하는 면에서 유용성을 보여 주기 시작했다. 임상가는 혁신적인 새로운 방법으로 환자와 함께 이러한 전략을 탐색하는 연구 증거에서 용기를 얻어야 할 것이다. 새로운 방법은 환자의 개인적인 요구와 훌륭한 임상적 판단에 대한 주의에 의해 안내될 것이다.

제4부

과거와 전망

Past and Promise

12
마음챙김의 원천

앤드류 올렌즈키|Andrew Olendzki

심리적 · 육체적 문제점들을 완화시키기 위한 마음챙김의 유용성이 경험적 연구에 의해 드러나고 있다. 그래서 마음챙김과 그것의 역사적 · 철학적 기원들을 연결하는 것은 전적으로 불필요한 것처럼 보일지도 모른다. 현대의 연구자들은 또한 단순히 문화적 산물일지도 모르는 요소들을 배제하기 위해 마음챙김의 본질적 요소와 비본질적 요소들을 구분하기 위한 시도를 하고 있다. 이것은 분명히 임상심리학을 위해서는 유익한 과제다. 그러나 이전 장들에서 논의했듯이, 마음챙김 전통의 목표들은 임상적 치료에서 관습적으로 확인된 것 그 이상을 추구한다. 임상 영역 밖에 놓여 있는 것들을 더 충분히 이해하기 위해서 마음챙김의 역사적 배경과 우리가 불교 심리학이라 부르는 것의 밑바탕에 있는 사상 체계를 살펴보는 것이 유익할 것이다.

인간의 현재 경험의 세부 사항들에 세심하게 주의를 기울이는 수행은 아마도 인류 역사 그 자체만큼이나 오래되었을 것이다. 그러나 계획적이고 구성된 방법으로 그렇게 하는 것은, 특히 고대 인도의 종교 전통에 깊이 뿌리를 두고 있는 것 같다. 인더스, 갠지스 강 유역의 숲과 평야에서 그 당시 사람들은 현대의 과학자들이 경험적 · 실험적 · 반복적인 것—전적으로 내관적introspective임에도 불구하고—으로 인식할지 모르는 방법들을 사용하여, 지각 경험의 미묘한 차이뉘앙스를 탐구하기 시작했다. 지난 4천 년 동안 시행되어 온 이 자기 연구self-study 프로그램은 마음과 육체에 대한 설명적인 학문을 탄생시켰으며, 이것은 점차 현대 사상가들의 흥미를 끌고 있다.

인간 경험의 작용에 대한 고대의 통찰은 힌두교와 불교 전통에 보존되어 있으며, 각각 정교한 심리학적 자료를 풍부히 남겨 놓고 있다. 특히 불교이론심리학Buddhist theoretical psychology은 인간의 의식에 대해 주목할 만한 포스트모더니즘의 모형을 보여 주고 있는데, 이는 감각 데이터 처리와 정체성 형성을 위한 탈중심적noncentralized이며 상호 의존적인 시스템이라는 과정적 입장process view을 기반으로 하고 있다. 불교실천심리학은 명상수행에 입각해 있다. 불교 명상수행의 범위는 마음챙김에서 시작해서 여러 단계의 집중[禪定]을 거쳐, 인간의 마음과 육체의 구조를 근본적으로 재구성할 수 있는 깊은 변형적 통찰transformative insights에 이르기까지 넓다. 이 책에서 마음챙김 명상으로 언급된 고대 인도의 명상기법 중 가장 기본적이며 접근하기 쉬운 형태의 수행은 현대의 광범위한 과학, 치료 전문가들에게 중대한 영향을 미치기 시작하고 있다.

고대의 기원起源

인간 조건에 관한 독특한 관점

각각 독특한 방식으로 고대 불교와 힌두교 학파들은 많거나 적거나 영혼과 동일시되는 의식적인 자각conscious awareness을 인간 존재의 중심으로 보는 견해를 공유했다. 그 자각은 즐겁고 괴로운 경험을 생기게 하는 감각기관 속에 새겨져 있다. 고통은 피할 수 없다는 것, 즐거움은 지속하기 어렵다는 것, 그리고 인간은 자신과 세계를 명확히 보기 위한 능력이 제한되어 있다는 사실에 의해서 이러한 존재의 본질에는 결함이 드러난다. 죽음은 둑카dukkha, 정확하지 않지만 '괴로움' 이라고 번역됨라는 이 실존적 딜레마에 대해 어떤 해결책도 제공하지 못하는데, 왜냐하면 인간이란 존재는 쉬지 않고 한 삶에서 다른 삶으로 흘러가는 존재라고 믿었기 때문이었다. 각각의 삶에서 인간은 항상 질병, 상처, 늙음, 죽음을 맞이하게 된다. 고대 인도 종교는 이러한 윤회와 괴로움의 순환으로부터 영혼을 자유롭게 하는 것을 중심으로 구성되었고, 그 과정에서 심오한 전지적全知的 형태를 얻게 되었다.

이것은 오늘날 우리에게 매우 흥미롭다. 왜냐하면 자각과 직접적인 경험에 대한 강조에 의해 이 고대 전통이 제기한 문제점들과 그 해결책들이 심리학이 추구하는 방향과 유사성을 가지고 있기 때문이다. 역사적인 줄거리에 근거를 두고 구체적인 신앙 체계를 갖춘 주요 서양 종교들과는 달리, 불교와 그 당시의 사상들은 형이상학적인 계시에 대해 매우 불가지론不可知論적이었고, 그 대신에 수행자의 내적 경험에 초점을 맞추었다.

왜 인간은 괴로움으로 특징되는 불만족스러운 존재 속에 자신을 파묻게 되었는가에 대한 특별한 종교적 설명은 없으며, 아무도 그들을 풀어 달라고 요청하는 사람도 없다. 그러나 그 상황을 주의 깊게 검토해 봄으로써, 괴로움이 어떻게 생겨났는지 이해하기 시작하고 그 불편함을 만들어 내는 조건들을 원상 복귀시키는 방법을 배울 수 있다. 이런 전통에서는 심리적 · 실존적 괴로움은 근본적인 인간의 충동과 반사적 반응에 기원이 있다고 이해한다. 그것들은 대부분 무의식적이기 때문에 분명히 우리의 통제를 벗어나 있다. 그러나 사실 이것들은 노출시킬 수 있고, 행동 반응은 수정될 수 있으며, 본능적인 결함들을 피하기 위해 마음과 몸을 철저히 다시 프로그램화하는 것이 가능하다. 필요한 것은 근본적인전폭적인 심리적 변형radical psychological transformation이다.

초기의 모든 종교들은 인간이 욕망과 무지의 결합을 통해 이 불만족스러운 삶의 바퀴를 끊임없이 돌리는 데 적극적으로 참여하고 있다는 견해를 공유하고 있었다. 욕망은 즐거움을 추구하고 고통은 피하려는 깊은 강박인 데 반해, 무지는 무의식적이며 검토되지 않은 대부분의 우리 태도의 본질이며, 사물의 본질에 관한 가정을 가리킨다. 욕망과 무지는 함께 우리가 현실을 구성하는 방식을 결정한다. 이 두 가지에 의해 우리는 순간순간 비틀거리면서 이기적이며 단편적인 욕구들을 충족하기 위해서 보통 한정된 성공을 추구한다.

경험의 중요성

서양의 지적 전통은 감당키 어려운 인간 본성을 지배하기 위해 이성rationality을 받아들인다. 이것은 고상하고 정교한 체계를 갖춘 법학, 사회철학 그리고 심리학에서 찾아볼 수 있다. 고대 아시아의 전통에서 보면, 서양에서 그렇게 높은 가치를 부여하는 이성적이며 개념적인 도구들은 종종 우리가 하게끔 내몰리는 것을 합리화하고 정당화하는 데 기여할 뿐, 우리의 곤경을 정확히 이해하는 데 그다지 도움을 주지 못한다. 그러므로 논리적 사고는 별로 도움을 주지 못하는 것으로 보였다. 서양 전통이 높은 가치를 부여했던 고대 진리의 계시 역시 신뢰받지 못했는데, 그 이유는 전통을 따라 전해진 맹목적인 사람들의 그러한 계시를 그 어느 누구도 자신의 직접경험으로 실제로 알았다거나 보았는지에 관한 어떤 확증도 없었기 때문이다. 괴로움의 속박 속에 영혼을 붙잡아 두는 몸과 마음의 올가미를 풀기 위한 또 다른 도구가 필요했으며, 바로 여기에 요가, 고행주의, 명상이 자기 탐색self-exploration과 자기 변형self-transformation의 중요한 수단이 되었던 것이다.

원래의 맥락에서 본 요가는 수련, 몸과 마음의 결합, 심신을 의지에 묶어두기, 그리고 인간의 삶을 더 고차원적인 목적의 발견으로 묶어 두기 등과 관계가 있다. 여기에는 고행주의와 명상이 포함되는데, 이 둘은 각각 괴로움에 묶인 영혼의 굴레를 푸는 데 사용된다. 고행주의는 심신으로부터 그것이 필사적으로 원하는 것들을 빼앗음으로써 욕망을 바로 잡는다. 억제 수련을 통해 우리는 욕망의 풍미를 맛보고, 그것을 뒤집어서 그 구조를 관찰하고, 그것이 정신생리학적 유기체인 인간에게 미치는 영향력을 드러내 보일 수 있다. 명상은 순간순간 몸과 마음에서 펼쳐지는 것을 관찰하고 명확히 알아차리는 것을 배우는 것과 더 관계가 있다. 현재에 대해 계속 예리해지는 경험을 연마해 갈 때, 명상수행을 통해서 미세했기 때문에 보이지 않았거나 혹은 너무 편재해 있어서 간과되었던 경험의 과정들을 해명할 수 있게 된다. 이 모든 경험 탐구 기술들은 수세기에 걸쳐 발전되고 개발되었으며, 그 기술들에 의해 획득된 몸과 마음의 기능에 관한 지식 역시 그와 비례해서 성장했다.

2장에서 논의했듯이 명상은 경험적 관찰이라는 과학적 작업과 많은 공통점이 있다. 우리는 현미경이나 망원경이 아니라, 직접적인 내관적 자각알아차림이라는 장치를 사용하여 되도록 객관적으로 지나가는 현상학적 경험의 데이터를 단지 주시하는 것이다. 최근까지도 명상은 외적인 측정의 여지가 없었지만, 본질적으로 명상은 실험적이다. 왜냐하면 경험에 대한 다양한 내적 · 외적 변화의 결과들을 주의 깊게 살펴보면, 그것을 엄격하게 수행해 본 누구에게서도 그 기법과 발견이 얼마간 반복되는 측면이 있기 때문이다. 이런 이유 때문에 명상수행은 현대 심리학 연구자에게 그다지 낯설거나 색다르지 않았으며, 마음과 육체에 대한 고대의 과학이 인간의 의식과 행동에 관한 현대의 탐구에 기여하게끔 초대받게 된 것이다.

경험의 구성

의식의 출현

고대 인도의 관조적인 수행은 우리가 일반적으로 자아와 세계라고 말하는 것을 바라보는 아주 다른 방식을 제공해 주었다. 모든 개인이 발전시켜 가는 자기정체성과 자신이 속해 있는 세계에 대한 개념은 불교 전통에서는 정교한 구성construction 프로젝트로 간주한다. 그것은 너무나도 복잡하고 의미가 미묘한 구성물이기 때문에, 그것을 제자리에 놓기 위해서는 수년에 걸친 신중한 개발과 엄청난 양의 에너지와 주의가 요구된다. 우리 것ours은 대형 구조의 우주이며, 그 속에서 끊임없이 일어나는 감각과 잡다한 내적 처리의 데이터는 구조로 연결되고, 전체적으로 종합적인 의미 영역—가상 현실—을 지탱해 주는 도식schema으로 조직된다.

마음은 세계-건설 기관이며, 아주 빠른 속도로 감각을 통해 흘러나오는 혼란스러운 데이터들을 모아서 하나의 우주를 짜 맞춘다. 아주 어린 나이에서 시작하여 인간은 이 방법을 배워야 하며, 대부분의 아동기의 발달은 걷기와 관계가 있다. 아이는 합리적인 순서로 여러 단계의 복잡한 성장 단계와 그럴듯한 적응 단계를 거치면서 뛰게 된다. 그동안에 아이는 명확히 알려진 안정적인 대상과 함께 살면서 세계를 인식하는 법을 배운다. 그것은 미묘한 과정이며 많은 부분이 잘못될 수 있다. 일생에 걸쳐 일어나는 점진적인 정체성의 형성은 발달심리학에서는 연구가 잘된 주제이지만, 불교 전통은 어떻게 세계-건설 작업이 끊임없이 매 순간마다 일어날 수 있는지에 대해서 상당히 많은 이야기를 하고 있다.

[그림 12-1]에서 보듯이, 의식이 구성되는 과정은 많은 구성요소를 포함하고 있다. 고전적 불교 전통에 따르면, 가장 기본적으로 인식할 수 있는 경험의 단위는 감각기관[根]과 감각대상[境] 그리고 그 대상에 대한 자각[識] 사이의 접촉[觸]의 순간이다. 각각이 전체과정의 산물인 이 세 요소[根 · 境 · 識]가 서로 결합할 경우, 인간 인식의 종합적 사건, 감각적 인식

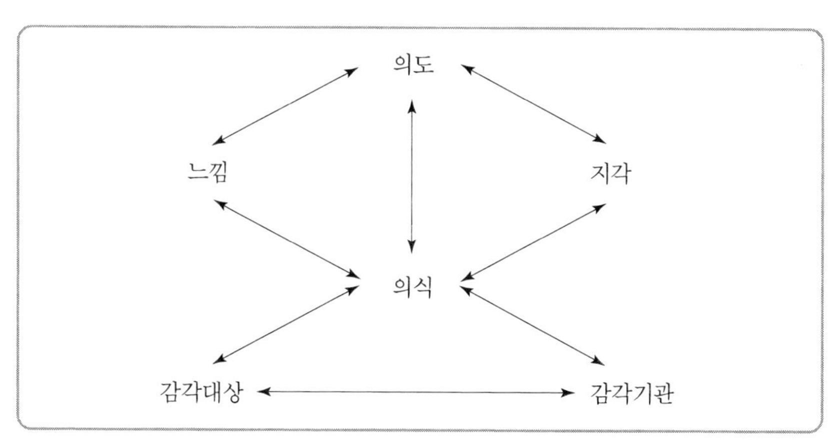

[그림 12-1] 경험의 구성

의 에피소드, 의식하는 인간존재의 핵심을 형성하는 '앎' 의 사건을 일으킨다. 의식은 이처럼 불시에 나타나는 조건 지어진 현상으로, 순간적으로 생겨나는 일련의 사건들로 나타나는데, 이것은 동시에 인식awareness의 주체이며 도구이고 활동이기도 하다Bhikku Bodhi, 2000.

의식 경험이 일어나는 양식은 상호 의존적인 인식기관과 인식 대상의 본질에 의해 공동으로 일어날 것이다. 우리는 어떤 대상을 인식하는 데 눈이 사용되면 봄seeing이라고 부르며, 소리를 인식하는 데 귀가 사용되면 들음hearing이라고 부른다. 그리고 각각 감각기관에 따라 의식은 냄새 맡음smelling, 맛봄tasting, 접촉함touching, 생각함thinking 등으로 나타날 것이다. 여기서 마지막의 생각함이라는 용어는 다섯 가지 다른 감각 양식의 어느 하나에도 속하지 않는 어떤 심적 활동을 망라하고 포함하는 것보다 실제로 훨씬 다양한 의미를 갖는다. 불교의 분석에 따르면, 우리가 경험할 수 있는 모든 것은 이 여섯 가지 방식 중 어느 하나에서 일어나며, 우리의 전체 경험 세계는 이와 같은 단순한 인식 단위들의 가닥으로 이루어져 있다.

이러한 입장에서 심리학자가 아니라 철학자에게 상당히 흥미로운 점은 접촉의 세 가지 요소 어느 것도 존재론적으로 일차적인 것은 없으며, 특권화되고 지속적인 역할을 가지고 있지 않다는 것이다. 감각 대상의 토대가 되는 물질 세계는 인식의 순간에 인간이 놓인 상황의 분석과는 관계가 없다. 감각기관은 경험을 '가지고' 있는 실체entity로서 작용하는 것이 아니며, 의식은 일어나고 있는 순간을 떠나서 달리 존재할 수 있는 그 어떤 것도 아니다. 이 모형에서는 마음은 물질로 환원될 수 없으며 물질적인 것도 단순히 마음의 투사라고 볼 수 없다. 오히려 각각은 하나의 정신신체적psychophysical 유기체의 동등하게 중요한 일면이며, 그 자체는 발생하는 것만큼 존재하지 않는다. 초기불교사상은 그러한 문제들을 개념적으로 숙고하는 데 거의 관심이 없었으며, 그 대신 엄격한 경험적인 현상학을 준수하는 길을 선택했다. 현재 순간의 면밀한 관찰하에 펼쳐지는 것을 우리가 실제로 볼 수 있는 것은 추상적 개념에서 이론화하는 작업보다 훨씬 더 흥미롭고 유용한 것으로 여겨진다.

지각과 느낌

감각기관과 감각 대상 그리고 의식 사이의 접촉의 순간은 더 복잡한 마음의 작용이 구체화되는 씨앗이 된다. 이 세 가지와 함께 일어나는 것이 지각perception, 想, *saññā*, 느낌feeling, 受, *vedanā*, 그리고 의도intention, 思, *cetanā*다. 불교 심리학에서 이들 세 용어는 독특하면서 정확한 의미를 갖는다.

지각에는 시간을 두고 점차적으로 습득된 관념, 그리고 언어와 문화 같은 요소에 의해 조건 지어진 많은 관념의 연합 기능들이 포함된다. 그것은 주체가 순간의 경험을 어떻게 바라보고 해석할 것인가에 대한 평가적인 정보를 제공한다. 즉, 보여지는 모든 것들은 무엇인가로 보여진다. 그리하여 모든 시각 경험은 자동적으로 이전의 이해[先理解]에 비추어 처리된다.

이런 의미에서 지각은 감각을 통해 받아들이고 인식 속에서 정확히 나타나는 세계에 대해서 수동적으로 등록된 것이 아니다. 사실 그것은 과거의 경험을 끌어내고 많은 자원으로부터 물려받은 범주들을 적용시키는 구성과 범주화의 창조적인 과정이다. 따라서 우리에게 주어진 것을 정확히 지각한다고 말하는 것은 적절치 못하다. 지각 행위는 종종 감각에 나타나는 데이터 그 이상을 넘어서는 것으로서, 잠재적으로 세부적인 것들은 빠뜨리거나 누락된 정보를 채운다. 지각은 또한 욕구 상태에 의해 영향을 받기도 한다. 우리는 배가 고프면 그렇지 않을 때보다 음식점을 더 많이 알아차리게 된다.

불교인들이 말하듯이 이러한 과정은 비록 상당한 왜곡distortion과 투사projection의 대가를 치르지만 상당한 효율성을 제공한다. 지각의 창조적인 측면은 의식적인 자각conscious awareness 없이도 지각이 일어난다는 점인데, 우리는 주어진 것보다 더 많은 감각 경험을 일으킨다Bruner, 1973. 똑같은 경우가 다른 감각에도 적용되는데, 여기에는 꿈꾸기, 계획하기, 상상하기 같은 모든 비감각적인 인지 경험에 대한 지각이 포함된다. 지각의 반사적 구성은 감각 경험의 매 순간에서와 마찬가지로 모든 정신 활동에도 편재해 있다.

느낌은 감각 또는 인지의 모든 대상과 연합되어 있는 정서적 색조를 가리키기 위해 사용되는 전문적인 불교 용어의 하나다. 매 순간 경험의 밑바닥에 놓여 있는 원초적인 지식에 쾌락적인 색조가 추가된다. 그러므로 보이는 모든 것들은 즐겁거나[樂] 즐겁지 않거나[苦] 또는 중립적인 것[不苦不樂]으로 보인다. 이러한 느낌의 색조는 여섯 가지 앎knowing의 양상들봄, 들음, 냄새 맡음, 맛봄, 접촉함 또는 생각함로 알려진 모든 대상에 대한 자연스럽고 자동적인 처리의 부분이며, 어떤 순간이 구성되는 방식과 함께 뒤엉켜 묶이게 된다.

어떤 경우에는 이러한 자극이 명확하지도 강하지도 않아서 느낌의 색조가 즐겁지도 불쾌하지도 않다고 말하지만, 이처럼 느낌이 중립적일 때조차도 그것들은 매 순간을 구성하는 데 중요한 역할을 한다. 이러한 처리 과정도 비록 그것이 명상에서는 주의의 대상이 되긴 하지만, 대체로 인식하지 못한 채 일어난다. 경험은 지금까지 다섯 가지 상호 의존적인 요소들—감각기관, 감각 대상, 의식, 지각, 느낌—을 내포하는 것으로 보인다. 이 다섯 요소들은 주의 깊은 명상가가 바라볼 때 모두 함께 생겨나고 소멸한다.

의도의 역할

심리적으로 더 중요한 요소인 의도도 끊임없이 일어나는 이 요소들의 모델에 추가된다. 의도는 경험에서 현재 일어나는 것에 대한 태도와 관련되어 있다. 그것은 어떤 주어진 순간에 우리가 취하게 되는 의도적인 자세다. 다른 요소들이 주로 우리 내부나 외부 환경에서 일어나고 있는 것을 아는 것knowing에 기여하는 것에 비해서, 의도는 그것에 대해서 우리가 하는 것doing에 더 관련되어 있다. 감각 대상이 지각기관에 나타나고 의식에 의해 거의 인식되지 못하는 반면, 그리고 지각과 느낌도 다소 감각대상의 주관적인 의미를 형성하는 것과 더 관련되어 있는 반면, 의도는 현재의 경험이 마음에 의해서 어떻게 조직되고 드러나는지에 대해 큰 영향을 주는 더 적극적이며 창조적인 기능이다.

예를 들면, 의도는 현재의 경험에 집착하거나 혐오하는 순간에 적극적으로 나타날 수 있으며, 현재 일어나고 있는 것을 끌어안거나 저항하는 의도적인 태도다. 달리 표현하면, 의도는 현재 일어나는 경험의 즐겁거나 불쾌한 특질에 반응하는 요소인데, 즐거운 경험은 붙들어서 영속시키려고 하고 불쾌한 경험은 거부하고 없애려고 한다. 이것은 프로이트Freud, 1920/1961c가 말한 미시적인 행위microscopic action에서의 쾌감원칙pleasure principle*이다.

또한 의도는 몸, 언어, 마음의 활동이 시작될 때—의식적이든 무의식

---

* 프로이트는 1911년에 쓴 논문 「심적 기능의 두 원칙에 대한 설명(*formulation on the two principles of mental functioning*)」(*The Freud Reader*, Peter Gay ed., New York/London: W. W. Norton & Company, 1989, pp. 301-306)에서 쾌-불쾌(pleasure-unpleasure [Lust-Unlust]) 원칙, 간단하게는 쾌감원칙과 현실원칙(reality principle: 현실 생활에 적응하기 위하여 욕구의 충족을 연기하거나 단념하거나 하는 자아의 작용)이라는 두 원칙을 설명하고 있다. 프로이트에 따르면, 유아에게는 자아도 외계도 없고, 있는 것은 쾌-불쾌의 감각뿐이다. 그들은 쾌를 구하고 불쾌를 피하는 것밖에 모른다. 그러나 성장함에 따라서 외계의 압력을 받아 목전의 쾌감을 따르지 않고 쾌감을 얻는 것을 미루어 불쾌를 일시 참고 때로는 쾌감을 얻기를 단념하지 않을 수

적이든—어느 한 방식이나 다른 방식으로 행동하기 위한 선택이나 결정에 의해 행위로 표현된다. 어떤 특징을 띠거나 형식화된 방식으로 환경에 정신적·행동적으로 반응하는 성향은 의도의 미세하고 수동적인 영향이 표현된 것이다. 서양 심리학 용어로 보면, 성향disposition은 특질trait과 유사하다. 성향은 경험을 통해 학습된다. 우리는 이것들을 학습된 행동, 조건 지어진 반응, 또는 성격 특징personality characteristics이라 한다.

불교 심리학에 따르면, 한 개인은 자신의 이전 행위와 거기에서 비롯된 성향에 의해 끊임없이 형성된다. 성격은 그러한 수많은 성향들로 이루어져 있어서 개인의 전 생애를 통해 규정되고 정기적으로 수정된다. 그리고 바로 이 축적된 패턴들을 배경으로 해서 그다음 순간의 의도, 지각 및 느낌이 형성된다.

따라서 모든 행위는 이전의 모든 행위에 의해 조건 지어진 것이고, 또한 다음의 모든 행위에 영향을 미친다. 고대 인도에서 이것을 표현하는 단어가 업karma이었다. 생명 있는 존재들[sentient beings, 중생]이 한 생에서 다른 생으로 '흘러들어 간' 윤회의 메커니즘을 표현한 말 삶이라는 거대한 바퀴는 소우주microcosm에서도 역시 기능을 발휘한다. 존재들은 한 순간에서 다른 순간으로 흘러가면서 끊임없이 이전의 자아에 의해 형성되어 가는 동시에 차례로 각각의 새로운 순간에 자신과 세계를 계속해서 형성하고 재형성한다. 이것이 심리학적 용어로서의 윤회다. 매 순간은 이전 사건을 조건으로 하여 새로이 창조된다. 한 생과 다른 생 사이에 일어나는 것으로 구성되거나, 순간과 순간 사이에 일어나는 것으로 구성되거나, 불교의 윤회 개념은 환생reincarnation이라는 용어가 제시하는 고정된 실체entity의 재출

없음을 깨닫게 된다. 프로이트는 이것을 현실원칙에 따르게 된다고 하였다. 쾌감원칙과 현실원칙은 서로 대응하는 원칙이다.

현이라기보다는 끊임없이 정체성을 재형성해 나가는 것과 관계가 있다.

자 아

자아의 구성

불교 심리학에 대한 이러한 기본적인 개관을 통해, 인간이란 매 순간 자신의 외부와 내부의 데이터로부터 의미 있는 질서를 구성하면서 변화하는 환경에 반응하며 끊임없이 스스로를 재형성해 가는, 지속적으로 펼쳐지는 역동적인 시스템의 한 과정으로 간주될 수 있음을 우리는 알 수 있다. 메커니즘은 적절하게 경험으로부터 배워서 정보를 유지하는 것이다. 그리고 이러한 구조는 시간이 지남에 따라 고정되어 각 개인은 독특한 특징의 집합을 획득한다. 이 전체 시스템 중 몇 가지 성질들은 보통 새로이 나타나는 자극에 반응하며 매우 급격히 변화하는 반면, 다른 성격 요소들은 거의 변화하지 않거나 매우 점진적으로 변화한다.

이 시스템이 충분히 복잡해짐에 따라, 그 모형에 완전히 새로운 차원을 가져다주는 자아self라는 용어가 적용되기 시작한다. 정신물리학적 유기체는 복잡하지만 비인격적인 과정으로 간주되는 한, 우리는 어느 정도 지적으로나 감정적으로 집착하지 않음을 유지할 수 있다. 그러나 자아가 실존적 실체로서 경험 속에서 생겨날 때, 또는 그 하부 시스템이 누군가에게 속하거나 한 개인에 의해 소유될 때, 그 유기체는 매우 다른 방식으로 반응하기 시작한다.

고전적인 불교의 분석에 따르면, 자아라는 용어의 적용은 상당히 불필요한 어려움을 초래하는 오해다. 이러한 오해의 대부분은 마음이 정보를 처리하기 위해 진화되어 왔다고 보는 바로 그 사고방식에 뿌리를 두고 있다. 그것은 필연적으로 몇 가지 중요한 방식으로 그리고 세 가지 다른 차원의 척도—지각perception, 사고thought 그리고 '견해view'—에서 현실을 왜곡한다.

우선, 마음은 감각의 문*에 나타나는 끊임없는 현상의 흐름으로부터 정보를 취한다. 지각은 배경이 되는 지속적인 흐름에서 추출해 낸 고정된 데이터의 다발로 구성되어 있다. 지각은 본질적으로 불안정한 세계로부터 매우 안정된 순간들을 구성하기에 이른다. 불교 용어로 표현하면, 마음은 본질적으로 무상한 세계로부터 가상의 '영원'의 순간을 인위적으로 만들어 낸다. 이것은 왜곡이며 더 높은 차원의 처리 과정에서 되풀이되고 있다. 사고는 그와 같은 수많은 지각의 다발 위에 세워진 더 높은 차원의 작용으로 단편적인 이미지와 개념들로 구성되어 있다. 그리고 견해 또는 신념은 훨씬 더 독단적으로 고정된 마음의 태도와 습관의 집합이라고 할 수 있다.

마음이 작동하는 방식에 대한 가장 중요한 형태의 왜곡은 본질적으로 비인격적인 과정에서부터 자아라는 개념을 만들어 내는 것과 관계가 있다. 자아임selfhood은 특별한 형태의 왜곡된 견해의 표현으로, 근본적으로 잘못된 지각에서 비롯되어 잘못된 사고를 형성하고, 결국에는 깊이 뿌리박힌 신념체계로 점진적으로 발전하여 또 다른 지각과 사고에 다시 영향을 미치게 된다. 여기서 우리는 다시 주기적 패턴을 보게 된다. 지각은 사고를 일으키고, 사고는 신념으로 굳어 버리며, 다음에 다시 지각에 영향을 주게 된다.

시스템이 최적으로 작동하면, 그것은 성장, 학습 그리고 변형transformation

---

* 감각의 문은 다섯 감각기관을 정보가 들어오는 문에 비유한 것으로 오문(五門)이라고 하며, 눈, 귀, 코, 혀, 몸을 말한다.

을 초래한다. 그러나 그것이 근본적으로 오해되면 상당히 많은 환상을 불러일으킨다. 그리고 그것이 바로 불교인이 말하는 인간 심리를 규정하는 범주인 자아에 대한 편재된 신념에서 일어나는 것이다. 불교인도 이러한 정보처리 시스템의 안정된 패턴이 경험을 조직하는 데 유용한 — 심지어는 중요한 — 기능을 한다는 사실을 부인하지는 않을 것이다. 그러나 구성된 자아가 조직하는 주된 원리가 될 때, 본질적으로 갖고 있지 않은 특질들이 비현실적으로 부여될 때, 그리고 가장 중요하게는 그것이 비적응적인 행동들이 연합되는 마디node가 될 때, 문제가 생긴다. 끊임없는 흐름 속에 있는 일련의 부수적인 패턴을 영속적인 실체라고 잘못 받아들이면서, 자아는 정신적 삶의 중심적이며 지배적인 요소로 경험되기 시작한다.

괴로움의 원인으로서의 자아

자아가 즐겁거나 즐겁지 않은 경험에 대한 우리의 반응을 형성할 때, 자아의 본질에 대한 오해는 괴로움을 낳는다. 즐거움과 고통이 매 순간 경험의 자연스러운 부분인 반면, 즐거움이 지속되거나 고통이 끝나기를 원하는 반사적 욕망desire은 경험의 원래적 요소에는 존재하지 않았던 다른 요소를 도입한다. 욕망이란 본질적으로는 현재 일어나고 있는 것과 쾌감원칙의 만족을 극대화하기 위한 개인의 의도 사이에 존재하는 긴장의 표현이다. 그것은 현재와는 다른 다음 순간을 추구하는 마음의 움직임이다.

가령, 내가 화씨 70도섭씨 21도의 환경에 적응되었다면 온도가 50도섭씨 10도로 내려갈 때 불편한 느낌이 생길 것이다. 이것은 내 몸이 불안정한 현재 상태를 표현하는 방식이다. 이런 상황에서는 욕망이 생겨나서, 주변 환경과 조화를 이룬 상태에서 즐거운 느낌을 회복하기 위해 더 따뜻해지기를 아주 많이 원하는 마음이 나타난다.

바로 여기가 우리의 이해 수준에 의해서 큰 차이가 생기는 곳이다. 만약 우리의 이해가 충분히 향상되어서 이러한 모든 것들은 비인격적인 정신물리학적 시스템에서 원인과 결과의 자연스러운 전개일 뿐이라고 깨닫게 된다면 추위는 단지 추위일 뿐이다. 그 상황이 다르게 되기를 바라는 기대감은 없다. 더구나 현재의 추위가 개인적인 상해의 원인은 아니다. 온도에 대한 불편함은 지속될 수 있으나, 그것이 다른 것이 되기를 바라는 욕망즉, 괴로움은 생기지 않는다. 이러한 주의 깊지만 감정에 치우치지 않는 자질은 종종 평정equanimity, 捨, *upekkhā*으로 묘사되는데, 이는 즐거움과 고통에 휘둘려 욕망의 행위에 빠지지 않으면서 그 둘을 감싸 안을 수 있는 마음의 태도다. 평정과 이해가 부족할 때, 우리는 어떤 값을 치르더라도 나의 욕망을 강제로 충족하려고 하는데, 이러한 태도를 불교인은 집착clinging, 取, *upādāna* 또는 붙잡음grasping으로 표현했다.

우리의 많은 일상 경험은 집착에 의해 채색된다. 그러나 많은 이유 때문에 그것이 흔해지면 위험하다. 먼저 거기에는 강박적 행동이라는 특징 또는 의식적 선택이 결여된 행위에 휘말리는 특징이 있다. 다른 식으로 행동하는 것을 선택할 정신적 여유가 없다면, 우리는 조건화된 반응의 순환 속에 있게 되어 거의 동물이나 기계와 다름없이 반응하게 된다. 우리는 인간성을 잃고, 자각을 가지고 자유롭게 행동하는 능력을 잃게 된다.

또한 그것이 즐거움을 추구하는 것이든 고통을 회피하는 것이든 간에 욕망을 충족하려는 강압적인 욕구가 있으면, 우리 자신과 타인의 욕구와 권리가 갈등을 일으킬 때 타인의 욕구와 권리를 간과하게 된다. 앞의 예를 극단적으로 보면, 다른 사람에게는 연료가 얼마만큼 사용 가능한지 상관하지 않고 연료를 저장하거나 온도를 높이게 될지도 모른다. 아니면 우리를 따뜻하게 해 줄 옷을 약자에게서 강제로 빼앗을지도 모른다.

마지막으로 집착하는 행동은 자아의 구조를 강화시킨다. 뭔가를 붙잡으려고 하거나 뭔가를 밀어내려는 순간에 자아는 행위자로 만들어진다. 이 자아는 이런 행위를 만들어 내는 자이며 수혜자로서 자신을 경험한다. 필요로 하는 대상은 그것을 획득하는 행위를 하면서 나의 것이라는 꼬리표가 붙으며, 거부하거나 거절하는 대상은 마음속에서 나의 것이 아닌 것으로 여겨진다.

이러한 통찰을 바탕으로 불교인은 정말로 자아와 정체성에 대한 이해에 코페르니쿠스적 혁명을 제공해 준다. 그것은 한 사람이 존재하고종종 검토되지 않은 주장, 그런 후 어떤 대상, 관념 등을 동일시하는 것이 아니다. 오히려 특정한 정체성과 함께 개인적 자아로 인식되는 그 사람은 순간적으로 동일시하는 행위 속에서 창조된다. 그리하여 모든 경험의 토대가 되며 경험을 형성해 가는 자아 관념view과 함께, 한 사람은 순간순간 자신을 만들어 가도록 동기화된다. 마치 영화의 외형적인 모습이 영화필름의 수많은 개별적 프레임들에서 만들어진 연속성의 환영으로부터 생겨나듯이, 자아의 견고함과 응집성은 단지 외형적이며, 수많은 자아 구축self-building의 순간으로부터 생긴다.

우리가 욕망의 충족에 매달리거나 집착할 때마다, 자아는 순간순간 태어나고 죽으며, 생겨났다가 사라진다. 그러나 매번 하나의 욕망이 충족되면 또 다른 욕망이 나타나기 때문에, 이는 어떤 의미 있는 평화감이나 만족감이 결코 생길 수 없음을 시사한다. 이것이 바로 불교 심리학에서 말하는 괴로움의 원인론이다. 둑카라는 불교 단어는 심신 작동 체계와 인간 조건 속에 내재된 근본적인 결함인 이러한 괴로움 또는 불만족을 의미하는 용어다.

자아 동일시

일단 우리가 일시적이며 구성된 자아를 영속적이며 중심적인 것으로 잘못 이해하면, 우리는 모든 경험이 '나' 에게 일어나고 있다고 인식하는 검토되지 않은 경향 속에서 자아를 더욱 강화시킨다. 이것은 가치의 척도로 자아를 사용함으로써 악화된다. 즉, 어떤 사건이 내가 원하는 경우에는 좋은 것으로, 내가 원치 않을 경우에는 나쁜 것으로 판단된다. 각각의 순간은 특정한 느낌을 가지고 있기 때문에, 그렇게 판단되지 않는 순간은 거의 없다. 세계는 나에게 좋은 것과 나에게 나쁜 것으로 나눠진다. 우리는 욕망을 통해 굴절된 빛 속에서 세상을 판단하는 데 너무 바쁘기 때문에, 본질적으로 비인격적인 있는 그대로의 세계를 파악하지 못한다.

불교의 분석에 따르면, 자아는 필요한 조건에 따라 일어났다가 그러한 조건들이 없어지면 사라지는 구성개념construct이다. 그것은 영속적이지 못하다. 그러나 일단 우리가 자아를 실재real보다 다소 더 사실적이고 영속적인 것으로 오해하게 되면, 우리는 바로 또 다른 문제를 손에 쥐게 된다. 우리는 대부분의 삶을 우리 자신을 강화하고 방어하고 확대하려고 애쓰면서 보내며, 그렇게 하는 것에 실패할 경우 결과적으로 자신이 붕괴될 것을 두려워한다.

이런 관점에서 보면, 초기 정신분석 문헌에 아주 잘 묘사된 방어기제들은 본능적 충동의 지각 있는 지식에 대해서 그다지 많은 도움이 되지 못하고, 오히려 자아의 환상을 지지한다. 아들러Adler, 1927/2002, 베커Becker, 1973, 그리고 고프만Goffman, 1971 등의 다양한 이론가들은 자기존중감self-esteem을 유지하려는 충동이 심리적 · 사회적 생활에서 어떻게 일차적인 동기가 되었는지 논의하였다. 사람은 종종 자기존중감을 성취하려는 이해하기 어려운 본성 때문에 심리치료를 찾는다. 우리는 타인과의 끊임없는 비교를 통해 우리의 자기 존중감을 측정하며, 우리의 구성된 정체성에 도움이 되느냐 아니면 도전이 되느냐에 근거해서 사물이나 사람을 평가한다. 그 결과, 우리는 풍요로울 때에도 곤궁함을 느낄 수 있다. 다른 사람들은 우리의 자아감sense of self에 대한 그들의 가치로 판단되는 '부분적인 대상part objects'이 될 수 있다. 다른 사람들이 이런 방식으로 자아감이 없어지게 될 때, 사회적 잔인성을 위한 길이 열리게 된다.

서양문화에서 자아self에 부과한 엄청난 문화적 가치를 고려해 볼 때, 자기애적 장애가 그렇게나 만연되어 있다는 사실은 놀라운 일이 못 된다. 불교적 관점에서 보면, 이러한 장애는 우리는 누구인가에 대한 근본적인 망상이 과장된 것에 지나지 않는다.

마음챙김과 괴로움의 치유

붓다는 스스로를 의사라고 칭하였는데, 그의 일차적인 일은 인류를 괴롭히는 질병을 알아내고, 그 원인을 밝혀내며, 어떻게 그 병을 치료할 수 있는지 지혜를 사용하여 각 개인이 안녕을 찾을 수 있는 프로그램을 제시해 주는 것이었다. 붓다는 이 모든 것들을 처음에는 스스로 증명했다. 전통에 따르면, 싯다르타 왕자는 몸과 마음이 어떻게 그 자신의 괴로움을 만들어 내는지 분명히 보고, 스스로를 변화시켜transform 괴로움을 완전히 없애버린 날 밤에 붓다가 되었다. 그후 붓다는 다른 사람들을 돕기 위해 다녔다.

고전적 불교 전통에서 명확히 표현된 가장 초기의 향상의 길조차 매우 풍부하며 다양하다. 사람은 각기 다른 장점과 단점 그리고 다른 능력을 가지고 있고, 각자 광범위한 세상의 환경 속에 처해 있다는 사실을 붓다는 이해했다. 어떤 의사라도 그렇듯이, 치료 과정에는 약물치료 그 이상의 것이 포함되어야 한다는 사실을 붓다는 이해했다. 환자에 대한 이해와 상호 협력, 타인에게서 얻을 수 있는 보살핌과 지원의 단계, 그리고 영양, 휴식, 시간과 같은 환경적 요인 모두가 치료 계획안프로토콜의 성공을 결정하는 데 중요한 역할을 담당했다. 그러므로 질병의 진단, 그 원인의 확인, 그리고 치료의 핵심적 요소들이 모두 다 전통적인 표준적 요소들이며, 그 치료에 영향을 주는 방법들은 무수히 다양하다. 각 세대는 자신들의 독특한 환경에 가장 적합한 처방 계획을 발전시켜 온 것 같다. 이것이 바로 불교가 2,500년에 걸쳐 그렇게 많은 다른 문화들에 전해지게 된 이유라 할 수 있다.

붓다에 의해 처방된 치유 프로그램의 출발점은 마음챙김 명상이다. 그 자체가 전적으로 치료에 영향을 주지는 않지만, 그것 없이는 안녕well-being을 향한 어떤 현실적 진전도 일어날 수 없다. 왜냐하면 괴로움은 매 순간 반사적이고 검토되지 않는 방식으로 구성되기 때문에, 먼저 그 과정이 무엇인지를 드러낼 수 있는 것이 필수적이다. 건강한 사람은 대부분의 시간에 개인적 정체성이라는 개념적 구성물을 만들어 내고 유지하는 일에 열심히 종사하는 반면, 마음챙김 명상은 우리를 단순히 현상의 영역, 즉 순수한 감각이나 직접적인 인지의 단계에서 발생하고 있는 것에 주의를 기울이게 한다. 현상들은 다섯 가지 감각의 '문', 즉 눈, 귀, 코, 혀, 몸을 통해 나타나거나 생기며, 또는 '마음의 문' 그 자체에서 인식의 대상으로서 생길 것이다. 이러한 데이터들을 개념적으로 구성된 세계의 대상으로서가 아니라, 현상으로 인식할 수 있는 능력은 상당한 훈련과 수행을 필요로 한다.

우리의 반사 능력과 본능은 거시적 레벨의 구성화에서 진행되는 프로젝트를 강화하기 위해, 안으로 들어오는 세부적인 경험들을 간과하도록 전적으로 정해져 있다. 좀 더 간단한 용어로 표현하면, 우리는 목표나 전략 그리고 가정과 믿음체계의 타당성이라는 더 큰 그림을 그리는 데 그렇게 많은 투자를 하고 있기 때문에, 목표를 향한 수단으로 감각과 인지의 세부사항들을 연관시키는 습관 속에서 살고 있다. 우리는 마음챙김 명상을 통해서 짜여진textured 경험의 흐름을 목표 그 자체로 간주하는 법을 배운다. 목적은 우리가 구성한 관습적 세계를 완전히 침식시키는 것이 아니라, 오히려 그것을 좀 더 적절하게 전망해 보는 것이다. 자칫 간과할 수도 있는 생생한 모습을 보는 법을 배움으로써, 우리는 이러한 과정의 결과물에 전적으로 초점을 맞추는 대신에 정체성 형성과 세계 구성화 자체의 과정을 드러내기 시작한다.

마음챙김 명상은 다음 순간으로 기울어지고, 거시-구성화의 수준으로 나아가려는 우리의 성향을 되돌이키도록 도와준다. 현상 자체의 영역에 세심하고 지속적인 주의를 기울임으로써, 우리는 더 개방적이고 정형화되지 않은 공간, 신선하게 생겨나는 경험의 공간에 살기 위한 마음을 훈련하게 된다. 마음은 자연스럽게 다양한 구성화 프로젝트사고, 기억, 계획, 공상 등에 이끌린다. 그러나 그럴 때에도 우리는 그것이 그렇게 하고 있는 사실과 그렇게 하고 있는 방식을 더 분명하게 볼 수 있다. 일어나는 현상에서부터 사고 형성까지의 움직임을 관찰함으로써, 우리는 고도로 구성화된 경험의 본질을 드러내기 시작한다. 현재 순간의 마음의 활동에 대한 높은 차원의 알아차림을 시작점으로 해서, 배움과 성장을 위한 광범위한 선택이 접근 가능하게 된다. 변형transformation에 대한 자세한 프로그램은 초기의 불교 문헌Nanamoli & Bodhi, 1995b에 제시되어 있고, 수세기의 전통에 의해 계속적으로 발전되어 오고 있다.

고전적 마음챙김 훈련

육체에 대한 마음챙김[身念處]

고전적으로 마음챙김은 네 가지 일반적인 대상에 체계적으로 적용됨으로써 길러진다. 그 첫 번째는 육체다. 호흡과 연결되어 일어나는 신체적 감각들에 깊이 주의를 기울이는 것은 항상 존재하지만 끊임없이 변화하는 현상들을 밝혀낼 것이다. 이 변화하는 감각들에 주의를 기울이는 자질은 수행이 진전되면서 점차 깊어질 수 있다. 처음에 한 번의 들숨에 코, 복부 또는 피부에 닿는 옷의 움직임과 같은 단지 몇 가지 알 수 있는 감각들이 동반되어 있는 것처럼 보일지 모르지만, 기술이 향상됨에 따라 점차 더 많은 것을 알아차리게 된다. 오래지 않아 단 한 번의 들숨이 그 자체의 독특한 짜임새를 가지고 있는 미묘한 신체적 현상들이라는 우주 전체로 채워져 있는 것처럼 보일지도 모른다.

동일하게 커지는 통찰이 신체가 다른 자세—앉거나, 서거나, 눕거나 혹은 걷는 자세—를 취할 때에 신체로 향할 수 있다. 이들 각각은 현상학적 탐구에 의한 끊임없는 풍경인 그 자체의 독특한 감각의 세계를 제공할 것이다. 또한 신체에 집중함으로써 마음챙김은 우리가 먹고, 마시고, 자고, 혹은 잠에서 일어나는 것과 같은 일상적인 행동 영역에서 움직일 때, 접촉하는 신체적 대상에 대한 관찰을 통해서도 개발될 수 있다. 또는 불교인들이 모든 물질적 감각의 기본 구성 요소라고 규정하는 저항, 움직임, 체온* 같은 있는 그대로의 물질 현상을 아는 능력을 증대시킬 수도 있다.

* 저자는 물질의 네 가지 근본 구성요소인 사대(四大: 地水火風)를 풀어서 설명하고 있는 것 같다. 네 가지 요소는 땅의 요소[地界], 물의 요소[水界], 불의 요소[火界], 바람의 요소[風界]다. 땅

또 다른 실습은 머리부터 발끝까지, 신체의 다른 부분에 있는 감각을 확인해 가면서 자신의 마음챙기는 알아차림으로 신체를 '훑어 가는 것 sweep' 이다.* 이런 모든 경우의 목적은 감각의 문, '신체의 문' 의 하나를 통해 일어나는 신체 감각들만을 알아차리게 되고 그 알아차림에 머물러 있기 위해서다. 보거나 듣거나 생각하거나 혹은 어떤 다른 경험의 양식으로 되돌아가지 않으면서 말이다.

느낌에 대한 마음챙김[受念處]

마음챙김은 느낌의 색조에도 적용될 수 있다. 여기서 수행자는 모든 경험의 즐겁거나 불쾌한 특성에 주의를 기울일 것이다. 신체 감각과 그것과 연결되어 일어나는 느낌을 구별하는 능력이 요구되고 길러진다. 예를 들면, 수행자는 자신의 무릎에서 일어나는 신체 감각들과 그것과 함께 일어나는 깊은 불쾌감과 심지어 통증조차도 구별해 낼 수 있게 된다. 신체적 감각의 접촉은 하나의 현상이고, 그 접촉의 통증은 다른 현상이다. 고전적 마음챙김 명상은 이 정도 수준의 정밀함을 기를 것을 요구한다.

이것은 마음속에 일어나는 심적 대상에 대해서조차도 똑같이 적용된다. 각각의 기억, 사고 혹은 상상의 영상은 즐겁거나 불쾌하거나 혹은 중립적인 느낌을 수반할 것이다. 중립적 느낌의 경우에는 느낌의 색조가 특별히 즐거운지, 불쾌한지 자세한 관찰을 해도 쉽게 결정할 수 없다. 그

의 요소란 딱딱함과 부드러움, 물의 요소[水界]는 유동성과 응집성, 불의 요소[火界]는 뜨거움과 차가움, 바람의 요소[風界]는 몸의 움직임, 동작, 떨림 또는 지탱해 주는 힘을 고유한 특성으로 한다. 『붓다의 말씀』(냐나틸로카 지음, 김재성 옮김) p. 43, p. 141 참조.

* 한 예로, 고엔카 위빠사나 수행에서 하는 바디스캔과 MBSR에서의 바디스캔을 들 수 있다. 여기서 설명하는 방식은 머리 위에서 시작해서 발끝으로 향하는 점에서 고엔카 방식에 더 가깝다. 하지만 고엔카 방식에서는 발끝에서 시작해서 머리 위로 훑어 올라가는 방식도 포함되어 있다.

럴 때조차도 경험 많은 명상가에 의해 분간될 수 있는 모든 형식의 경험에 진행 중이고 확실한 감각이 여전히 제공되고 있다. 그 감각은 계속 일어나며 느껴질 수 있는 것이다. 가령, 피부의 신경 수용체에 의해 경험되는 명상실의 온도는 덥지도 춥지도 않을지 모르나, 그럼에도 불구하고 끊임없는 느낌의 색조들의 흐름이 생겨날 것이다. 경험의 이와 같은 두 가지 실—감각의 문을 통해 알려진 대상과 그 대상과 연결되어 있는 느낌의 색조—을 풀어 낼 수 있게 될 때, 들떠 움직이는 마음이 드러나기 시작하고 마음의 구성된 본질을 더 깊이 이해하는 데 도움을 받는다.

마음에 대한 마음챙김[心念處]

마음 그 자체가 마음챙김 명상의 대상이 될 때, 관찰자는 이 특별한 의식의 순간이 세 가지 괴로움의 근본원인 또는 상처를 주는 의도적인 구조물인 탐욕, 증오, 무지의 어느 것과 연결되어 있는지 그렇지 않은지 알아차려야 한다. 어떤 순간이든지 마음은 이 중 어느 하나 또는 그 이상에 묶여 있거나 혹은 묶여 있지 않은데, 이것을 알아차리는 것을 배울 수 있다. 탐욕과 증오는 욕망의 양극, 즉 대상에 대한 강한 원함 혹은 강한 원치 않음을 의미하는 반면에, 무지는 강한 형태의 기본적 오해로 욕망이 우리를 지배하게 하는 힘을 준다.

예를 들면, 오랫동안 앉은 자세로 움직이지 않고 있었기 때문에 몸에서 불편함이 느껴질 때, 우리는 몸에서 받는 감각 정보에 대한 저항이 점차 증가하고 있음을 알아차릴 수 있다. 우리는 만들어진 불만족을 거의 모든 순간에 경험하면서, '불쾌한 신체적 감각이 사라지기를 원하거나' 혹은 다른 것으로 바뀌기를 원한다. 다음 순간, 우리는 또 다른 시각에서 같은 상황을 경험할 수 있는데, 즉 불쾌함 대신에 몸에서 '즐거운 신체적 감각이 일어나기를 원한다.' 원치 않는 불쾌한 감각들이 언제 떠날 것인지, 원하는 즐거운 감각들이 언제 생겨나 불쾌한 감각을 대체할 것인지 알기는 매우 어려울 수 있다. 비록 혼란스럽기는 하지만, 이러한 모호함의 구조를 탐색하는 것이 바로 마음에 대한 마음챙김이며, 이것은 현상학적 지성을 기르는 데 도움이 된다.

이어지는 또 다른 순간에 명상하는 사람은 원하는 것과 원치 않는 것이 단지 마음의 습관적인 반응 기제가 돌아가는 것임을 인식하게 되는 것이 당연하다. 그런 반응은 어떤 특정한 태도로 특정한 신체적 감각에 접촉한 후에 생겨나는 것이다. 작지만 중요한 이러한 통찰이 있은 후에 명상하는 사람은 신체적 감각에 대한 알아차림으로 되돌아가게 될지 모르나, 보다 큰 평정을 얻게 되거나 [경험을] 덜 인격적으로 생각하는 방식으로 재구성될지도 모른다. 그러한 태도 변화는 육체적 혹은 정신적인 안도의 한숨을 동반할지 모른다. 더 나아가 좀 더 주의 깊은 육체의 이완 그리고 어떤 방식으로든 실제로 일어나는 경험을 신중하지만 참을성 있게 보려는 신선한 결심을 동반할지 모른다. 평정의 눈을 통해 보면, 원하거나 원치 않는 자질들은 마음에서 일시적으로 사라진다. 그리고 이런 상태의 구조texture도 검토될 수 있다.

이 간단한 예를 통해 우리는 어떻게 마음이 처음에는 혐오, 욕망, 혼란으로 괴로워하다가 통찰의 순간 후, 어떻게 마음이 이러한 괴로움 없이 나타나는지 알아차리게 된다. 경험 속에서 마음의 이러한 태도들이 일어나는 것을 관찰함으로써 마음챙김은 변형될transform 잠재성을 지닌 평가적인 단계로 들어간다. 우리는 판단 없이 육체적 감각의 잡다한 구조와 심지어 즐거움과 고통이 교차하는 순간을 단순히 알아차리게 된다. 그러나 우리가 혐오하는 마음의 순간을 본 바로 다음에 혐오하지 않는 마음의 순간이 이어지거나, 헤아릴 수 없이 많은 흐릿한 순간 후에 분명한 통찰의 순간을 보게 될 때, 그 차이를 알아차릴 수밖에 없을 것이다.

그것은 어떤 것은 온전하고 다른 것은 온전치 않다고 개념적으로 결정하는 문제가 아니다. 왜냐하면 결정이란 경험에 대한 생각의 한 종류일 뿐이기 때문이며, 역효과를 낳을 뿐이다. 그와 달리, 우리는 하나의 마음상태나 다른 마음상태의 상호 영향에 관한 통찰이나 지혜의 현현으로서 통찰적인 이해를 기르게 된다. 우리는 좀 더 높은 수준의 인지적 이해라기보다는 기술적 현상학descriptive phenomenology의 영역 안에 여전히 있는 것이다.

법에 대한 마음챙김[法念處]

몸, 느낌, 마음의 뒤를 이어, 마음챙김이 확립될 수 있는 네 번째 기반은 심적 대상 또는 심적 현상에 대한 마음챙김이라고 한다. 여기서 우리는 동일한 특성의 알아차림을 실제 정신적 경험의 내용에 적용시킨다. 그러나 이제 우리는 마음챙김에 의한 변형의 길transformative path의 최절정에 있기 때문에 단순히 마음속에서 생겨나고 사라지는 것이면 무엇이든지 알아차리는 문제만은 아니다. 여기에는 불교 심리학의 기본적 가르침을 따르는 세부적인 과제가 있다. 그것은 지혜를 방해하는 버려야 하는 요소들과 지혜를 키워 주는 향상시켜야 하는 요소들은 무엇이며, 어떻게 해야 하는지에 대한 과제들이다.

다섯 가지 장애

우선 마음의 명료함에 대한 다섯 가지 장애[五蓋] 또는 방해물이 있다. 이 다섯 가지 장애가 마음속에 현존하고, 없어지고, 과거에 없었던 것이 생겨나는 것을 관찰할 수 있다. 이것들은 감각적 욕망, 혐오, 나태, 들뜸,

그리고 의심*이다. 우리는 그런 마음 상태에 대해서 집착하지 않는 태도를 알아차리게 될 것이며, 그 결과 그것들은 사라지게 될 것이다. 또한 앞으로 그것들이 다시 생겨나지 않게 하는 현상들에 대한 의도적인 태도를 알아차리게 될 것이다. 이 다섯 가지 단계**는 다섯 가지 장애 각각에 적용될 수 있다. 우리가 이런 특별한 방식으로 마음챙김을 수행하면, 이 다섯 가지 마음의 자질들은 비록 일시적이긴 해도 줄어들거나 심지어 사라질 것이다. 그리고 그 결과 마음은 상당히 명료해진다. 예를 들면, 첫 번째 장애인 감각적 욕망에 초점을 맞추어 알아차리면, 자극을 구하려는 감각기관의 타고난 행동양식의 덮개를 벗겨 버릴 것이다. 경험적으로 이것은 인간의 여섯 가지 감각 능력 전체의 근저에 있는 미묘한 원함으로 나타난다. 이러한 감각적 자극을 촉발하기 위해 태도를 의식적으로 배제하려고 노력할 때, 비록 일시적이나마 더 큰 범위의 반응을 허용하는 순간에 개방된 마음상태open-mindedness가 된다.

다섯 무더기

다음으로 고전적 도식에서 경험의 다섯 무더기[五蘊], 즉 물질[色], 느낌[受], 지각[想], 의식[識], 그리고 형성[行] 앞서 의도intention, 성향disposition으로 언급한 것 자체에 대한 알아차림이 있다. 여기서의 실습은 복잡한 경험의 실타래 각각을 단순히 알아차리고, 각각의 경험이 어떻게 끊임없이 일어나고 사라지는가를 알아차리는 것이다. 경험에 대한 이 다섯 갈래의 유형론은 개인의 정체성을 구체화하려는 습관적인 경향을 없애는 불교의 방식이다.

---

* 다섯 가지 장애는 지혜의 작용을 가리고 덮어버리는 다섯 가지 덮개[五蓋]를 말한다. ① 감각적 욕망에의 희구[kāmacchanda], ② 악의[惡意, byāpāda], ③ 혼침과 졸음[thīna-middha], ④ 들뜨는 마음과 회한에 잠기는 마음[uddhacca-kukkucca], ⑤ 회의적인 의심[vicikicchā]

** 다섯 단계는 다섯 가지 장애가 나타남, 집착하지 않는 태도, 알아차림, 사라짐, 미래에 다시 생기지 않는 태도를 지님이라고 생각된다.

전통적 이해에 따르면, 사람은 경험의 흐름의 근저에 있는 어떤 통일적인 행위자unified agent: 보는 자, 느끼는 자, 생각하는 자가 존재한다고 상투적으로 가정한다. 이 다섯 범주 각각에 주의를 다시 기울이는 것은 종합적 통일감synthetic sense of unity의 구조보다는 경험 자체의 흐름을 강조하는 효과가 있다. 현상적 데이터들은 단순히 봄, 느낌, 생각함이 일어나고 있음을 드러낼 뿐이다. 행위자 명사agent noun, '나' 에게 사건이 일어난다고 할 때의 '나' 의 꼬리표를 붙이는 것은 불필요하며 부당하다.

여섯 가지 감각 영역

뒤를 이어서, 우리는 의식적 알아차림의 대상으로서 여섯 가지 감각 영역[六入], 즉 감각의 문을 갖게 된다. 이 경우에 명상가는 눈[眼根] 또는 지각기관과 눈에 보이는 모양[色境] 또는 지각 대상을 관찰한다. 이것들은 감각 영역의 내적 · 외적인 현현이라고 한다. 더욱이 마음챙김 수행자는 이러한 각각의 감각 영역과 연결되어 어떻게 욕망이 일어나는지 현상적으로 인식한다. 욕망은 막연한 어떤 것이 아니다. 구성된 경험의 순간적인 모형에서 욕망은 특정한 정신적 또는 물질적 대상을 향해 항상 나타날 것이다.

어떤 욕망이든 의존적이며 특정한 감각 경험으로부터 생겨난다는 이해는 알아차림의 실습에 의해 생기는 중요한 통찰이다. 이것을 보면, 수행자는 다섯 가지 장애와 마찬가지로 이런 욕망에 대한 집착을 버리는 것이 어떻게 그 욕망의 사라짐을 촉진하고 욕망이 일어나지 않도록 영향을 주는지, 그리고 태도들이 어떻게 표현되고 반복될 수 있는지를 알아차리게 된다.

일곱 가지 깨달음의 요인

지혜를 향한 성장에서 일곱 가지 긍정적인 요인들에 대한 알아차림은 전통적 형태의 마음챙김 명상에서 매우 중요하다. 이것들은 일곱 가지 깨달음의 요인[七覺支]이라고 하는데, 여기에는 마음챙김, 현상에 대한 고찰, 노력, 기쁨, 평안, 마음집중 그리고 평정이 포함된다*심리치료에 적용된 이러한 자질들에 대한 설명은 5장 참조. 이전처럼 우리는 이런 요인들 각각이 어떤 특정한 의식의 순간에 있는지 없는지, 그리고 그것들이 없었을 때 어떻게 생겨나는지 관찰하라고 안내받는다. 그러나 다섯 가지 장애에 대한 마음챙김과는 달리, 여기서의 목적은 이러한 정신적 요인들을 버리는 것이 아니라 그것들을 기르고 향상시키는 것이다. 게다가 이 각각의 정신 현상들이 한순간에 우리의 몸과 마음에 미치는 유익한 영향에 대한 직관적인 이해가 있을 수 있으며, 우리는 어떤 종류의 의도적 태도가 이러한 요인들을 향상시키는지를 배울 수 있다.

또한 매우 종종 이 특정한 상태 각각은 서로 다른 것들을 지원하고 있어서, 우리가 이 목록에 신중하게 주의를 기울이면 우리의 마음은 점차 더 큰 지혜와 이해의 방향으로 변형되어 갈transform 것이다. 다시 말해, 마음챙김이 첫 번째 단계이며, 현재 일어나는 현상에 대한 마음의 순수한 현존이 성숙해지면 그것은 자연스럽게 심적 현상들의 발생과 소멸에 대한 깊은 관심을 이끌어 낼 것이다. 각 현상들이 더욱 면밀히 고찰될 때 그것은 자연스럽게 에너지와 열정을 불러일으킬 것이고, 그 자체가 몸과 마음 모두에서 동등하게 느껴지는 심오한 기쁨으로 변화될 것이다.

---

* 칠각지의 원래 명칭은 다음과 같다. 마음챙김[念覺支, *sati-sambojjhaṅga*], 현상에 대한 고찰[擇法覺支, *dhamma-vicaya-sambojjhaṅga*], 노력[精進覺支, *viriya-sambojjhaṅga*], 기쁨[喜覺支, *pīti-sambojjhaṅga*], 평안[輕安覺支, *passaddhi-sambojjhaṅga*], 마음집중[定覺支, *samādhi-sambojjhaṅga*], 평정 또는 평온[捨覺支, *upekkhā-sambojjhaṅga*]. 『붓다의 말씀』, pp.172-175 참조.

기쁨은 외관상으로는 깊은 샘에서 솟아오르는 활기찬 것이지만, 점차 평안에 의해 가라앉을 것이다. 하나가 다른 하나를 대체하지는 않지만, 다음에 잇따라 생기는 것은 평안한 에너지라는 역설적 상태다. 여기에서 마음은 평화롭고 기민하다. 그것은 고요하고, 이완되어 있으며, 편안하지만 별다른 노력 없이도 현상의 생성과 소멸에 대해 정확하게 알아차리고 있다. 평안은 더 큰 **마음집중**concentration을 가져오는데, 마음집중은 초점이 있는 또는 하나에 집중된 마음으로 자연스럽게 하나의 알아차림의 대상을 취하지만, 엄청난 양의 데이터를 매우 빨리 처리할 수 있는 기술을 가지고 있다. 마지막으로 이들 각각의 요인이 서로를 충만하게 하고 완성시켜 갈 때, 이 모든 자질들을 포용하는 심오한 마음의 평정이 확립된다. 비록 잠시 동안이긴 하지만, 이 상태에서 우리는 순간순간 경험의 구성에 대한 욕망과 오해의 모호하고 왜곡된 결과들을 극복할 수 있다고 불자들은 말한다.

우리 시대를 위한 도구

지금까지 고전적 불교 수행의 전통적인 맥락에서 마음챙김이 어떻게 이해되고 개발되는지에 대해 간략히 개관해 보았다. 수행이 나아가야 할 목적은 바로 인간이라는 정신신체적 유기체의 완전하고도 근본적인 변형transformation이다. 이 변형은 동기에 대한 통찰의 순간, 어떤 조건의 결박으로부터 자유로워지는 순간, 또는 이기심과 욕망의 끊임없는 맹공격으로부터 피하는 단편적인 순간들을 포함해서 처음에는 작을지도 모른다. 그러나 이러한 순간들은 우리의 심리적 과정의 기저에 있는 양상들이 점점 더 드러나게 됨에 따라 누적되고 점차 추진력을 얻게 된다.

마음챙김은 통찰을 가져오고, 통찰은 지혜를 가져온다. 이 맥락에서 언급된 통찰의 종류는 개인적 이야기에 대한 개념적 통찰이 아니라, 우리의 정신적 · 물질적 삶의 본질—조건 지어지고, 구성되어 있으며, 가변적이며, 비인격적인 본질—에 대해 좀 더 노골적이며 직관적으로 보는 것을 의미한다. 집착의 결박을 느슨하게 하고 자기 준거적self-referential인 것보다 더 넓은 맥락으로 가슴을 개방하는 것이 통찰이다.

무의식적인 행동 양상들이 마음챙김 수행을 통해 의식적인 알아차림의 빛에 노출될 때, 그것들은 우리를 속이고 지배하는 힘을 많이 잃게 된다. 매 순간 감각 데이터가 인격의 형성과 세계관 속으로 조직되는 바로 그 방식이 변화하기 시작한다. 결국 되풀이해서 일어나는 통찰에 의해 더 지속되는 마음의 변화가 일어나게 되는데, 이 과정을 불교인은 '지혜를 깊이 하기' 라고 말한다. 이런 종류의 통찰은 우리를 깊이 변화시킨다.

최고의 도달점인 깨달음nirvana: 열반이 성취되면 탐욕, 증오, 무지는 완전히 제거된다. 이때에도 사람은 여전히 감각기관과 인식 그리고 즐겁고 고통스러운 경험에 의해 순간순간 경험을 구성한다. 그러나 이때의 즐거움은 그 이상의 즐거움을 구하려는 욕망은 일으키지 않으며, 괴로움 또한 혐오나 저항으로 이어지지 않는다는 데 그 차이가 있다. 그러므로 행위는 더 이상 만족을 쫓는 집착에 의해 동기화되지 않고, 자기에게 관심 있는 행위를 조직하는 마디node로서의 정체성 역시 더 이상 만들어지지 않는다. 그 사람은 일어나는 상황에 올바르게 반응하며 세상에서 살아가고, 그 사람의 삶은 베품nongreed, 無貪, 자애nonhatred, 無瞋, 이해nondelusion, 無痴라는 보다 더 이타적인 태도가 표현되는 장이 된다. 우리에게는 어떤 환경 속에서도 만족하고, 무의식적인 조건화에서 자유로우며, 결코 강박적인 행동에 휘말리지 않는 사람의 모습이 남겨지게 된다. 그런 사람은 끊임없는 세상의 변화 가능성을 수용하고, 어떤 맥락에서의 욕구 충족집착하지 않으면서 적당한 때에 먹고 마시는 것을 넘어선 만족을 더 이상 기대하지도 않으며, 경험의 어떤 대상이나 요소에 대해서도 소유권을 주장하지도 않고, 아마도 가장 중요한 것으로서 과장된 자기 정체성이라는 자기도취적인 망상 속에서 괴로워하지 않는다. 인간의 잠재성에 대한 이러한 견해는 좀 더 고차원적인 진화의 단계로 인간이라는 정신물리학적인 유기체의 변형transformation을 제안한다.

마음챙김은 일반적으로 적용 가능한가

어떤 형태의 치유는 정말로 보편적인 인간의 특성과 자질에 근거하고 있다. 예를 들면, 페니실린은 환자의 문화와는 상관없이 효과가 있다. 왜냐하면 우리의 몸이 작동하는 원리biology가 하나의 보편적인 특성을 지녔기 때문이다. 그러나 심리적 치유 체계들은 문화적으로 더 특수한 경향이 있으며, 사람들이 속한 문화 속에 내재된 믿음과의 공명으로부터 치료의 힘을 끌어내는 경향이 있다. 마오리족Maori의 고유한 치유 방법들은 캐나다의 토론토에서는 거의 적용되지 않으며, 치료 방법으로서의 정신분석은 비서구 사회에서는 잘 맞지 않았다. 우리의 심리적 삶은 결정적인 것은 아니지만 문화에 의해 더 영향을 받는다.

심리적 구성의 보편적인 본질을 입증하는 것은 거의 불가능하다. 불교가 매우 다양한 문화에 성공적으로 적응해 왔다는 사실 자체만으로는 널리 확산된 다른 종교적 전통들과 불교를 구별하지 못한다. 그러나 의식 경험의 해체에 대한 명상의 강조, 원인과 결과의 분석, 그리고 괴로움의 본질에 대한 정형화는 마음의 어떤 단계에서 일어나며, 그것은 너무 기본적이기 때문에 모든 인류에게 공통적일 수 있다.

문화는 공용어와 치유 실행을 위한 독특한 형태를 만들어 낸다. 사실

불교 명상수행조차도 문화에 따라 매우 다양하다. 그러나 보편적으로 나타나는 것은 심적 사건들은 끊임없이 일어나며, 우리는 그것들을 욕망이나 혐오와 연관시키려는 경향이 있다는 사실이다. 이것이 바로 불교 심리학이 문화를 가로질러 받아들여지게 되는 이유일 것이다. 괴로움은 보편적으로 나타나며, 괴로움에서 벗어나려는 우리의 욕구도 마찬가지로 보편적이다.

서양 심리치료에서 마음챙김의 이론과 실천의 등장은 불교 심리학이 문화적으로 적용된 현대적인 사례다. 이제 우리에게는 두 질문이 남아 있다. 임상 치료현장에서 마음챙김을 유용하게 만들려고 하는 노력에서 심리치료가 근본적인radical 해방을 위한 마음챙김의 잠재성을 무시할 것인지 아닌지, 아니면 불교 심리학과 수행이 인간의 잠재성에 대한 폭넓은 개념과 더불어 심리치료에 활기를 불어넣을 것인지 아닌지라는 두 가지 질문이다.

13
궁정 심리학
-가득 찬 삶으로 깨어나기-

찰스 스타이론Charles W. Styron

무사도의 목적은 가장 완벽하고, 신선하며,
밝은 방식으로 기본적 선善을 표현하는 것이다.
이것은 당신이 기본적인 선을 가지고 있지 않고,
당신 자신이 기본적 선 자체라는 사실을 깨달을 때 가능하다.
—초감 트룽파Trungpa, 1984, p. 70

마음챙김과 정신건강의 증진된 단계들

앞 장들에서는 마음챙김 명상을 심리치료에 적용시킨 많은 예를 다루었다. 하지만 12장을 통해서 마음챙김의 뿌리는 불교의 지혜 전통에 있다는 사실을 상기시켜 주었다. 마음챙김 자체는 놀라울 정도로 단순하다. 마음챙김은 '있는 그대로의 대상' 에 대한 이해에 정신적 기능을 적용시용시키는 것이다Trungpa, 1992, p. 192. 하지만 결과적으로 대상을 있는 그대로 이해하는 일은 아주 많은 것을 요구하는 프로젝트다. 왜냐하면 우리 각자는 우리가 시인하고 싶어 하는 실재에 대해 독단적인 견해를 가지고 있기 때문이다. 이러한 우리의 투사 때문에 사실을 있는 그대로 분명하게 보는 데 아주 어려움을 겪을 수 있다. 그 사실은 치료자가 고통을 경험하고 있는 환자와 함께 몇 년에 걸쳐서 입증할 수 있을 것이다.

마음챙김은 심리치료에 풍부한 가능성을 제공한다. 그 영역 자체는 최근에야 탐구되기 시작했는데, 그것은 증상의 완화를 넘어서 긍정적인 마음 상태를 개발할 가능성을 말한다Seligman, 2002b. 마음챙김 수행의 긍정 심리학에 대한 잠재적인 공헌도를 이해하기 위해서, 마음챙김 수행의 역사적인 맥락과 목적으로 다시 되돌아가 보는 것이 도움이 될 수 있을 것이다.

불교 심리학의 기본적인 가르침인 네 가지 고귀한 진리[四聖諦]는 완전하고 분명한 '깨침awakening'의 가능성을 대담하게 선언한 것이며, 그 깨침을 얻기 위해 여행할 길을 설명한 것이다. 2장에서 논의한 것처럼, 이 깨침은 보통 깨달음enlightenment이라고 하며, 우울, 불안 또는 심리적 외상trauma을 극복하는 것보다 훨씬 큰 프로젝트다. 물론 마음챙김 수행이 심리치료실에서 임상가가 부딪힐 수 있는 모든 종류의 정신장애에 적용된다는 사실이 판명되었다는 것은 놀랄 만큼 다행스러운 일이다. 하지만 그러한 적용이 마음챙김 수행의 일차적인 목표라고 결론짓는 것은 한계를 너무 넓게 잡은 것이 될 것이다. 그것은 마치 로켓 연료를 가지고 캠프파이어를 하는 것이며 따라서 그러한 쓰임새가 근본적인 것이라고 결론짓는 것과 같은 일이 될 것이다.

시각의 확대: 세 번의 전개

불교 전통은 수세기 동안 전해져 오고 있으며, 이 오랜 기간 동안 그 가르침은 상당히 발전되어 왔다. 일반적으로 말하면, 이 가르침의 전 체계에는 세 번의 겹쳐지고 상호 연관된 시기가 포함된다인도/티베트의 금강승 전통에서는 법의 바퀴[法輪]의 세 번의 전개[三轉]라고 한다. 이 시기들은 불교 사상의 발달에서 세 번의 연속적이고 구분될 수 있는 국면들인데, 여기서는 초기 · 중기 · 후기로 부르기로 한다. 초기에는 가르침의 초점이 주로 개인적인 괴로움과 그 극복 방법에 맞추어져 있다. 이 가르침에는 2장에서 논의한 네 가지 고귀한 진리[四聖諦]가 포함되어 있다. 이 책은 괴로움을 이해하고 극복하는 기법으로 마음챙김 수행을 사용하는 데 넓게 초점을 맞추어 왔기 때문에, 대부분 초기의 가르침에 주요 근거를 두고 있다.

중기에는 『반야심경』Rabten & Batchelor, 1983이 중요한 가르침의 하나가 되었다. 그 중심 메시지는 모든 것이 끊임없이 변하기 때문에 우리가 궁극적으로 의존해서 살아갈 곳은 없으며, 심리적으로 한 번이라도 그리고 영원히 고향이라고 부를 만한 곳이 없다는 것이다. 불교 심리학에서 궁극적으로 의지할 곳이 없다는 이러한 깨달음을 **무아의 경험**2장 및 11장에서 간단히 논의함이라고 한다. 이러한 깨달음이 있으면, 우리는 우리 자신을 어떤 것, 특히 우리 자신의 생각이나 개념과 지나치게 동일시하는 것에서 벗어나게 된다. 무아에 대한 깊은 깨달음은 종종 **공**空의 체험으로 설명되기도 하며, 어느 정도 역설적이기는 하지만 그 체험과 동시에 연민이 동반된다.

무아 또는 공의 메시지는 중기부터 오히려 불안정해지게 되었는데, 그 이유는 우리가 우리 자신이라고 생각하는 관념에 너무 집착하게 되었기 때문이었다. 이러한 관념들이 강하게 도전받게 되었을 때, 그것은 마치 우리가 발을 딛고 서 있는 깔개를 갑자기 잡아당겨 버렸을 때 완전히 아무것도 없다는 느낌이 생길 수 있는 것과 같았다. 이러한 느낌이 너무 강해지면 허무주의로 나아갈 수 있게 된다.

다행스럽게도 이러한 경향은 불성佛性개념을 도입한 후기의 가르침에 의해서 완화되었다. 불성은 우리 각자는 근본적이고 무조건적으로 청정하며 완전하다는 사실을 전제로 한다. 장애물과 엄폐물예: 나쁜 기질 또는 중요성에 대한 과장된 감각은 마치 태양을 가리고 있는 구름처럼 이차적이고 일시적인 것으로 이해되었다. 그것들이 일단 맑게 걷히게 되면, 본질적으로 자비로운 우리의 본성이 광대하고 평정을 지닌 채 빛을 낸다. 이 결론적 가르침은 초기의 무아의 가르침과 모순되지 않는다. 오히려 가득 참fullness과 텅 빔emptiness은 상호 보완적이라고 주장할 수 있다. 현상가득 참의 완전함과 상호 연결성은 그것들에 대한 우리의 투사와 개념화가 깨끗이 없어질 때 텅 빔 이해되는 것이다.

결실과 실현

정신건강의 진전된 상태는 보통의 수행자는 얻을 수 없다고 단정 짓지 않으면서 그 상태의 탁월함을 인정하는 언어에 의해서 가장 잘 설명된다. 비록 완벽하고 장애 없는 깨침이 불교 심리학의 궁극적인 목적이라고 하더라도, 그것은 손에 잡히는 실재라기보다는 하나의 개념 또는 영감靈感이라고 하는 것이 아마도 더 유용할 것이다. 어떤 경우에서라도 그것은 결코 다음에 설명하는 건강한 상태로 들어가기 위한 전제 조건은 아니다.

『행복의 기술*The Art of Happiness*』Dalai Lama & Cutler, 1998, p. 13에서 달라이 라마는 다음과 같이 말했다. "인생의 목적 자체는 행복을 찾는 것이라고 나는 믿고 있습니다. 그것은 분명합니다. 종교를 믿거나 믿지 않거나, 이 종교를 믿거나 저 종교를 믿거나, 우리 모두는 인생에서 더 나은 무엇인가를 찾고 있습니다. 그래서 나는 우리 인생 그 자체의 움직임이 행복을 향해 있다고 생각합니다." 처음부터 불교 심리학 자체는 이 방향을 향해 있다. 하지만 최근까지 서양 역사에서 그것은 주로 괴로움과 관련되어 있었다. 어찌되었건 간에 불교 심리학은 오래전부터 대단히 야심찬 행복 프로젝트였고, 이 서비스에서 가장 중요한 기법은 마음챙김 수행이었다. 긍정심리학을 위한 불교 가르침의 가능한 가치를 이해하기 위해서, 다음 절에서는 부지런한 마음챙김 수행의 결과로 얻게 될 결실에 대해서 살펴볼 것이다.

우리가 이러한 결실을 살펴볼 때, 노파심에서 간략하게 제시하는 설명은 도움이 될 것이다. 수행자는 이러한 결실을 거둘 수 있지만, 수행자가 공공연하게 그 결실을 찾지 않을 때 더 자주 그리고 힘 있게 나타나는 경향이 있다. 그것은 역설적이다. 우리는 유익한 효과를 경험하기 위해서 열심히 명상수행을 해야만 한다. 하지만 동시에 이러한 효과를 목적 자체로 추구해서는 안 된다. 명상수행은 이런 점에서 구애하는 것과 유사하다. 즉, 즐거운 마음으로 접근할 때 유익하며, 또한 그것에서 무엇인가 얻으려고 할 때보다는 무엇인가를 주려고 할 때 훨씬 더 많이 유익하다.

초 기

초기[초기 및 부파불교] 가르침의 뛰어난 제자들은 마음챙김 수행의 효과를 강하게 전파한 당사자들이었다. 무엇보다도 그들은 끊임없이 나타나는 괴로움을 극복하기 위해서 만성적인 고투로 시달리지 않았다. 그들은 자신의 마음을 완전하게 다스리고 길들였다. 그리고 그들은 올곧은 노력과 능숙함으로 어려움—물론 그들에게도 어려움은 있었다—에 대처했다. 그들은 잘 정립되어 있었으며, 두려움도 없었고, 겸손했다. 그리고 그들은 아주 일상적인 삶을 살았는데, 그것은 아주 긍정적인 의미에서 일상적인 삶이었다. 매일 부딪히는 삶의 어려움은 더 이상 그들을 자극하지 못했고, 그들 자신의 경험과 다른 사람의 경험에 대해서 기꺼이 마음으로 받아들여 현재에 충실했다. 마음챙김 수행에서는 명백한 행동 변화는 물론, 인지적인 재구성cognitive reframe과 [수행을 통해 얻은] 통찰을 통합하는 법을 배웠다. 달리 말하면, 분명한 이해가 분명한 사유와 적응적인 행동이 결합되었다. 검토되지 않고 남아 있는 것은 거의 없었다.

중 기

중기[초기 · 중기 대승불교] 가르침의 뛰어난 제자들은 초기의 훌륭한 제자로 끝까지 남아 있으면서, 그들이 근본에서 벗어났다고 느낀 적이 없었다. 부정적인 상태를 제거할 수 있는 아주 강력한 치료법으로 긍정적인 마음 상태가 작용한다는 사실을 그들은 수행과정에서 깨닫기 시작했다. 게다가 그들은 자신이 바라는 방향으로 되어 가는 것은 아무것도 없다는 사실에 대하여 깊이 감사하는 마음을 길렀다. 그들은 무아를 아주 친밀하게 경험하였고, 활기 있게 살았다. 그와 병행해서, 타인의 괴로움은 그들에게 아주 가슴 아프며 피할 수 없는 것으로 되었다. 괴로움은 어디에나 있었다. 결과적으로, 연민은 그들 마음속에 자연스럽게 자리잡게 되었다. 물론 그들 자신의 괴로움은 다른 이들의 괴로움에 비교해서 희미하게 되어 버렸고, 다른 사람의 괴로움을 먼저 생각하게 되었다. 그들은 다른 사람의 이로움을 위해서 일하는 것[利他行]이 자신만을 위해서 일하는 것[自利行]보다 더 행복하다는 사실을 깨닫기 시작했다.

이러한 움직임은 전통적으로 깨친 존재의 길, 즉 보살bodhisattva의 길산스크리트어로 bodhi는 '깨치다', sattva는 '존재'의 의미에 들어섰다고 말한다. 이것은 부드러움과 자애로움을 지치지 않고 펼쳐 보이는 '평화로운 무사도'의 길이다. 이러한 과정을 능률적으로 이행하고 고질적인 자기중심적인 장애물을 제거하기 위해서, 중기의 제자들은 여섯 가지 덕목[육바라밀]인 베풂[布施], 규범[持戒], 인내(忍辱), 노력[精進], 명상[禪定], 지혜(智慧)를 공공연하게 실천한다. 간단히 말하면, 이 덕목들은 윤리적 행위를 완벽하게 추구하는 것과 전혀 다르지 않다.

후 기

후기[후기 대승불교] 가르침의 뛰어난 제자들은 초기와 중기 제자로서 훌륭하게 남아 있었다 —또한 결코 '졸업하는 일'이 없었다. 하지만 이 단계에서는 모든 종류의 부정적인 것과 장애물이 투명하게 보이기 시작했다. 그것들은 두려워할 것이 아니다. 존중할 것이지, 두려워해야 하는 대상들이 아니다. 사실 장애물들은 녹아서 사용되기를 기다리는 얼어붙어 있는 에너지의 엄청나게 큰 창고로 보이게 된다. 열심히 정진하는 후기의 제자들은 자신의 조건 없는 근본적인 선을 보았고, 기꺼이 어려움을 무릅쓴다. 그들은 강력한 부정적인 힘을 깊이 탐구하면, 그것들을 말끔히 정리하는 것보다 지혜를 얻기 위한 궁극적인 잠재력을 더 갖추게 된다는 사실을 깨달았다. 결과적으로, 그들은 때때로 어려운 상황에 망설임 없이 뛰어들게 되었다. 왜냐하면 그 속에서 변형transformation의 가능성을 볼 수 있었기 때문이었다. 그들은 갈등과 심리적인 고통이 지혜가 자라기 위한 비옥한 토양임을 이해했다. 우리가 후기의 가르침에 뛰어난 제자를 만난다면, 그 만남을 통해서 빛과 축복으로 넘치는 한 사람이 불가피하게 드러나게 될 것이다. 그에게는 티끌만큼의 비관주의나 허무주의의 흔적도 남아 있지 않다. 이 수행자들은 인간의 가능성에 대한 완전한 광대함의 본보기다.

긍정 심리학: 잠재력을 현실화하는 과학

제2차 세계 대전 이후 전통적인 심리학은 정신적 병리를 다루는 데 초점이 맞추어져 있었고, 놀랄 만한 결실을 거두었다. 하지만 최근까지 긍정적 의미에서 정신적인 안녕well-being을 강화시키는 분야에는 거의 관계하지 않았고, 뛰어난 재능을 개발하는 방법에 대해서 주의 깊게 연구하지 않았다. 비록 이러한 영역이 배제된 것이 미리 계획된 것은 아니더라도, 왜 그렇게 되었는지 납득할 만한 이유들이 있다. 연구를 위한 기금은 원칙적으로 정신적 어려움에 대한 연구에 한정되어 있었고, 그 기금은 임상 서비스를 위한 변상금이었다. 예를 들면, 현재 보험회사들은 의학적으로 필요하다고 추정되는 임상 서비스에 한해서만 변상한다. 심리학은 병리학에 초점을 맞추고, 의학적인 모형의 한계 내에서 대부분 그 연구 활동이 이루어져 왔다.

마틴 셀리그먼Martin Seligman*은 지도적인 심리학자로서 오랜 경력을 가지고 있다. 그는 처음 주로 정신적 질병 문제에 대한 작업으로 30년을 보냈다Seligman, 2004a. 최근에 그는 긍정 심리학 운동을 시작하면서, 그의 전문적인 관심을 긍정적인 인간 잠재력과 성장의 영역으로 옮겼다. 경험 있는 연구자로서, 그는 확실한 증거에 입각한 긍정 심리학의 토대를 마련하기 위해 열정적인 관심을 보여 왔다. 셀리그먼은 근본적인 전제를 마음속에 간직하는 일을 거부하지 않는다. 더 나아가서 그는 긍정 심리학이 단지

* 셀리그먼은 긍정 심리학(positive psychology), 학습된 무기력(learned helplessness), 우울증(depression), 낙관주의(optimism) 그리고 비관주의(pessimism)에 대해서 연구해 왔다. 긍정 심리학은 셀리그먼에 의해 본격적으로 심리학의 한 분야로 정립되었다. 긍정 심리학에 대한 주요 저서는 *Authentic Happiness*(2003)인데, 우리나라에서는 『긍정심리학』(김인자 역, 2009)로 번역되었다.

일시적인 유행이 아니라 확고하게 스스로 자리를 잡으려면, 그 결과로부터 상당한 유익함을 보여 주어야 한다고 믿고 있다. 이러한 관심에서 그가 우선 시도한 연구 가운데 하나는 행복과 행복을 증가시키는 방법에 대한 연구가 포함되어 있고, 그의 책 『진정한 행복*Authentic Happiness*』, 2002b은 이러한 발견의 많은 내용을 기록하고 있다.

이전의 장에서 볼 수 있듯이, 전통적인 심리학의 치료자들은 현재 마음챙김 명상수행과 동맹 관계를 강화하고 있다. 그들은 또한 불교 심리학의 가르침, 특히 초기에 포함된 가르침에 상당히 끌리기 시작했다. 다른 한편에서 보면, 긍정 심리학은 아직 유아적인 단계에 있고, 그러한 통합을 위한 준비가 아직 되어 있지 않다. 그럼에도 불구하고, 긍정 심리학의 발견과 마음챙김 전통의 중기와 후기의 발견 사이에 유사점을 이끌어 내기 시작하는 일이 너무 빠른 것은 아니다.

긍정적 정서의 이로움

역사적으로 심리학 문헌은 부정적인 정서에 더 많은 주의를 기울였지만, 긍정적 정서와 부정적 정서 사이에 중요한 이론적인 구분을 하지 않았다. 예를 들면, 부정적 정서에 대한 연구와 논문들은 14가지의 한 요소로서 『심리학 개요*Psychological Abstracts*』의 샘플링 작업에서 더 일반적으로 행해졌다Myers, 2000. 결과적으로 부정적인 정서 연구에 유용하다고 적용된 구조가 자동적으로 긍정적인 정서에 대한 연구에 적용되었다. 하지만 긍정 심리학에서 최근 발견한 것에 따르면, 이러한 연구법은 잘못되었다는 점을 말해 주고 있다Fredrickson, 2003. 긍정적 정서는 그 자체로 본질적인 유익함을 가지고 있다. 물론 마음챙김 전통은 수세기 전에 같은 결론에 도달했기 때문에, 이러한 발견에 반대하지 않을 것이다.

장수

수녀 연구The Nun Study는 노령화와 알츠하이머병에 대한 종단 연구[longitudinal study: 오랜 기간 동안 추적 연구하는 것]로, 미네소타 주 맨카토에 있는 노트르담 장로파 수녀 678명을 대상으로 1980년대 말에 시작되었다. 연구가 진행되는 동안, 첫 번째 국면은 75~106세의 수녀들에게 초점이 맞추어졌다. 많은 발견 가운데 괄목할 만한 발견 하나는 어린 시절의 긍정적인 정서와 장수 사이의 직접적인 관계에 대한 것이었다. 어린 시절에 낙관적이었다는 사실이 확인된 수녀들은 나이가 들어서도 전형적으로 계속해서 낙관적이었다. 통계적인 분석에서도 낙관주의의 상위 25%에 들어가는 사람들은 하위 25%인 사람들보다도 대략 9.3년 더 장수한다는 사실을 보여 주었다. 따라서 비관주의는 흡연이나 알코올 중독보다 더욱 강력한 병적 요인이다. 놀라운 발견이다.

메이오Mayo병원의 미네소타 다면적 인성검사MMPI 데이터 연구는 행복한 습성을 가지고 있는 사람들에게 장수율이 분명히 증가한다는 결과를 유사하게 보여 주고 있다Maruta, Colligan, Malinchoc, & Offord, 2000; Seligman, 2000a. 자기 억제와 과묵함이 장수에 기여한다고 하는 일반적인 믿음과는 대조적으로, 긍정적인 습성이 부정적인 습성보다 장수에 훨씬 더 좋은 결정요인이 된다. 장수가 마음챙김 수행의 목적이 될 수는 없다고 하더라도 한 가지 유익함이 될 수는 있을 것이다.

증진된 협력과 인지적 기능

부정적 정서에 대한 종합적인 연구 문헌에서, 특별한 부정적 정서와 그와 결합된 충동 사이의 오랜 상호 관련성이 정립되어 왔다. 이러한 충동들을 종종 **구체적 행동 경향성**specific action tendencies이라고 불렀다. 예를 들면, 분노와 연결된 행동 경향은 공격하려는 충동이고 공포와 연결된 행동 경향은 회피하려는 충동이다. 역사적으로 긍정적인 정서도 독특한 행동 경향과 연결되어 왔지만, 그 결합 방식은 결코 특별하게 발견적이거나 설득력 있는 것이 아니었다. 예를 들면, 만족은 자유로운 동기를 지닌 휴식 또는 기쁨과 결합되지만, 이러한 결합은 아주 독특하지도 의미가 있지도 않다. 긍정적 정서에 대한 연구가 무엇인가 근본적으로 잘못되어 있다고 느꼈을 때, 바버라 프레드릭슨*Fredrickson, 2003은 그 정서들에는 완전히 다른 상관 관계가 있음을 발견하기 시작했다. 전통 심리학의 관점에서 보면, 그녀의 통제된 연구에서의 발견은 혁명적인 것이었다.

프레드릭슨은 부정적인 정서가 그런 것처럼, 긍정적인 정서도 독특한 행동 경향과 연결되어 있을 필요가 있다는 가정에 도전했다. 행동 지향성은 결과적으로 인지적 초점의 영역을 편협하게 했다. 위협이라는 부정적인 조건하에서 이 편협함은 적응적인 이점을 가지게 되었다. 왜냐하면 그것은 분명하고 시기적절한 반응으로 인도해 주기 때문이다. 따라서 부정적 정서는 생존을 위한 핵심적인 기능을 수행한다. 하지만 프레드릭슨은 긍정적 정서의 경우에는 다른 종류의 경향들과 결합될지도 모른다고 가정했다.

사실 그녀는 긍정적인 정서는 사고思考-행동의 레퍼토리를 넓혀 준다는 사실을 발견했다. 예를 들면, 사람은 기쁨이 있으면 놀게 되고 마음을 터놓게 된다. 만족이 있으면 음미하며 확장된다. 더 나아가 놀이는 집중하는 능력과 남과 동맹을 맺는 능력에 긍정적인 영향을 준다. 그리고 그 놀이는 놀고 싶은 마음 상태보다도 더 지속적인 자원을 구축해 준다. 이

* 프레드릭슨은 노스캐롤라이나 대학교 심리학과 교수이며, '긍정적 정서와 정신생리학연구실(Positive Emotions and Psychophysiology Laboratory)'의 소장을 맡고 있다. 그녀는 긍정 심리학의 긍정적 정서에 대한 연구로 유명하다. 프레드릭슨 박사의 연구 성과는 http://www.unc.edu/peplab/home.html에 대부분의 원문과 함께 소개되어 있다.

러한 발견에 의해서 프레드릭슨2003; Fredrikson & Branigan, 출판 중*은 긍정적 정서의 확장 및 구축이론The Broaden-and-Build Theory of Positive Emotions에 도달하게 되었다. 부정적인 정서와 대조적으로, 긍정적인 정서는 자원과 사회적인 책임감을 증가시킨다. 그 정서들은 또한 성장을 유발시키고 침체를 막아 준다. 이러한 발견과 거의 직접적으로 상응하여, 불교 심리학에서 중기의 가르침의 덕목에 의해 유발된 궁극적인 성장은 연민의 발생이다. 마음챙김 수행자에게 이러한 특별한 발전은 개인적인 변화를 위한, 그리고 사회적인 참여를 증진시키기 위한 강력한 엔진이 된다.

긍정적 정서에는 더 많은 이로움이 있다. 프레드릭슨은 행복하지 않은 사람보다도 행복한 사람은 인지적 작업을 수행할 때, 더 기민하고 더 정확하며 더 창조적이라는 사실을 발견했다. 그녀는 또한 긍정적 정서를 가지고 있는 사람은 부정적 정서를 가진 사람보다 더 넓은 범위의 경험의 영역을 소화 흡수하는 데 도움을 받는다는 사실도 발견했다. 긍정적 정서를 가지게 되면, 개인주의적 자기 정의를 확장시켜 공동체의 요소들을 포함하는 더욱 관계적인 자기 정의를 내리는 경향을 지니게 된다.

특히 중요한 것은 프레드릭슨이 긍정적인 정서가 파괴적 · 부정적 정서의 영향을 원상 복귀시키는 독특한 능력을 가지고 있음을 발견했다는 점이다. 그녀는 이것을 원상 복귀 가정undoing hypothesis이라고 불렀고, 이것이 행복한 사람들에게 장수율이 증가하는 배경이 되는 이유라고 제시했다. 원상으로 돌아가는 사람은 부정적인 경험 속에서 살지 않는다. 대신에 그들은 끊임없이 부정적인 정서를 긍정적인 정서와 섞으며, 그 결과로 부정적인 정서 상태로부터 보다 빠르게 회복된다Fredrikson, 2003; Tugade & Fredrikson,

* 이 논문은 *Cognition and Emotion 2005, 19*(3), 313-332에 게재되었다. http://www.unc.edu/peplab/publications.html 참조.

2004. 이 가정에 대해서 모든 어린아이의 부모들은 많은 지지를 할 수 있다. 그것은 어른에게는 정서적 연금술*의 단계에서 작동하는 반면, 아이에게는 단순히 산만한 단계에서도 작동한다. 예를 들면, 산만한 아이와 함께 재미있는 이야기나 즐거운 게임을 하는 것은 종종 아이의 기분을 극적으로 바꾸어 놓을 수 있다.

셀리그먼의 혁명적 가정들

바바라 프레드릭슨과 로버트 라이트Wright, 2001의 연구를 일반화하면서, 셀리그먼2003은 부정적인 정서와 긍정적인 정서는 아주 다른 진화적인 목적을 가지고 있다는 사실을 깊이 생각했다. 그는 부정적인 정서는 존재의 제로섬 게임zero-sum game의 측면과 함께 적자생존과 결합되어 있다고 가정했다. 인류의 초기 역사시대에는 부족한 자원을 위한 경쟁이 어디에나 있었고, 생활은 보다 기초적인 수준이었다. 하지만 지금까지도 제로섬 시나리오는 생활 속에 존재하고, 한 사람의 이익이 종종 다른 사람의 손실을 초래한다. 경쟁적인 스포츠는 놀랍게도 이러한 일반적인 인간의 투쟁을 상징한다.

셀리그먼은 긍정적인 정서를 비非제로섬 또는 긍정-섬 게임positive-sum game과 연관시키고 있다. 인간이 만든 제도들은—사실 대부분의 인간 역사는—비非제로섬 유산의 산물이다. 긍정-섬 게임에서는 집단의 한 구성원에게 생긴 이익은 다른 모든 구성원들에 의해서 공유될 수 있다. 한 사람의 이익은 다른 사람의 손실이 아니다. 예를 들면, 만일 이 책이 독자

* 정서적 연금술(emotional alchemy)은 『감성지능』으로 유명한 심리학자 대니얼 골먼의 아내이자 임상심리치료자인 타라 베넷 골먼(Tara Bennett Goleman, 2001)이 마음챙김과 인지도식치료(schema therapy)를 통합하면서 사용한 저서명이기도 하다. 우리나라에서는 『감정의 연금술』(윤규상 역, 2005)로 번역되었다.

에게 유용하다는 사실이 증명된다고 하더라도, 그 과정에서 필자들의 명성이 실추되지는 않을 것이고, 독자와 필자 모두에게 이로울 것이다. 마찬가지로 보살도에 서 있는 사람에 의해서 확장된 노력은 긍정-섬의 방향으로 향해 있다. 자기 자신의 안녕well-being은 다른 사람의 이로움을 위해 열심히 일한 부산물이 될 것이다.

행복의 추구

셀리그먼2002b의 독창성이 풍부한 업적인 *Authentic Happiness*는 지속적인 충족감을 얻기 위해—달라이 라마가 '삶의 목적 자체'라고 부른 것을 얻기 위해—긍정 심리학을 이용하는 것에 관한 책이다. 그의 사유 속에는 긍정 심리학에 세 개의 기둥이 존재하는데, 긍정적 정서의 연구, 긍정적 특질가장 뚜렷하게는 강점과 덕성의 연구, 민주적 정부와 건전한 가정생활 같은 긍정적 제도에 관한 연구를 들 수 있다. 마지막의 제도는 덕성을 지원하고, 덕성은 또 긍정적인 정서를 지원한다고 그는 말한다. 셀리그먼은 또 행복을 증진시키기 위한 세 가지* 근본적인 길이 있다고 주장하고 있다. 그 중 한 가지는 과거 경험, 다른 것은 미래 경험, 세 번째는 현재 경험의 가치를 높이는 것과 관계가 있다.

과거 경험의 증진

우울증을 연구하면서 셀리그먼2003은 과거에 대해서 우리 스스로가 하는 이야기는 거기에 대해 우리가 느끼는 방식과 상당히 관련되어 있음을 점차 이해하게 되었다. 이런 이해는 인지행동치료의 초석이 되었다. 그

* 원서에는 다섯(five)으로 되어 있지만, 문맥상 과거, 현재, 미래의 세 가지 길만이 제시되어 있기 때문에 오자로 보고 수정하였다.

결과, 긍정 심리학에 관한 연구에서 셀리그먼은 매우 행복한 사람은 전형적으로 자신의 개인사에서 일어난 많은 일에 대해 고마움을 느낀다는 사실을 발견했다. 그들이 느끼는 고마움은 긍정적인 과거 경험을 더욱 생생하게 만드는 데 기여했으며, 그 결과로 더 행복하게 느끼는 것처럼 보였다. 이런 발견에 근거해서 그의 학생들 중 많은 수가 여러 가지 선행에 대해 자신들이 결코 공공연히 고마움을 표시하지 않았던 사람들에게 감사의 편지를 썼다. 그 결과는 과거에 대한 긍정적 정서가 거의 예외 없이 정점을 보였는데, 그는 적절한 때 감사를 표하는 것은 개인사에 대한 경험의 가치를 실제로 높여 준다고 결론지었다Seligman, 2003. 이런 개입의 효과는 아직 통제된 실험을 통해 보고되지는 않았지만, 이것과 그 밖의 많은 긍정 심리학의 절차의 효능을 검증하고 타당화하는 엄청난 노력들이 현재 진행 중에 있다.

과거에 대한 긍정적 정서를 높이는 데 기여하는 또 다른 기법은 용서다 Seligman, 2002b. 원한과 복수의 욕망을 내려놓는 일은 부정적 사건에 대한 느낌을 개선시킨다. 용서는 복합적 정서이며, 그 훈련은 한 번의 처리로 끝나지 않는 하나의 과정이다. 그것은 또한 잊어버리는 방식이 아니어서, "용서하고 잊어라."라는 옛 속담은 효력이 없다. 용서가 부정적 사건에 보편적으로 추천되지는 않으며, 용서가 의사소통을 위해 항상 좋은 것은 아니다. 당신에게 해를 끼쳤다고 생각하지 않는 사람에게 당신이 용서했다고 말해도 마음이 더 평온해지지는 않는다. 그러므로 용서는 때로는 주의해서 해야만 한다. 이런 입장은 특정 정서에 대해 '행동하기act on' 보다는 '함께 앉는sit with' 다는 마음챙김의 가르침과 일치한다.

과거에 대해 긍정적인 정서를 증진시키는 마지막 기법은 그 정서에 대한 알아차림을 높이기 위해 자신을 축복하는 것이다Seligman, 2003. 우리에게는 완결 짓지 못한 작업우리가 종종 부정적으로 느끼는을 기억하고 우리가 끝낸 것우리가 종종 긍정적으로 느끼는을 잊어버리는 타고난 경향성이 있다. 그 결과, 무의식적으로 부정적인 기억을 간직하는 쪽으로 편향되어 있다. 틀림없이 이런 편향성은 특히 인간 역사의 적대적인 시대에 진화적인 이점을 지니고 있었다. 이것은 한 러시아 심리학자에 의해 최초로 확인되었으며, 그는 1927년 그 행동에 자이가르닉 효과Zeigarnik Effect라는 명칭을 붙였다Savitsky, Medvec, & Gilovich, 1997. 그럼에도 불구하고, 현재 상황에서 우리는 마땅히 규칙적으로 자신을 축복해야 하며, 매일 몇 분 동안 되돌아보면 이를 실천할 수 있다.

긍정 심리학에서 과거 경험의 증진은 마음챙김 수행을 강화시킬 수 있다. 마음챙김 명상은 주의를 과거에서 분리시켜 현재에 두게 하는데, 이는 과거에 안주하는 일이 습관적이고 강박적으로 되었을 때 특히 도움을 준다. 그러나 마음챙김 수행은 과거에 대한 우리의 경험을 직접적으로 변화시키려고 하지 않는다. 반면에 긍정 심리학 연습은 과거에 대한 우리의 시각을 재조직하려고 하며, 이는 현재에 주의를 기울일 때 실제로 마음챙김 수행의 효과를 높여 줄 수 있다. 과거에 몰두하는 일은 끝내지 못한 부정적 기억자이가르닉 효과 때문에 일어나므로 우리의 주의를 긍정적인 기억으로 다시 돌리는 수련은 이런 몰두를 깨는 데 도움을 준다. 몰두하는 습관이 깨지면 명상하는 사람이 현재에 주의를 유지하기가 더 쉬워진다. 그 사람은 부정적인 기억으로 완전히 뒤덮이지 않고 그 기억들을 지나가는 것으로 알아차릴 수 있다.

미래 경험의 증진

행복의 전망을 높여 주는 미래에 대한 긍정적인 정서는 낙관주의, 희망, 믿음이다. 그런 행복의 적은 파멸적 사고이며 거기에 대한 주요 해독제는 논박 훈련practice of disputation이다Seligman, 2002b. 이는 과장된 부정적 예상을 확인하고, 그것들을 논박하는 증거와 이유를 정리하는 인지치료 기법이다. 특히 타인이 우리에게 모욕을 줄 때, 우리 모두는 그들의 주장을 논박하는 데 아주 뛰어나다. 그러나 어떤 이상한 이유로 우리가 스스로를 모욕할 때, 우리는 종종 우리가 말하는 것을 믿어버린다. 성공적인 논박에는 부분적으로는 우리 자신의 부정적인 투사에 굴복하려는 경향성을 해체시키는 일이 포함된다. 일단 이 일을 어느 정도 일관성 있게 실천하는 것을 배우면, 우리는 또한 외부 세계의 부정적인 영향을 더 큰 평정심을 가지고 대할 수 있게 된다.

덧붙여 말하면, 초기의 마음챙김 수행은 정확히 이런 종류의 부정성을 극복하는 충돌 수업crash course이다. 부정적인 생각뿐 아니라 모든 생각을 알아차리고 주의를 호흡으로 돌리라는 단순한 지시로, 마음챙김 수행은 이 생각들에 도전한다. 강한 부정적 생각들이들은 반복적으로 일어나는 경향이 있다은 당연히 반복적으로 도전을 받으며, 마음챙김 수행에서는 보통 부정적 생각을 반추하기 전에 그 생각들을 '정문front gate' 에서 마주친다.

현재 경험의 증진: 쾌감

행복을 증가시키는 최대 가능성은 현재에서 발견된다. 우리 모두는 가장 일상적인 접근, 즉 쾌감 추구에 매우 친숙해져 있다. 행복을 언급할 때 이것이 우리 대부분의 마음속에 떠오르는 유일한 것일 것이다. 쾌감을 경험하기 위한 능력은 강력한 유전적 요소를 갖고 있는 것으로 밝혀졌다. 어떤 사람은 천성적으로 명랑하고 어떤 사람은 그렇지 않다. 보다 과학적인 용어로 말해서 우리 모두는 **고정점**set point을 가지고 있는데, 그 고정점을 넘어서면 우리 경험은 안정될 수 없다Lucas, Clark, Georgellis, & Diener, 2003. 하지만 기쁜 소식은 각 고정점에는 그것과 관련된 범위가 있으며 모든 사람에게는 그 사람이 지닌 범위의 정점 근처에서 사는 일이 가능하다는 것이다. 그러나 실제 이 범위는 우리가 기대하는 것만큼 크지 않다. 선전 문구에서 시사하고 있는 것과는 달리, 주어진 개인에게서 쾌감의 가능성은 무한하지 않다.

쾌감의 추구와 관련된 또 다른 제한 요인은 쾌락 쳇바퀴hedonic treadmill로 알려져 있다. 이 원리에 따르면, 우리는 짧은 시간이 지난 후에는 좋고 나쁜 사건들을 수용함으로써 이 둘에 적응하게 된다Ryan & Deci, 2001; Seligman, 2002b. 우리 대부분은 종종 행운에 의해 우리의 삶이 영원히 더 좋게 변화할 것이라고 생각하지만, 대부분의 경우 아주 극적인 긍정적 사건조차도 단지 몇 주 동안만 정서적인 고양감을 일으킨다. 마찬가지로 극적인 부정적 사건은 우리가 종종 상상하듯이, 심각한 우울증이 없다면 우리를 파괴시키지 않는다. 몇 주가 지나면 우리 대부분은 정체 상태에서 출발선으로 돌아온다. 쾌감과 불쾌감은 매우 일시적이며 변덕스럽다. 그러므로 쾌감 추구는 매우 가치가 있기는 하지만 개인의 모든 자원을 그 속에 쏟아 부어야 할 바구니는 아니다.

음미savoring는 쾌감의 경험을 증가시키는 주된 방법이다. 어느 한 사람의 고정점이 어디에 위치하든 수많은 기법들은 이런 목적에 아주 효과가 있다. 이들은 쾌감을 연장하는 것과 강화하는 것으로 나누어진다. 이들 모두는 시간의 경험을 늦추는 것과 어느 정도 관계가 있다. 다음은 쾌감을 연장시키는 기법들이다.

- 쾌감을 다른 사람과 공유하기
- 기억과 이미지를 구축하고 저장하기
- 자기 축하self-congratulation
- 첨예화와 명료화
- 쾌락을 다른 사람이 느낄 수 있는 것과 비교하고 대조하기

• 몰두absorption

다음은 쾌감을 강화하는 기법들이다.

• 방해물 차단하기
• 마음챙김을 통한 주의력 강화

쾌감의 증진은 매우 바람직하지만 그 궁극적인 성공은 고정점과 쾌락 쳇바퀴에 의해 제한된다. 마음챙김 수행은 항상 이런 한계들을 직관적으로 이해하고 수용하므로 실제로 쾌감을 연장하거나 강화시키려고 노력하지 않는다때때로 당연하게 이렇게 하는 때가 있다 하더라도. 더 중요한 것은 대부분의 사람들에게서 쾌감을 추구하는 것이 보통 통증을 피하려는 노력과 쌍을 이루고 있다는 사실을 깨닫는 것이다. 앞 장에서 우리가 이미 언급하였듯이, 불행하게도 통증을 피하려는 노력은 온갖 종류의 고통을 낳는다. 그러므로 쾌감을 증진시키는 데에서 긍정 심리학자는 이런 습관적인 연결을 피하는 것이 좋을 것이다.

현재 경험의 증진: 참여

비록 쾌감의 경험이 앞서 언급한 요소들에 의해서 제약을 받더라도 참여engagement의 가능성은 사실상 무한하며, 그것들은 하나의 기질을 다른 기질보다 선호하지 않는다. 참여는 자신의 행동에 몰두하는 경험이며, 높은 수준의 성취가 오랜 기간 동안 유지될 수 있다. 참여를 위한 쾌락 쳇바퀴는 없으며, 이전의 참여 경험이 끝난 후에 그것에 다시 들어가는 것과 연관된 불응기refractory period*도 없다. 참여 연구와 연관된 중요한 연구자는 칙센트미하이Csikszentmihalyi, 1991다. 그는 그것을 설명하기 위해서 몰입

flow이라는 용어를 사용했다.

칙센트미하이에 따르면, 쾌감을 경험할 때 우리는 자기 자신과 자신의 느낌 상태를 아주 가깝게 자각한다. 참여의 경우는 그 반대다. 전적으로 참여할 때 분리된 자기 자각의 감각이 없어지며, 의식적 느낌 상태도 없다. 몰입 상태에서 우리는 자신의 행위와 분리됨이 없이 결합된다. 몰입 상태에서 시간은 자각되지 못한 채 흘러간다. 이 시간이 없는 상태는 여러 영적인 전통에서는 물론 문학작품에서도 널리 찬미되어 왔다. 그에 대한 잘 알려진 대중적인 책 가운데 하나는 로버트 피어시그Robert Pirsig, 1974의 『선과 모터사이클 관리술*Zen and the Art of Motorcycle Maintenance*』**이다. 몰입은 또한 종종 부지런한 마음챙김 수행의 결실의 하나로 언급된다. 때로는 비교적秘教的 용어로 논의되기도 하지만, 몰입은 궁극적으로 도달하지 못하거나 멀리 떨어져 있는 것이 아니다. 예를 들면, 어린아이는 항상 몰입에 빠져 있다.

그럼에도 불구하고, 참여는 무료로 편승하는 것이 아니다. 이것은 노력과 집중된 주의를 자신의 재능과 결합시킬 때 얻어진다. 이런 의미에서 셀리그먼2002b은 쾌감과 대비하여 만족이라고 불렀다. 그리고 그는 몰입에는 실제로 미래를 위한 정서적 자본을 쌓는 진화적인 목적이 있다고 믿었다. 칙센트미하이에 따르면, 몰입 상태에 들어가기 위한 많은 기준이 있다. 하나의 두드러진 기준은 우리의 최대 강점이 최대 과제와 만날 때 몰입이 얻어진다는 것이다. 물론 강점의 수준과 과제의 수준이 균형을 이루는 것이 중요하다. [과제의 난이도는 낮은데] 강점 수준이 너무 높으면 지루해진다. [강점 수준이 낮은데, 즉 처리 능력이 모자란데] 과제의 수준이

* 신경, 근세포가 자극에 반응한 후 다음 자극에 반응할 수 없는 짧은 기간.

** 『선禪과 모터사이클 관리술』 로버트 메이너드 피어시그 저, 장경렬 역, 2010, 서울: 문학과 지성사.

너무 높으면 압도되는 느낌의 위험[걱정, 불안, 각성]이 있다.

강점의 문제는 여기에서 정의할 필요가 있다. 셀리그먼2002b은 문화와 민족성을 가로지르는 근본적인 인간의 속성에 대해 이야기하고 있다. 이것들은 모든 인류가 타고난 속성이지 수련에 의해 계발되고 닦여진 능력이 아니다. 덧붙이자면, 일생 동안에 지속되는 자질에 대해서 말하고 있다. 대비하면 전통적인 정신 건강은 기본적으로 개인에게서 잘못된 것을 제거하는 결핍 모델 위에서 발견된다. 『정신장애 진단 및 통계 편람DSM-IV-TR』American Psychiatric Association, 2000은 그러한 정신 장애의 종합적인 목록이며, 그 가운데 많은 장애는 일시적일지도 모르는 증상의 특징이 있다.

긍정 심리학 연구를 시작하면서 셀리그먼2002b은 인간의 강점과 덕성의 목록을 작성하는 야심찬 프로젝트에서 크리스 피터슨Chris Peterson의 도움을 열거하고 있다. 피터슨은 긍정 심리학이 고유의 진단 및 통계 편람이 필요할 것이라는 점을 인식하고는 이런 요구를 충족하기 위해 『성격 강점과 덕성*Character Strengths and Virtues*』이라는 책을 썼다Peterson & Seligman, 2004. 이 책은 모든 영적 전통과 문화에 공통되는 특성들을 밝히려고 노력하였다. 강점을 찾아내는 중심 기준 중 한 가지는, 그 강점이 하나의 목적을 위한 수단이 아니라 그 자체로 목적으로 간주된다는 점이다. 또한 강점은 재능처럼 낭비될 수 있는 것이 아니다. 감사gratitude가 한 예가 된다. 강점에 대한 또 다른 기준은 제로섬과는 반대로 그것들이 쉽게 긍정-섬으로 이용된다는 것이다.

피터슨은 24개의 강점을 목록으로 작성하였는데, 이것은 6개 덕성의 하위 범주로 나누어진다. 6개의 덕성은 지혜, 지식, 용기, 인간성, 정의, 절제 그리고 초월이다. 각각의 덕성과 관련된 몇 가지 특유의 강점이 존재한다. 예를 들면, 지혜와 지식에 관련된 강점은 창조성, 호기심, 개방성, 지식에 대한 사랑, 관점지혜 자체이다. 각 개인에게서 이런 몇 가지 강점들이 우세하게 나타날 가능성이 있으며, 셀리그먼은 이것을 대표 강점signature strength이라고 불렀다. 웹에 근거한 강점 조사Seligman, 2004b도 있는데, 그 조사에서는 개인이 자신의 대표 강점을 확인하는 데 도움이 되는 강제적-선택 평가 수단을 사용한다. 셀리그먼2002b은 개인이 그 대표 강점들을 발휘할 때, 최대의 만족을 얻는다고 가정했다. 이것은 특히 참여 또는 몰입 경험과 관련지을 때 옳다. 사람은 자신의 약점을 극복하기 위해서 고군분투할 때보다 문제를 다루는 데 자신의 강점을 이용할 때 더 큰 진전을 이룰 수 있을 것이라고 주장하기도 했다. 물론 두 가지 접근은 서로 배타적이지 않다. 강점과 덕성 그리고 보살도를 수행하는 사람들과의 유사성에 대한 더 많은 논의는 이 장의 마지막 부분에서 다룰 것이다.

현재 경험의 증진: 의미

참여와 마찬가지로 의미meaning의 경험을 통해서 행복을 높일 수 있는 가능성은 무한하다. 의미는 개인이나 개인의 협소한 관심보다 큰 목적에 참여할 때 생긴다. 물리적이고 개념적인 모든 주요 제도의 발전을 위한 에너지는 의미를 향한 인간의 넓은 탐색에서 나온다. 게다가 모든 영적 · 철학적 전통은 의미를 그 중심에 두고 있다. 이런 탐색을 효율성 있게 또 의식적으로 촉진하기 위해서 셀리그먼2002b은 대표 강점을 다른 사람에게 이로움을 줄 목적으로 이용할 필요가 있다고 한다. 이는 참여 훈련이지만 협소한 개인적 목적을 초월하는 비전을 갖고 있다. 의미는 임무mission로 상승되는 소명calling이다. 앞에서 다른 용어로 설명했듯이, 그런 의미의 추구 또한 보살도의 핵심에 놓여 있다.

요 약

셀리그먼2003은 행복의 계발과 관련해서 최종적으로 수수께끼 같은 각

주를 달아 놓았다. 우리가 평생 들어 왔던 용어를 사용해서, 그는 충족된 삶full life이란 세 부분들의 합, 즉 쾌감, 참여, 의미의 총합보다 크다고 가정하였다. 그러나 이목을 끄는 점은 공허한 삶empty life이 부분들의 합보다 적다고 가정한 점이다. 달리 표현하면, 불행과 행운은 그저 합산되는 것이 아니라 서로 상승 효과를 낼 수 있다. 이런 제안이 사실인지 아닌지는 알 수 없지만 자극적이며 긍정적인 동기를 불러일으킬 수 있다. 네 가지 고귀한 진리[사성제]를 가슴으로 받아들이는 것은 유사한 효과가 있다.

치료 대 개인적 변형

견해를 확장하기

마음챙김 명상과 긍정 심리학의 확실한 동맹 관계는 아직까지 문헌을 통해서 광범위하게 연구되지 않았지만, 서로를 풍요롭게 할 가능성은 풍부하다. 앞서 언급한 것처럼, 마음챙김 수행은 궁극적인 행복 프로젝트다. 그러나 정면으로 접근하는 것은 아니며 결코 그럴 의도도 없다. 그 대신 행복은 보살의 수행에서처럼 덕이 있고 비이기적인 삶을 산 결과로 얻어진다. 다른 말로 하면 간접적인 인과관계가 존재한다. 셀리그먼2003은 다른 식으로 표현해서 행복은 주로 개인의 최상의 능력을 발휘하는 데서 일어나는 반가운 부산물이라고 하였다. 결국 참여와 의미가 그 자체로 보상이다.

돈의 색깔

치료therapy는 신체적 혹은 정신적 장애를 교정하는 처치remedial treatment로 정의된다. 이런 식의 정의에는 한계가 있긴 하지만, 치료실에서 통상적으로 일어나는 일의 상당수를 설명한다. 동시에 많은 심리치료자들은 사적으로는 긍정 심리학자이며 자신의 작업이 정신질환에 국한되어 있다는 데 동의하지 않을 것이다. 그러나 현재까지 심리학의 주류는 이 면에서 그들에게 제시해 줄 수 있는 것이 많지 않았다. 그 결과 그들은 마음챙김 전통이나 그 밖의 영적·개인적 경험에 의존하는 등 다른 곳에서 보조수단을 찾았다. 게다가 보험회사에 서비스 비용을 청구할 때 많은 치료자들은 딜레마에 처한다. 보험회사는 의학적으로 필요한 치료에 대해서만 비용을 지불할 뿐, 변형적transformative이고 긍정적인 개인의 성장을 위해서는 비용을 지불하지 않는다. 정의상으로 보험은 예측하지 못했던 불운에 대비한 방어책인 점을 고려해 보면 이는 마땅히 지불되어야 한다.

셀리그먼2003은 긍정 심리학 연습이 치료 모형보다는 코칭 모형에 속한다고 주장하기 시작했다. 많은 코치들도 똑같이 말하고 있다. 이런 구분에 대해서는 언급할 것이 많지만, 정신적 장애와 정신적 안녕감 사이의 경계에서 한 가지 문제가 발생한다. 통상적으로 잘 기능하는 환자들을 치료할 때, 치료자는 당연히 이런 경계를 여러 번 드나들게 될 것이다. 보험회사가 전 비용의 1/3을 지불할까? 절반을 지불할까? 전혀 지불하지 않을까? 아니면 전액을 지불할까? 이는 곤란한 문제이며, 서비스에 대한 지불은 불행하게도 서비스를 제공하는 것과 완전히 분리되어 있지 않다. 다행히도 마음챙김 전통에서는 이런 딜레마가 결코 존재하지 않았는데, 왜냐하면 ① 전통 자체가 포괄적이어서 정신적 장애와 정신적 안녕의 영역이 구분되지 않고, ② 서비스는 주로 무료로 제공되어 서비스 비용을 계산하는 일은 거의 없기 때문이다.

새로운 상승효과를 위한 전망

논란을 일으킬 수 있는 변상의 문제는 정신질환과 정신건강의 경계에서 아직 해결되지 않고 있으며, 우리는 여기에서 그 문제를 풀려고 하지 않을 것이다. 그러나 치료와 개인적 변형transformation의 경계는 점점 더 유동적이 되어, 더 이상 이 둘 사이에 중요한 분수령이 존재하는 것처럼 가정할 필요는 없을 것이다. 마음챙김 수행은 항상 여권 없이 질병과 건강의 선을 넘나들어 왔고, 의학 모형 심리학과 긍정 심리학도 동일한 것을 배울 수 있다고 생각할 수 있는 이유는 충분하다. 의학 모형 심리학은 상당한 정도로 초기불교 심리학에 동조하며, 긍정 심리학도 똑같이 중기와 후기 가르침과 잘 조화를 이루고 있다. 서구 심리학과 세 시기 사이의 일치성이 밝혀지고 있지만, 세 시기 자체가 서로 중복되고 상호 관련되어 있음을 기억하는 것이 중요하다. 이들은 궁극적으로 서로 분리될 수 없다. 아마도 의학 모형 심리학자들과 긍정 심리학자들은 시간이 지나면서 서로 분리할 수 없는 연결성을 존중하게 될 것이다. 덧붙여 말하자면, 마음챙김 수행과 긍정 심리학은 서로를 고무하는 협력 관계를 발전시킬 수 있을 것이다.

긍정 심리학과 불교 심리학 사이의 윤리적 사유의 유사점들

2장에서 간략하게 논의한 서구 심리학과 불교 심리학에서의 윤리적 관점의 차이를 기억해 보자. 경험적 심리학의 바탕을 통해, 셀리그먼2003은 여기에 가능성 있는 가교를 제시하고 있다. 그는 과학적 학문의 역할은 규정하는prescribe 것이 아니라 기술하는describe 것이라고 느꼈다. 그러므로 심리학은 문화가 규정하는 것 이외의 것을 기술할 수 있다. 심리학은 덕성의 부재에 대해서 기록된 불이익뿐 아니라 기록된 이익을 지적할 수 있다. 이것이 정확히 불교 심리학이 그 윤리적 질서에 대해서 취했던 태도다. 그것들은 명령이기보다는 괴로움을 감소시키기 위해 고안된 실용적인 지침이다. 긍정 심리학자는 윤리적 행동을 규정하는 것이 아니라 환자로 하여금 다른 행동이 환자 자신에게 초래하는 결과를 보게끔 초대할 수 있을 것이다.

긍정 심리학과 초기 사이의 유사점

이 책의 몇 개의 장은 전통적인 심리치료에서 마음챙김 명상이 결실 있게 사용된 예들을 기록하고 있다. 대부분 이런 조류는 괴로움, 괴로움의 원인, 그리고 괴로움을 극복할 수 있는 가능성에 대한 초기의 가르침으로부터 흘러 나왔다. 문헌은 폭발적으로 많지만, 모든 가능성에서 우리의 이런 연합의 시도는 초창기일 뿐이다.

심리치료에서 마음챙김 명상의 유익함을 논할 때, 현재 순간에 존재하는 것의 중요성을 간과할 수 없을 것이다. 결국 마음챙김 수행은 본질적으로 어제 일어난 것이나 내일 일어날 것이 아니라 현재 실제로 일어나고 있는 것, 바로 지금 일어나고 있는 것에 주의를 기울이는 수련이다. "지금 이 순간에 존재하라Be Here Now."라는 대중심리학의 친숙한 만트라이지만, 어떤 실제적인 가치가 없다면 지금처럼 대중적이 되지 못했을 것이다. 주의력을 지배하고 이를 부드럽게 현재에 집중시키는 것을 배우는 일은 말로 표현할 수 없는 이로움을 주는 기술이다.

그럼에도 불구하고, 순진하게 현재에 주의를 기울이는 것과 관련된 잠재적인 함정이 있으며, 수많은 마음챙김 수행자들이 여기에 빠져 있다. 전통적인 심리학과 긍정 심리학이 여기에서 도움을 줄 수 있다. 과거는 우리 기억 속에 존재하며, 이는 강력한 힘을 발휘한다. 부지런한 심리치료 환자와 마음챙김 수행자 모두 과거와 현재 경험 간의 경계를 열어서

이 둘 사이에 건설적이고 좋은 교섭commerce을 만들어 줄 때 큰 유익함을 얻는다. 과거를 양탄자 밑에 쓸어 넣는다는 의미로 현재에 존재하는 것은 안녕감을 위한 처방이 아니다. 적절한 균형을 찾는 것이 열쇠다. 균형을 향한 이런 요청이 '중도'라는 불교적 개념에 표현되어 있으며, 이는 모든 노력에 있어서 극단을 경고하고 있다.

현재 순간과 미래 간의 관계에서도 유사한 사고를 적용할 수 있다. 다시 한 번 말하지만 미래는 우리의 투사 속에 존재한다. 마음챙김 수행은 우리에게 이런 투사에 강제로 유린당하지 않는 방법을 가르치지만, 미래를 생각하는 것을 완전히 피하는 것 또한 안녕감을 위한 처방이 아니다. 신경심리학자 알렉산더 루리아Arexander Luria의 제자인 골드버그Goldberg, 2001는 인간 문화와 제도의 역사는 뇌의 전두엽의 발달과 일치한다고 가정했다. 전두엽은 실행기능과 관련된 뇌구조로 특정 목적을 위해 일련의 활동들을 계획하고 이들을 실행으로 옮기는 능력을 갖고 있다. 달리 말해서, 전두엽은 현재와 미래의 경계선을 중재한다. 주의장애, 과잉활동 장애, 전두엽 치매와 같이 실행 능력에 결함이 있는 사람은 엄청나게 괴로워한다. 그들은 현재 순간에 사로잡혀 의지할 만하고 일관성 있는 미래를 예상하지 못한다. 그러므로 현재에 초점을 맞출 때, 마음챙김 명상수행자들은 불행히도 일부 순진한 신봉자들이 그렇게 하듯이 미래를 무시하려고 노력해서는 안 된다. 앞서 언급한 것처럼, 실제 문제는 미래에 대한 생각에 의해 볼모가 되는 것을 피하는 것이다. 과거와 미래 간의 경계에 균형을 잡고 서 있는 것이 목적이며, 이는 긍정 심리학의 논박 기법에서 도움을 받는다.

긍정 심리학과 중기 사이의 유사점

모든 명상수련자들은 비어 있음[空]을 얼핏 보는 경험에는 익숙해 있다.

게다가 대부분의 치료자들은 마음챙김에 대해 아무것도 들은 적이 없어도 연민을 소중히 여기고 이를 실천한다. 그러나 심오한 무아no-self 체험과 그런 깨침에서 생긴 자발적인 연민은 중기의 가르침이 가장 설득력 있게 호소한 주제다. 이것은 초보자에게는 불가능한 경험이다. 전통적인 심리학은 여기에서 어떤 친숙한 토대를 발견하게 되는데, 특히 치료자들 사이에서 그렇다. 특히 마음챙김 명상수행자들이기도 한 수많은 심리치료자들은 뚜렷이 보살의 길을 걸어 왔다. 그러나 그 길은 전통적인 치료 환자들에게는 덜 매력적일 것인데, 왜냐하면 보살은 의식적으로 타인을 자기보다 우선시하는 사람이며, 심각한 정신적 어려움으로 고투하는 사람들이 반드시 이런 길을 택할 준비가 필요하지는 않기 때문이다. 반면에 긍정 심리학의 입장에서 치료를 받는 내담자는 이런 식으로 충실함을 확장하는 데 개방적일 수 있으며, 그 길을 추구하기 위한 충분한 이유가 존재한다. 연구에 따르면, 진심 어린 태도로 도와주는 전문가는 일반적으로 그들이 봉사하는 사람에게서보다 그들의 도우려는 노력으로부터 더 많은 유익함을 얻는다Seligman, 2003.

긍정적 정서의 계발은 보살 수행의 커다란 부분이다. 그 자체로 가치가 있을 뿐 아니라, 달라이 라마Dalai Lama & Cutler, 1998도 지적했듯이, 부정적인 정서에 대한 강력한 해독제로도 인식되고 있다. 앞서 논의한 것처럼, 프레드릭슨은 그녀의 원상 복귀 가정undoing hypothesis; Tugade & Fredrickson, 2004에 의해 동일한 결론에 이르렀다. 프레드릭슨의 또 다른 발견은 중간 시기의 마음챙김 수행과 유사하다. 긍정적 정서에 관한 그녀의 '확장 및 축적' 이론은 인간 상호작용을 위한 긍정-섬positive-sum 시나리오다Fredrickson & Branigan, 출판 중. 보살도 자체는 무엇과도 견줄 수 없는 긍정-섬 모험이라고 생각할 수 있다. 보살 수행의 일부는 분명히 부정적, 제로섬 사고를 긍정적이고 비非제로섬 의도로 대체하는 일이다. 성실한 학생은 부정적 정서가 일어날 때마다 공공연하게 이렇게 대체시키려고 한다. 예를 들어, 분노가 일어나면 인내를 연습하고 분노의 감정을 이해와 명료함이라는 정서로 대체시키려고 한다. 이것은 엄청난 작업이지만 제로섬과 비제로섬 패러다임의 관점에서 보면 그 지혜가 분명해진다.

중기 가르침에서 긍정적 정서를 실제로 계발하는 것은 베품[보시], 윤리[지계], 인내[인욕], 노력[정진], 집중[선정], 지혜[반야]라는 여섯 가지 덕목[육바라밀]의 수행을 통해서다. 긍정 심리학에서와 마찬가지로 참여와 의미를 위한 주요 매개체는 대표 강점과 덕성이다. 긍정 심리학에서 이것들은 본성적인 것으로 생각되고 있지만, 중기 가르침은 실제로 개발될 수 있음을 시사하고 있다.

나아가 피터슨Peterson, 2004은 지속적인 성격은 개인의 일시적인 결함보다는 강점과 덕성의 본성적인 모습과 더 관련될 수 있다고 제안했다. 그는 진정한 정신병리는 일시적인 DSM 유형의 증상들의 집합보다는 개인의 강점과 덕성의 결함에 의한 것일 수 있다고 주장했다. 이것이 사실이라면 강점과 덕성을 개발할 수 있는 가능성은 무엇과도 비길 수 없는 이점을 준다는 것이 증명될 수 있다. 다른 말로 표현하면, 덕성의 개발은 정신질환을 치료하는 것뿐만 아니라 행복의 추구를 위해서도 강력한 약이 될 수 있다.

긍정 심리학과 후기 사이의 유사점

불성이라는 개념은 항상 부지런히 자기 수행을 하거나[초기 가르침처럼] 비어 있음[空]을 체험하는 것[중기 가르침처럼]보다 서구인에게는 더욱 매력적이지만, 불성은 후기 가르침으로서 초기와 중기의 가르침에 철저히 토대를 두지 않고서는 제대로 이해할 수 없다는 점을 기억하는 것이 중요하다. 불교의 스승들은 이 문제를 인식하였고, 마음챙김 수행을 누락시키려고 할 때 생기는 엄청난 이기주의에 대해 경고하고 있다Trungpa, 1973. 모든 마음챙김 수행을 지원하는 무엇보다 소중한 원칙이 있다면 그것은 지름길이 없다는 것이다.

이런 일반적인 경고를 염두에 두고 긍정 심리학과 후기 마음챙김 수행 간의 몇 가지 상승효과를 조명해 볼 수 있다. 우선 셀리그먼2003은 인간존재는 근본적으로 선하다는 전문가의 입장을 취하고 있음에 주목할 가치가 있다. 이런 입장은 불성이라는 개념과 완전히 일치하지만, 서구의 많은 사유 앞에서는 사라져 버린다2장 참조. 원죄에 대한 교리는 서양 문화에 깊숙이 파묻혀 있고, 공격 본능이라는 프로이트의 유산도 역시 강력하다. 지난 반세기에 걸쳐 이런 조류를 돌파하려는 수많은 시도가 있어 왔으며, 코헛Kohut, 1978이 가장 두드러진 인물에 속한다. 그는 인간은 근본적으로 선하다고 주장했으며 인간 본성의 어두운 측면은 부수적인 것이라고 믿었다.

어떤 사람이 비교적 평탄한 삶을 살았고 인간 존재의 잔인한 측면을 거의 경험하지 않았다면 인간은 근본적으로 선하다는 견해를 갖기 쉽다. 그러나 셀리그먼과 코헛처럼 인간의 불행에 대해 조예가 깊고 잘 알고 있는 사람들이 그런 견해에 도달하는 것은 결코 그냥 주어진 것이 아니다. 모든 가능성에 비추어 볼 때 그것은 철저한 반성과 힘겨운 노력을 통해 생긴 신중한 성취다. 달리 말해서, 그런 사람은 아마도 초기와 중기의 경험을 자기 나름대로 겪고, 후기에 훌륭한 건강에 도달했을 것이다. 후기 불교의 가르침이라는 입장에서 볼 때 실제로 이것은 마땅히 그래야 한다. 가장 강력하면서도 해탈에 이르게 하는 사상들이 반드시 손에 잡히면서도 지속적인 효과가 있을 것이라는 일종의 사려 깊은 희망과 함께 거리에서 건넬 수 있는 것은 아니다. 이런 의미에서 그것들은 불교전통에서 자기 비밀self-secret로 알려진 것이다. 겉으로 보면 이들은 심오하게 보일 수도 그렇지 않을 수도 있지만, 이해가 성장하면 그 깊이도 깊어진다. 사실상 인간이 지니고 있는 광대한 지혜는 자신을 개발하려는 각 개인의 능력에 의해서만 제한을 받는다.

후기 가르침과 심리학과의 또 다른 유사성은 연륜과 속도를 늦추는 것에서 찾을 수 있다. 수많은 삶의 여정은 순환적이어서, 궁극적으로 개인은 출발점으로 돌아온다. 그런 여정은 그 순환성에도 불구하고 필요하다. 그것이 없다면 우리는 종종 우리가 내내 함께해 왔던 것을 제대로 평가할 수 없을 것이다. 마음챙김 수행에서와 마찬가지로 심리치료에서도 실제로 어디론가 갈 필요가 없다. 모든 것이 바로 여기, 바로 이 순간에 주어져 있다. 불완전성에도 불구하고 모든 것은 완벽하다. 이것이 바로 실재는 손을 펴야만 잡을 수 있다고 말할 때의 의미다. 마음챙김 명상에서 공간으로 숨을 내쉬는 것을 따라갈 때처럼 내려놓는 것이 유일한 방법이다.

가장 중요한 유사점: 수련의 중요성

심리치료를 전문적으로 수련 받고 있는 사람에게 학문적 수련training, 지속적인 교육 및 임상 감독의 중요성은 보편적으로 인정되고 있다. 이는 계속되는 발달을 지원하는 데 도움을 줄 뿐 아니라, 자기 기만을 직면하고 감소시키는 데도 도움을 준다. 부지런하게 마음챙김 명상을 수행하고 싶어 하는 사람들을 위해서도 비록 공식적으로 덜 명문화되었지만 유사한 요구 사항이 있다. 수많은 불교 학파들은 모두 전통적으로 살아 있는 스승과 동료 수행자의 집단이 마음챙김 수행의 길을 넓게 걸어가길 원하는 사람에게 필수적인 사항이라고 말한다. 마음챙김 수행의 매 단계에서 아주 가끔씩만 그런 스승 및 집단과 접촉할 수 있다고 하더라도 끝없는 자기 기만의 가능성을 피하기 위해서는 안내자가 결정적으로 중요하다.

그런 안내 없이 이 장에서 설명한 발달을 경험하는 일은 매우 어렵다는 사실을 인식하는 일이 중요하다.

맺는 말

서구심리학과 불교의 마음챙김 수행 간의 이와 같은 풍요로운 교류를 마무리하면서 몇 가지 중요한 개념들을 염두에 두는 것이 도움이 될 것이다. 초기 이해의 수준에서 볼 때, 괴로움은 피할 수 없음을 기억하는 것이 도움이 될 것이다. 사실 괴로움을 극복하기 위해서는 괴로움을 끌어안아야 하며, 심리치료는 종종 이런 일에서 마음챙김과 유대를 맺음으로써 헤아릴 수 없는 유익함을 얻을 수 있다.

중기의 이해 수준에서 볼 때, 비非이기심은 안녕well-being감으로 가는 가장 적절한 길임을 기억하는 것이 도움이 될 것이다. 다른 사람들의 괴로움을 연민으로 동조하는 것이 저절로 일어나게 되고, 이럴 때 그것은 강력한 약으로 변한다. 게다가 이런 이타적인 입장은 그것을 취하는 사람에게 엄청난 유익함을 준다. 그것은 결정적인 긍정-섬 계획이지만 모호하지 않게 실행해야 한다. 비이기적인 척하는 것은 효과가 없을 것이다.

후기 이해의 수준에서 볼 때, 성숙, 수련, 힘든 일이 전제되어 있다는 것을 기억하는 것이 도움이 될 것이다. 인간 본성과 잠재력에 대한 지식이 없는 물려받은 긍정적 신념은 가치 있는 안내와 영감으로 도움이 될 수는 있겠지만, 직접 경험을 통해 학습된 것이 아니고 나무에서 곧장 열매를 따는 식으로 수확된다면 좋기보다는 오히려 해로울 것이다.

동시에, 모든 순간에 깨침awakening의 기회가 있으며, 그런 깨침은 삶의 모든 사건을 완전히 있는 그대로 만나는 데서 나온다. 이런 일은 종종 매우 괴롭고예: 자신의 실패를 친구로 바라보는 일 전혀 '깨침'으로 느껴지지도 않는다.

그럼에도 불구하고, 매 순간은 그 자체로 충분히 만나고 평가된다면 힘과 지혜를 담고 있다. 역설적이긴 하지만, 여기에 한 개인에게 고유한 근본적인 선과 모든 현상에 내재하는 선을 발견하는 마술이 있다. 개인의 삶에서 한때는 그렇게도 결정적으로 중요했던 경험에 대한 관습적인 명칭이 사라지기 시작하며, 대신에 모든 경험은 살아 있음 그 자체의 경이로움처럼, 다소 놀랍게 보이기 시작한다. 그러나 이런 경이로움에 대한 방해받지 않는 시각을 유지하는 것은 매우 엄청난 주문이며, 그것은 강한 체력과 무사武士의 정신을 필요로 한다. 게다가 이러한 부드러운 무사는 극단을 피하고 인내심을 갖고 꾸준한 발걸음으로 중도를 걸을 필요가 있다. 이것이 기본적 선함의 햇살을 만나는 길이며, 이는 존재 전체로 스며드는 변형pervasive transformation으로 이끌어 준다.

부록

Appendix

부록 A
임상가를 위한 자료

다음은 심리치료에 응용된 마음챙김과 불교 심리학에 대해 더 배우려고 관심을 가지고 있는 임상가들을 돕기 위해 선별된 자료들이다.

마음챙김 지향 심리치료

책

Epstein, M. (1995). *Thoughts without a thinker: Psychotherapy from a Buddhist perspective*. New York: Basic Books. (붓다의 심리학, 전현수, 김성철 공역, 2006, 서울: 학지사)

Hayes, S. C., Follette, V. M., & Linehan, M. M. (Eds.). (2004). *Mindfulness and acceptance: Expanding the cognitive-behavioral tradition*. New York: Guilford Press. (알아차림과 수용, 고진하 역, 2010, 서울: 명상상담연구원)

Hayes, S. C., Strosahl, K. D., & Wilson, K. G. (1999). *Acceptance and commitment therapy: An experiential approach to behavior change*. New York: Guilford Press.

Kabat-Zinn, J. (1990). *Full catastrophe living*. New York: Delacorte Press.(마음챙김 명상과 자기치유, 장현갑, 김교헌, 김정호 공역, 2010, 서울: 학지사)

Linehan, M. (1993). *Cognitive-behavioral treatment of borderline personality disorder*. New York: Guilford Press.

Magid, B. (2002). *Ordinary mind: Exploring the common ground of Zen and psychotherapy*. Boston: Wisdom Publications.

Molino, A. E. (1998). *The couch and the tree*. New York: North Point Press.

Segal, Z. V., Williams, J. M. G., & Teasdale, J. D. (2002). *Mindfulness-based cognitive therapy for depression: A new approach to preventing relapse*. New York: Guilford Press. (마음챙김 명상에 기초한 인지치료: 우울증 재발 방지를 위한 새로운 치료법, 조선미, 이우경, 황태연 공역, 2006, 서울: 학지사)

웹 사이트

마음챙김에 근거한 스트레스 완화(Mindfulness-based stress reduction) www.umassmed.edu/cfm

변증법적 행동치료(Dialectical behavior therapy) www.behavioraltech.com

수용과 참여(전념) 치료(Acceptance and commitment therapy) www.acceptanceandcommitmenttherapy.com

명상과 심리치료 연구소(Institute for Meditation and Psychotherapy) www.meditationandpsychotherapy.org

행동치료 증진을 위한 마음챙김과 수용 특별 관심 그룹(Mindfulness and Acceptance Special Interest Group of the Association for Advancement of Behavior Therapy) listserv.kent.edu/archives/mindfulness/html

마음챙김 수행

책

Aronson, H. (2004). *Buddhist practice on Western ground: Reconciling Eastern ideals and Western psychology*. Boston: Shambhala.

Beck, C. (1989). *Everyday Zen: Love and work*. San Francisco: HarperSanFrancisco.

Brach, T. (2003). *Radical acceptance: Embracing your life with the heart of a Buddha*. New York: Bantam/Dell.

Dalai Lama, & Cutler, H. (1998). *The art of happiness: A handbook for living*. New York: Riverhead.

Goldstein, J. (1993). *Insight meditation: The practice of freedom*. Boston: Shambhala.

Goldstein, J., & Kornfield, J. (1987). *Seeking the heart of wisdom*. Boston: Shambhala.

Goleman, D. (2003). *Destructive emotions: How can we overcome them?* New York: Bantam/Dell.

Gunaratana, B. (2002). *Mindfulness in plain English*. Somerville, MA: Wisdom Publications. (가장 손쉬운 깨달음의 길: 위빠사나 명상, 손혜숙 역, 2001, 서울: 아름드리미디어)

Hanh, T. N. (1987). *The miracle of mindfulness*. Boston: Beacon Press. (Original published in 1975)

Kabat-Zinn, J. (1994). *Wherever you go there you are: Mindfulness meditation in everyday life*. New York: Hyperion. (당신이 어디를 가든 거기엔 당신이 있다, 고명선 역, 2002, 경기: 물푸레)

Kabat-Zinn, J. (2005). *Coming to our senses: Healing ourselves and the world through mindfulness*. New York: Hyperion.

Kornfield, J. (1993). *A path with heart: A guide through the perils and promises of spiritual life.* New York: Bantam. (마음의 숲을 거닐다, 이현철 역, 2006, 서울: 한언)

Lama Surya Das (1997). *Awakening the Buddha within: Tibetan wisdom for the Western world.* New York: Broadway.

Rosenberg, L. (1998). *Breath by breath: The liberating practice of insight meditation.* Boston: Shambhala. (일상에서의 호흡명상 숨, 미산 스님, 권선아 공역, 2006, 서울: 한언)

Salzberg, S. (1995). *Lovingkindness: The revolutionary art of happiness.* Boston: Shambhala. (붓다의 러브레터, 김재성 역, 2005, 서울: 정신세계사)

Smith, J. (Ed.). (1998). *Breath sweeps mind: A first guide to meditation practice.* New York: Riverhead Books.

명상 수련 센터

비불교 전통

Center for Mindfulness in Medicine, Healthcare, and Society, University of Massachusetts Medical School, 55 Lake Avenue North, Worcester, MA 01655; www.umassmed.edu/cfm/mbsr

위빠사나 전통

Barre Center for Buddhist Studies, 149 Lockwood Road, Barre, MA 01005; www.dharma.org

Insight Meditation Society, 1230 Pleasant Street, Barre, MA 01005; *www.dharma.org*

New York Insight, P.O. Box 1790, Murray Hill Station, New York, NY 10156; www.nyimc.org

Spirit Rock Meditation Center, P.O. Box 909, Woodacre, CA 94973; www.spiritrock.org

티베트 전통

Naropa University, 2130 Arapahoe Avenue, Boulder, CO 80302; www.naropa.edu

Shambhala Mountain Center, 4921 County Road 68-C, Red Feather Lakes, CO 80545; www.shambhalamountain.org

선 전통

San Francisco Zen Center, 300 Page Street, San Francisco, CA 94102; www.sfzc.org

Zen Center of Los Angeles, 923 South Normandie Avenue, Los Angeles, CA 90006; www.zcla.org

Zen Mountain Monastery, P.O. Box 197, Mt. Tremper, NY 12457; www.mro.org/zmm/zmmhome/

불교 심리학

책

Batchelor, S. (1997). *Buddhism without beliefs*. New York: Riverhead Books.

Bodhi, B. (Ed.). (1999). *A comprehensive manual of Abhidhamma*. Seattle: Buddhist Publication Society. (아비담마 길라잡이 상 · 하, 대림 스님, 각묵 스님 역해, 2002, 울산: 초기불전연구원)

Fleischman, P. (1999). *Karma and chaos: New and collected essays on vipassana meditation*. Seattle: Vipassana.

Johansson, R. (1979). *The dynamic psychology of early Buddhism*. New York: Humanities Press. (초기불교의 역동적 심리학, 허우성 역, 2006, 서울: 경희대학

교출판부)

Kalupahana, D. (1987). *The principles of Buddhist psychology*. Albany: State University of New York Press.

Nyanaponika, T. (1996). *The heart of Buddhist meditation*. Boston: Weiser Books. (Original work published 1965, 불교 선수행의 핵심, 송위지 역, 1999, 서울: 시공사)

Rahula, W. (1986) *What the Buddha taught*. New York: Grove Press. (붓다의 가르침과 팔정도, 전재성 역, 2005, 서울: 한국빠알리성전협회)

웹 사이트

모든 종류의 음성 및 영상 자료 www.soundstrue.com

마음챙김 지도자 법문 www.dharmaseed.org

불교 잡지 (USA) www.tricycle.com

마음챙김 수행자를 위한 잡지 www.inquiringmind.com

불교와 과학 www.mindandlife.org

틱 낫 한 스님 불교 링크 www.iamhome.org

부록 B
불교 심리학 용어 해설

앤드류 올렌즈키|Andrew Olendzki

두 종류의 명상

아시아 불교 전통과 비불교 전통에서 여러 가지 다른 형태의 명상이 수행되고 있다. 붓다의 초기 가르침에서는 두 수행법이 가장 널리 행해졌다.

1. 집중[고요함], *samatha*] 다른 대상을 제외하고 하나의 대상에 주의를 기울이거나, 마음의 기능이 '하나를 향하게 된' 상태는 집중을 촉진한다. 산만한 생각과 감각이 발생할 때, 그러한 대상에 주의를 기울이지 않고 부드럽게 일차적 경험의 대상호흡, 한 단어나 구절으로 알아차림을 되돌린다. 하나의 특정한 현상 영역의 양상에 마음이 흔들리지 않게 될 때, 마음은 평온과 안정 그리고 힘을 얻는다.
2. 마음챙김[통찰; *vipassana*] 마음챙김 명상에서는 자극들이 경험 속에 저절로 나타날 때, 하나의 대상에서 다른 대상으로 알아차림이 움직이도록 허용한다. 지

속적인 방식으로 이렇게 할 때, 그것은 주관적 경험의 구성과 존재의 세 가지 특성에 대한 통찰로 이끈다.

존재의 세 가지 특성[三法印 또는 三法相]

인간 조건의 세 가지 근본적인 속성의 의미로 사용되는 세 가지 특성은 일반적으로 지각, 사고와 견해의 왜곡에 의한 잘못된 견해 때문에 제대로 이해되지 않는다. 이 세 가지 특성은 경험에 대해서 주의 깊고, 수련된 탐구[擇法]를 통해서 드러난다. 세 가지 특성에 대한 통찰이 지혜에 도움이 된다.

1. 영원하지 않음[無常, *anicca*] 인간의 자각의 주관적인 흐름과 마음에 의해 구성된 세계를 만들어 내는 의식의 물결은 실제로 아주 빠른 속도로 생겨났다가 사라지는 인지 활동의 아주 짧은 삽화들episodes로 구성되어 있다. 더 일반적으로 말하면, 모든 조건지어진 현상[諸行]은 지속되지 않는다는 관찰을 의미한다.
2. 괴로움[苦, *dukkha*] 이 용어는 불교 전통에서 아주 넓고 실존적인 방식으로 사용된다. 괴로움은 피할 수 없는 육체적 통증, 상처, 질병, 늙음, 죽음뿐만 아니라 근본적으로 만족할 줄 모르는 욕망 때문에 생긴 더 미묘한 심리적인 고통도 의미한다. 원하는 것을 얻지 못하는 것, 원치 않는 대상과 함께 있어야만 하는 것, 갈등을 일으키는 욕망에 대한 혼란 등이 모두 괴로움이라는 용어에 포함된다.
3. 무아[無我, *anatta*] 언제나 당혹스러움의 원천이지만, 무아에 대한 불교의 통찰은 한 사람의 한평생을 통해서 발전하는 성격과 독특하며 크거나 적거나 안정된 성격의 양태가 있다는 사실을 부정하는 것이 아니다. 오히려 그것은 이러한 성격의 양태들이 단지 조건 지어지고 학습된 행동의 양태일 뿐이며, 어떤 본질적인 것이나 초자연적인 중핵中核이 없다는 점을 지적하고 있는 것이다. 사고, 감정, 감각 등등의 '소유권이것들은 나의 것이며, 이것이 나다'에 대한 습관적인 사고방식은 근거가 없고, 부적응적이며, 심리적 어려움의 원천이다.

세 가지 근본 원인[三不善根: 貪瞋痴]

이것들은 인간 행동의 세 가지 좋지 않은 근본 경향[三毒]들이다. 이것들로부터 괴로움을 초래하는 모든 정서가 발생한다.

1. **탐욕[貪]** 갈망, 원함 또는 집착이라고도 하는 탐욕은 바람직한 것을 얻으려고 하거나 유지하려고 하는 충동이다. 이와 대응되는 좋은[善] 근본 경향은 탐욕 없음[無貪]인데, 베품[布施]과 욕망을 멀리함[離欲]으로 나타난다.
2. **분노[瞋]** 혐오, 또는 악의(惡意)라고도 하는 분노는 바람직하지 않은 것으로 경험된 것을 밀어내고 부정하거나 또는 공격하는 것을 포함한다. 탐욕과 분노는 욕망의 양극적인 표현이다. 분노에 대응되는 좋은 근본 경향은 분노 없음[無瞋] 또는 '자애(慈)'다.
3. **무지[痴]** 어리석음 또는 혼란이라고도 하는 무지는 실재의 특징적 양상에 대한 어두움을 가리키는 불교 사상의 전문 용어로 사용된다. 실재의 특징적 양상이란 존재의 세 가지 특징과 경험의 구조 같은 것들이다. 무지에 대응하고 균형을 이루어주는 좋은 근본 경향은 지혜[無痴]다.

세 가지 느낌[三受]

느낌feeling* 이라는 말은 영어의 feeling이 의미하는 보다 복잡한 정서emotion라기보다는 불교 사상에서 쾌감의 색조를 가리키는 용어다. 세 가지 느낌의 색조 가운데 한 가지는 육체적 · 정신적 경험과 결합되어 매 순간 항상 존재한다.

* 이 책에서 feeling은 심리학적인 의미로 사용될 때는 주로 '감정' 이라고 번역하였다. 여기에서는 불교 용어로 '느낌' 이라고 번역한다.

1. 즐거운 느낌[樂受] 감각 대상과 감각 기관 사이의 접촉이 생겨날 때, 즐거운 느낌이 일어날 수 있다. 이 느낌은 항상 특정한 대상에 대하여 특정한 감각 양상과 근본 태도에 의해서 조건 지어진 아주 간단하고 한정된 사건이다.
2. 불쾌한 느낌[苦受] 감각 대상과 감각기관 사이의 접촉이 생겨날 때, 불쾌한 또는 고통의 느낌이 일어날 수 있다. 즐거움과 고통은 감각이 지속되기를 바라거나 바라지 않는 반응을 일으킨다. 이 느낌은 다음의 반응과 구별될 수 있다.
3. 즐겁지도 불쾌하지도 않은 느낌[不苦不樂受] 때로 신중한 주의에 의해 즐겁거나 불쾌한 감각이 드러날 것이다. 다른 시간에는 즐겁지도 불쾌하지도 않은 중립적인 느낌의 색조를 알아차릴 수 있다.

네 가지 고귀한 진리[四聖諦]

불교 교리를 체계화하는 기본적인 원리인 네 가지 진리는 붓다에 의해 가르쳐졌고, 고귀하다고 간주되었다. 왜냐하면 이 네 가지 진리에 의해서 우리의 이해가 지혜를 통해 얻어지는 변형transformation의 영역*의 단계로 자동적으로 들어가는 데 도움을 받기 때문이다. 고대의 의학적 지식에 근거해 있는 네 가지 진리는 의사들이 병에 걸린 환자를 위해 내리는 진단, 원인, 예후 그리고 치료 계획과 유사한 것으로 간주될 수 있다.

1. 괴로움[苦] 괴로움suffering이라는 용어는 인간 조건의 근본적인 불만족을 가리키는 넓은 의미로 사용된다. 우리는 이 진리를 눈에 띄지 않게 하기 위해 많은 노력을 동원한다. 하지만 모든 치유에서처럼, 중요한 첫 걸음은 정직성과 용기를 가지고 그 고통의 본질을 직면하는 것이다.
2. 괴로움의 발생[苦集] 인간의 모든 괴로움에는 단순하면서도 시종일관된 원인인

* 초기불교 이후 불교의 네 부류의 성자인 소타판나(수타원, 預流), 사카다가미(사다함, 一來), 아나가미(아나함, 不還), 아르하트(아라한, 應供)의 깨달음의 경지를 말한다.

욕망desire이 있다. 경험에서 현재 생겨나고 있는 것과 일어나기를 바라고 있는 것 사이에 불균형이 있을 때는 언제나 괴로움은 불가피하다.

3. 괴로움의 소멸[苦滅] 처음 두 진리괴로움과 괴로움의 발생의 인과적인 상호 관계를 이해할 때, 괴로움은 단지 욕망의 제거에 의해서 소멸될 수 있다. 불쾌한 사고와 감각은 여전히 존재하고, 사실상 경험의 불변하는 부분일지도 모른다. 하지만 불쾌한 것에 대한 저항의 태도를 바꿈으로써 괴로움은 감소되며 심지어 없애버릴 수 있다.
4. 괴로움의 소멸에 이르는 길[苦滅道] 불교는 2,500년 동안 괴로움을 종식시키기 위한 다양한 많은 전략과 프로그램을 개발해 왔다. 전통적으로 치유 프로그램은 여덟 갈래의 고귀한 길[八支聖道 또는 八正道]로 유기적으로 구성되어 있다.

여덟 가지 길[八正道]

자신의 삶을 살아가고, 현재 순간에 자신을 지탱하기 위한, 이 여덟 가지 지침은 불교전통에서 향상을 위한 넓은 윤리적 맥락으로 구성되어 있다. 각 항목의 앞에는 '바른right' 이라는 말이 사용되는데, 이 말은 엄격한 규범적 틀을 강요하는 것이 아니라, '적절한' 또는 '잘 조율된' 이라는 의미가 더 많다. 이 여덟 가지는 병행해서 실천되어야 하며, 각각은 다른 항목을 지지하고 강화시켜 준다.

1. 바른 견해[正見] 이것은 8정도의 첫 번째 항목이지만, 전체 항목의 정점이기도 하다. 수행을 시작하는 지점에서 우리는 실천에 들어가기 위해 가르침에 대한 어느 정도의 확신이 필요하고, 여행이 효과적이 되기 위해서는 바른 방향을 지시할 필요가 있다. 길의 저편 끝에서 바른 견해는 '사물을 있는 그대로 보는' 완전한 깨침을 의미한다.
2. 바른 의도[正思惟] 불교 심리학에서 의도는 변형transformation의 중심적인 도구다. 매 순간에 의도가 능숙하게 만들어질 때, 다음 순간 마음의 상태는 더 현명하게

인도받게 된다. 그리고 배의 방향타처럼, 의도는 일어나고 사라지는 경험의 변화 속에서 길을 찾는 데 사용될 수 있다. 때로 의도는 '바른 겨냥right aim' *이라고도 한다.

3. 바른 언어[正語] 언어는 사고의 질을 만들고 반영하기 때문에, 언어 습관이 진실하고, 유용하며, 친절하고, 이기심과 속이는 동기에서 벗어나 있는 것은 아주 중요하다. 바른 언어는 치유와 교육을 위해 사용되며, 해롭거나 불화를 일으키는 목적을 위해서는 결코 사용되지 않는다.
4. 바른 행위[正業] 전통적으로 바른 행위는 다섯 가지 윤리적 계에 의한 삶으로 표현되었다. 다섯 가지 계는 살생을 삼가는 것, 도둑질을 삼가는 것, 거짓말을 삼가는 것, 잘못된 성행위를 삼가는 것, 정신을 혼미하게 하는 술 등을 삼가는 것이다. 이 계의 각 조목은 실행의 수준에 따라예: 출가 승려와 재가자의 경우에 따라 보다 엄격하거나 덜 엄격한 해석에 열려 있다.
5. 바른 생계[正命] 이 덕목도 전통적으로 재가자의 생계의 양태에 대한 윤리적 규범으로 해석되고, 출가 승려들비구와 비구니을 위한 사원 생활법이다. 재가신도들은 살생과 관련된 직업을 피해야 하며, 탁발로 살아가는 승려들은 음식을 탁발할 때, 순수한 의도를 지녀야 한다.
6. 바른 노력[正精進] 바른 노력은 마음을 챙기고 좋은 상태[善法]가 생기기 전이나 생긴 후에 그 상태를 향상시키는 것을 일차적으로 포함한다. 그리고 좋지 않은 상태[不善法]가 생기기 전이나 생긴 후, 신중하게 그 상태를 버리는 것을 포함한다. 그것은 상당히 빈틈없는 정신적 위생의 단계를 말하며, 내적인 삶의 질에 대한 지속적인 주의 깊음을 요구한다.
7. 바른 마음챙김[正念] 마음챙김의 초석다음 참조의 지침에 따라 마음챙김이 잘 길러질 때, 발생하는 현상에 신중하고 고르게 주의를 기울이는 것을 바른 마음챙김이라고 말할 수 있다.

* 팔정도의 바른 의도[정사유]를 '바른 겨냥' 이라고 사용하는 예는 미얀마의 위빠사나 수행지도자로 유명한 우 빤디따 사야도의 법문이다. 『위빠사나 수행의 길—우 빤디따 사야도의 가르침』(김재성 옮김, 2002) 참조.

8. 바른 집중[正定] 이것은 일상의 활동을 벗어나 매 순간 한 대상에 집중된 알아차림이 확고하게 적용된 것을 말하며, 불교 심리학에서 향상을 위한 도구로서 특별히 권장된다. 규칙적인 명상은 여덟 갈래 길의 초석이다.

네 가지 마음챙김의 초석[四念處]

마음챙김을 기르기 위한 기본적인 가르침은 이 고전적인 형식으로 제시된다. 마음 수련의 기법을 수련하기 위한 기초를 제공한다는 의미에서 각 범주는 '초석foundation'으로 간주된다. 그 기법은 현재 순간에, 한 번에 하나의 감각 대상이나 생각을 온전히 알아차려야 한다. 마음챙김은 현상적 경험이 변하는 것이며, 궁극적으로 무아無我라는 본질을 이해하기 위한 것이다.

1. 몸에 대한 마음챙김[身念處] 조용한 장소에 허리를 바르게 펴고 다리를 포개어 가부좌 자세로 앉아서 시작하는 마음챙김 수행은 신중하게 호흡에 대한 알아차림에서 시작한다. 다음에 몸과 마음을 가라앉히는 것을 알아차리고, 몸의 자세나 동작과 활동과 관련되어 발생하는 육체적 감각에 주의를 기울여 알아차린다.
2. 느낌에 대한 마음챙김[受念處] 현재 순간에 초점을 맞추고, 생겨나고 사라지는 모든 경험을 통해 흐르는 느낌의 색조에 대해 개념이 개입되지 않은 알아차림에 의해 수행은 진행된다. 매 순간 즐겁거나 불쾌하거나 중립적인 느낌이 동반되더라도, 아주 면밀하게 경험에 대한 느낌의 색조를 알려고 해야 한다.
3. 마음에 대한 마음챙김[心念處] 육체적 감각과 느낌에서 순수한 정신의 영역으로 주의를 옮기면서, 수행자는 마음의 상태들이 순간순간 생겨났다 사라질 때 그것을 알아차린다. 마음에 세 가지 좋지 않음의 뿌리탐욕, 성냄, 무지 가운데 어떤 것이라도 있거나 없음을 알아차린다.
4. 정신적 대상들에 대한 마음챙김[法念處] 정신적 사건에 대한 더 섬세하고 미묘한 탐구에는 불교 심리학에서 또 다른 많은 요소들의 현존과 없음과 변하는 역동을

알아차리는 것이 포함된다. 그 요소들은 다섯 가지 덮개[五蓋], 다섯 무더기[五蘊], 열두 가지 감각영역[十二處], 일곱 가지 깨달음의 요소[七覺支] 그리고 네 가지 고귀한 진리[四聖諦]다. 이는 이러한 요소들에 대한 추론적 분석이 아니라, 오히려 펼쳐지는 현상에 대한 경험적이고 직관적인 탐색이다.

네 가지 한량없는 마음의 자질[四梵住, 四無量心]

이 네 가지 마음의 자질은 특별히 치유적이며, 네 가지 독특한 정신적 상태의 각각에 초점을 두는 집중 명상의 형태를 이용하면서 길러질 수 있다. 이 명상은 마음을 아주 섬세하고 장대한 상태로 높여 주기 때문에 비유적인 의미에서 천상의 상태[梵住]라고도 부른다. 이 명상은 전통적으로 외아들에 대한 어머니의 정서와 유사하다고 표현된다.*

1. 자애[慈, *metta*] 어머니가 막 태어난 자식의 건강과 안녕을 마음속 깊이 바라면서 그 자식에게 한량없는 자애를 느끼는 것처럼, 우리는 의도적으로 모든 존재를 향해서 보편적이며 이기적이지 않은 어머니와 똑같은 사랑의 자질을 기르고 향상시킨다. 마음이 갈팡질팡 헤매지 않도록, "모든 존재들이 행복하기를 기원합니다." "모든 존재들이 편안하기를 기원합니다." 등과 같은 문구에 의도를 집중시킨다.
2. 연민[悲, *karuna*] 아프고 상처 입은 자식을 대하는 어머니처럼, 수행자는 괴로움을 경험하는 사람들에 대해서 그들이 안전하고 안정되며 괴로움이 치유되기를 바라면서 의도적으로 연민의 태도를 기를 수 있다. 연민은 집중과 몰입에 의해 선발되어 길러질 수 있는 독특한 마음의 상태다.

---

* 숫타니파타 149게송(Sn 149) "마치 어머니가 자신의 아들을, 목숨을 걸고 외아들을 보호하는 것처럼, 이와 같이 모든 존재에 대해서 한량없는 자애의 마음을 닦아야 합니다."(『붓다의 러브레터』에서 재인용)

3. **더불어 기뻐함[喜, *mudita*]** 다른 사람의 행운을 시기와 질투가 아니라, 행복과 호의를 가지고 대하는 마음의 자질을 더불어 기뻐함이라고 한다. 이 자질도 수행에 의해서 의도적으로 길러질 수 있다. 이 자질은 결혼하고 직업을 갖기 위해 집을 떠나는 장성한 아들을 대하는 어머니의 마음과 비슷하다. 이기적이지 않은 관점이 이 몰입의 핵심적인 요소다.
4. **평정[捨, *upekkha*]** 어머니가 장성한 아들이 여러 가지 사업에 대해서 자세히 이야기하는 것을 들으면서 그 아들이 건강하고 행복해 하는 한, 어떤 특별한 결과에 의해서도 마음이 끌리지도 않고 물리쳐지지도 않을 때, 전통적으로 이러한 상태를 평정이라고 부른다. 평정은 현상에 거리를 두는 탈집착도 아니고, 감정을 중성적으로 둔감화시키는 것도 아니다. 오히려 흔히 욕망에 의해 조건지어진 반응 없이, 즐거운 경험과 불쾌한 경험 둘 다를 포용할 수 있는 향상된 상태다.

일곱 가지 깨달음의 요인[七覺支]Seven Factors of Awakening

이 일곱 가지 마음의 상태 또는 태도는 불교 심리학에서 권장하며, 경험에 대한 통찰을 얻는 데 특별히 도움이 된다. 즉, 각 요인은 지혜의 계발에 크게 기여한다. 어떤 가르침에 따르면, 이 요인들 하나하나는 유기적인 향상의 과정에서 다음 요인의 자연스러운 전개를 위한 토대를 제공한다.

1. **마음챙김[念]** 이것은 직접적인 경험의 영역에서 생겨나고 사라지는 현상에 대해서 자기 판단이나 다른 형태의 언어적·개념적으로 덧씌우지 않으면서 현재의 순간에 온전히 알아차리는 수련이다.
2. **고찰[擇法]** 이것은 자발성, 관심을 일으키는 능력, 열의 그리고 경험에 대한 세밀한 탐구의 태도다. 고찰되는 상태에는 감각 대상과 정신적 대상의 알아차림의 발생과 소멸이 있고, 현재 순간에 일어나는 그 어떤 것도 포함된다.
3. **노력[精進]** 어떤 상황에 정신적 노력을 가할 때, 에너지가 적용된다. 이 노력은

목적을 이루기 위해서 비생산적인 애씀이나 압력을 가하는 것이 아니라, 현재의 순간에 부지런히, 지속적으로 알아차림을 적용시키는 것을 의미한다.

4. **기쁨[喜]** 자주 마음과 몸은 열광적이 되고 행복, 만족 그리고 전율로 벅차오를 수 있다. 비록 많은 사람들이 좋지 않은 방법으로 이러한 경험을 겪는 것에 더 익숙하지만, 좋은 기쁨의 긍정적이며 변형적인transformative 가치는 불교 심리학에서 중요한 마음의 자질이자 길러야 하는 자질이다.

5. **평안[輕安]** 평안은 갈등과 고통 또는 괴로움이 없을 때, 마음과 몸에서 생겨나는 깊은 편안함과 같은 상태다. 이 평안은 기쁨과 반대되는 것이 아니다. 왜냐하면 이 두 가지는 쉽게 함께 존재할 수 있기 때문이다. 평안 때문에 노력이 줄어드는 것이 아니라, 평안은 정신적으로 빛을 발하는 자질로 설명된다. 이 빛에 의해 마음은 통일되고 안정되며 집중된다.

6. **집중[定]** 앞서 팔정도의 바른 집중에서 설명한 것처럼 집중은 다른 것들을 배제시키고 하나의 특정한 감각이나 대상에 지속적으로 집중된 주의를 기울이는 것을 의미한다.

7. **평정[捨]** 마찬가지로 앞서 사무량심에서 설명한 것처럼 평정은 정신적 균형의 자질이며, 그 안에서 마음은 즐거운 대상에 끌리지도 않고 불쾌한 대상을 싫어하지도 않는다.

부록 C
배리불교연구소—역자 추가

IMS와 자매조직

통찰명상협회Insight Meditation Society: IMS 옆에 위치한 배리불교연구소Barre Center for Buddhist Studies: BCBS*는 1989년에 설립된 자매조직으로 다양한 불교 연구의 기회를 제공하고 있다. 여러 다른 전통의 불교에 대한 연구와 교육을 시행하고 있는 BCBS는 불교의 고전적인 가르침과 현대인의 삶에서의 타당성을 탐구하는 것과 함께 교학과 수행의 상호 관련성에 중점을 두고 있다. 그 외 느슨한 네트워크를 맺고 있는 위빠사나 수행 집단들이 전 세계에 있다.

그 주요 센터들은 뉴욕, 워싱턴 DC, 시애틀, 캘리포니아만 지역, LA 그리고 보스턴 등지에 있으며, 주기적인 수행지도와 워크숍, 집중수행을 시행하고 있다. 다른 작은 도시나 마을에서는 '좌선모임' 을 갖기도 한다. 이곳은 살아 있는 전통으로서 부처님 가르침의 기원과 전승에 대한 믿음을 지니고 현대에 적용하며 살아가면서, 불교 사상과 수행을 탐구하고 실천하려는 선생, 학생, 학자, 수행자가 함께 만들어 가는 비영리 교육단체다.

---

* BCBS에 대한 자세한 정보는 http://www.dharma.org/bcbs/index.html 참조.

BCBS의 목표는 교학연구와 수행, 학문적인 이해와 수행을 통해 얻는 지혜 사이의 가교를 제공하는 것이다. BCBS는 순수한 탐구와 연구의 정신으로 구성원들이 기꺼이 전통에 참여하는 일을 도와주고 있다. 연구소는 다양한 연구와 조사의 기회, 강의, 강연, 세미나, 워크숍, 학술회의, 집중수행 그리고 독립적인 학습 프로그램을 제공하고 있다. 이 프로그램은 초기불교의 가르침과 수행의 전통에 뿌리를 두고 있지만, 다양한 불교 전통 사이의 대화와 다른 종교한 과학전통과의 토론도 중시하고 있다. BCBS의 모든 코스에는 고요한 수행과 교학에 대한 깊은 연구가 모두 포함되어 있다. 어떤 코스는 아침과 저녁의 짧은 수행시간을 제외하고 대부분 강의와 토론으로 구성되어 있다. 어떤 코스는 간단한 강의 시간과 토론 시간을 제외하고 대부분의 시간을 조용히 수행할 수 있도록 구성되어 있다.

약 11만 평90에이커의 숲이 우거진 곳에 위치해 있는 BCBS는 반 마일 떨어진 곳에 IMS가 있다. 200년 이상 된 농장 건물에 전문적 불교도서관과 사무실, 식당이 있다. 별도로 숙소와 수행 및 강의실을 갖춘 건물이 있어, 이곳에서 강의, 워크숍, 집중수행 등이 이루어지고 있다. 3개의 별도의 작은 건물에서는 장기적으로 머물면서 연구할 수 있다.

BSBC는 대학 같지만 대학은 아니다

이곳의 많은 프로그램은 강독, 강연, 토론으로 구성되어 있고, 다른 대학의 학부과정이나 전문적인 평생교육 기관의 학점으로 인정되기도 한다. 하지만 자신의 경험을 탐구하고, 법을 이해하기 위해서, 불교 연구의 중요한 도구로 명상수행에 많은 가치를 두고 있다. 이 점이 대학의 교육과 다른 점이다. 이곳에서는 수행을 위한 프로그램 불교와 심리학을 접목시킨 프로그램, 전문적 학자들의 독립적인 연구 활동이 이루어지고 있다.

BCBS는 사원 같지만 사원이 아니다

BCBS는 고전적인 불교 전통에 대한 깊은 존경에 뿌리하고 있다. 대표적인 불교전통에는 팔리교학과 위빠사나로 대표되는 남방상좌불교, 선과 대승불교로 대표되는 동아시아 불교, 금강승으로 대표되는 티베트불교가 있다. 이 세 전통에 대해서 비판적인 정신으로 여러 방식으로 접근하고 있다. 이곳의 프로그램은 기본적으로 재가자를 위한 것이다. 재가자들은 세상에서 가정을 이루고 직장생활을 하면서 일상생활을 보내면서 불교 전통을 배우고 실천하는 이들이다.

BCBS는 집중수행처 같지만 집중수행처가 아니다

이곳의 모든 코스에는 어느 정도의 수행시간이 포함되어 있고, 어떤 코스는 상당한 시간을 좌선과 걷기 수행을 한다. 그렇지만 조용한 집중수행 기간 동안에도 학생과 선생들은 중요한 불교 문헌을 읽고 그 의미를 토론한다. 위빠사나 집중수행처에서는 교리에 대한 토론은 거의 없다. 법문 시간을 통해서 전달된 가르침이나 개인적인 면담을 통해서 수행지도를 받는 것이 거의 전부이기 때문이다.

최근에 미국인에 의해 전개되고 있는 미국불교는 불교 단체의 민주적인 운영, 여성의 적극적인 참여, 출가와 재가 가치의 통합, 각 불교 전통들의 통합이라는 특징을 가지고 있다.

재가 지도법사가 재가 수행자들을 지도하며, 신앙에 의존한 불교 신행이 아니라 수행과 교학에 깊은 관심을 가지고 불교의 근원적인 가치를 추구해 나간다. 아시아 불교 전통이 고목이라면, 미국의 불교 전통은 이제 막 자라나고 있는 새로운 나무라고 볼 수 있다. 새롭게 뿌리를 내리고 있는 미국불교는 다양한 불교 전통을 받아들이면서 풍요로워지고 있다.

IMS와 BCBS는 수행과 교학의 조화와 통합을 시도하려는 미국 재가불교의 대표적인 센터다. 수행에서 시작해서 교학연구까지 통합하는 센터를 만들어 가는 IMS와 BCBS에서는 상좌불교 수행과 교학을 바탕으로 대승불교, 티베트불교, 일본불교, 불교 심리학 등을 연구하며 전통적인 불교를 배워 현대의 문제를 해결하는 지혜를 찾고 있다. 교학에 대한 통합적인 연구와 교학과 수행을 조화롭게 통합해 가려는 시도는 온고지신하는 미국불교의 현재의 모습이며 미래불교의 한 모델이 될 것이다.

⚜ 참고문헌 ⚜

Adler, A. (2002). The neurotic character. In H. Stein (Ed.) & C. Koen (Trans.), *The collected clinical works of Alfred Adler* (Vol. 1). San Francisco: Alfred Adler Institutes of San Francisco and Northwestern Washington. (Original work published 1927)

Agency for Health Care Policy and Research. (1994). *Acute low back problems in adults: Clinical Practice Guideline No. 14* (AHCPR Publication No. 950642). Rockville, MD: Public Health Service, U.S. Department of Health and Human Services.

Alexander, C., Langer, E., Newman, R., Chandler, H., & Davies, J. (1989). Transcendental meditation, mindfulness, and longevity: An experimental study with the elderly. *Journal of Personality and Social Psycholology*, *57*(6), 950-964.

Alexander, F. (1931). Buddhist training as an artificial catatonia. *Psychoanalytic Review*, *18*, 129-145.

American Psychiatric Association. (1952). *Diagnostic and statistical manual of mental disorders* (1st ed.). Washington, DC: Author.

American Psychiatric Association. (1994). *Diagnostic and statistical manual of mental disorders* (4th ed.). Washington, DC: Author.

American Psychiatric Association. (2000). *Diagnostic and statistical manual of mental disorders* (4th ed., text rev.). Washington, DC: Author.

Antony, M. (2002). Enhancing current treatments for anxiety disorders. *Clinical Psychology: Science and Practice*, *9*(1), 91-94.

Antony, M., & Swinson, R. (2000). *Phobic disorders and panic in adults: A guide to assessment and treatment*. Washington, DC: American Psychological Association.

Aranow, P. (1998, July). Some parallels between meditation and psychotherapy. In *Psychotherapy and meditation: Cultivating insight and compassion*. Symposium conducted by the New England Educational Institute, Eastham, MA.

Arnow, B., & Constantino, M. (2003). Effectiveness of psychotherapy and combination treatment for chronic depression. *Journal of Clinical Psychology, 59*(8), 893-905.

Aron, E. (1996). *The highly sensitive person*. New York: Broadway Books.

Astin, J. (1997). Stress reduction through mindfulness meditation. Effects on psychological symptomatology, sense of control, and spiritual experiences. *Psychotherapy and Psychosomatics, 66*(2), 97-106.

Atwood, G., & Stolorow, R. (1984). *Structures of subjectivity: Explorations in psychoanalytic phenomenology*. Hillsdale, NJ: Analytic Press.

Auerbach, H., & Johnson, M. (1977). Research on the therapist's level of experience. In A. S. Gurman & A. M. Razin (Eds.), *Effective psychotherapy: A handbook of research*. New York: Pergamon Press.

Austin, J. (1998). *Zen and the brain*. Cambridge, MA: MIT Press.

Bach, P., & Hayes, S. (2002). The use of acceptance and commitment therapy to prevent the rehospitalization of psychotic patients: A randomized controlled trial. *Journal of Consulting and Clinical Psychology, 70*(5), 1129-1139.

Baer, R. (2003). Mindfulness training as a clinical intervention: A conceptual and empirical review. *Clinical Psychology: Science and Practice, 10*(2), 125-142.

Bandura, A. (1977). Self-efficacy: Toward a unifying theory of behavioral change. *Psychological Review, 84*, 191-215.

Bandura, A. (1982). Self-efficacy mechanisms in human agency. *American Psychologist, 37*, 122-147.

Barkley, R. A., & Benton, C. M. (1998). *Your defiant child: Eight steps to better behavior*. New York: Guilford Press.

Barlow, D. H. (2002). *Anxiety and its disorders: The nature and treatment of anxiety and panic* (2nd ed.). New York: Guilford Press.

Barlow, D., & Wilson, R. (2003, May). *Treatment of panic disorder*. Paper presented at a conference of the Milton Erickson Foundation on Brief Treatment of Anxiety Disorders, Boston, MA.

Barnouw, V. (1973). *Culture and personality* (rev. ed.). Homewood, IL: Dorsey Press.

Bastis, M. (2000). *Peaceful dwelling: Meditations for healing and living*. Boston: Tuttle.

Batchelor, S. (1997). *Buddhism without beliefs*. New York: Riverhead Books.

Beck, A. (1976). *Cognitive therapy and the emotional disorders*. New York: International Universities Press.

Beck, A., Emery, G., & Greenberg, R. (1985). *Anxiety disorders and phobias: A cognitive perspective*. New York: Basic Books.

Beck, A. T., Rush, A. J., Shaw, B. F., & Emery, G. (1987). *Cognitive therapy of depression*. New York: Guilford Press.

Becker, D., & Shapiro, D. (1981). Physiological responses to clicks during Zen, Yoga, and TM meditation. *Psychophysiology, 18*(6), 694-699.

Becker, E. (1973). *The denial of death*. New York: Free Press.

Beckham, J., Crawford, A., Feldman, M., Kirby, A., Hertzberg, M., Davidson, J., et al. (1997). Chronic posttraumatic stress disorder and chronic pain in Vietnam combat veterans. *Journal of Psychosomatic Research, 43*(3), 379-389.

Beebe, B., & Lachmann, F. (1998). Co-constructing inner and relational processes: Self and mutual regulation in infant research and adult treatment. *Psychoanalytic Psychology, 15*(4), 480-516.

Beecher, H. K. (1946). Pain in men wounded in battle. *Annals of Surgery, 123*(1), 95-105.

Bennett-Goleman, T. (2001). *Emotional alchemy.* New York: Harmony Books.

Benson, H. (1975). *The relaxation response.* New York: Morrow.

Benson, H., & Klipper, M. (2000). *The relaxation response.* New York: Avon.

Benson, H., Beary, J., & Carol, M. (1974). The relaxation response. *Psychiatry, 37,* 37-46.

Bergman, S. (1990). *Men's psychological development: A relational perspective.* (Work in Progress, No. 48)., Wellesley, MA: Stone Center Working Paper Series.

Bhikku Bodhi. (Ed.). (2000). *A comprehensive manual of Abhidhamma.* Seattle: BPS Pariyatti Editions.

Bhikku, T. (Trans.). (2004a). *Raja Sutta* [The King]. In Khuddaka Nikaya, Udana 47. Retrieved July 27, 2004, from *www.accesstoinsight.org/canon/sutta/khuddaka/udana/ud5-01.html*

Bhikku, T. (Trans.). (2004b). *Sallatha Sutta* [The Arrow]. In *Samyutta Nikaya XXXVI6.* Retrieved July 18, 2004, from *www.accesstoinsight.org/canon/sutta/samyutta/sn36-006.html#shot*

Bickman, L. (1999). Practice makes perfect and other myths about mental health services. *American Psychologist, 54*(11), 965-979.

Bien, T., & Bien, B. (2002). *Mindful recovery: A spiritual path to healing from addiction.* New York: Wiley.

Bigos, S., Battie, M., Spengler., Fisher, L., Fordyce, W., Hansson, T., et al. (1991). A prospective study of work perceptions and psychosocial factors affecting the report of back injury. *Spine, 16*(1), 1-6.

Bion, W. (1967). Notes on memory and desire. *Psychoanalytic Forum, 2*, 271-280.

Bishop, S. (2002). What do we really know about mindfulness-based stress reduction? *Psychosomatic Medicine, 64*, 71-84.

Bishop, S., Lau, M., Shapiro, S., Carlson, L., Anderson, N., Carmody, J., et al. (2004). Mindfulness: A proposed operational definition. *Clinical Psychology: Science and Practice, 11*(3), 230-241.

Blanchard, E. (1993). Irritable bowel syndrome. In R. J. Gatchel & E. B. Blanchard (Eds.), *Psychophysiological disorders*. Washington, DC: American Psychological Association.

Blatt, S. (2004). *Experiences of depression: Theoretical, clinical and research perspectives*. Washington, DC: American Psychological Association.

Block, J., & Wulfert, E. (2000). Acceptance and change: Treating socially anxious college students with ACT or CBGT. *Behavior Analysis Today, 1*, 3-11.

Boccio, F. (2004). *Mindfulness yoga*. Somerville, MA: Wisdom Publications.

Bogart, G. (1991). The use of meditation in psychotherapy: A review of the literature. *American Journal of Psychotherapy, 45*, 383-413.

Bohart, A., Elliott, R., Greenberg, L., & Watson, J. (2002). Empathy. In J. C. Norcross (Ed.), *Psychotherapy relationships that work*. New York: Oxford University Press.

Bohus, M., Haaf, B., Stiglmayr, C., Pohl, U., Bohme, R., & Linehan, M. (2000). Evaluation of inpatient dialectical-behavioral therapy for borderline personality disorder prospective study. *Behaviour Research and Therapy, 38*(9), 875-887.

Bohus, M., Haaf, B., Simms, T., Limberger, M., Schmahl, C., Unckel, C., et al. (2004). Effectiveness of inpatient dialectical behavioral therapy for borderline personality disorder: A controlled trial. *Behaviour Research and Therapy, 42*(5), 487-499.

Bonadonna, R. (2003). Meditation's impact on chronic illness. *Holistic Nurse Practitioner, 17*(6), 309-319.

Bond, F., & Bunce, D. (2000). Mediators of change in emotion-focused and problem-focused worksite stress management interventions. *Journal of Occupational Health Psychology, 5*, 156-163.

Boorstein, S. (1994). Insight: Some considerations regarding its potential and limitations. *Journal of Transpersonal Psychology, 26*(2), 95-105.

Borkevec, T. (1987). Relaxation-induced panic (RIP): When resting isn't peaceful. *Integrative Psychiatry, 5*(2), 104-106.

Borkovec, T.(2002). Life in the future versus life in the present. *Clinical Psychology: Science and Practice, 9*(1), 76-80.

Brach, T. (2003). *Radical acceptance: Embracing your life with the heart of a Buddha*. New York: Bantam/Dell.

Brantley, J. (2003). *Calming your anxious mind*. Oakland, CA: New Harbinger.

Brazier, D. (1995). *Zen therapy*. New York: Wiley.

Bremner, J., & Charney, D. (2002). Neural circuits in fear and anxiety. In D. Stein & E. Hollander (Eds.), *Textbook of anxiety disorders*. Washington, DC: American Psychiatric Publishing.

Bremner, J., Randall, P., Scott, T., Bronen, R., Seibyl, J., Southwick, S., et al. (1995). MRI-based measurement of hippocampal volume in patients with combat-related posttraumatic stress disorder. *American Journal of Psychiatry, 152*(7), 973-981.

Breslin, F., Zack, M., & McMain, S. (2002). An information-procession analysis of mindfulness: Implications for relapse prevention in the treatment of substance abuse. *Clinical Psychology: Science and Practice, 9*(3), 275-299.

Brown, K., & Ryan, R. (2003). The benefits of being present: Mindfulness and its role in psychological well-being. *Journal of Personality and Social Psychology, 84*(4), 822-848.

Brown, K., & Ryan, R. (2004). Perils and promise in defining and measuring mindfulness: Observations from experience. *Clinical Psychology: Science and Practice, 11*(3), 242-248.

Bruner, J. (1973). *Beyond the information given: Studies in the psychology of knowing*. New York: Norton.

Buber, M. (1970). *I and thou*. New York: Scribner.

Bunge, M. (1963). *Causality: The place of the causal principle in modern science.* New York: World Publishing Company.

Burnard, P. (1987). Meditation: uses and methods in psychiatric nurse education. *Nurse Education Today, 7*, 187-191.

Butler, S. (2004). [Quotation]. Samuel Butler. Retrieved July 26, 2004, from *www.thinkexist.com/english/author/x/author_4057_1.htm*

Campos, P. (2002). Special series: Integrating Buddhist philosophy with cognitive and behavioral practice. *Cognitive and Behavioral Practice, 9*, 38-40.

Carey, B. (2004, July 13). With toughness and caring, a novel therapy helps tortured souls. *New York Times*, pp.D2, D6.

Carlson, L., Speca, M., Patel, K., & Goodey, E. (2003). Mindfulness-based stress reduction in relation to quality of life, mood, symptoms of stress, and immune parameters in breast and prostate cancer outpatients. *Psychosomatic Medicine, 65*(4), 571-581.

Carlson, L., Speca, M., Patel, K., & Goodey, E. (2004). Mindfulness-based stress reduction in relation to quality of life, mood, symptoms of stress and levels of cortisol, dehydroepiandrosterone sulfate (DHEAS) and melatonin in breast and prostate cancer outpatients. *Psychoneuroendocrinology, 29*(4), 448-474.

Chah, A., Kornfield, J., & Breiter, P. (1985). *A still forest pool: The insight meditation of Achaan Chah.* Wheaton, IL: Theosophical Publishing House.

Chambless, D., Baker, M., Baucom, D., Beutler, L., Calhoun, K., Crits-Christoph, P., et al. (1998). Update on empirically validated therapies, II. *The Clinical Psychologist, 51*(1), 3-16.

Chesson, A., Anderson, W., Littner, M., Davila, D., Hartse, K., Johnson, S., et al. (1999). Practice parameters for the nonpharmacologic treatment of chronic insomnia. *Sleep, 22*(8), 1128-1133.

Christensen, A., & Jacobson, N. S. (2000). *Reconcilable differences.* New York : Guilford Press.

Chung, C. Y. (1990). Psychotherapist and expansion of awareness. *Psychotherapy and Psychosomatics, 53*(1-4), 28-32.

Cohen, N., Lojkasek, M., Muir, E., Muir, R., & Parker, C. (2002). Six-month follow-up of two mother-infant psychotherapies: Convergence of therapeutic outcomes. *Infant Mental Health Journal, 23*(4), 361-380.

Cohen, N., Muir, E., Lojkasek, M., Muir, R., Parker, C., Barwick, M., et al. (1999). Watch, wait, and wonder: Testing the effectiveness of a new approach to mother-infant psychotherapy. *Infant Mental Health Journal, 20*(4), 429-451.

Conn, S. (1998). Living in the earth: Ecopsychology, health and psychotherapy. *Humanistic Psychologist, 26*(1-3), 179-198.

Cottraux, J., Note, I., Albuisson, E., Yao, S., Note, B., Mollard, E., et al. (2000). Cognitive behavior therapy versus supportive therapy in social phobia: A randomized controlled trial. *Psychotherapy and Psychosomatics, 69*(3), 137-146.

Craske, M., & Hazlett-Stevens, H. (2002). Facilitating symptom reduction and behavior change in GAD: The issue of control. *Clinical Psychology: Science and Practice, 9*(1), 69-75.

Craven, J. (1989). Meditation and psychotherapy. *Canadian Journal of Psychiatry, 34*, 648-653.

Crits-Christoph, P. (2002). Psychodynamic-interpersonal treatment of generalized anxiety disorder. *Clinical Psychology: Science and Practice, 9*(1), 81-84.

Crits-Christoph, P., Baranacke, K., Kurcias, J., Beck, A., Carrol, K., Perry, K., et al. (1991). Meta-analysis of therapist effects in psychotherapy outcome studies. *Psychotherapy Research, 2*, 81-91.

Crombez, G., Vlaeyen, J., Heuts, P., & Lysens, R. (1999). Pain-related fear is more disabling than pain itself: Evidence on the role of pain-related fear in chronic back pain disability. *Pain, 80*(1-2), 329-339.

Csikszentmihalyi, M. (1991). *Flow: The psychology of optimal experience*. New York: HarperCollins.

Dalai Lama (1997). *Healing anger: The power of patience from a Buddhist perspective*. Ithaca, NY: Snow Lion.

Dalai Lama, & Cutler, H. (1998). *The art of happiness*. New York: Riverhead Books.

Danner, D., Snowdon, D., & Friesen, W. (2001). Positive emotions in early life and longevity. *Journal of Personality and Social Psychology, 80*(5), 804-813.

Dass, R. (1971). *Be here now*. New York: Crown.

Davidson, R. (2003). Affective neuroscience and psychophysiology: Toward a synthesis. *Psychophysiology, 40*(5), 655-665.

Davidson, R., & Kabat-Zinn, J. (2004). Response to letter by J. Smith. *Psychosomatic Medicine, 66*, 149-152.

Davidson, R. J., Kabat-Zinn, J., Schumacher, J., Rosenkranz, M., Muller, D., Santorelli, S., et al. (2003). Alterations in brain and immune function produced by mindfulness meditation. *Psychosomatic Medicine, 65*(4), 564-570.

Davis, M. (1992). The role of the amygdala in fear and anxiety. *Annual Review of Neuroscience, 15*, 353-375.

Deatherage, G. (1975). The clinical use of "mindfulness" meditation techniques in short-term psychotherapy. *Journal of Transpersonal Psychology, 7*(2), 133-143.

Deepak, K., Manchanda, S., & Maheshwari, M. (1994). Meditation improves clinico-electroencephalographic measures in drug-resistant epileptics. *Biofeedback and Self-Regulation, 19*(1), 25-40.

Deikman, A. (2001). Spirituality expands a therapist horizons. Retrieved July 6, 2004, from *www.buddhanet.net/psyspir3.htm*

Delmonte, M. (1984). Physiological responses during meditation and rest. *Biofeedback and Self-Regulation, 9*(2), 181-200.

Delmonte, M. (1986). Meditation as a clinical intervention strategy: A brief review. *International Journal of Psychosomatics, 33*(3), 9-12.

Delmonte, M. (1987). Constructivist view of meditation. *American Journal of Psychotherapy, 41*(2), 286-298.

Delmonte, M. (1988). Personality correlates of meditation practice: Frequency and dropout in an outpatient population. *Journal of Behavioral Medicine, 11*(6), 593-597.

Devine, D., & Fernald, P. (1973). Outcome effects of receiving a preferred, randomly assigned, or nonpreferred therapy. *Journal of Consulting and Clinical Psychology, 41*(1), 104-107.

Deyo, R., Rainville, J., & Kent, D. (1992). What can the history and physical examination tell us about low back pain? *Journal of the American Medical Association, 268*(6), 760-765.

Dickinson, E. (2004). Dickinson/Higginson correspondence: Late 1872. "Dickinson

Search," *Dickinson Electronic Archives*. Online. Institute for Advanced Technology in the Humanities (IATH), University of Virginia. Retrieved July 21, 2004, from jefferson.village.virginia.edy/cgi-bin/at-dickinsonsearch.cgi (Original work published 1872)

Doi, T. (1962). Morita therapy and psychoanalysis. In A. Molino (Ed.), *The couch and the tree: Dialogues in psychoanalysis and Buddhism*. New York: North Point Press.

Duncan, B., Hubble, M., & Miller, S. (1997). *Psychotherapy with "impossible" cases: The efficient treatment of therapy veterans*. New York: Norton.

Duncan, B., & Miller, S. (2000). *The heroic client: Doing client-centered, outcome-informed therapy*. San Francisco: Jossey-Bass.

Efran, J., Germer, C., & Lukens, M. (1986). Contextualism and psychotherapy. In R. Rosnow & M. Georgoudi (Eds.), *Contextualism and understanding in behavioral science*. New York: Praeger.

Ehlers, A., Clark, D., Hackmann, A., McManus, F., Fennell, M., Herbert, C., et al. (2003). A randomized controlled trial of cognitive therapy, a self-help booklet, and repeated assessments as early interventions for posttraumatic stress disorder. *Archives of General Psychiatry, 60*(10), 1024-1032.

Eliot, T. S. (1930/1963). Ash Wednesday. In *Collected Poems 1909-1962 by T. S. Eliot*. New York: Harcourt.

Ellis, A. (1962). *Reason and emotion in psychotherapy*. New York: Lyle Stuart.

Engler, J. (1986). Therapeutic aims in psychotherapy and meditation. In K. Wilber, J. Engler, & D. Brown (Eds.), *Transformations of consciousness*. Boston: Shambhala.

Epstein, M. (1995). *Thoughts without a thinker*. New York: Basic Books.

Epstein, M. (1998). *Going to pieces without falling apart*. New York: Broadway Press.

Epstein, M., & Lieff, J. (1981). Psychiatric complications of meditation practice. *Journal of Transpersonal Psychology, 13*(2), 137-147.

Faber, A., & Mazlish, E. (1999). *How to talk so kids will listen and listen so kids will talk*. New York: Avon.

Fields, R. (1992). *How the swans came to the lake: The narrative history of Buddhism in America*. Boston: Shambala.

Fishman, B. (2002). *Emotional healing through mindfulness meditation*. Rochester, VT: Inner Traditions.

Flavell, J., & Ross, L. (1981). *Social cognitive development: Frontiers and possible futures*. New York: Cambridge University Press.

Flor, H., Turk, D., & Birbaumer, N. (1985). Assessment of stress-related psychophysiological reactions in chronic back pain patients. *Journal of Consulting and Clinical Psychology, 53*(3), 354-364.

Foa, E., Franklin, M., & Kozak, M. (1998). Psychosocial treatments for obsessive-compulsive disorder: Literature review. In R. Swinson, M. Anthony, S. Rachman, & M. Richter (Eds.), *Obsessive-compulsive disorder: Theory, research, and treatment*. New York: Guilford Press.

Fonagy, P. (2000). Attachment and borderline personality disorder. *Journal of the American Psychoanalytic Association, 48*(4), 1129-1146.

Frank, J. (1961). *Persuasion and healing: A comparative study of psychotherapy*. London: Oxford University Press.

Fraser, R., Sandhu, A., & Gogan, W. (1995). Magnetic resonance imaging findings 10 years after treatment for lumbar disc herniation. *Spine, 20*(6), 710-714.

Fredrickson, B. (2003). The value of positive emotions. *American Scientist, 91*, 330-335.

Fredrickson, B., & Branigan, C. (in press). Positive emotions broaden the scope of attention and thought-action repertoires. *Cognition and Emotion*. [19(3), 2005.

313-332.]

Freud, S. (1961a). Recommendations to physicians practicing psychoanalysis. In J. Strachey (Ed. and Trans.), *The standard edition of the complete psychological works of Sigmund Freud* (Vol. 21). London: Hogarth Press. (Original work published 1912)

Freud, S. (1961b). Civilization and its discontents. In J. Strachey (Ed. and Trans.), *The standard edition of the complete psychological works of Sigmund Freud* (Vol. 21). London: Hogarth Press. (Original work published 1930)

Freud, S. (1961c). Beyond the pleasure principle. In J. Strachey (Ed. and Trans.), *The standard edition of the complete psychological works of Sigmund Freud* (Vol. 18). London: Hogarth Press. (Original work published 1920)

Freud, S., & Breuer, J. (1961). Studies on hysteria. In J. Strachey (Ed. and Trans.), *The standard edition of the complete psychological works of Sigmund Freud* (Vol. 2). London: Hogarth Press. (Original work published 1895)

Friedman, M., & Whisman, M. (2004). Implicit cognition and the maintenance and treatment of major depression. *Cognitive and Behavioral Practice, 11*, 168-177.

Friedman, S., Hatch, M., & Paradis, C. (1993). Dermatological disorders. In R. J. Gatchel & E. B. Blanchard (Eds.), *Psychophysiological disorders*. Washington, DC: American Psychological Association.

Fritz, G., & Miezwa, J. (1983). Meditation: A review of literature relevant to therapist behavior and personality. *Psychotherapy in Private Practice, 1*(3), 77-87.

Fromm, E., Suzuki, D. T., & DeMartino, R. (1960). *Zen Buddhism and psychoanalysis*. New York: Harper & Row.

Furmark, T., Tillfors, M., Marteinsdottir, I., Fischer, H., Pissiota, A., Langstroem, B., et al. (2002). Common changes in cerebral blood flow in patients with social phobia treated with citalopram or cognitive-behavioral therapy. *Archives of General Psychiatry, 59*(5), 425-433.

Gallese, V. (2001). The "shared manifold" hypothesis: From mirror neurons to empathy. *Journal of Consciousness Studies, 8*(5-7), 33-50.

Garfield, S. (1981). Critical issues in the effectiveness of psychotherapy. In C. E. Walker (Ed.), *Clinical practice of psychology.* Elmsford, NY: Pergamon.

Gendlin, E. T. (1996). *Focusing-oriented psychotherapy: A manual of the experiential method.* New York: Guilford Press.

Gifford, E., Hayes, S., & Strosahl, K. (2004). *Examples of ACT components.* Retrieved July 23, 2004, from *www.acceptanceandcommitmenttherapy.com/resources/components.html*

Gilbert, P. (2001). *Overcoming depression: A step-by-step approach to gaining control over depression.* New York: Oxford University Press.

Gilligan, C. (1982). *In a different voice.* Cambridge, MA: Harvard University Press.

Goffman, E. (1971). *Relations in public.* New York: Harper Colophon.

Goisman, R., Rogers, M., Steketee, G., Warshaw, M., Cuneo, P., & Keller, M. (1993). Utilization of behavioral methods in a multicenter anxiety disorders study. *Journal of Clinical Psychiatry, 54*(6), 213-218.

Goldberg, E. (2001). *The executive brain: Frontal lobes and the civilized mind.* Oxford, UK: Oxford University Press.

Goldenberg, D., Kaplan, K., Nadeau, M., Brodeur, C., Smith, S., & Schmid, C. (1994). A controlled study of a stress-reduction, cognitive-behavioral treatment program in fibromyalgia. *Journal of Musculoskeletal Pain, 2*, 53-66.

Goldstein, J. (1993). *Insight meditation: The practice of freedom.* Boston: Shambhala.

Goldstein, J. (2002). *One dharma: The emerging western Buddhism.* New York: HarperCollins.

Goldstein, J. (2004, Spring). Fear, pain . . . and trust. *Insight Journal*, 9-12.

Goleman, D. (1977). *The varieties of meditative experience*. New York: Dutton.

Goleman, D. (1988). *The meditative mind: The varieties of meditative experience*. New York: Tarcher/Putnam Books.

Goleman, D. (2003). *Destructive emotions: How can we overcome them?* New York: Bantam/Dell.

Goleman, D., & Schwartz, G. (1976). Meditation as an intervention in stress reactivity. *Journal of Consulting and Clinical Psychology, 44*(3), 456-466.

Goodale, I., Domar, A., & Benson, H. (1990). Alleviation of premenstrual syndrome symptoms with the relaxation response. *Obstetrics and Gynecology, 75*(4), 649-655.

Gratacos, M., Nadal, M., Martin-Santos, R., Pujana, M. A., Gago, J., Peral, B., et al. (2001). A polymorphic genomic duplication on human chromosome 15 is a susceptibility factor for panic and phobic disorders. *Cell, 106*(3), 367-379.

Green, R. (2001). *The explosive child: A new approach for understanding and parenting easily frustrated, chronically inflexible children*. New York: HarperCollins.

Greist, J., & Baer, L. (2002). Psychotherapy for obsessive-compulsive disorder. In D. Stein & E. Hollander (Eds.), *Textbook of anxiety disorders*. Washington, DC: American Psychiatric Publishing.

Groopman, J. (2004, January 26). The grief industry. *The New Yorker*, pp.30-32, 34-36, 38.

Grossman, P., Niemann, L., Schmidt, S., & Walach, H. (2004). Mindfulness-based stress reduction and health benefits: A meta-analysis. *Journal of Psychosomatic Research, 57*(1), 35-43.

Gunaratana, B. (2002). *Mindfulness in plain English*. Somerville, MA: Wisdom Publications.

Guzman, J., Esmail, R., Karjalainen, K., Malmivaara, A., Irvin, E., & Bombardier, C. (2001). Multidisciplinary rehabilitation for chronic low back pain: Systematic review. *British Medical Journal, 323*(7322), 1186-1187.

Hall, H., McIntosh, G., Wilson, L., & Melles, T. (1998). Spontaneous onset of back pain. *Clinical Journal of Pain, 14*(2), 129-133.

Hanh, T. N. (1976). *The miracle of mindfulness.* Boston: Beacon Press.

Hanh, T. N. (1992). *Peace is every step.* New York: Bantam.

Hanh, T. N. (1997). *Teachings on love.* Berkeley, CA: Parallax Press.

Hartranft, C. (2003). *The Yoga-Sutra of Patanjali.* Boston: Shambala.

Hayes, S. (2002a). Acceptance, mindfulness, and science. *Clinical Psychology: Science and Practice, 9*(1), 101-106.

Hayes, S. (2002b). Buddhism and acceptance and commitment therapy. *Cognitive and Behavioral Practice*, 9, 58-66.

Hayes, S. C., Bissett, R., Korn, Z., Zettle, R., Rosenfarb, I., Cooper, L., et al. (1999). The impact of acceptance versus control rationales on pain tolerance. *Psychological Record, 49*, 33-47.

Hayes, S. C., Follette, V. M., & Linehan, M. M. (Eds.). (2004). *Mindfulness and acceptance: Expanding the cognitive-behavioral tradition.* New York: Guilford Press.

Hayes, S. C., Strosahl, K. D., & Wilson, K. G. (1999). *Acceptance and commitment therapy: An experiential approach to behavior change.* New York: Guilford Press.

Hayes, S., & Feldman, G. (2004). Clarifying the construct of mindfulness in the context of emotion regulation and the process of change in therapy. *Clinical Psychology: Science and Practice, 11*(3), 255-262.

Hayes, S., Masuda, A., Bissett, R., Luoma, J., & Guerrero, L. (2004). DBT, FAP, and

ACT: How empirically oriented are the new behavior therapy technologies? *Behavior Therapy, 35*, 35-54.

Hayes, S., Strosahl, K., & Houts, A. (Eds.). (2005). *A practical guide to acceptance and commitment therapy*. New York: Springer.

Hebert, R., & Lehmann, D. (1977). Theta bursts: An EEG pattern in normal subjects practicing the transcendental meditation technique. *Electroencephalography and Clinical Neurophysiology, 42*, 397-405.

Heiman, J., & Meston, C. (1997). Empirically validated treatment for sexual dysfunction. *Annual Review of Sex Research, 8*, 148-194.

Henley, A. (1994). When the iron bird flies: A commentary on Sydney Walter's "Does a systemic therapist have Buddha nature?" *Journal of Systemic Therapies, 13*(3), 50-51.

Ho, K., Moody, G., Peng, C.-K., Mietus, J., Larson, M., Levy, D., et al. (1997). Predicting survival in heart failure case and control subjects by use of fully automated methods for deriving nonlinear and conventional indices of heart rate dynamics. *Circulation, 96*, 842-848.

Horney, K. (1945). *Our inner conflicts: A constructive theory of neurosis*. New York: Norton.

Horney, K. (1998). Free associations and the use of the couch. In A. Molino (Ed.), *The couch and the tree: Dialogues in psychoanalysis and Buddhism*. New York: North Point Press. (Original work published 1952)

Hull, A. (2002). Neuroimaging findings in post-traumatic stress disorder: Systematic review. *British Journal of Psychiatry, 181*, 102-110.

Ivanov, P., Rosenblum, M., Peng, C. K., Mietus, J., Havlin, S., Stanley, B., et al. (1996). Scaling behaviour of heartbeat intervals obtained by wavelet-based time-series analysis. *Nature, 383*, 323-327.

Jacobson, E. (1938). *Progressive relaxation*. Chicago: University of Chicago Press.

Jacobson, N., Christensen, A., Prince, S., Cordove, & Eldridge, K. (2000). Integrative behavioral couple therapy: An acceptance-based, promising new treatment for couple discord. *Journal of Consulting and Clinical Psychology, 68*, 351-355.

Jensen, M., Brant-Zawadzki, M., Obucowski, N., Modic, M., Malkasian, D., & Ross, J. (1994). Magnetic resonance imaging of the lumbar spine in people without back pain. *New England Journal of Medicine, 331*(2), 69-73.

Johnson, J., Germer, C., Efran, J., & Overton, W. (1988). Personality as a basis for theoretical predilections. *Journal of Personality and Social Psychology, 55*(5), 824-835.

Jordan, J. V. (2003). *Qualities of presence in the therapy relationship*. Paper presented at the Jean Baker Miller Training Institute, Wellesley College, Wellesley, MA.

Jordan, J. V. (1991). Empathy and self boundaries. In J. V. Jordan, A. G. Kaplan, J. B. Miller, I. P. Stiver, & J. L. Surrey, *Women's growth in connection: Writings from the Stone Center*. New York: Guilford Press.

Jordan, J. V. (Ed.). (1997). *Women's growth in diversity: More writings from the Stone Center*. New York: Guilford Press.

Jordan, J. V., Kaplan, A. G., Miller, J. B., Stiver, I. P., & Surrey, J. L. (1991). *Women's growth in connection: Writings from the Stone Center*. New York: Guilford Press.

Jung, C. G. (1992). Psychological commentary on the *Tibetan Book of Great Liberation*. In D. Meckel & R. Moore (Eds.), Self and liberation: The Jung-Buddhism dialogue. New York: Paulist Press. (Original work published 1939)

Kabat-Zinn, J. (1982). An outpatient program in behavioral medicine for chronic pain patients based on the practice of mindfulness meditation: Theoretical considerations and preliminary results. *General Hospital Psychiatry, 4*(1), 33-47.

Kabat-Zinn, J. (1990). *Full catastrophe living: Using the wisdom of your body and mind to face stress, pain, and illness.* New York: Dell.

Kabat-Zinn, J. (1994). *Wherever you go there you are: Mindfulness meditation in everyday life.* New York: Hyperion.

Kabat-Zinn, J. (2000). Indra's net at work: The mainstreaming of Dharma practice in society. In G. Watson, S. Batchelor, et al. (Eds.), *The psychology of awakening: Buddhism, science, and our day-to-day lives.* York, ME: S. Weiser.

Kabat-Zinn, J. (Speaker). (2002a). *Guided mindfulness meditation: Body scan meditation.* (Compact disc recording). Stress Reduction CDs and Tapes, P.O. Box 547, Lexington, MA 02420.

Kabat-Zinn, J. (Speaker). (2002b). *Guided mindfulness meditation: Sitting meditation* (Compact disc recording). Stress Reduction CDs and Tapes, P.O. Box 547, Lexington, MA 02420.

Kabat-Zinn, J. (Speaker). (2002c). *Guided mindfulness meditation: Mountain meditation/lake meditation.* (Compact disc recording). Stress Reduction CDs and Tapes, P.O. Box 547, Lexington, MA 02420.

Kabat-Zinn, J., Lipworth, L., & Burney, R. (1985). The clinical use of mindfulness meditation for the self-regulation of chronic pain. *Journal of Behavioral Medicine, 8*(2), 163-190.

Kabat-Zinn, J., Lipworth, L., Burney, R., & Sellers, W. (1987). Four-year follow-up of a meditation-based program for the self-regulation of chronic pain: Treatment outcomes and compliance. *Clinical Journal of Pain, 2*, 159-173.

Kabat-Zinn, J., Massion, A. O., Kristeller, J., Peterson, L., Fletcher, K. E., Pbert, L., et al. (1992). Effectiveness of a meditation-based stress reduction program in the treatment of anxiety disorders. *American Journal of Psychiatry, 149*(7), 936-943.

Kabat-Zinn, J., Wheeler, E., Light, T., Skillings, A., Scharf, M., Cropley, T. G., et al. (1998). Influence of a mindfulness meditation-based stress reduction intervention on rates of skin clearing in patients with moderate to severe psoriasis undergoing phototherapy (UVB) and photochemotherapy (PUVA). *Psychosomatic Medicine, 60*(5), 625-632.

Kabat-Zinn, M., & Kabat-Zinn, J. (1998). *Everyday blessings: The inner work of mindful parenting*. New York: Hyperion.

Kabat-Zinn, J. (2003). Mindfulness-based interventions in context: Past, present, and future. *Clinical Psychology: Science and Practice, 10*(2),144-156.

Kabat-Zinn, J. (2005). *Coming to our senses: Healing ourselves and the world through mindfulness*. New York: Hyperion.

Kaplan, K., Goldenberg, D., & Galvin-Nadeau, M. (1993). The impact of a meditation-based stress reduction program on fibromyalgia. *General Hospital Psychiatry, 15*, 284-289.

Kasamatsu, A., & Hirai, T. (1973). An electroencephalographic study on the Zen meditation (Zazen). *Journal of the American Institute of Hypnosis, 14*(3), 107-114.

Kawai, H. (1996). *Buddhism and the art of psychotherapy*. College Station: Texas A&M University Press.

Keller, M., Yonkers, K., Warshaw, M., Pratt, L., Gollan, J., Massion, A., et al. (1994). Remission and relapse in subjects with panic disorder and panic with agoraphobia: A prospective short interval naturalistic follow-up. *Journal of Nervous and Mental Disease, 182*(5), 290-296.

Kelly, G. (1955). *The psychology of personal constructs*. New York: Norton.

Kendall, P. (Ed.). (2003). *Clinical Psychology: Science and Practice* [full issue], 10(2).

Keown, D. (2000). *Contemporary Buddhist ethics*. Surrey, UK: Curzon Press.

Kessler, R., Sonnega, A., Bromet, E., Hughes, M., & Nelson, C. (1995).

Posttraumatic stress disorder in the National Comorbidity Survey. *Archives of General Psychiatry, 52*(12), 1048-1060.

Kinnell, G. (1980). Saint Francis and the sow. In *Mortal acts mortal words*. Boston: Houghton Mifflin.

Kirsch, I. (1990). *Changing expectations; A key to effective psychotherapy*. Pacific Grove, CA: Brooks/Cole.

Kjaer, T., Bertelsen, C., Piccini, P., Brooks, D., Alving, J., & Lou, H. (2002). Increased dopamine tone during meditation-induced change of consciousness. *Brain Research and Cognitive Brain Research, 13*(2), 255-259.

Kleinman, A., Kunstadter, P., Alexander, E., Russell, G., & James, L. (Eds.). (1978). *Culture and healing in Asian societies: Anthropological, psychiatric and public health studies*. Cambridge, MA: Schenkman.

Koerner, K., & Linehan, M. (2000). Research on dialectical behavior therapy for patients with borderline personality disorder. *Psychiatric Clinics of North America, 23*(1), 151-67.

Kohut, H. (1977). *The restoration of the self*. New York: International Universities Press.

Kohut, H. (1978). *The search for the self: Selected writings of Heinz Kohut:1950-1978*. New York: International Universities Press.

Kori, S., Miller, R., & Todd, D. (1990). Kinesiophobia: A new view of chronic pain behavior. *Pain Management, 3*, 35-43.

Kramer, J. (2003). *Buddha Mom: The journey through mindful mothering*. New York: Tarcher.

Kristeller, J., & Hallett, C. (1999). An exploratory study of a meditation-based intervention for binge eating disorder. *Journal of Health Psychology, 4*(3), 357-363.

Kübler-Ross, E. (1977). *On death and dying: What the dying have to teach doctors, nurses, clergy, and their own families.* New York: Simon & Schuster.

Kuhn, T. (1970). *The structure of scientific revolutions.* Chicago: University of Chicago Press.

Kutz, I., Borysenko, J., & Benson, H. (1985). Meditation and psychotherapy: A rationale for the integration of dynamic psychotherapy, the relaxation response, and mindfulness meditation. *American Journal of Psychiatry, 142*(1), 1-8.

Kutz, I., Leserman, J., Dorrington, C., Morrison, C., Borysenko, J., & Benson, H. (1985). Meditation as an adjunct to psychotherapy. *Psychotherapy and Psychosomatics, 43*, 209-218.

Ladner, L. (2004). *The lost art of compassion: Discovering the practice of happiness in the meeting of Buddhism and psychology.* New York: HarperCollins.

Lambert, M., & Barley, D. (2002). Research summary on the therapeutic relationship and psychotherapy outcome. In J. C. Norcross (Ed.), *Psychotherapy relationships that work.* New York: Oxford University Press.

Lambert, M., & Bergin, A. (1994). The effectiveness of psychotherapy. In A. E. Bergin & S. L. Garfield (Eds.), *Handbook of psychotherapy and behavior change* (4th ed.). New York: Wiley.

Lambert, M. J. (1992). Psychotherapy outcome research; Implications for integrative and eclectic theories. In J. C. Norcross & M. R. Goldfried (Eds.), *Handbook of psychotherapy integration.* New York: Basic Books.

Landreth, G. (2002). *Play therapy: The art of the relationship.* New York: BrunnerRoutledge.

Langer, E. (1989). *Mindfulness.* Cambridge, MA: Da Capo Press.

Lazar, S., Bush, G., Gollub, R., Fricchione, G., Khalsa, G., & Benson, H. (2000). Functional brain mapping of the relaxation response and meditation.

NeuroReport, 11(7), 1581-1585.

Lazar, S. (2004). [*Breathing rate correlated with years of mindfulness meditation*]. Unpublished raw data.

Lazarus, A. (1993). Tailoring the therapeutic relationship, or being an authentic chameleon. *Psychotherapy, 30*, 404-407.

LeDoux, J. (1995). Emotion: Clues from the brain. *Annual Review of Psychology, 46*, 209-235.

LeDoux, J. (2000). Emotion circuits in the brain. *Annual Review of Neuroscience, 23*, 155-184.

Lee, D. (1959). *Freedom and culture*. Englewood Cliffs, NJ: Prentice Hall.

Lee, R., & Martin, J. (1991). *Psychotherapy after Kohut: A textbook of selfpsychology*. Hillsdale, NJ: Analytic Press.

Lehmann, D., Faber, P., Achermann, P., Jeanmonod, D., Gianotti, L., & Pizzagalli, D. (2001). Brain sources of EEG gamma frequency during volitionally meditation-induced, altered states of consciousness, and experience of the self. *Psychiatry Research, 108*(2), 111-121.

Lehrer, P., Sasaki, Y., & Saito, Y. (1999). Zazen and cardiac variability. *Psychosomatic Medicine, 61*(6), 812-821.

Leiblich, A., McAdams, D., & Josselson, R. (2004). *Healing plots: The narrative basis of psychotherapy*. Washington, DC: American Psychological Association Books.

Lesh, T. (1970). Zen meditation and the development of empathy in counselors. *Journal of Humanistic Psychology, 10*(1), 39-74.

Libet, B. (1999). Do we have free will? In B. Libet, A. Freeman, & K. Sutherland (Eds.), *The volitional brain: Towards a neuroscience of free will*. Thorverton, UK: Imprint Academic.

Linehan, M., Armstrong, H., Suarez, A., Allmon, D., & Heard, H. (1991). A cognitive-behavioral treatment of chronically parasuicidal borderline patients. *Archives of General Psychiatry, 48*, 1060-1064.

Linehan, M. (1993a). *Cognitive-behavioral treatment of borderline personality disorder.* New York: Guilford Press.

Linehan, M. (1993b). *Skills training manual for treating borderline personality disorder.* New York: Guilford Press.

Linehan, M., Schmidt, H., Dimeff, L., Craft, J., Katner, J., & Comtois, K. (1999). Dialectical behavior therapy for patients with borderline personality disorder and drug-dependence. *American Journal on Addiction, 8*, 279-292.

Linehan, M., Dimeff, L., Reynolds, S., Comtois, K., Welch, S., Heagerty, P., & Kivlahan, D. R. (2002). Dialectical behavior therapy versus comprehensive validation therapy plus 12-step for the treatment of opioid dependent women meeting criteria for borderline personality disorder. *Drug and Alcohol Dependence, 67*(1), 13-26.

Linton, S. (1997). A population-based study of the relationship between sexual abuse and back pain: Establishing a link. *Pain, 73*(1), 47-53.

Logsdon-Conradsen, S. (2002). Using mindfulness meditation to promote holistic health in individuals with HIV/AIDS. *Cognitive and Behavioral Practice, 9*, 67-72.

Lopez, F. (2000). Acceptance and commitment therapy (ACT) in panic disorder with agoraphobia: A case study. *Psychology in Spain, 4*(1), 120-128.

Lou, H., Kjaer, T., Friberg, L., Wildschiodtz, G., Holm, S., & Nowak, M. (1999). A 15O-H2O PET study of meditation and the resting state of normal consciousness. *Human Brain Mapping, 7*(2), 98-105.

Luborsky, L., Crits-Christoph, P., McLellan, T., Woody, G., Piper, W., Imber, S., et a1. (1986). Do therapists vary much in their success?: Findings from four outcome studies. *American Journal of Orthopsychiatry, 51*, 501-512.

Luborsky, L., Rosenthal, R., Diguer, L., Andrusyna, T., Berman, J., Levitt, J., et al. (2002). The dodo bird is alive and well—mostly. *Clinical Psychology: Science and Practice, 9*(1), 2-12.

Luborsky, L., Singer, B., & Luborsky, L. (1975). Comparative studies of psychotherapies: Is it true that "everyone has won and all must have prizes"? *Archives of General Psychiatry, 32*, 992-1008.

Lucas, R. E., Clark, A. E., Georgellis, Y., & Diener, E. (2003). Reexamining adaptation and the set point model of happiness: Reactions to changes in marital status. *Journal of Personality and Social Psychology, 84*(3), 527-539.

Lynch, T., Morse, J., Mendelson, T., & Robins, C. (2003). Dialectical behavior therapy for depressed adults: A randomized pilot study. *American Journal of Geriatric Psychiatry, 11*(1), 33-45.

Ma, S., & Teasdale, J. (2004). Mindfulness-based cognitive therapy for depression: Replication and exploration of differential relapse prevention effects. *Journal of Consulting and Clinical Psychology, 72*(1), 31-40.

Macy, J., & Brown, M. (1998). *Coming back to life: Practices to reconnect our lives, our world.* Gabriola Island, BC, Canada: New Society.

Magid, B. (2002). *Ordinary mind: Exploring the common ground of Zen and psychotherapy.* Somerville, MA: Wisdom Publications.

Maharaj, N. (1997). *I am that: Talks with Sri Nisargadatta* (M. Frydman, Trans.). New York: Aperture.

Malik, M., & Camm, A. J. (Eds.). (1995). *Heart rate variability.* Armonk, NY: Futura.

Mallinckrodt, B. (1996). Change in working alliance, social support, and psychological symptoms in brief therapy. *Journal of Counseling Psychology, 43*(4), 448-455.

Mancini, C., van Ameringen, M., Szatmari, P., Fugere, C., & Boyle, M. (1996). A high-risk pilot study of the children of adults with social phobia. *Journal of the American Academy of Child and Adolescent Psychiatry, 35*, 1511-1517.

Markowitz, J. (2002). *Interpersonal psychotherapy for dysthymic disorder.* Washington, DC: American Psychiatric Press.

Marlatt, A. (2002). Buddhist philosophy and the treatment of addictive behavior. *Cognitive and Behavioral Practice, 9*, 44-50.

Marlatt, G., & Kristeller, J. (1999). Mindfulness and meditation. In W. R. Miller (Ed.), *Integrating spirituality into treatment.* Washington, DC: American Psychological Association.

Marotta, S. (2003). Unflinching empathy: Counselors and tortured refugees. *Journal of Counseling and Development, 81*, 111-114.

Martin, J. (1997). Mindfulness: A proposed common factor. *Journal of Psychotherapy Integration, 7*(4), 291-312.

Martin, J. (1999). *The Zen path through depression.* New York: HarperCollins.

Maruta, T., Colligan, R., Malinchoc, M., & Offord, K. (2000). Optimists vs. pessimists: Survival rate among medical patients over a 30-year period. *Mayo Clinic Proceedings, 75*, 140-143.

Maslach, C., & Leiter, M. (1997). *The truth about burnout: How organizations cause personal stress and what to do about it.* San Francisco: Jossey-Bass.

Maslow, A. H. (1966). *The psychology of science: A reconnaissance.* New York: Harper & Row.

Masters, W. (1970). *Human sexual inadequacy.* New York: Little, Brown.

Masters, W., & Johnson, V. (1966). *Human sexual response.* Philadelphia: Lippincott, Williams & Wilkins.

Mattson, M. (1995). Patient-treatment matching. *Alcohol Health and Research World, 18*, 287-295.

May, R. (1967). *The art of counseling*. New York: Abingdon Press.

Mayer, T., Gatchel, R., Mayer, H., Kishino, N. D., Keeley, J., & Mooney, V. (1987). A prospective two-year study of functional restoration in industrial low back injury: An objective assessment procedure. *Journal of the American Medical Association, 258*(13), 1763-1767.

McCullough, J. (2000). *Treatment for chronic depression: Cognitive behavioral analysis system of psychotherapy*. New York: Guilford Press.

McIntyre, R., & O' Donovan, C. (2004). The human cost of not achieving full remission in depression. *Canadian Journal of Psychiatry, 49*, 10S-16S.

McQuaid, J., & Carmona, P. (2004). *Peaceful mind: using mindfulness and cognitive behavioral psychology to overcome depression*. Oakland, CA: New Harbinger.

Melzack, R., & Wall, P. (1965). Pain mechanisms: a new theory. *Science, 150*(699), 971-979.

Mennin, D., Heimberg, R., Turk, C., & Fresco, D. (2002). Applying an emotion regulation framework to integrative approaches to generalized anxiety disorder. *Clinical Psychology: Science and Practice, 9*(1), 85-90.

Metzler, C., Biglan, A., Noell, J., Ary, D., & Ochs, L. (2000). A randomized controlled trial of a behavioral intervention to reduce high-risk sexual behavior among adolescents in STD clinics. *Behavior Therapy, 31*, 27-54.

Meyer, B., Pilkonis, P., Krupnick, J., Egan, M., Simmens, S., & Sotsky, S. (2002). Treatment expectancies, patient alliance, and outcome: Further analyses from the National Institute of Mental Health Treatment of Depression Collaborative Research Program. *Journal of Consulting and Clinical Psychology, 70*(4), 1051-1055.

Miller, J. B. (1976). *Toward a new psychology of women*. Boston: Beacon Press.

Miller, J. B., & Stiver, I. (1997). *The healing connection*. Boston: Beacon Press.

Miller, J. J. (1993). The unveiling of traumatic memories and emotions through mindfulness and concentration meditation: Clinical implications and three case reports. *Journal of Transpersonal Psychology, 25*(2), 169-176.

Miller, J. J., Fletcher, K., & Kabat-Zinn, J. (1995). Three-year follow-up and clinical implications of a mindfulness meditation-based stress reduction intervention in the treatment of anxiety disorders. *General Hospital Psychiatry, 17*, 192-200.

Miller, S., Duncan, B., & Hubble, M. (1997). *Escape from Babel: Toward a unifying language for psychotherapy practice*. New York: Norton.

Molino, A. (Ed.). (1998). *The couch and the tree*. New York: North Point Press.

Murphy, M., Donovan, S., & Taylor, E. (1997). *The physical and psychological effects of meditation: A review of contemporary research with a comprehensive bibliography, 1931-1996* (2nd ed.). Sausalito, CA: The Institute of Noetic Sciences.

Murphy, S. (2002). *One bird one stone*. New York: Renaissance Books.

Myers, D. (2000). The funds, friends, and faith of happy people. *American Psychologist, 55*(1), 56-67.

Nanamoli, B. (Trans.), & Bodhi, B. (Ed.). (1995a). Bhayabherava Sutta: Fear and dread. In *The middle length discourses of the Buddha*. Boston: Wisdom Publications.

Nanamoli, B. (Trans.), & Bodhi, B. (Ed.). (1995b). *The middle length discourses of the Buddha*. Boston: Wisdom.

Napthali, S. (2003). *Buddhism for mothers: A calm approach to caring for yourself and your children*. Crows Nest, Australia: Allen & Unwin Pty.

National Institute of Mental Health. (2001). *The invisible disease: Depression* (NIH Publication No. 01-4591). Retrieved April 9, 2004, from *www.nimh.nih.gov/*

publicat/invisible.cfm

Narrow, W. (1998). *One-year prevalence of depressive disorders among adults 18 and over in the U.S.: NIMH ECA prospective data*. Unpublished, cited in NIMH Fact Sheet on Depression, 2001.

Neff, K. (2003). The development and validation of a scale to measure self-compassion. *Self and Identity, 2*(3), 223-250.

Newberg, A., Alavi, A., Baime, M., Pourdehnad, M., Santanna, J., & d'Aquili, E. (2001). The measurement of regional cerebral blood flow during the complex cognitive task of meditation: A preliminary SPECT study. *Psychiatry Research, 106*(2), 113-122.

Newman, J. (1994). Affective empathy training with senior citizens using Zazen (zen) meditation. *Dissertation Abstracts International, 55*(5-A), no. 1193.

Norcross, J. (Ed.). (2001). Empirically supported therapy relationships: Summary report of the Division 29 Task Force. *Psychotherapy, 38*(4), 345-356.

Norcross, J. (Ed.). (2002). *Psychotherapy relationships that work: Therapist contributions and responsiveness to patient needs*. New York: Oxford University Press.

Norcross, J. C., & Beutler, L. E. (1997). Determining the therapeutic relationship of choice in brief therapy. In J.N. Butcher (Ed.), *Personality assessment in managed health care: A practitioner's guide*. New York: Oxford University Press.

Nyanaponika, T. (1998). *Abhidhamma studies*. Boston: Wisdom Publications. (Original work published 1949)

Nyanaponika, T. (1965). *The heart of Buddhist meditation*. York Beach, ME: Red Wheel/Weiser.

Nyanaponika, T. (1972). *The power of mindfulness*. San Fransisco: Unity Press.

Olendzki, A. (2002, Spring). Skinny Gotami and the mustard seed. *Insight Journal*, 40.

Palfai, T., & Wagner, E. (2004). Special series: Current perspectives on implicit processing in clinical disorders: Implications for assessment and intervention. *Cognitive and Behavioral Practice, 11*, 135-138.

Patterson, G. (1977). *Living with children: New methods for parents and teachers.* Champaign, IL: Research Press.

Pearl, J., & Carlozzi, A. (1994). Effect of meditation on empathy and anxiety. *Perceptual and Motor Skills, 78*, 297-298.

Pecukonis, E. V. (1996). Childhood sex abuse in women with chronic intractable back pain. *Social Work in Health Care, 23*(3), 1-16.

Peng, C., Mietus, J., Liu, Y., Khalsa, G., Douglas, P., Benson, H., et al. (1999). Exaggerated heart rate oscillations during two meditation techniques. *International Journal of Cardiology, 70*, 101-107.

Pennebaker, J. (1997). *Opening up: The healing power of expressing emotions.* New York: Guilford Press.

Pennebaker, P., Keicolt-Glaser, J., & Glaser, R. (1988). Disclosure of traumas and immune function: Health implications for psychotherapy. *Journal of Consulting and Clinical Psychology, 56*(2), 239-245.

Pepper, S. (1942). *World hypotheses.* Berkeley: University of California Press.

Peterson, C., & Seligman, M. (2004). *Character strengths and virtues.* London: Oxford University Press.

Pieper, S., & Hammill, S. (1995). Heart rate variability: Technique and investigational applications in cardiovascular medicine. *Mayo Clinic Procedings, 70*, 955-964.

Pirsig, R. (1974). *Zen and the art of motorcycle maintenance: An inquiry into values.* New York: Morrow.

Rainville, J., Sobel, J., Hartigan, C., Monlux, G., & Bean, J. (1997). Decreasing disability in chronic back pain through aggressive spine rehabilitation. *Journal of Rehabilitation Research and Development, 34*(4), 383-393.

Rabten, G., & Batchelor, S. (1983). *Echoes of voidness*. Somerville, MA: Wisdom Publications.

Rauch, S., Cora-Locatelli, G., & Geenberg, B. (2002). Pathogenesis of obsessive-compulsive disorder. In D. Stein & E. Hollander (Eds.), *Textbook of anxiety disorders*. Washington, DC: American Psychiatric Publishing.

Raue, P., Golfried, M., & Barkham, M. (1997). The therapeutic alliance in psycho-dynamic nterpersonal and cognitive-behavioral therapy. *Journal of Consulting and Clinical Psychology, 65*(4), 582-587.

Reibel, D., Greeson, J., Brainard, G., & Rosenzweig, S. (2001). Mindfulness-based stress reduction and health-related quality of life in a heterogeneous patient population. *General Hospital Psychiatry, 23*(4), 183-192.

Reik, T. (1949). *Listening with the third ear*. New York: Farrar, Straus.

Reiman, J. (1985). The impact of meditative attentional training on measures of select attentional parameters and on measures of client perceived counselor empathy. *Dissertation Abstracts International, 46*(6-A), 1569.

Reynolds, D. (2003). Mindful parenting: A group approach to enhancing reflective capacity in parents and infants. *Journal of Child Psychotherapy, 29*(3), 357-374.

Riedesel, B. (1983). Meditation and empathic behavior: A study of clinically standardized meditation and affective sensitivity. *Dissertation Abstracts International, 43*(10-A), 32-74.

Rizzolatti, G., Fadiga, L., Fogassi, L., & Gallese, V. (1996). Premotor cortex and the recognition of motor actions. *Cognitive Brain Research, 3*, 131-141.

Robins, C. (2002). Zen principles and mindfulness practice in dialectical behavior therapy. *Cognitive and Behavioral Practice, 9*(9), 50-57.

Robins, C., & Chapman, A. (2004). Dialectical behavior therapy: Current status, recent developments, and future directions. *Journal of Personality Disorders,*

18(1), 73-89.

Robins, L., Helzer, J., Weissman, M., Orvaschel, H., Gruengerge, E., Burke, J., et al. (1984). Lifetime prevalence of specific psychiatric disorders in three sites. *Archives of General Psychiatry, 41*, 949-958.

Robinson, M., & Riley, J. (1999). The role of emotion in pain. In R. J. Gatchel & D. C. Turk (Eds.), *Psychosocial factors in pain: Critical perspectives.* New York: Guilford Press.

Roemer, L., & Orsillo, S. (2002). Expanding our conceptualization of and treatment for generalized anxiety disorder: Integrating mindfulness/acceptancebased approaches with existing cognitive-behavioral models. *Clinical Psychology: Science and Practice, 9*(1), 54-68.

Roemer, L., & Orsillo, S. (2003). Mindfulness: A promising intervention strategy in need of further study. *Clinical Psychology: Science and Practice, 10*(2), 172-178.

Rogers, C. (1961). *On becoming a person.* New York: Houghton Mifflin.

Rosenbaum, R. (1999). *Zen and the heart of psychotherapy.* New York: Plenum Press.

Rosenzweig, S., Reibel, D., Greeson, J., Brainard, G., & Hojat, M. (2003). Mindfulness-based stress reduction lowers psychological distress in medical students. *Teaching and Learning in Medicine, 15*(2), 88-92.

Ross, J. (2002). Consumer considerations. In D. Stein & E. Hollander (Eds.), *Textbook of anxiety disorders.* Washington, DC: American Psychiatric Publishing.

Roth, B., & Stanley, T. (2002). Mindfulness-based stress reduction and healthcare utilization in the inner city: Preliminary findings. *Alternative Therapy and Health Medicine, 8*(1), 60-62, 64-66.

Rubin, J. (1996). *Psychotherapy and Buddhism.* New York: Plenum Press.

Russell, P. (1996). [*Process with involvement: The interpretation of affect*]. Unpublished draft manuscript, Smith College, Northampton, MA.

Ryan, R., & Deci, E. (2001). On happiness and human potentials: A review of research on hedonic and eudaimonic well-being. *Annual Review Psychology, 52*, 141-166.

Safer, D., Telch, C., & Agras, W. (2001). Dialectical behavior therapy for bulimia nervosa. *American Journal of Psychiatry, 158*, 632-634.

Safran, J. E. (2003). *Psychoanalysis and Buddhism*. Boston: Wisdom Publications.

Salzberg, S. (1995). *Lovingkindness: The revolutionary art of happiness*. Boston: Shambhala.

Sapolsky, R. (1998). *Why zebras don't get ulcers: An updated guide to stress, stress related diseases, and coping*. New York: Freeman.

Savitsky, K., Medvec, V., & Gilovich, T. (1997). Remembering and regretting: The Zeigarnik effect and the cognitive availability of regrettable actions and inactions. *Personality and Social Psychology Bulletin, 23*, 248-257.

Saxe, G., Hebert, J., Carmody, J., Kabat-Zinn, J., Rosenzweig, P., Jarzobski, D., et al. (2001). Can diet in conjunction with stress reduction affect the rate of increase in prostate specific anigen after biochemical recurrence of prostate cancer? *Journal of Neurology, 166*(6), 2202-2207.

Sayadaw, M. (1971). *Practical insight meditation: Basic and progressive stages*. Kandy, Sri Lanka: Forest Hermitage.

Schacht, T. (1991). Can psychotherapy education advance psychotherapy integration?: A view from the cognitive psychology of expertise. *Journal of Psychotherapy Integration, 1*, 305-320.

Scheel, M., Hanson, W., & Razzhavaikina, T. (2004). The process of recommending homework in psychotherapy: A review of therapist delivery methods, client acceptability, and factors that affect compliance. *Psychotherapy: Theory, Research, Practice, Training, 41*(1), 38-55.

Schmidt, A., & Miller, J. (2004, Fall). Healing trauma with meditation. *Tricycle*, 40-43.

Schneider, K., & Leitner, L. (2002). Humanistic psychotherapy. In M. Hersen & W. Sledge (Eds.), *Encyclopedia of psychotherapy* (Vol. 1). New York: Elsevier Science/Academic Press.

Schneider, K. (2003). Existential-humanistic psychotherapies. In A. S. Gurman & S. B. Messer (Eds.), *Essential psychotherapies: Theory and practice*. New York: Guilford Press.

Schneider, R., Staggers, F., Alexander, C., Sheppard, W., Rainforth, M., Kondwani, K., et al. (1995). A randomised controlled trial of stress reduction for hypertension in older African Americans. *Hypertension, 5*, 820-827.

Schnurr, P., Friedman, M., Foy, D., Shea, M., Hsieh, F., Lavori, P., et al. (2003). Randomized trial of trauma-focused group therapy for posttraumatic stress disorder: Results from a Department of Veterans Affairs cooperative study. *Archives of General Psychiatry, 60*(5), 481-489.

Schonstein, E., Kenny, D., Keating, J., & Koes, B. (2003). Work conditioning, work hardening and functional restoration for workers with back and neck pain. *Cochrane Database Systematic Review, 1*, CD001822.

Schultz, J., & Luthe, W. (1959). *Autogenic training: A psychophysiologic approach in psychotherapy*. New York: Grune & Stratton.

Schwartz, G. (1990). Psychobiology of repression and health: A systems approach. In J. L. Singer (Ed.), *Repression and dissociation: Defense mechanisms and personality styles: Current theory and research*. Chicago: University of Chicago Press.

Schwartz, J. (1996). *Brain lock*. New York: Regan Books.

Schwartz, J., & Begley, S. (2002). *The mind and the brain: Neuroplasticity and the power of mental force*. New York: HarperCollins.

Schwartz, J., Stoessel, P., Baxter, L., Martin, K., & Phelps, M. (1996). Systematic changes in cerebral glucose metabolic rate after successful behavior modification treatment of obsessive ompulsive disorder. *Archives of General Psychiatry, 53*(2), 109-113.

Segal, Z., Vincent, P., & Levitt, A. (2002). Efficacy of combined, sequential and crossover psychotherapy and pharmacotherapy in improving outcomes in depression. *Journal of Psychiatry and Neuroscience, 27*(4), 281-290.

Segal, Z. V., Williams, J. M. G., & Teasdale, J. D. (2002). *Mindfulness-based cognitive therapy for depression: A new approach to preventing relapse*. New York: Guilford Press.

Segall, S. (2003). *Encountering Buddhism: Western psychology and Buddhist teachings*. Albany: State University of New York Press.

Seligman, M. (1995). The effectiveness of psychotherapy: The Consumer Reports study. *American Psychologist, 50*(12), 965-974.

Seligman, M. (2002a). Optimism, pessimism, and mortality. *Mayo Clinic Proceedings, 75*(2), 133-134.

Seligman, M. (2002b). *Authentic happiness: Using the new positive psychology to realize your potential for lasting fulfillment*. New York: Free Press.

Seligman, M. (2003). *Vanguard authentic happiness teleclass—24 weeks*. Retreived October 26, 2004, from www.authentichappiness.com

Seligman, M. (2004a). *Dr. Martin E. P. Seligman's bio*. Retreived October 26, 2004, from *www.psych.upenn.edu/seligman/bio.htm*

Seligman, M. E. P. (2004b). *VIA Signature Strengths Survey*. Retreived on October 26, 2004, from www.authentichappiness.com

Seligman, M., & Csikszentmihalyi, M. (2000). Positive psychology. An introduction. *American Psychologist, 55*(1), 5-14.

Selye, H. (1956). *The stress of life*. New York: McGraw-Hill.

Shahrokh, N., & Hales, R. (Eds.). (2003). *American Psychiatric glossary* (8th ed.). Washington, DC: American Psychiatric Publishing.

Shapiro, D. (1992). Adverse effects of meditation: A preliminary investigation of long-term meditators. *International Journal of Psychosomatics, 39*, 62-66.

Shapiro, D., & Shapiro, D. (1982). Meta-analysis of comparative therapy outcome studies: A replication and refinement. *Psychological Bulletin, 92*, 581-604.

Shapiro, S., Bootzin, R., Figueredo, A., Lopez, A., & Schwartz, G. (2003). The efficacy of mindfulness-based stress reduction in the treatment of sleep disturbance in women with breast cancer: An exploratory study. *Journal of Psychosomatic Research, 54*(1), 85-91.

Shapiro, S., Schwartz, G., & Bonner, G. (1998). Effects of mindfulness-based stress reduction on medical and premedical students. *Journal of Behavioral Medicine, 21*(6), 581-599.

Shoham-Salomon, V., & Rosenthal, R. (1987). Paradoxical interventions: A meta-analysis. *Journal of Consulting and Clinical Psychology, 55*, 22-28.

Siegel, D. J. (1999). *The developing mind: Toward a neurobiology of interpersonal experience*. New York: Guilford Press.

Siegel, R. D., Urdang, M., & Johnson, D. (2001). *Back sense: A revolutionary approach to halting the cycle of back pain*. New York: Broadway Books.

Singer-Kaplan, H. (1974). *New sex therapy: Active treatment of sexual dysfunctions*. New York: Crown.

Singh, N., Wahler, R., Adkins, A., & Myers, R. (2003). Soles of the feet: A mindfulness-based self-control intervention for aggression by an individual with mild mental retardation and mental illness. *Research in Developmental Disabilities, 24*(3), 158-169.

Skinner, B. F. (1974). *About behaviorism.* New York: Knopf.

Smith, J. (2004). Alterations in brain and immune function produced by mindfulness meditation: Three caveats. *Psychosomatic Medicine, 66*, 148-152.

Smith, J. (Ed.). (1998). *Breath sweeps mind: A first guide to meditation practice.* New York: Riverhead Books.

Smith, J. C. (1975). Meditation as psychotherapy: A review of the literature. *Psychological Bulletin, 82*(4), 558-564.

Smith, M., & Neubauer, D. (2003). Cognitive behavior therapy for chronic insomnia. *Clinical Cornerstone, 5*(3), 28-40.

Solomon, A. (2001). *The noonday demon: An atlas of depression.* New York: Scribner.

Speca, M., Carlson, L., Goodey, E., & Angen, M. (2000). A randomized, wait-list controlled clinical trial: The effect of a mindfulness meditation-based stress reduction program on mood and symptoms of stress in cancer outpatients. *Psychosomatic Medicine, 62*(5), 613-622.

Stein, G. (1993). Sacred Emily. In *Geography and Plays.* Madison: University of Wisconsin Press. (Original work published in 1922)

Stern, D. (2003). The present moment. *Psychology Networker, 27*(6), 52-57.

Stern, D. (2004). *The present moment in psychotherapy and everyday life.* New York: Norton.

Sternberg, R. (2000). Images of mindfulness. *Journal of Social Issues, 56*(1), 11-26.

Stevenson, W., & Erdman, D. (Eds.). (1971). *Blake: The complete poems.* London: Longman.

Stile, J., Lerner, J., Rhatigan, L., Plumb, C., & Orsillo, S. (2003, November).

Mindfulness as an underlying mechanism of empathic concern. Poster session presented at the annual meeting of the Association for Advancement of Behavior Therapy, Boston, MA.

Stiver, I., Rosen, W., Surrey, J., & Miller, J. (2001). Creative moments in relational-cultural therapy. In *Work in progress, No. 92.* Wellesley, MA: Stone Center Working Paper Series.

Styron, W. (1990). *Darkness visible: A memoir of madness.* New York: Vintage Books.

Suler, J. (1993). *Contemporary psychoanalysis and Eastern thought.* Albany: State University of New York Press.

Sussman, M. (1992). *A Curious calling: Unconscious motivations for practicing psychotherapy.* Northvale, NJ: Aronson.

Suzuki, S. (1973). *Zen mind, beginner's mind.* New York: John Weatherhill.

Sweet, M., & Johnson, C. (1990). Enhancing empathy: The interpersonal implications of a Buddhist meditation technique. *Psychotherapy: Theory, Research, Practice, Training, 27*(1), 19-29.

Tacon, A., McComb, J., Caldera, Y., & Randolph, P. (2003). Mindfulness meditation, anxiety reduction, and heart disease: A pilot study. *Family and Community Health, 26*(1), 25-33.

Teasdale, J., Moore, R., Hayhurst, H., Pope, M., Williams, S., & Segal, Z. (2002). Metacognitive awareness and prevention of relapse in depression: Empirical evidence. *Journal of Consulting and Clinical Psychology, 70*(2), 275-287.

Teasdale, J., Segal, Z., & Williams, J. (1995). How does cognitive therapy prevent depressive relapse and why should attentional control (mindfulness) training help? *Behaviour Research and Therapy, 33*, 25-39.

Teasdale, J., Segal, Z., Williams, J., Ridgeway, V., Soulsby, J., & Lau, M. A. (2000). Prevention of relapse/recurrence in major depression by mindfulness-based cognitive therapy. *Journal of Consulting and Clinical Psychology, 68*(4), 615-623.

Telch, C., Agras, W., & Linehan, M. (2001). Dialectical behavior therapy for binge eating disorder. *Journal of Consulting and Clinical Psycholology, 69*(6), 1061-1065.

Thakar, V. (1993). *Contact with Vimala Thakar, No. 33.* Mt. Abu, India: Author.

Thomas, L. (1995). *The lives of a cell: Notes of a biology watcher.* New York: Penguin.

Thompson, E. (2001). Empathy and consciousness. In E. Thompson (Ed.), *Between ourselves: Second-person issues in the study of consciousness.* Thorverton, UK: Imprint Academic.

Thomson, R. (2000). Zazen and psychotherapeutic presence. *American Journal of Psychotherapy, 54*(4), 531-548.

Toneatto, T. (2002). A metacognitive therapy for anxiety disorders: Buddhist psychology applied. *Cognitive and Behavioral Practice, 9*(1), 72-78.

Tremlow, S. (2001). Training psychotherapists in attributes of mind from Zen and psychoanalytic perspectives: Part II. Attention, here and now, nonattachment, and compassion. *American Journal of Psychotherapy, 55*(1), 22-39.

Tronick, E. (1989). Emotions and emotional communication in infants. *American Psychologist, 44*(2), 112-119.

Trungpa, C. (1973). *Cutting through spiritual materialism.* Boston: Shambhala Publications.

Trungpa, C. (1984). *Shambhala: The sacred path of the warrior.* Boston: Shambhala.

Trungpa, C. (1992). *Transcending madness: The experience of the six bardos.* Boston: Shambhala.

Tugade, M. M., & Fredrickson, B. L. (2004). Resilient individuals use positive emotions to bounce back from negative emotional experiences. *Journal of*

Personality and Social Psychology, 86, 320-333.

Tullberg T., Grane, P., & Isacson, J. (1994). Gadolinium enhanced magnetic resonance imaging of 36 patients one year after lumbar disc resection. *Spine, 19*(2), 176-182.

Urbanowski, F., & Miller, J. (1996). Trauma, psychotherapy, and meditation. *Journal of Transpersonal Psychology, 28*(1), 31-47.

Valentine, E., & Sweet, P. (1999). Meditation and attention: A comparison of the effects of concentrative and mindfulness meditation on sustained attention. *Mental Health, Religion and Culture*, *2*(1), 59-70.

VanderKooi, L. (1997). Buddhist teachers' experience with extreme mental states in Western meditators. *Journal of Transpersonal Psychology, 29*(1), 31-46.

Volinn, E. (1997). The epidemiology of low back pain in the rest of the world: A review of surveys in low middle income countries. *Spine, 22*(15), 1747-1754.

Vythilingum, B., & Stein, D. (2004). Specific phobia. In D. Stein (Ed.), *Clinical manual of anxiety disorders*. Washington, DC: American Psychiatric Publishing.

Waddell, G., Newton, M., Henderson, I., & Somerville, D. (1993). A fear-avoidance beliefs questionnaire (FABQ) and the role of fear-avoidance beliefs in chronic low back pain and disability. *Pain, 52*(2), 157-168.

Wallace, R., Benson, H., & Wilson, A. (1971). A wakeful hypometabolic physiological state. *American Journal of Physiology, 221*(3), 795-799.

Wampold, B. (2001). *The great psychotherapy debate: Models, methods, and findings*. Mahwah, NJ: Erlbaum.

Wampold, B., Mondin, G., Moody, M., Stitch, F., Benson, K., & Ahn, H. (1997). A meta-analysis of outcome studies comparing bona fide psychotherapies: Empirically, "All must have prizes." *Psychological Bulletin, 122*(3), 203-215.

Warkentin, J. (1972). The paradox of being alive and intimate. In A. Burton, *Twelve therapists*. San Francisco: Jossey-Bass.

Watts, A. (1963). *Psychotherapy: East and West*. New York: New American Library.

Wells, A. (1997). *Cognitive therapy of anxiety disorders*. Chichester, UK: Wiley.

Wells, A. (2002). GAD, metacognition, and mindfulness: An information processing analysis. *Clinical Psychology: Science and Practice, 9*(9), 95-100.

Welwood, J. (2000). *Toward a psychology of awakening*. Boston: Shambhala.

Westen, D. (1999). *Psychology: Mind, brain and culture* (2nd ed.). New York: Wiley.

Westen, D. (2000a). Commentary: Implicit and emotional processes in cognitive behavioral therapy. *Clinical Psychology: Science and Practice, 7*(4), 386-390.

Westen, D. (2000b). The efficacy of dialectical behavior therapy for borderline personality disorder. *Clinical Psychology: Science and Practice, 7*(1), 92-94.

White, M., & Epston, D. (1990). *Narrative means to therapeutic ends*. New York: Norton.

Williams, J., Teasdale, J., Segal, Z., & Soulsby, J. (2000). Mindfulness-based cognitive therapy reduces overgeneral autobiographical memory in formerly depressed patients. *Journal of Abnormal Psychology, 109*(1), 150-155.

Williams, K., Kolar, M., Reger, B., & Pearson, J. (2001). Evaluation of a wellness-based mindfulness stress reduction intervention: A controlled trial. *American Journal of Health Promotion, 15*(6), 422-432.

Winnicott, D. W. (1971). *Playing and reality*. New York: Basic Books.

Witkiewitz, K., & Marlatt, G. A. (2004). Relapse prevention for alcohol and drug problems: That was Zen, this is Tao. *American Psychologist, 59*(4), 224-235.

Witooonchart, C., & Bartlet, L. (2002). The use of a meditation programme for institutionalized juvenile delinquents. *Journal of the Medical Association of Thailand, 85*(2), 790-793.

World Health Organization. (2003). *International classification of* diseases for hospitals, (Vols. 1-3, 6th ed., 9th rev.). Geneva, Switzerland: Author.

Wright, R. (2001). *Nonzero: The logic of human destiny*. New York: Vintage.

Wylie, M. (2004, January/February). The limits of talk. *Psychotherapy Networker*, 30-41, 67.

Yaari, A., Eisenberg, E., Adler, R., & Birkhan, J. (1999). Chronic pain in Holocaust survivors. *Journal of Pain and Symptom Management, 17*(3), 181-187.

Yehuda, R., & Wong, C. (2002). Pathogenesis of posttraumatic stress disorder and acute stress disorder. In D. Stein & E. Hollander (Eds.), *Textbook of anxiety disorders*. Washington, DC: American Psychiatric Publishing.

Young, J. E., Klosko, J. S., & Weishaar, M. E. (2003). *Schema therapy: A practitioner's guide*. New York: Guilford Press.

Young-Eisendrath, P., & Muramoto, S. (2002). *Awakening and insight: Zen Buddhism and psychotherapy*. New York: Taylor & Francis.

Zettle, R., & Hayes, S. (1986). Dysfunctional control by client verbal behavior: The context of reason-giving. *Analysis of Verbal Behavior, 4*, 30-38.

Zettle, R., & Raines, J. (1989). Group cognitive and contextual therapies in treatment of depression. *Journal of Clinical Psychology, 45*, 438-445.

Zettle, R. (2003). Acceptance and commitment therapy (ACT) vs. systematic desensitization in treatment of mathematics anxiety. *The Psychological Record, 53*, 197-215.

Zetzel, E. (1970). *The capacity for emotional growth*. New York: International Universities Press.

찾아보기

인명

내용

ㄷ

ㄹ

ㅁ

ㅇ

ㅈ

ㅊ

ㅋ

크리스토퍼 거머 Christopher K. Germer, PhD 마음챙김에 근거한 불안과 공황 치료를 전문으로 하는 개업 임상심리학자다. 그는 1978년 이래 명상과 마음챙김 원리를 심리치료에 통합시켜 왔다. 거머 박사는 다양한 명상과 요가를 탐구하기 위하여 10회 이상 인도를 여행했다. 그는 현재 명상심리치료연구소Institute for Meditation and Psychotherapy: IMP의 평생교육원장이며, 하버드 대학교 의과대학에서 20년 넘게 임상심리를 강의해 오고 있다.

로널드 시걸 Ronald D. Siegel, PsyD 임상심리학자로서, 20년 넘게 하버드 대학교 의과대학에서 임상심리교수로 있으면서, 오랫동안 마음챙김 명상을 수행해 왔다. 그는 개인적으로 불구 요통disabling back pain을 극복하면서, 만성적인 요통을 치료하는 단계적인 심신心身 접근법인 '등 감각Back Sense' 프로그램을 개발하였다. 이 프로그램은 서양 심리학과 의학적 치료와 마음챙김 수련을 통합한 것이다. 그는 미국 전역에서 심신 치료에 대해 가르치고 있으며, 매사추세츠 링컨 시에서 개인 임상치료를 하고 있다. 마이클 어당Michael H. Urdang, 더글러스 존슨Douglas R. Johnson과 함께 『요통혁명: 통증혁명 실천편Back Sense: A Revolutionary Approach to Halting the Cycle of Chronic Back Pain』Broadway Books, 2001, 이재석 역, 2006, 서울: 국일미디어을 저술하였다.

폴 풀턴Paul R. Fulton, EdD 매사추세츠의 텁츠 의료보험의 정신건강 과장이며, 임상심리학자이자 개업 심리치료자이고, 법의학 심리학자다. 그는 1972년에 선불교 재가신자로서 계를 받았고, 35년 넘게 심리학과 명상을 수련해 오고 있다. 그는 대형 주립 정신병원의 임상과장과 개인 정신병원의 프로그램 과장을 지냈다. 풀턴 박사는 수년 동안 심리학과 명상을 가르치고 있으며, 현재 배리불교연구소Barre Center for Buddhist Studies 이사이자, 명상심리치료연구소IMP 소장이다.

폴 풀턴Paul R. Fulton, EdD—편저자 소개 참조

크리스토퍼 거머Christopher K. Germer, PhD—편저자 소개 참조

트러디 굿맨Trudy K. Goodman, EdM, LMPT

제네바에서 장 피아제Jean Piaget와 함께 어린이 발달을 연구했다. 그녀는 숭산 선사의 지도를 받은 법사였으며, 모린 스튜어트Maurine Stuart 선사가 입적할 때까지 지도받았다. 굿맨은 조셉 골드스틴과 샤론 살스버그의 초기 마음챙김 명상 제자였고, 잭 콘필드를 지도자로 하여 추가적인 수련을 받았다. 그녀는 1976년에 심리치료와 명상의 통합에 대하여 가르치기 시작했고, 현재 명상심리치료연구소IMP의 지도자다. 케임브리지 불교협회에서 몇 년 동안 선禪을 지도한 그녀는 현재 스피릿 록 명상센터Spirit Rock Meditation Center, 배리불교연구소Barre Center for Buddhist Studies, 통찰명상협회Insight Meditation Society에서 마음챙김 명상을 지도하고 있으며, 로스엔젤레스에 통찰 LAwww.InsightLA.org를 설립하였다.

새라 레이절Sara W. Lazar, PhD

매사추세츠 종합병원 정신과에서 일하는 과학자이며, 하버드 대학교 의과대학 심리학 강사다. 그녀의 연구 초점은 명상의 신경생리학이다. 그녀는

명상수행 동안에 자율신경계의 기능에서 신경계의 관계 변화에 대한 연구를 위해서 기능성 자기공명영상fMRI을 이용하고 있다. 1994년 이후, 요가와 마음챙김 명상을 실천해 오고 있으며, 명상심리치료연구소IMP의 과학 자문위원이다.

스테파니 모건 Stephanie P. Morgan, PsyD, MSW

임상심리학자이자 사회복지사다. 과거 25년 동안 마음챙김과 선불교 전통에서 명상을 수행해 왔다. 1990년부터 1994년까지, 마음챙김과 자기돌봄 기술 분야에서 심리학 인턴 수련을 받으면서 하버드 대학교 의과대학에서 심리학을 강의했다. 현재 매사추세츠 맨체스터 시에서 우울증 치료와 명상 공동체에서 정신건강 문제를 컨설팅하는 것을 전문으로 하면서 개업 심리치료자로 활동하고 있다.

수전 모건 Susan T. Morgan, MSN, RN, CS

매사추세츠 케임브리지에서 개업하고 있는 임상 간호 전문가다. 그녀는 예일 성인 전반적 발달장애연구소에서 5년 동안 코디네이터였다. 이어서 하버드 대학병원의 임상가가 되어, 심리치료 분야의 대학생에게 마음챙김 명상을 소개하였다. 그녀는 매년 6주간의 묵언 마음챙김 집중수행에 참가하고 있다. 심리치료를 하지 않을 때는 마음챙기며 시간을 보내고 있다.

윌리엄 모건 William D. Morgan, PsyD

매사추세츠의 케임브리지와 브레인트리에서 개업하고 있는 임상심리학자다. 그는 지난 30년간의 명상수행 동안 상좌부, 선, 티베트 불교 전통에서 집중적인 수행코스에 참가해 왔다. 그녀의 학위논문은 명상에서 성공적인 과정의 의미에 초점이 맞추어져 있다. 1987년 이후, 가장 최근에는 심리치료자들에게 마음챙김 명상 코스를 이끌며 지도해 오고 있다.

앤드류 올렌즈키 Andrew R. Olendzki, PhD

랭카스터 대학교영국, 하버드 대학교, 스리랑카 대학교페러데니야에서 초기 불교를 공부한 불교학자다. 미국 동부의 뉴잉글랜드 대학교에서 강의하면서, 6년 동안 매사추세츠 배리의 IMS 상임이사를 지냈으며, 현재 배리 불교연구소의 상임이사이자 핵심 교수이며, 인사이트 저널Insight Journal의 편집자이기도 하다.

로널드 시걸 Ronald D. Siegel, PsyD—편저자 소개 참조

찰스 스타이론 Charles W. Styron, PsyD

매사추세츠 워터타운에서 개업하고 있는 임상심리학자이며, 매사추세츠 노르우드에 있는 카리타스 노르우드 병원에서 컨설팅 심리학자로 활동하고

있다. 그는 에베레스트 코칭Everest Coaching의 설립자이며, 그곳에서 전문적 코칭과 경영자 코칭을 담당하고 있다. 또한 25년 동안 샴발라와 티베트 금강승 불교 전통의 수행자이자 지도자로 활동해 오고 있다.

재닛 서리Janet L. Surrey, PhD

임상심리학자이고, 웰슬리Wellesley 대학교 스톤센터의 진 베이커 밀러Jean Baker Miller 수련 연구소를 설립한 학자 중 한 명이다. 그녀는 명상심리치료연구소IMP와 앤도버-뉴턴 신학교의 교수진이다. 20년 이상, 미국과 세계 여러 곳에서 관계-문화이론RCT을 컨설팅하고 교육해 왔고, 불교와 관계 심리학을 종합하기 위한 작업을 해 오고 있다. 저서로는 『관계 속에서의 여성의 성장Women's Growth in Connection』 Judith V.; Kaplan, Alexandra G.; Miller, Jean Baker; Stiver, Irene P.와 공저, 1991, 『불평등에 대항하는 어머니 역할: 현대 어머니들의 다양한 목소리Mothering Against the Odds: Diverse Voices of Contemporary Mothers』, Cynthia Garcia-Coll, Kathy Weingarten와 공편, 1998, 『우리는 말해야 한다: 여성과 남성 간의 치유 대화We Have to Talk: Healing Dialogues Between Women and Men』 Samuel Shem과 공저, 1999, 『빌과 닥터 밥: 익명의 알코올중독자 모임 설립 이야기Bill W. and Dr. Bob: The Story of the Founding of Alcoholics Anonymous』 Samuel Shem과 공저, 2000 등이 있다.

⚜ 역자 소개 ⚜

김재성 법명: 정원(正圓)

서울대학교 철학과 학사 및 석사 졸업(1988년)

일본 동경대학교대학원 인도철학불교학과 석사 및 박사 수료(2000년)

위빠사나 수행지도(2000년~)

현 서울불교대학원대학교 불교학과 불교상담전공주임

일본 인도학불교학회 평의원(2000년~)

불교학연구회 상임이사(2002년~)

한국불교심리치료학회 운영위원(2007년~)

삼청동 〈명상의 집, 자애〉 명상지도

주요 저서

초기불교 산책 1, 2(한언, 2010)

불교의 이해(공저, 무우수, 2006)

현대사회와 불교생명윤리(공저, 조계종출판부, 2006)

위빠사나 입문(길상사, 1997) 외 다수

주요 역서

명상의 정신의학(민족사, 2010)

마음챙김에 근거한 심리치료(공역, 학지사, 2009)

붓다의 말씀(고요한소리, 2008)

붓다의 러브레터(정신세계원, 2005)

위빠사나 수행(불광출판사, 2003)

위빠사나 수행의 길(천안 호두마을, 2002) 외 다수

주요 논문

초기불교의 분노와 그 치유

초기불교 및 상좌불교의 죽음의 명상

초기불교의 오정심관의 위치

염처경에 나타난 수행법

순관에 대하여

심리치료로서의 불교 외 다수

마음챙김과 심리치료

Mindfulness and Psychotherapy

2012년 6월 25일 1판 1쇄 발행
2024년 1월 25일 1판 6쇄 발행

지은이 • Christopher K. Germer ·
Ronald D. Siegel · Paul R. Fulton

옮긴이 • 김 재 성

펴낸이 • 김 진 환

펴낸곳 • (주) 학지사
04031 서울특별시 마포구 양화로 15길 20 마인드월드빌딩 5층

대표전화 • 02) 330-5114 팩스 • 02) 324-2345

등록번호 • 제313-2006-000265호

홈페이지 • http://www.hakjisa.co.kr
인스타그램 • https://www.instagram.com/hakjisabook

ISBN 978-89-6330-663-6 03180

정가 16,000원

역자와의 협약으로 인지는 생략합니다.
파본은 구입처에서 교환하여 드립니다.